debatte 6 *Constantin von Barloewen*

Anthropologie der Globalisierung

Constantin von Barloewen

Anthropologie der Globalisierung

Thesen und Antithesen

Matthes & Seitz Berlin

Constantin von Barloewen wurde 1952 in Buenos Aires geboren, verbrachte Kindheit und Jungend in Lateinamerika und Europa, Lehr- und Forschungstätigkeiten an führenden Universitäten Europas und Amerikas (u.a. *Princeton* und *Harvard*, *Ecole des Hautes Etudes en Sciences Sociales* in Paris und als Professor für Anthropologie von 1993 – 1996 an der *Staatlichen Hochschule für Gestaltung in Karlsruhe*). Er war Mitglied der Weltkommission für Kultur und Entwicklung der UNESCO, begründete und leitete internationale Forschungsprojekte zur Frage der kultur- und religionsgeschichtlichen Voraussetzungen der Modernität mit der *Thyssen Stiftung* und der *Willy Brandt Stiftung*, der *Europäischen Kommission* in Brüssel und den VEREINTEN NATIONEN. Constantin von Barloewen ist darüber hinaus Begründer und Leiter der *Interkulturellen Bibliothek* von ARTE / UNESCO. Er ist heute akademischer Koordinator für den Dialog der Kulturen und Zivilisationen der *Stiftung Schloss Neuhardenberg* in Berlin und Mitglied im *Committee der Harvard Acadamy for International Studies* der *Harvard University*.

Wichtigste Publikationen, in zahlreiche Sprachen übersetzt: *Evolution und Zivilisation: die Gesetzmäßigkeit der Geschichte*, (2 Bde.) 1988; *Werte in der Latein- und Nordamerikanischen Kulturphilosophie*, 1988; *Kulturgeschichte und Modernität Lateinamerikas*, 1992, *Der Mensch im Cyberspace. Vom Verlust der Metaphysik und dem Aufbruch in den Virtuellen Raum, 1998; Der Tod in den Weltkulturen und Religionen*, 1996; Mitherausgeber: *Japan und der Westen*, (3 Bde.) 1987; Dazu eine Vielzahl von Essays, u.a. zu Michel Leiris, Claude Lévi-Strauss, Pierre Verger und Alexis de Tocqueville und anthropologische Reiseessays, etwa zu Madagaskar »Augenblicke alltäglicher Weisheit in Politik und Kultur«.

Göhrener Str. 7, 10437 Berlin, www.matthes-seitz-berlin.de

Umschlaggestaltung: Johannes Knöspel, Berlin, unter Verwendung eines Bildes von banksy (www.banksy.co.uk)
Druck und Bindung: Finidr, Cesky Tesin

ISBN 978-3-88221-890-9 **debatte 6**

Inhaltsverzeichnis

Metanoia
Baukasten für den Paradigmenwechsel einer Zivilisation des *Holos* im 21. Jahrhundert

Die Zivilisation des Mythos

Im Verlaufe der Geschichte haben Werte, ethische Grundhaltungen und Weltsichten das kulturelle und politische Umfeld breiter Bevölkerungskreise in den unterschiedlichen Stadien der Entwicklung wesentlich geprägt. Die Steinzeitkulturen wurden durch den Ordnungsbegriff des *Mythos* im Gleichgewicht gehalten. *Mythos* bezieht sich auf die dominante Kultur des Paläolithikums und des Neolithikums, also der Kulturen, welche den größten Anteil der Geschichte des *Homo sapiens* umfassen. Neolithische Kulturen verfügten über einen großen Reichtum an zoologischer und botanischer Kenntnis. Die Gesetze der Himmelsmechanik waren die Voraussetzung für die erfolgreiche Kultivierung von Pflanzen und Haustieren. Die neolithische Weltsicht hatte animistische Grundzüge. Der Geist war nicht von der Natur getrennt, die das Licht bündelte, die wirkliche Welt stand in Verbindung zu den Erosionskräften der Traumwelt. Die Kräfte der Natur waren auch die Merkmale der Geister, dem Fusionskern der Sonne gleich, die in den Objekten, den Pflanzen, den Tieren und den Menschen verborgen waren. Die gesamte Welt war osmotisch verbunden und glich einem sakralen Reich. Kräfte außerhalb und überhalb des Menschen handelten in quirligen Prozessionen und nahmen Einfluss auf die Natur wie auf die menschlichen Gemeinschaften. Der Mensch begriff sich in einem dynamischen Universum, in einer gewordenen Wildnis aus Sedimenten, herausgefordert durch erkennbare oder nichterkennbare Kräfte als Testfelder der Erforschung. Zeit und Raum waren Teil der natürlichen Ordnung. Die gegenwärtige Zeit stand in Verbindung zum umgebenden Raum und die Zukunft wurde als kontinuierliche Fortschreibung der Rhythmen der Gegenwart betrachtet. Animismus verknüpfte sich mit Totemismus, der Glaube, dass ein Objekt, ein Tier, eine Pflanze zum Zeichen der magnetischen Kraftfelder einer Familie, eines Clans oder einer Ahnenreihe erkoren wurde, paarte sich mit Ritualen und Magie. Sie diente dazu, sozial angenommene Sakraltechniken einer Lichttreppe gleich für höhere Kräfte des Kosmos zu verwenden, um den Menschen zu helfen – als Beihilfe zur Zukunft, die erwünschten Ziele zu erreichen. Das Individuum war wesentlicher Bestandteil des Clans oder des Stammes, der seinerseits eingebunden war in die Natur und durch kosmische Gesetze gesteuert wurde. Der Mensch existierte nicht in einer Trennung von der Natur, noch weniger im Gegensatz zu ihr. Er stellte sich dem Unerrechenbaren und begegnete allem mit Empathie, was ihn umgab. Zuzeiten des Paläolithikums, das durch die Nahrungssuche des jagenden und fischenden Menschen gekennzeichnet war, herrschte ein maskuliner Primat im Ringen um das Überleben und seinen Herausforderungen. Die Ackerbaugesellschaften hingegen waren durch ein weibliches Prinzip geprägt, in der Nahrungsmittelproduktion wie überhaupt in der Beziehung des Menschen zum Boden und zur Erde schlechthin. Die tellurische Sicht verkörperte die Fruchtbarkeit, den sexuellen Symbolismus und die magisch-religiösen Riten. Analoge Ausdrucksformen lassen sich in den Hochkulturen der alten Welt Asiens, des Nahen Ostens und in der neuen Welt der mesoamerikanischen Hochkulturen finden.

Die Zivilisation des Theos

Die scheinbar nicht endende Fortdauer der Steinzeitkulturen kam zu ihrem Ende durch die zunehmende Verbesserung der auf Werkzeugen beruhenden Technologien, welche die einzelnen Stämme mit ihrer Umwelt in Verbindung setzten. Dieses Einwirken neuer Technologien zur Bearbeitung des Bodens, der Domestizierung der Pflanzenwelt, die einer Geröllentfernung glich, und der Haustiere, veränderte die Kosmologie der Zivilisation und der Ordnungsbegriff des *Mythos* wandelte sich zu einer Stufe, in welcher die Dimension des *Theos* den Überhang gewann.

Der neolithische Mensch bevölkerte wesentlich den Torf der Vorgärten in den Flusstälern Afro-Asiens und den amerikanischen Doppelkontinent und kannte den Gebrauch von Wasser in verbesserten Bewässerungsanlagen, welche den Anbau von Kornpflanzen erlaubten. Metalle wie Kupfer und Bronze wurden verwendet, Kalender zur Messung der Zeit als ein System kapillarer Verästelung kamen in Umlauf, und Frühformen des Schreibens wurden zur Weiterreichung von Botschaften entwickelt. All dies erzeugte einen Anstieg der Bevölkerung, der Komplexität der gesellschaftlichen Organisation. Neolithische Gemeinschaften sahen Dörfer zu Städten wachsen, es entstanden in der siedenden, flimmernden Leere Reiche wie die der Sumerer mit hoch entwickelten Administrationen. Eine neue Elite entstand in den urbanen Zentren, wobei die neuen Lebensformen Umformungen und Neubewertungen in der Kosmologie der Kultur auslösten. Die Mutter Erde wurde den ›himmlischen Göttern‹ untergeordnet, die männliche Dominanz wurde verstärkt im Verbund mit einer wirtschaftlichen Höherentwicklung. Unter Verwandtschaftsbeziehungen dominierten territoriale Rechte und spiegelten das steigende Interesse für Gemeinschaftsbesitz wider und für Arbeitsteilung. Der überwiegend tellurische Charakter der Kultur schwand zunehmend, die unwiderrufliche Finsternis schien überwunden, die Könige machten göttliche Herkunft geltend in der politischen Arena, die Kosmologien wurden zunehmend von einem Pantheon an Gottheiten bevölkert. Eine gottgleiche Transzendenz wirkte von der tiefsten Ebene der lebendigen Natur bis zu den höchsten Ebenen himmlischer Instanzen.

Die Weltsicht der Zivilisationen von Babylonien, Ägypten, Indien und China stehen hierfür stellvertretend. Die Ursprünge der Welt ruhten in der Herauskristallisierung von Ordnung aus dem Chaos wie aus dem Prasseln des Flugsandes, gefolgt von zunehmender Ordnung im Reiche des Himmels, die sich wie kosmischer Staub auf die Ordnung auf Erden legte, die sie hervorrief. Der Kosmos wurde zunehmend betrachtet als eine organische Spielart der Politik mit ihrem eigenen Recht, die über Souveränität gleichermaßen verfügte wie über Macht und eine sakrale Ordnung und Harmonie in den Leitsternen des Universums sicherte. Die Kräfte wurden einem höchsten Wesen zugeschrieben oder einer Hierarchie von Gottheiten. Die göttliche Ordnung im kosmischen Felde verlangte – als fielen Nadeln – nach einer theokratischen Ordnung auf Erden, mit Herrschern, in Burnusse gehüllt und Königtümern als Legitimierung göttlich autorisierter Machtfülle. Kosmische Göttlichkeit und weltliches Königtum wurden vereint, um die staatliche Ordnung aufrechtzuerhalten. Die irdische Ordnung spiegelte ihrerseits die göttliche Ordnung wieder. Ihr höchstes ›telos‹ war die Aufrechterhaltung des Gleichgewichts des Universums durch eine soziale Ordnung, die das Unermessbare messbar machte und auf kosmischen Prinzipien beruhte. Diese Weltsicht kannte zwar lokale Varianten, lässt sich als Spurensuche aber in allen Hochkulturen Ägyptens, Mesopotamiens, Indiens, Chinas und Mesoamerikas nachvollziehen.

Die Zivilisation des Logos

Die Zivilisation des *Theos* ging um das zweite Jahrtausend vor Christus in eine Zivilisation des *Logos* über, als indogermanische Völker, ausgestattet mit der Technologie der Eisenherstellung, aus Zentralasien ausschwärmten und in verschiedene Richtungen stoben. Einige gelangten über den Khyberpass nach Indien, wo sie der bereits geschwächten Induskultur unter dem Gebrüll der Sonne ein Ende bereiteten. Andere bewegten sich südwestlich nach Persien, wieder andere drangen bis zum Schwarzen Meer vor und nach Osteuropa, indem sie nordwärts wanderten entlang der Wolga – oder westlich, entlang der Donau und des Rheins. Wieder andere siedelten an den nördlichen Küsten des Mittelmeers auf den griechischen und italienischen Halbinseln. Gesäubert von nicht berechtigten Ansprüchen wurden die griechischen Stadtstaaten geboren und die Graeco-Römische Zivilisation. Sie ließ den Stillstand weit hinter sich und expandierte unter Alexander bis an die äußersten Ränder der bekannten Welt, wobei sich die Römische Welt unter den verschiedenen Herrschern von England aus bis an die Grenzen von Tigris und Euphrat und bis in die Sahara erstreckten gespannt wie ein Sonnensegel. Mit dem Aufstieg der griechischen Stadtstaaten und des Römischen Reichs verwandelte sich das Ordnungsgefüge des *Theos* in eine Zivilisation, die sich mit dem Begriff des *Logos* trefflich umreißen ließe. Die Kulturen der klassischen Zivilisationen fanden ihre Verkörperungen auch in der Geistes- und Ideengeschichte. Die hellenistischen Philosophen ersetzten mythische Denkformen durch Theorien, die auf Beobachtung und Erschließung durch den Verstand begründet waren. Es entwickelte sich das heroische Denken, etwa bei Homer und in den frühen epischen Dichtungen, das in visionäres und theoretisches Denken mündete und in einer Aufgipfelung des rationalen Verstandes bei Plato und Aristoteles. Der Begriff des *Logos* nahm eine immer zentralere Stellung ein, er stand im Kern von Philosophie und Religion. Gemeinsam mit der Einheit des ›metron‹ legte er den Grundstein für die westliche Zivilisation für die folgenden zweieinhalb Jahrtausende. Der *Logos*, wie er in der klassischen Graeco-Römischen Zivilisation verkörpert wurde, skizzierte eine Weltsicht und eine Wertstruktur, die sich wesentlich unterschied vom Begriff des Theos. Der Mensch entledigte sich allen vermeintlichen Blendungen und wurde sich selbst zum Maßstab; die Entfaltung aller denkmöglichen Potentiale wurde sein Ziel. Die griechischen Stadtstaaten boten die Möglichkeit zur Anwendung dieses Denkens ebenso wie das Römische Reich, getragen von einer pragmatischen Orientierung bei der Ausübung von sozialer und politischer Macht.

Mit dem historischen Fall von Konstantinopel und der Begründung des byzantinischen Reiches setzte das Christentum neue Akzente gegenüber der klassischen Kultur des *Logos*, indem es eine göttliche Quelle hinzufügte, die im Range eines Schöpfers stand und zugleich als letzter Richter. Der *Logos* fand nun seine Inkarnation in der heiligen Trinität und im Menschen zugleich, der als Gottes Schöpfung begriffen wurde. Diese Kultur, deren grundsätzliche Gedanken bei Augustinus und Thomas von Aquin aufschienen, war verpflichtend für das mittelalterliche Europa und für das stufenweise Heraufziehen des modernen Denkens.

Der nächste Einschnitt zum Wandel kam für den Begriff des *Logos* durch den Aufstieg der wissenschaftlichen Denkformen. Galileo schuf eine Konzeption der Welt, die einer Geröllentfernung glich und die mechanistische Prinzipien verantwortlich machte für den Umlauf von Bewegungen bei Körpern auf der Erde wie in den Gestirnen. Newtons mathematischer Nachweis der Gesetze der Schwerkraft bekräftigten Galileos Einsichten und schufen die Grundlage für eine umfassende Weltsicht, die das neue Zeitalter ankündigte. In dieser Sicht ist das Universum von vulkanischem Druck befreit, gleicht vielmehr dem Fragment eines Fernschreibers, eines göttlich vorgezeichneten Uhrwerks, das für alle Ewigkeit austariert ist und in sich ruhend bewegt. Strikte Gesetze der Natur weisen die Bahnen und erwirken, dass der rationale Verstand sich der Gesetze aus Vergangenheit, Gegenwart und Zukunft bemächtigte. Gott hatte keinen Platz mehr an der erkalteten Oberfläche dieser Ordnung, die Zeugnisse fruchtbarer Daten kannten kein rationales Bedürfnis mehr für seine Existenz.

Im 19. Jh. hob Darwins Theorie der Evolution die mechanistische Weltsicht der klassischen Physik auf die Empore ihrer Vervollständigung. Die Sicht der Evolution des Lebens von einfachen Ursprüngen durch Mutationen, die nicht mehr den Charakter geradezu tollwütiger Forschung hatten, sondern der Prüfung der natürlichen Selektion ausgesetzt waren, setzte neue Akzente. Die wissenschaftlichen Revolutionen sollten auf dem Fuße folgen und waren mit den Namen von Albert Einstein, Niels Bohr, Heisenberg, Planck, Sigmund Freud und Carl Gustav Jung verknüpft, die – jeweils aus ihrer Perspektive – der ›wissenschaftlichen Weltsicht‹ zu neuen Aufgipfelungen verhalfen.

Es liegt auf der Hand, dass der Raum für Spiritualität in einem umgreifenden Sinne versiegte und eine Ethik auf das Planquadrat rief, die, wie Francis Bacon es bereits beschrieb, die Dienstleistungen der Natur zu menschlichen Zielen befürwortete. Es bahnte sich ein neuer ›Realismus‹ seinen unaufhaltsamen Weg: die quantitative Perspektive der klassischen Physik wie die mechanistische Sicht schufen eine machtvolle Erkenntnisform für hochgradige Technologien, sie verhalfen dem wissensstolzen Mensch in der keimenden industriellen Gesellschaft zu weltumspannender Kontrolle und zu nie vorher gekanntem Reichtum und Macht. Zugleich belasteten sie in nie bekanntem Ausmaß die physikalischen und biologischen Ressourcen der Biosphäre der Menschheit.

Immer stärker stellte sich in den Jahrzehnten des 20 Jh. heraus, dass der *Logos* alleine nicht mehr das Ordnungsgefüge des Menschen aufrechtzuhalten in der Lage war, die technologischen Innovationen begannen, sich gegen den Menschen zu kehren, die Einsicht der Lemminge kam freilich sehr spät. Die Algebraisierung der Kultur, der Logozentrismus als der gesamte Prozess, der durch den *Logos* hervorgerufen wurde, führte auch zur Erosion, zu zersetzenden Tendenzen der Zivilisation bei der Wahrung der Ressourcen, die immer mehr in Frage gestellt wurden. Die Kluft zwischen Arm und Reich in der Weltzivilisation, zwischen Nord und Süd, zwischen ländlicher und urbaner Bevölkerung in den Entwicklungs-Staaten, die Migrationen, die Bevölkerungsexplosionen, die Landflucht, der ungezügelte Wettbewerbskampf nahmen in exponentieller Weise zu.

Die westliche Zivilisation wird durch einen weiteren Umbruch herausgefordert. Der *Logos* erweist sich zunehmend außer Stande, eine nachhaltige Entwicklung der Staaten der Welt zu bewirken.

Die Menschheit erlebt in ihrer soziokulturellen Evolution gegenwärtig eine Stufe der Zivilisation zu einer anderen. Wie unter einem Brennglas erreicht der technologische Schub den Übergang von der physikalischen Revolution, die das 20. Jh. prägte, zur Zeit der Molekularbiologie und der digitalen Revolution. Während großer Zeitspannen der Jahrmillionen andauernden Geschichte der Evolution des Menschen hat die Menschheit in der einen oder anderen Form in gemeinschaftlichen Organisationen gelebt in der natürlichen Umgebung. Die Entdeckung des Wesentlichen erlaubt die Aussage, dass sich die gesellschaftlichen wie die natürlichen Voraussetzungen zuweilen radikal verändert haben. Unsere Vorfahren lebten in paläolithischen Steinzeitgesellschaften, die sich weiterentwickelten in Weide und Ackerbaugesellschaften, die zu archaischen Reichen wuchsen. Im Westen folgte in straffen Bahnen das Graeco-Romanische Reich, auf das eine Welt der mittelalterlichen Fürstentümer folgte und später, als Lebensbedingungen höherer Organisationsform, die industriellen Nationalstaaten. Der Mensch ließ die Zeit der Feuersteine weit hinter sich und mutierte zu postindustriellen Strukturen, die global wuchsen in ihrer Dimension und in ihrer Reichweite, wie auch Irvin Laszlo trefflich formulierte.

Es stellt sich zu Beginn des 21. Jh. die Forderung nach einer neuen begrifflichen Ordnung der planetaren Weltzivilisation. Es ließe sich an dieser Stelle der Begriff des *Holos* prägen als der nächste Schritt in der Evolution der Zivilisation der Menschheit.

Die Zivilisation des Holos

Im Folgenden sei dargestellt, mit welchen Begründungen wir aus Motiven des Überlebens der Spezies Mensch im 21.Jh.von einer Ordnungskraft des *Holos* sprechen wollen.

Der Umbruch von einer Zivilisation des *Logos* zu einer Zivilisation des *Holos* wird unausweichlich in allen Weltsichten, ethischen Haltungen und Verhaltensmustern. Die Konturen zeichnen sich bereits ab. Die Quellen der Spiritualität der großen Gründerreligionen, die revolutionären Einsichten in den neuen Naturwissenschaften gewinnen in einem osmotischen Zuwachsen eine alternative kulturelle Kraft und spalten sich von der logozentrischen Zivilisation ab. Die dominante Kultur des 20.Jh.versäumte, das wissenschaftliche Weltbild zu assimilieren, dessen neuen Konturen sich an ihrem Ende abzeichneten. Zu lange lebte die Ansicht fort, das Universum sei eine seelenlose Mechanei, das Leben schlechterdings ein Zufall und die Spezies Mensch leite sich aus zufälligen Ereignissen in der Geschichte der biologischen Evolution ab. Dies würde die Bestimmtheit der Merkmale des menschlichen Individuums zum Spielball der Kombination seiner Gene küren.

Freilich entspricht diese Sicht nicht mehr dem Stand des Wissens zu Beginn des 21. Jh. Die neuen physikalischen und biologischen Erkenntnisse skizzieren das Bild eines völlig anderen Konzeptes des Menschen. Letzte Funde lassen den Kosmos als einen lebendigen Organismus erscheinen, nicht mehr als totes Gestein. Zeit und Raum sind vereint in einer dynamischen Matrix. Das Leben ist ein Netz pulsierender Beziehungen, die Myriaden von Elementen integrieren. Die Materie verschwindet als grundsätzliches Muster der Wirklichkeit und macht Platz für die Energie im Universum. Die Biosphäre entstand im Universum und mit ihr Verstand und Bewusstsein. Der Mensch ist letztlich Teil der Biosphäre und entfaltet sich mit dem Netz des Lebens auf dem Planeten.

Aber auch auf dem politischen Feld werden in einer Zivilisation des *Holos* neue Akzente gesetzt. Die Staaten der Peripherie werden in eine natürliche Welt einbezogen und schließen den außereuropäischen Menschen unter einem möglichen Schirm der Vorsorge ein. Es ist die Forderung auf eine ›integrale Kultur‹ gerichtet, die an vielen Rändern der Welt entsteht und zu einer neuen Spiritualität aufruft. Sie verbindet Menschen, harmonisiert gemeinsame Anstrengungen und baut Brücken bei kulturellen Unterschieden. Diese persönlich erfahrene Spiritualität löst auch ein tieferes ökologisches Bewusstsein und nachhaltige Lebenswerte aus. Der Wandel in den Spitzen der Wissenschaft und Gesellschaft greift bei dem Übergang von einer Zivilisation des *Logos* zu einer Zivilisation des *Holos* ebenso tief wie in den vorangegangenen Umbruchsphasen von *Mythos* zu *Theos* und von einer Zivilisation des *Theos* zu dem *Logos*.

Es bleibt in den folgenden Ausführungen zu skizzieren, wie die sich abzeichnende Zivilisation des *Holos* die Wegstrecken wieder aufholen kann, die durch den reinen Primat des *Logos* verloren gegangen sind. Ziel bleibt dabei, den *Logos* in eine höhere, umfassende und von Spiritualität gekennzeichnete Rationalität zu integrieren.

Wir erleben gegenwärtig die vorläufig letzte zivilisatorische Wandlung in der Geschichte, und es bedurfte vieler Generationen, bis sich der Wandel entfaltete und akzentuierte – gerade im Übergang vom *Logos* zum *Holos*. Wesentlich ist, dass der Wandel von innen heraus rührt, nicht etwa durch militärische Eingriffe provoziert wird und eine tief greifende Enkulturation in einer globalen Zivilisation auslöst – hin auf eine ›integrale Kultur‹.

Die Weltsichten der Menschen, ihre Werte, ihre ethischen Haltungen müssen sich wandeln. Zu stark ist die Welt noch vom *Logos* und einer erkalteten Rationalität durchherrscht, um ein neues *Kairos* auszulösen. Gandhi sagte einmal, die Menschen müssten selbst den Wandel verkörpern, den sie in der Welt zu sehen wünschten. Es geht nicht zuletzt um eine Veränderung des Bewusstseins in Natur und im Universum schlechthin. Der *Mythos* schuf ein mythisches Bewusstsein, der Theos ein theistisches und der *Logos* schließlich ein logisches Bewusstsein der westlichen Rationalität, das von allem metaphysischen Beiwerk entkleidet wurde und die Moderne prägte. Ein anderer Wandel wird nun zwingend: Das Zeitalter, das vor uns liegt, bedarf eines holistischen Bewusstseins, das im öffentlichen Verhalten Rücksicht auf soziale Strukturen und ökologische Maßgaben nimmt. Vielleicht sollte man trefflich von der Notwendigkeit eines planetaren Bewusstseins sprechen. In der Konjugation und Deklination unserer Zeiten bedarf es keiner Geistesverwegenheit, um in der heraufziehenden Epoche die Notwendigkeit der Entfaltung eines neuen spirituellen Bewusstseins von planetarer Weite zu erkennen. Das planetare Bewusstsein ist kein Zustand reinster Kontemplation, sondern das ahnende Wissen von der vitalen Zusammengehörigkeit der Menschen, die sich weniger von der Riesigkeit der Welt bedroht sieht, als von der Einheit in der Vielheit der Kulturen geprägt ist; gleichsam der Glaube an den Glauben, der zur Grundlage der planetaren Ethik wird, der Mensch durch den Menschen, der vom Menschen potentierte Mensch, der den Zusammenbruch der Zivilisation des *Logos* noch abwenden kann.

Es muss gelingen, die tyrannischen Strohpuppen der Abstraktion zu verhindern, von äußerer zur inneren Autorität vorzudringen, jene sekundäre Natürlichkeit, jene Künstlichkeit zu überwinden ohne einen Beigeschmack bitterer Ohnmacht. Die Autorität der inneren Quellen des Erkennens müssen gestärkt und bis zum Grund ausgeschöpft werden. Die Seinsausschnitte der Zukunft müssen von der Spaltung, der Fragmentierung des Wissens und Erkennens, von einer Trennung zur Ganzheit wachsen, zu der fundamentalen Einsicht, zu dem Lichtstreif einer inneren Verbundenheit aller Aspekte der Erfahrung, einem Willen zu einer anderen Wirklichkeit, um die scheinbar unheilbare Dissonanz zu überwinden in einer Zivilisation des *Holos*.

In Richtung auf eine neue Anthropologie: Kulturelle Abrüstung als die Überwindung der Technokratie

Welche Merkmale vereinigt diese Zivilisation des *Holos* unter den Konvulsionen einer aufgewühlten Oberfläche, wo liegen ihre Anfeindungen, wo ihre Möglichkeiten, wie artikuliert sich ihre sprachliche Mathematik? Folgend wird den Merkmalen auf die Spur gegangen, um den Ansturm der komplizierten Sophistik unserer Zeit besser zu verstehen und die Merkmale bloßzulegen.

Eines der bezeichnendsten Symptome der Gegenwart ist die uneingeschränkte Macht des Weltmarktes in einer globalen Ökonomie, in der alle Güter als ›*monetizable commodities*‹, als eine Fuhre ohne Skrupel, begriffen werden. Die weltweite Homogenisierung zentralisiert alle Güter in immer wenigeren Händen. Diese zentripetale Tendenz ist ein wahres ›*credo quia absurdum*‹ und das Ergebnis des mechanistischen und quantitativen Teufelskreises der Bagatellen. Technozentrismus ist die uneingeschränkte Versuchung der Weltherrschaft, die vor keiner Kultur Halt macht und mit dem Anspruch der Objektivität auftritt. Dies trifft freilich nicht zu, aber er gewinnt seine Macht aus dem Sachverhalt, dass der Mensch stets ein Zentrum sucht, einen Punkt der Referenz und auch einen Ort der Konvergenz. Die geometrische Sicht der mechanistischen Welt steht einer holistischen Perspektive gegenüber, die das Zentrum des Universums in jeden, auch den kleinsten Teil legt, der in der Gesamtheit das Universum ausmacht.

Jeder Mensch und auch jede Kultur als natürlicher Körper sind im Zentrum der gesamten Wirklichkeit. Wenn wir nicht diese Ganzheit im Blick haben, sind Menschen lediglich Atome, die im Flachmeer treiben und auf Kosten von anderen um ihr Überleben ringen. Auf ein Weltquadrat übertragen bedeutet dies, dass auch kultureller Pluralismus in jedem Menschen das Zentrum verborgen sieht. Ohne das Selbstvertrauen, das in jedem Menschen das Zentrum der Wirklichkeit festlegt, verharrt der Mensch in einer losen Identität, ist der *Homo sapiens* zurükkgenommen auf ein *animal imitans.*

Der Mensch will kein Leben wie hinter Glas, er kennt den Hunger nach Unmittelbarkeit, nach Authentizität, nach humaner Identität. Folglich ist der Mensch mit ein Zentrum des Universums, weil er als Mikrokosmos das Ganze widerspiegelt.

In der Politik der Gegenwart bedeutet dies, dass die Einheiten der Nationalstaaten überwunden werden müssen mit einem planetaren Bewusstsein in einem multinationalen Netzwerk. Die Souveränität von Nationalstaaten muss auf Völker und Kulturen übertragen werden, da Menschen nicht nur Mitglieder von Staaten sind, sondern vor allem von Kulturen und Religionen.

In der Wissenschaft sind die Grenzen sowohl epistemologisch als auch ontologisch gesetzt, trotz des heiligen Namens *Scientia*, mit dem die moderne Wissenschaft längst nicht mehr in Einklang lebt. Heute ist keine Gnosis angesagt, noch Begriffe wie ›*Hochme*‹, ›*Chi*‹ oder ›*sapientia*‹. Die moderne Wissenschaft hat ihre kristallene Klarheit, ihre intrinsische Heilkraft verloren. Nicht alles Wissen wird durch die moderne Wissenschaft abgedeckt, sie kann nicht mehr von sich behaupten, die Welt zu kennen und in die Wirklichkeit eingedrungen zu sein. Nicht alle Ontologie ist wissenschaftlich, noch ist alles Sein in der giftigen Chemie der logozentrischen Kultur tatsächlich auf den *Logos* rückführbar. Nicht alles ist Gegenstand der Wissenschaft.

Das unmittelbare Ergebnis der modernen Technowissenschaft ist der technokratische Komplex der Gegenwart. ›*Kratos*‹, die Macht, lässt Gott zur Pistole werden, Wissenschaft ist nicht ›*scientia*‹, noch ist moderne Technologie gleichbedeutend mit ›*techne*‹, ›Kratos‹ ruht nicht mehr in einer kosmischen Ordnung, sondern schlicht in moderner Technologie, die das Pneuma durch den *Logos* ersetzt hat im Sinne der Ratio. Der Handwerker musste noch inspiriert sein, der moderne Wissenschaftler bedarf nur noch Informationen in der geradezu dämonischen Einmaligkeit der Technokratie. Heute hält sich ›Kratos‹, die Macht, nicht mehr bei den Politikern verborgen, sondern bei den Experten, welche die Megamaschine der Technokratie wie einen babylonischen Turm aufrechterhalten. Der Mensch kann die verloren gegangene Souveränität nur wiedererlangen, wenn er die Einsicht in sein eigenes Schicksal zurückgewinnt. Der Mensch entscheidet nicht mehr für sich, aus der Not geboren erledigt der Computer diese Aufgabe und der Mensch gehorcht. Wachstum mündet in die Megalopolis, Agrikultur wird zu Agrobusiness.

Protagoras ahnte dies voraus. Während wir uns für alle anderen Handwerkskünste auf Experten verlassen können, kann die Kunst der Politik, die ›politike techne‹ nicht auf andere Experten übertragen werden. (Plato, Protagoras)

Heute ist eine grundsätzlich neue Anthropologie gefordert in der Zivilisation des *Holos*. Für den Menschen als den Bewohner der mittleren Sphären kann das Leben nur darin bestehen, es kunstvoll zu gestalten. Hierzu ist ein Zusammenwirken mit dem gesamten Universum Voraussetzung, das vom Göttlichen zur Materie reicht und zum Menschen. Jeder Einzelne muss eine Symbiose mit der Wirklichkeit als Ganzes eingehen. Das Volk als ›demos‹ kann ›Kratos‹, also Macht, nur haben, wenn es mehr ist als die Summe der einzelnen Individuen. Der Mensch ist eine Person aus dem Schoße der Geschichte, ein Knoten in einem feinmaschigen Netz an Beziehungen und kein vereinzeltes Individuum, er ist ein gleichsam ›ontonomes‹ Wesen. Wenn wir sagen, wir brauchen eine neue Anthropologie, heißt dies immer, wir benötigen einen neuen Begriff des Kosmos, der sich von der wissenschaftlichen Kosmologie unterscheidet, die eine quantitative Vision eines mechanistischen Universums ist.

Jede Kultur verfügt über ihren eigenen Sinn des Kosmos. Die Krise der Zivilisation des *Logos* liegt in einem Konflikt der Kosmologien, vor allem mit der wissenschaftlichen Kosmologie. ›Demos‹ vermag Wirkung nur innerhalb eines gegebenen *Mythos* zu entfalten, der einer Kultur eine innere Balance, einen Konsensus verleiht. ›Demos‹, wie die alte ›Polis‹, ist ohne ihre Tempel nicht lebensfähig, ohne ihre Götter, ohne die Öffnung auf eine überdemokratische Kraft.

Der Mensch muss heute auch Frieden mit der Erde schließen, keine ökologische Maßgabe kann je Erfolg haben, wenn wir die Erde nicht als lebendigen Körper begreifen und letztlich als Körper unseres eigenen Selbst; wir alle sind Teilhaber und Teilnehmer der Zivilisation zugleich. Die Ökologie ist immer theologisch zu begreifen und vice versa. Die Menschheit muss innerhalb der Natur ihr Heimatrecht behaupten in einer Spiritualität der Gemeinschaft. Das Ziel ist auf eine kreative Form der Selbstorganisation gerichtet, die nicht mehr zentralistisch ist, sondern auf allen Ebenen von einer azentralistischen Machtausübung geprägt wird. Wir erleben den Wandel von einem mechanistischen zu einem lebendigen System, das zugleich in der globalen Selbstorganisation lokal handelt und zu einer Revitalisierung der Zivilgesellschaft voranschreitet, einer neuen Bestimmung von Gemeinschaft, die den reinen Wettbewerb ersetzt durch Versöhnung und Partnerschaft.

Eine neue Anthropologie bemüht sich, die kosmische und die menschliche Harmonie in Einklang zu bringen. Hierzu braucht es nicht nur der militärischen, sondern wesentlich auch der kulturellen Abrüstung, die alleine sichern kann, dass die militärische Abrüstung mehr ist als ein strategisches Manöver. Unter kultureller Abrüstung sei die Einsicht verstanden, dass die Technokratie einer grundsätzlichen Umkehr bedarf, einer radikalen Revolution, einer ›Metanoia‹. Hierin gliedert sich die Forderung nach einer Bejahung der Vielheit der Kulturen in der Weltzivilisation als Merkmal der Evolution, nach erlebter Interkulturalität und Interreligiosität, um die Logiken des Denkens und Handelns anderer Kulturen wirklich zu verstehen. Die militärische Abrüstung kann nur ein erster Schritt sein; es bedarf einer Sicht, die parallel verläuft.

Dies setzt die Abkehr von der Technologiegläubigkeit voraus. Kulturelle Abrüstung beinhaltet auch die Einsicht, dass die Kultur der wissenschaftlichen Moderne anderen Kulturen nicht zwangsläufig überlegen ist, dass sie nicht per se den vermeintlich fortgeschrittenen Endpunkt der Evolution markiert, dass sie zudem nicht universell gültig ist und folglich in jeder Kultur der Welt zur Anwendung kommen kann. Wir erleben heute eine radikale Mutation, auch eine qualitative Wandlung der menschlichen Existenz.

Zwischen der traditionellen Technik und der modernen wissenschaftlichen Technologie liegen wesentliche Unterschiede. Beide Begriffe leiten sich aus dem Griechischen ab von der Wurzel ›*techne*‹, was uns Kunst vermittelt, das Wissen, wie es gemacht wird, dem Gegenstand eine Form zu geben. ›Techne‹ beinhaltet aber auch poetische Schöpfung; das menschliche Bewusstsein verleiht der Materie eine Form, die ›techne‹ ist das Handwerk des Künstlers. Der Geist des Menschen findet seine Verkörperung in der gestalteten Materie. Der Schöpfer, auch Urheber des Lebens, verleiht der Materie das Leben und gießt ein Kunstwerk in Formen, wobei der Künstler immer inspiriert sein muss. Bei der Technologie hingegen ersetzt die Ratio den Geist. Jedes Erzeugnis der ›Techne‹ ist einzigartig; die Massenproduktion ist keimendes Merkmal der Technologie, die selbst zu einem Instrument aufsteigt: Indem sie sich erschafft, wandelt sie sich als ein Ziel. ›Techne‹ ist eine kulturelle Konstante; alle Kulturen verfügen über Kunstwerke, Handwerksarbeiten, über Schönheit. Aber nicht alle Kulturen haben die Erfahrung der Technologie gemacht.

Technologie ist mehr als nur angewandte Wissenschaft, vor allem aber: Technologie ist nicht neutral bei der Anwendung in fremden Kulturen, sie ist nicht universal gültig, dies entspräche einem Technozentrismus. Technologie ist in diesem Sinne keine kulturelle Konstante, ihr Voranschreiten verbindet sich mit der Verwestlichung der Welt. Die Technologie ist geboren aus einer mechanistischen Sicht der Welt, aus der Zivilisation des *Logos*; sie ist gleichermaßen quantitativ wie kausal. Die Masse, die Kraft als Vektorgröße, herrscht über die qualitativen Aspekte menschlicher Existenz, die Geschwindigkeit, die Beschleunigung gewinnen die Oberhand. Der Mensch ist demnach von der Natur verschieden und ihr überlegen. Die Technokratie ist von einem Anthropozentrismus getragen, wie er der westlichen Kultur eigen ist. Entsprechend ist die eigentliche Methode der Technologie das fortgesetzte Experiment und die Intervention. Sie setzt voraus, dass die Welt objektivierbar ist und den Präambeln des rational logischen Denkens untersteht. Das technologische Denken spaltet die Wirklichkeit in zwei Hälften: das Subjekt und das Objekt. Wirklichkeit per se wird immer durch diese geteilte Optik wahrgenommen. Es herrscht Todeskälte, so ist man versucht zu sagen, die Dingwelt scheint festgeschraubt, fixiert, kontrolliert und vor allem kalkuliert. Die technologische Kausalität ist begründet auf der Wahrscheinlichkeit und der Logik.

Auf Grund dieses Festschreibens der Kalkulierbarkeit hat der Mensch das fundamentale Vermögen des Staunens und der Verwunderung angesichts der Wirklichkeit verloren. Raum und Zeit der Technologie sind verschieden von Raum und Zeit menschlicher Dimension, wie sie die Zivilisation des *Holos* auszeichnet. Der Massenproduktion ist eine gewisse Homogenität der Zeit und des Raumes eigentümlich. Hier kommt eine Universalität in ihrem Anspruch zur Geltung, die bedrohlich auf fremde Kulturen wirken muss, die ihre Identität nicht verlieren wollen.

Die technisch-wissenschaftliche Welt setzt eine rein materielle Sicht voraus; die materielle Welt wird ohne Leben begriffen, gleichsam ein Sack voll Tod. Die animistische Sicht im Gegensatz begreift die Materie als Quelle des Lebendigen. Aus diesem Unterschied wird der epistemologische Nominalismus der technokratischen Welt erklärbar und verständlich. Der Szientismus meidet Worte wie Metaphern und Symbole und greift stattdessen nach Zeichen, Graphiken und Gleichsetzungen, Worte sind zurückgenommen auf die Rolle der Zeichen. Die szientistische Wissenschaft dringt aber nicht in den Kern der Wirklichkeit vor, da sie an eine Spaltung von Sein und Denken glaubt. In der Zivilisation des *Logos* wandelte sich die ›Techne‹ endgültig zur Technologie durch die Beschleunigung, welche die Rhythmen der Natur zerbrachen. Die Wiederherstellung des Gleichgewichts der Zeit bleibt einer Zivilisation des *Holos* vorbehalten.

Von der Arena zur Agora:
Zur Bedeutung des Metapolitischen in der Zivilisation des Holos

Von Albert Einstein ist in der *New York Times* vom 23 Juni 1946 der Satz überliefert, man könne nicht gleichzeitig den Krieg und den Frieden planen. Es ließe sich die Überlegung anknüpfen, dass der Friede meta-natürlich ist, was nicht heißen soll anti-natürlich. Historisch leitet sich der Friede immer aus einer kosmischen Ordnung ab, die Ausdrücke ›*being*‹ ›*Dharma*‹, ›*Ordo*‹ sind bezeichnend. Augustinus spricht vom Frieden als ›*tranquilitas ordinis*‹, die Ruhe der Ordnung. Der Friede wurde verschiedentlich identifiziert mit ›Brahma, ›Yahveh‹ und ›Christus‹ in Verkörperung der Ordnung des Kosmos. Mit dem Krieg und dem Einbruch der Gewalt wurde diese Ordnung zerstört und diese Störung wurde als Sünde ›*peche*‹, ›*dukkha*‹, eben ein Schisma, ein Riss im kosmischen Gefüge bezeichnet. Die Frage stellt sich: Wie lässt sich die verlorene Ordnung im Kosmos wiederherstellen? Der Frieden ist immer der Zustand, der die ursprüngliche Ordnung wiederherstellt, sei dies von innen oder von außen; hier begegnen sich ›*Ecclesia*‹ und ›*Imperium*‹, beide bedürfen wechselseitigem Schutz, um das Innen und das Außen in Einklang zu bringen, vermittelnd zwischen Heiligem und Profanem.

Erweitert man diese Gedanken auf das Planquadrat der Politik, entdeckt man eine Dimension, die sich als das ›Metapolitische‹ trefflich umreißen ließe. Metapolitisch ist nicht gleichbedeutend mit transpolitisch oder gar antipolitisch. Im Kern steht das ›Humanum‹, welches das Politische eigentlich auszeichnet. Das Politische wird zu einer grundsätzlich menschlichen Aktivität und gerinnt nicht lediglich zu einer Aktivität des Menschen. Es bedarf einer Mediation der tatsächlich verpflichtenden Beziehung zwischen dem Politischen und der Dimension, die den Menschen in seiner Ganzheit wirken lässt. Das Metapolitische gewinnt den Rang des Punktes der Begegnung zwischen dem Politischen und dem Menschlichen an sich, sowie der Sinngebung und der Bedeutung des Lebens. Es versucht, das Politische zu überschreiten, ohne es zu leugnen, so dass politischer Pluralismus ermöglicht wird. Ein authentischer kultureller Pluralismus ist ohne politischen Pluralismus unmöglich. Der gegenwärtige Begriff des Politischen, wie er den Diskurs durchherrscht, begrenzt sich auf die Fragen des modernen Staates, verschließt sich in einem Teufelskreis und erkennt in der Politik lediglich das Mittel zur Eroberung und Aufrechterhaltung von Souveränität und Macht. Das Metapolitische geht weit hierüber hinaus, es gleicht der Dimension der Transzendenz des Politischen, ohne das Politische auf das rein Religiöse zu verkürzen. Dieses notwendig Politische ließe sich als symbolisches Bewusstsein markieren oder als eine gleichsam sakrale Säkularität. Das Metapolitische ist die Tiefenstruktur, die sich wie ein Senkblei an das Politische heftet. Es versucht, die Trennung zwischen der politischen Aktivität und dem Leben als Ganzem aufzuheben und wird zu einem Kreuzpunkt der Begegnung. Dies ermöglicht den Übergang von einer Kultur des Krieges zu einer Kultur des Friedens, worin die große Herausforderung unserer Zeit besteht.

Friede kann nur das Ergebnis der metapolitischen Harmonie sein. Harmonie kennt hierbei keinen Monarchen, kein höchstes Prinzip, keinen Monotheismus. Harmonie gleicht keiner Reduktion der Wirklichkeit, keiner ›kleinen Wirklichkeit‹ unter einem Primat. Nur eine solche Harmonie lässt sich als spirituell und trinitarisch bezeichnen.

Die richtige Voraussetzung für den Frieden ist der Dialog. Krieg setzt immer mit dem Abbruch des Dialogs ein. Das politische Instrument dieses Friedens ist der Dialog, der die Weisheit beinhaltet und sich bereithält zu eine dialogischen Begegnung als konstitutivem Faktor der Wirklichkeit. Friede selbst setzt die Anerkennung des Pluralismus voraus; die Wahrheit selbst ist pluralistisch. Sie verdeutlicht, dass wir Teile der Wirklichkeit sind und nicht außerhalb von ihr stehen oder ihr übergeordnet sind. Die Ich-Du-Polarität ist für die Wirklichkeit verpflichtend.

Es wird deutlich, dass sich das Metapolitische aus der Inadäquanz der gängigen politischen Kategorien erschließt. Das Metapolitische erzielt seine Bedeutung in der Weisheit und Einsicht, dass das Politische vom Religiösen nicht getrennt werden darf, sondern beide ein Ganzes bestreiten.

Als historisches Beispiel kann die Abtrennung zwischen Religion und Politik vor etwa 15 Jahrhunderten gelten. Das Altertum kannte noch das Zusammenwirken beider Räume. Der Mensch war eben mehr als nur ein vereinzeltes Individuum. Die Polis kannte noch eine Ganzheit, die das Metapolitische auszeichnet, das mehr ist als reine Ausübung von Macht und kategorisches Treffen von Entscheidungen, ja mehr als das reine Befriedigen profaner Bedürfnisse. Das ›zoon politikon‹ erwies sich nur als lebensfähig in einer Politik, die nicht von der Religion getrennt war. Die Götter waren immer auch Instanz für die Stadt. Entwurzelten sich Menschen, nahmen sie die Götter mit sich, fanden ein Stück Land und gründeten eine neue Stadt. Keine Idee des Menschen war tragfähig ohne politische und religiöse Identität.

Ein anderes Beispiel ist Augustinus, der dem Menschen keine Erlösung zusprach ohne die Polis, im Römischen Reich aber für viele Frauen, Sklaven, die Armen und die Fremden kein volles menschliches Leben vorfand, die ohne politische Rechte blieben. So entwickelte Augustinus den Gedanken der ›zwei Städte‹, um den Menschen Hoffnung zu vermitteln. Er vertrat die Ansicht, dass die Frage nach der Bürgerschaft, der menschlichen Erfüllung, nicht in der Sphäre eines apolitischen Himmels verborgen liegt, sondern in einer himmlischen Stadt, der ›civitas Dei‹, die entgegengesetzt war der ›civitas‹ der politischen Ordnung seiner Zeit. Hier liegt die Spaltung zu Grunde, die sich im westlichen Denken erweisen sollte. Die Politik wurde dem rein weltlichen Vermächtnis überantwortet, die Religion trat für eine andere Welt ein.

Das Metapolitische steht für eine Wiederverbindung beider Ebenen im menschlichen Leben, die für Jahrhunderte getrennt waren. Es stellt sich die Frage nach der nicht-dualistischen Beziehung zwischen Religion und Politik.

Eine Kultur des Friedens beruht nicht auf der Ausübung von Macht, sondern von Autorität, die sich wesentlich unterscheiden. Macht wird vereint durch mehr Finanzkraft, ›mehr‹ Wissenschaft als Kontrolle, durch den Ausdruck von Stärke. Autorität hingegen wird durch andere gegeben, oder, in demokratischen Systemen, wird sie durch andere verliehen. Autorität wird anerkannt, weil sie am Wachstum teilhaben lässt (*ab augendo*).Die Kultur des Friedens beruht immer auf Autorität und nicht auf Macht.

Wir leben heute in einer ›Logokratia‹, was auch den Glauben an den Monotheismus im Verlaufe der menschlichen Geschichte nach sich zog, der als Modell jeder Ordnung als absolutes Zentrum dient. Der Schlüssel zu dieser Einsicht verleiht Macht. Der Monotheismus hatte Folgen in den Formen monotheistischer Machtgefüge wie der Monarchie, dem Anspruch auf absolute Wahrheit, Absolutismus oder heute den Glauben an Globalisierung als universelle Peitsche. Es ist eine große Herausforderung einer Zivilisation des *Holos*, diese monolithischen Systeme zu überwinden, zu einer Symphonie der Stimmen zu gelangen, vom Monotheismus zur Trinität, vom Monismus zu einem Nicht-Dualismus. In hellenistischer Erinnerung könnte man von einem Übergang von der Arena zur Agora sprechen. Die Arena stand für den Sand der Gladiatoren, für den Kampf, den Wettbewerb, den Sieg. Die Agora ist der Ort, an dem gesprochen wird, wo das Gegenüber in einen Dialog tritt, wo eine Versammlung stattfindet, wo der Mensch ohne Furcht sprechen kann. Das Metapolitische ist immer eine Kultur der Agora. Es verlangt nach jener Umkehr, die zur Harmonie führt zwischen dem, was ich sage und was ich bin, und wo die Worte der authentische Ausdruck dessen sind, was im Sinne von Denken gedacht wird und nicht nur im Sinne von Kalkulieren und Praktizieren. Das Prinzip der Selbstbestimmung der Völker begründet sich darauf, dass Gewalt alleine das Zusammenleben nicht sichern kann, sondern dass es eines ›contract social‹ bedarf, der auf freiwilliger Grundlage erstellt wird. Wieder wird der nicht dualistische Weg zwischen Monismus und Dualismus gewählt, nicht zuletzt dadurch, dass zwischen Autorität und Macht unterschieden wird. Macht ist Besitz, sie kann ausgeübt werden als Individuum, als Gruppe, als Kartell, als Staat. Im Gegensatz dazu steht Autorität, die sich von *›auctus‹* ableitet, von *›augeo‹* (was wachsen macht). Autorität ist mir gegeben, ist anvertraut, anerkannt. Alter, spiritueller Wert, Weisheit, Verdienst, Kenntnis, Reichtum sind viele Merkmale, die Autorität verleihen. Wissenschaft errichtet Autorität, Respekt, Vertrauen.

Der Wissenschaftler übt Autorität aus, während der Technokrat nur Macht besitzt. Macht ist die Stärke des *Logos*, der Rationalität, das Gewicht der Fakten, das die Ratio uns gegenüber erstarren lässt. Autorität hingegen ist die Stärke des *Mythos*, an den man glaubt, nach dem man sich richtet, er gewinnt das Gewicht eines Ideals. Die metapolitische Weisheit versucht, beide Ebenen zu versöhnen.

Die Zivilisation des *Holos* braucht folglich heute wesentlich auch eine dritte Dimension, die des Mystischen, die den Blick frei legt auf das

Sensitive, ohne das die Wirklichkeit eine reine Abstraktion wäre. Der Künstler gewinnt an Wichtigkeit und die Bejahung der Vielheit der Kulturen. ›*Esse est coesse*‹, beide Ebenen legen Wert auf die Konvivialität, auf die Erfüllung menschlichen Seins, auf das Abrücken von jedem kulturellen Monismus, auf die Einsicht, dass keine Kultur, keine Religion, keine Ideologie oder Tradition selbstgenügsam ist. Dialog, Zusammenarbeit und gegenseitiges Vertrauen sind Imperative einer Zivilisation des *Holos*.

Es sei nicht vergessen, dass es auch kulturelle Genozide gibt, folglich kann es keine Politik geben, die kulturell neutral auftritt, keine Politik kann ohne das menschliche Phänomen der ›Kulturalität‹ in der Evolutionsgeschichte, also dem Vermögen zu Kultur, überleben, beide sind untrennbar verbunden, ebenso wie kultureller und politischer Pluralismus.

Das Metapolitische fordert den ›dialogischen Dialog‹. Hierin liegt die anthropologische Begründung des Metapolitischen, die transzendentale Beziehung zwischen dem Politischen und dem, was ihm zu Grunde liegt: der Sinngebung des Lebens. Dieser transzendentale Akt ist ein konstitutiver Raum des Lebens: das Transzendentale in der Ordnung des Seins. Das Wunder des Daseins, das Mysterium des Lebens liegt in jeder menschlichen Handlung verborgen. Das Metapolitische stellt die intrinsische Einheit zwischen der politischen Aktivität und dem Menschen an sich wieder her. Das ›animal politicum‹ gewinnt Gewissheit in dieser Ganzheit.

Die Abstraktion in der technischen Zivilisation der Gegenwart des Menschen von der Ganzheit durch die Spezialisierung in der Berufswelt ist eine Bedrohung. Bereits die Bhagavadgita wie Konfuzius warnen uns vor einer Spezialisierung. Gerade hierdurch gewinnt das Metapolitische an Gewicht, da es die Gegenwart von etwas in der Politik verkörpert, das transzendiert, ohne zu leugnen, das über die Bedrohungen hinausreicht, eine Politik in ihrer Tiefe. Die Essenz des Menschen wird berührt, die Individualität wird überschritten, ohne ihn zu entfremden.

Beispiele für das Metapolitische sind etwa die eucharistischen Feiern der Gründergemeinden in Lateinamerika oder die politische Arbeit von Camillo Torres.

Das Politische reicht weit hinter die Politik, um mit einem Diktum von Pascal zu sprechen, die Erfahrung des Metapolitischen wieder führt zu einem Gleichklang mit dem Kosmos und besonders den Menschen, zu der Erfahrung der Einheit des Lebens. Dies hängt mit dem symbolischen Bewusstsein zusammen, welches den symbolischen Charakter der Wirklichkeit umschreibt, der die innere Stimme in der Welt der Dinge ertönen lasst. Das Symbol ist mehr als ein Zeichen, mehr als die reine

Erscheinung, es enthüllt die intrinsische Verbindung mit der Dingwelt. Das Metapolitische transzendiert diese Welt folglich in immanenter Weise durch seine symbolische Aufmerksamkeit und sein Bewusstsein, es wertet jede politische Ordnung auf, nicht mit dem Blick auf eine ›andere Stadt‹, um das Wort von Augustinus zu gebrauchen, sondern auf eine ›menschliche Stadt‹, ein Seele, die untrennbar verbunden ist mit dem, was man das Politische nennt. Ein symbolisches Bewusstsein vermag selbst dort Wirkung zu erzielen, wo das rationale Bewusstsein scheitert. Das Metapolitische verbirgt sich folglich zugleich in dem Säkularen wie in dem Sakralen, eben in jener sakralen Säkularität. Hier soll es nicht um eine bloße Sakralisierung der Politik gehen im Sinne eines Caesareopapismus oder einer Theokratie. Vielmehr öffnet sich das Metapolitische auf eine authentische Spiritualität, die verdeutlicht, dass das Politische nicht selbstgenügsam ist, nicht einmal im Stande, politische Probleme zu lösen, die sich dem Menschen stellen.

Die Ökologie als ein Beispiel des Metapolitischen verleiht heute den Nationen eine Vision, die sie transzendiert.

Der Mensch ist zur Verantwortung für ein tieferes Ganzes aufgerufen. Dies erinnert an die griechische Polis, die sich dem Transzendenten öffnete, die bevölkert war von Göttern und Orakeln, die der Transzendenz ihre sozialen Funktionen beimaß, selbst in der Stadtplanung, wo Tempel zum integralen Bestandteil der griechischen Stadt zählten. Die Götter waren gleichsam immer auch Bürger. Gott war nicht völlig transzendent, er wirkte auch in die Gegenwart hinein, in die Polis, die auch ein menschlicher Organismus war. Jedes Mitglied verfügte über seine Ontonomie.

Die Zivilisation des *Holos* kann aus dem historischen Beispiel lernen. Gefordert ist ›Civilita‹ als Gegenstück zum Barbarismus und zur Unmenschlichkeit der Technokratie. Im Französischen gibt es den Sprachgebrauch ›Civisme‹, es ließe sich auch von ›Urbanita‹ sprechen, das die Verbindung zwischen ›cité‹, die zur ›urbs‹ mutierte, und den menschlichen Werten bedeutet. Man ist Bürger einer ›cité‹ aber, diese ›Cité‹ ist Teil der Welt und des Kosmos. Die Weisheit der Alten zeichnet einen Weg vor zur menschlichen Konvivialität, um den politischen Monomorphismus zu überwinden. Das ›Humanum‹ liegt im Metapolitischen und nicht in einer globalisierten politischen Herrschaft mit universalem Anspruch. Der Mensch ist das historisch-empirische Tier – und doch ist er noch mehr. Man kann kein rein historisches Bewusstsein der Existenz haben, ohne in Zynismus zu verfallen. Hierin verbirgt sich auch ein Grund für die Krisis der industrialisierten Ersten Welt.

Um der Verzweiflung zu entrinnen angesichts des Unvermögens, eine gerechtere Welt zu schaffen, verfallen die Heroen der technischen Zivilisation in politische Gleichgültigkeit, die Versuchung liegt in der Verzweiflung. Das Metapolitische findet hier einen Ansatz und eine Wirkungsstätte, da es an der Schnittstelle zwischen Historischem und Transhistorischem angesiedelt ist, zwischen der Ordnung der Stadt und der inneren Stimme des Menschen, zwischen ›Polis‹ und dem ›Oikos‹, dem Öffentlichen und dem Privaten. Das Metapolitische in einer Zivilisation des *Holos* eröffnet eine tiefe humane Sicht, es ist der Ort, wo dem politischen Projekt seine Seele verliehen wird, eine Seele, die immanent ist zum Politischen – während sie zugleich transzendent ist. Wirkliche Immanenz ist immer, wo Transzendenz erfahren wird. Das Metapolitische erhält hier seine Lichtschwingen, seine Signifikanz, es gleicht dem Raum der Freiheit in dem gegenwärtigen Determinismus der Politik, der regiert wird durch die Gesetzmäßigkeit einer vermeintlichen Notwendigkeit, den Wirkungen, aber nicht den Ursachen.

Würde man das Gewicht der Worte nicht so fürchten, könnte man das Metapolitische auch als den Ort des Mystischen bezeichnen, das oft aufblüht in den Zeiten der Krise. Die unverzichtbare Umkehr, die grundsätzliche ›Metanoia‹ ist weder ein rein technisches noch politisches Problem. Der Selbstbestimmungsakt des Menschen, der dem Absoluten der Verzweiflung widerspricht, ist in seiner Bedeutungsvielfalt nicht alleine durch juristische Legislatur zu begründen, die tiefen Überzeugungen des Menschen artikulieren sich immer auch in einer wahren Religiosität und Stille, will die Theorie dem Menschen keine Gewalt antun, in einer Anthropologie, die ein Selbstgefühl im Kosmos verleiht. Dies setzt auch die Kunst des Zuhörens voraus für den existentialen Menschen, der Geduld und der Generosität, die den einzelnen Tag ebenso zu verändern vermag wie ein Jahrhundert.

Die Anerkennung der wechselseitigen Abhängigkeit, der mitschwingenden Bedeutungen des inter- und intrareligiösen Dialogs als strengem Prüfstein einer Zivilisation des *Holos*, will andere Stimmen zum Klingen bringen. Gefordert ist ein Polylog der Kulturen und Religionen, der den Mord an der eigenen Zeit verhindert, der interkulturelle Philosophie ans Licht hebt, um kulturell bedingte Denkweisen zu begreifen, der die Selbst- und die Fremdwahrnehmung stärkt und das Verstehen des kulturell Anderen, der kulturellen Verschiedenheit sichert.

Kultur- und Philosophiegeschichte können nicht mehr als zerborstenes Denken nur eurozentrisch gedeutet werden, die Ausweitung des

Horizontes der Geistesgeschichte ist nicht der letzte metaphysische ›dernier cri‹, sondern die Abkehr von einem Bewusstsein der europäischen Überlegenheit, vom Zustand seliger Unwissenheit und selbstbezogener Unschuld in Unkenntnis der Quellen. Ein rein monologisches Verfahren ist Ausdruck des Versagens angesichts des kulturell unterschiedlichen Denkens.

Das »Multiversum« der Kulturen: in Richtung auf einen dialogischen Dialog

Einseitige Voraussetzungen entsprechen nicht der Vielheit der Kulturen, wie sie die Evolutionsgeschichte ausweist.

Interkulturalität ist mehr als bloßer Kulturtourismus, Kultur mehr als nur Folklore. Andere Kulturen sind nicht nur exotisch als einem Spruch der Pythia. Die Kenntnis des Anderen ist Voraussetzung für das eigene Verständnis des Selbst. Unsere Kenntnis des Anderen ist immer auch unsere Erkenntnis, der andere ist immer auch ein Ich. Kurzum, Interkulturalität darf nicht verwechselt werden in einer Zivilisation des *Holos* mit der eigenen Erkenntnis anderer Kulturen, spirituelle Nischen anderer Kulturen dürfen nicht geplündert werden wie in der Vergangenheit materielle Ressourcen. Die modernen Archetypen des Denkens sind bereits bis in die letzten Verästelungen von der Technokratie geprägt, was sich auch symbolisch in dem Begriff der ›Entwicklung‹ niederschlägt in aller Wankelmütigkeit. Sollte man an Stelle des Begriffs der Entwicklung, dem ein linearer westlicher Fortschrittsbegriff zu Grunde liegt, der so in anderen, außerwestlichen Kulturen nicht gültig ist, nicht lieber den Begriff des ›Erwachsens‹ als auf dem Wege zur Verwirklichung befindlich gebrauchen? Zur Kritik steht die Extrapolation des Gesamtkonzeptes der Entwicklung, das nicht ohne weiteres auf andere Kulturen übertragbar ist; die Universalisierung tut der Theorie Gewalt an und wird in Frage gestellt. Man könnte vielleicht von Wachstum sprechen, ein Begriff, der in seiner Offenbarung mehr meint als der bloße Begriff der Entwicklung. Verliert der Mensch seine Homeostasis, um im medizinischen Sprachgebrauch zu bleiben, erleben wir eine krebsartige Entfaltung der ›Entwicklung‹.

Eine Zivilisation des *Holos* muss sich um eine wahrhaftig gelebte Interkulturalität bemühen in einem Multiversum der Kulturen. Dies kann nicht nur darin bestehen, die eigene Sphäre der Erkenntnis zu vergrößern, sondern die fundamentalen Kategorien auf feinkörnigem Grund zu erweitern, in denen ich denke. Die Zivilisation des *Holos* wird sich kein Fingerbreit ändern, wenn nicht die Kategorien des Ändern zum Gebrauch gelangen und Verwendung finden, um ›seine‹ bestimmte Wirklichkeit wahrzunehmen und anzuerkennen, vor allem zu verstehen, um letztlich die eigene Wirklichkeit besser einordnen zu können. Es ist ein Wechsel der Linsen erforderlich und nicht nur der Perspektive. Die Zivilisation des *Holos* soll die Fähigkeit entfalten, mit den Augen des anderen Menschen zu sehen, um sich einer vollständigeren Vision der Wirklichkeit anzunähern. Die Einkapselung in sich selbst muss überwunden werden.

Kultur ist das Feld, das es dem Menschen ermöglicht, seine Identität zu bestimmen. Es ließe sich sagen, Kultur sei die spezifische Ausgestaltung der menschlichen Natur oder, wieder anders: die Natur des Menschen ist kulturell, sein Merkmal ist jene ›Kulturalität‹, jenes Vermögen zur Kultur als existentielle Metapher im Verlaufe der Evolution. Beide Elemente, Natur und Kultur, trennen zu wollen, verbietet nicht nur die Anthropologie, es wäre die Zerstörung des ›Humanum‹.

Interkulturalität ist folglich der philosophische Imperativ einer Zivilisation des *Holos*. Es kann auch keine über allen Kulturen schwebende Definition, schwerelos und verwehbar, einer ›universalen Logik‹ geben, einer Mysterienweihe gleich. Interkulturalität ist immer die vollständige Form ›menschlicher Kulturalität‹. Der Begriff der Interkulturalität bezieht sich nie auf eine einzige Kultur oder eine unzusammenhängende Pluralität. Eine Zivilisation des *Holos* setzt es sich zur Aufgabe, alle Monismen, seien sie offen oder mit verschleiertem Gesicht, zu überwinden, auch jenen Monomorphismus, der einem Denkmorphismus gleicht. Um wirklich eine Konvivialität der Kulturen zu erreichen, bedarf es jenes dialogischen Dialogs, der von wechselseitigem Respekt ausgeht. Die Eurozentrik der Kultur- und Geistesgeschichte muss durchbrochen werden zu Gunsten einer Öffnung des Horizontes, will man andere Stimmen zum Klingen bringen als eine Fortsetzung der »Aufklärung« mit anderen Mitteln.

Denken heißt immer dialogisches Denken, der Mensch ist ›animal querens und loquens‹, ohne dialogisches Leben kann der Mensch nicht existieren. Aber das Vermögen der Sprache ist nicht nur Kommunikation im Außen, sondern wesentlich innere Kommunion. Jede nicht-fragmentarische Anthropologie verdeutlicht, dass der Mensch Leib (soma), Seele (psyche), Gemeinschaft (polis) und Welt (aion) in sich verkörpert. Erkenntnis ist nicht nur ein logischer Vorgang, sondern heißt immer auch das Versenken in das Mysterium der Wirklichkeit. Diese Bedeutungsvielfalt ist ohne den Dialog nicht möglich, Fackeln werden von Hand zu Hand gereicht, der Mensch ist ein dialogisches Wesen, der Dialog ist ihm lebens- und wesensnotwendig wie die beseelten Mysterien der Musik. Aus diesem Grund vermag der Mensch nicht ohne Metaphysik zu leben, er lässt gleichsam Sterne regnen und ist ein elementarer Bestandteil des Kosmos. Hierin liegt sein historisches Schicksal. Erst der Dialog bringt dem Menschen die Erfahrung der Kontingenz; dies heißt, dass wir unsere Grenzen berühren (tangere) und dass unsere Grenzen uns berühren (cum-tangere).Die Verfasstheit des Menschen und der Wirklichkeit ist aber letztlich mehr als nur dialogisch, sie ist trinitarisch und beruht auf keinerlei Monismus.

In der Zivilisation des *Holos* fordert der Dialog die Begegnung, sogar die Konfrontation zweier ›logoi‹. So ist der Dialog immer ein Duolog, er ist mehr als nur zwei Monologe. Auch der interkulturelle und religiöse Dialog ist in erhöhtem Maße politisch und entsagt nicht der eigenen Existenz, sondern begründet menschliches Leben, auch in der Politik.

Die Naturwissenschaftler sprechen gerne von einer ›mathesis universalis‹ und glauben an die Möglichkeit, die Wirklichkeit mit mathematischer Grammatik erfassen zu können. Hierbei wird der eigene *Mythos* übersehen, wiewohl *Mythos* und *Logos* immer zusammen auftreten. Ein wirklicher Dialog durchdringt den *Logos* wie ein Zustrom verjüngenden Zaubers und legt den *Mythos* offen. Eine Zivilisation des *Holos* lebt von diesem Vorgang, da der in diesem Sinne dialogische Dialog wesentlich über die rationale Begegnung hinausragt. Der Versuch selbst ist bereits der erste Schritt zum Dialog, zu einer Überwindung der Solipsismen, zu einer Relativierung des eigenen Selbst, indem sich der Mensch am Schicksal des ganzen Kosmos beteiligt. So ist der Dialog gleichsam mit einer Schärpe dekoriert und hat auch eine liturgische Seite. Wirklich verstanden, gleicht er einer ›comunicatio in sacris‹, einem letztlich sakralen Akt, ohne den keine menschliche Gemeinschaft überleben kann.

Die Begegnung der Kulturen und Religionen ist ein fortdauernder Vorgang, sie ist nie abgeschlossen, ist immer unterwegs. Erkennen wir in der Geschichte den *Mythos* in seiner Vielheit an, dann wird die Begegnung der Religionen zu einer kosmischen Tat, gerade in unserer Zeit, wir gestalten ein Ereignis, das sich mit unserer Tatkraft verwirklicht. Eben unsere Mitwirkung zählt zum *Kairos* der Gegenwart in einer Zivilisation des *Holos* und gerinnt zum Sinn der Geschichte schlechthin. Der Dialog verbleibt freilich vorläufig, unvollendet, er ist nie erschöpfend; in dieser Kluft entsteht wahre Metaphysik. Die Vorläufigkeit menschlicher Existenz ist letztlich unsere Befindlichkeit. Der Dialog bleibt konstitutiv und offen zugleich, da er eine triadische Struktur aufweist.

Jede Kultur erfährt eine Kosmovision, jede Kultur ist ein ›genus‹ und nicht die Abstraktion eines übergeordneten genus. Es kann folglich keine kulturellen Universalien geben. Jede Kosmologie verinnerlicht den *Logos* eines Kosmos, der sich uns offenbart als der *Mythos*, der uns den *Logos* ersichtlich macht. Der Dialog ist in einer tiefen anthropologischen und kosmischen Struktur der menschlichen Existenz konstitutiv.

Frieden als kosmische Harmonie

Friede heißt nicht lediglich die Abwesenheit von Gewalt. Friede bedeutet vielmehr den Versuch, dem Rhythmus der Wirklichkeit keine Gewalt widerfahren zu lassen. Gewaltlosigkeit bezieht sich auf die Gewaltlosigkeit der Persönlichkeit, die innere Würde. Friede bedeutet immer die Teilnahme des Menschen an der Harmonie im Rhythmus der Wirklichkeit. Frieden ist nicht eschatologisch, auch kein Zustand der Ratio.

Wir leben in einer durchweg unfriedlichen Kultur, die es zugleich notwendig macht, den Frieden aufrechtzuerhalten, da sie den Rhythmus von Materie und Geist durchschritten hat. Frieden heißt nicht, den Status quo zu erhalten, vielmehr sich davon zu emanzipieren und ihn zu verwandeln in einen Fluxus quo in Richtung auf eine kosmische Harmonie. Es ist sehr gefährlich, in einer Welt der Konflikte oder kriegerischen Auseinandersetzungen zu leben. Die Welt zu Beginn des 21. Jh. ist voll der institutionellen oder nicht-institutionellen Ungerechtigkeiten, die den Frieden bedrohen. Frieden ist mehr als nur die Abwesenheit von bewaffnetem Konflikt. Wo es keinen Frieden des Innen gibt, kann der äußere Frieden nicht erwachsen. Die Philosophie des Lebens, verstanden als die Weisheit der Liebe, hilft uns, diese Dichotomie zwischen Innen und Außen zu überwinden und inneren Frieden zu erreichen. Dies war die Botschaft des Buddha, von Christus, hier lagen die Qualen Luthers, die Lehre der Vedanta (das ›pratistha‹ der maya ist brahman, eben die Enthüllung der Nichtzurückführbarkeit der Wirklichkeit auf ein intellektuelles Prinzip).

Friede ist weder für sich selbst erobert noch anderen auferlegt. Er wird erhalten, entdeckt und geschaffen, wir enthüllen ihn; Friede ist folglich eine Entdeckung, keine Eroberung, er ist die Frucht einer Evaluation, er ist die Verkörperung von Liebe, der Existenz der Vorhersehung, einer verborgenen Bedeutung und Sinngebung gleich, Friede gleicht der Harmonie des Seins und der Güte der Schöpfung, der Hoffnung und Gerechtigkeit. Er ist kein Produkt des ›ready-made‹, er ist uns vielmehr ein Bedürfnis ›nixus, spanda, elan‹. Wenn wir Gabe sagen, meinen wir auch Gnade, folglich ist Friede immer auch Schöpfung, er lässt sich nicht erreichen durch Rückgriff auf primitiven Urgrund, ist die Unschuld erst mal zerstört und zerbrochen. Frieden ist immer neu geschaffen, er ist Gabe und Aufgabe zugleich in einer Zivilisation des *Holos*.

Sieg führt folglich nicht zwingend zu Frieden, Sieg führt lediglich zum Sieg, wie Raimon Panikkar sagt, und dies ist ein Ausdruck des Krieges. Ein Seitenblick auf die Geschichte zeigt uns, dass tausende von Friedensverträgen unterschrieben und wieder gebrochen wurden. Keiner dieser Siege brachte einen wirklichen Frieden. Dies heißt auch, dass Friede nicht zwangsläufig das Gegenteil von Krieg vermittelt. Die Eliminierung von Krieg bedeutet nicht kausal die Errichtung von Frieden. Hieraus folgt, dass der wirkliche Weg zu Frieden nicht der ›Sieg‹ als Abstraktum ist. Die Besiegten erfreuen sich nicht am Frieden irgendeines Siegers. Friede ist nicht das Ergebnis eines dialektischen Prozesses. Es gibt nicht ein einziges und ausschließliches Konzept des Friedens, ein Blick auf die verschiedenen Bezeichnungen lässt dies aufscheinen: pax, eirene, salam, Friede, santi. Der Begriff des Friedens ist polysemiologisch, er hat viele Bedeutungen. Er ist auch pluralistisch; meine Vorstellungen von Frieden müssen nicht identisch sein mit denen meines Mitmenschen. Friede ist keine Ideologie, er ist nicht gleichbedeutend mit Pazifismus. Früher wurden Kriege im Namen Gottes geführt, heute im Namen des Friedens. Eine Zivilisation des *Holos* begreift heute, dass nur Versöhnung, andauernder Dialog, zu wahrem Frieden, der immer pluralistisch ist, führen kann.

R. Tagore schrieb bereits 1924: »Peace is the inner harmony which dwells in truth.« Wir begegnen einer Beziehung zwischen der politischen Harmonie zwischen Völkern und Nationen und der persönlichen Erfülltheit des Individuums. Krieg führt nicht zu Frieden, Krieg führt zu Sieg, aber nie zum Frieden. Die Vielzahl der »Kreuzzüge« beweist es. Eine Zivilisation des *Holos* muss zu Beginn des neuen Jahrhunderts auch die Religionen einer kulturellen Abrüstung, eines tiefen Wandels unterziehen. In diesem Sinne ist Frieden nicht nur der Friede der Seele, der Kuss des Himmels oder das eschatologische ›Happy End‹ für alle Fälle. Frieden ist eine politische Wirklichkeit mit ökonomischem Aspekt und säkularem Grundton. In einer Zivilisation des *Holos* kann entsprechend von beiden

Ebenen gesprochen werden, um tatsächlich Frieden zu erzielen: von einer säkularen Sakralität und einer sakralen Säkularität.

Dies heißt, dass das Sakrale, mit welcher Bezeichnung auch immer es ausgedrückt wird, ein konstitutiver Bestandteil der Wirklichkeit und der menschlichen Existenz ist. Säkularismus, der von der Säkularität zu unterscheiden ist, entspricht nicht der ›conditio humana‹. Er verneint Transzendenz und nimmt den Menschen auf rein rationale Strukturen zurück. Ein rein empirischer, gesellschaftlich-ökonomischer Frieden wäre aber ebenso unzureichend wie unmöglich, er wäre kein umfassender Frieden voll Gültigkeit. Das menschliche Leben ist sakral in letzter Ausrichtung, Transzendenz ist die Dimension der Freiheit und Unendlichkeit, die jedem Menschen gegeben ist. Wahre Transzendenz ermöglicht auch eine Vielheit der religiösen Erfahrungen und Interpretationen. Die ›Metanoia‹, welche eine Zivilisation des *Holos* heute auf dem Felde der Religionen bewirken muss, spricht den Religionen das Monopol auf die Religion ab. Religion kann nicht gleichgesetzt werden mit den politischen Körpern der Gesellschaft, Religion kann nicht gleichgesetzt werden mit den etablierten Religiositäten und organisierten Religionen.

In jedem Menschen lebt das Bewusstsein für das Wunder der Existenz, für das Geheimnis, das nicht rückführbar ist auf Intellekt und Ratio. Diese dritte Dimension gleicht der mystischen Erfahrung, dem tiefen Sinn für das Nichtwissbare; alle Kosmologien hatten ihre Bezeichnungen hierfür in der Verwirklichung des ›sunyata, vidya, anubhava‹ oder wie immer wir es nennen wollen. Die fünf Säulen des Islam, die christlichen Sakramente, die Wünsche der Bodhisattva, die dharmischen Vorschriften, die Maßgaben der Thora – überall stoßen wir auf gültiges Regelwerk, aber keines kann für sich Ausschließlichkeit oder gar Absolutheit beanspruchen.

Der Mensch definiert sich wesentlich durch das Geheimnis, durch das Unbekannte, das Unendliche und das Gottgleiche, er schafft sich Raum wo immer für das, was wir das Sakrale nennen. Der Mensch kann nicht ohne diese kosmische Dimension leben, auch nicht in einer sakralen Säkularität, ebenso nicht bei der Friedensstiftung.

Eine Zivilisation des *Holos* lebt von dem Bewusstsein der transzendentalen Beziehung jeder Religion zu dem Religiösen, so wie jeder Mensch eine transzendentale Beziehung mit dem Menschsein hat. Niemand kann behaupten, dass eine Kultur oder Religion ›besser‹ als eine andere wäre, ein Afrikaner oder Amerikaner, ein Muslim oder ein Russe. Jeder Mensch ist einzigartig und hierin offenbart sich das ›Humanum‹. Religiöse

Erziehung ist gewiss auch die Lehre von Religionen, weit mehr aber das Lehren des Religiösen.

Eine Zivilisation des *Holos* erkennt ein solches Religiöses als die Verbindung zu dem Mitmenschen, als ›compassion‹ auch als Mitleiden, in der Gemeinschaft, in der Verbindung des Menschen zur Natur, zum Göttlichen, zum Mysterium, dem Sakralen, dem Numinosen, dem Absoluten oder der Transzendenz – wie immer wir dies bezeichnen wollen.

Heute sind die kardinalen politischen Fragen in ihrer Essenz metaphysisch. Technologie ist nicht nur ein Problem des ›engineering‹, sondern ein zutiefst humanes Problem, das Gleiche gilt für die Abrüstung, die Wirtschaft und die Menschenrechte, welche die Würde des Menschen betreffen, aber auch für die ökologischen Fragen. All diese Fragestellungen ragen über die Souveränität von Nationalstaaten und rein politischen Maßnahmen hinaus. Probleme werden nicht mehr dadurch gelöst, in Quantitäten zu denken, mehr Waffen zu verzeichnen als der Gegner, größere Finanzmittel zu mobilisieren. Eine Zivilisation des *Holos* begreift, dass die Früchte des Strauches nur genossen werden können, wenn die Wurzeln gesund sind. Die Umkehr bezieht sich auf die Einsicht, dass die drängenden politischen und wirtschaftlichen Probleme in letzter Konsequenz anthropologische und auch religiöse Fragen sind.

Die Trennung zwischen einer ›Pax Spiritualis‹ und einer ›Pax Civilis‹ ist eine Sackgasse; die Beziehung zwischen beiden Ebenen hat ontonomischen Charakter, sie beschreibt eine ontologische Eintracht. Politik gleicht der Kunst und Wissenschaft, das öffentliche Leben zu organisieren, um das ›bonum comune‹ der Bürger in der Ganzheit menschlichen Lebens, ein Griff nach dem Äußersten, zu entfalten. Der Mensch lebt von dem entlehnten Licht, öffentliches Leben zu ordnen, ist immer auch ein transzendentaler Akt. In dem Maße, in dem der kosmische Rhythmus durch die voranschreitende Technokratie zerbrochen ist, durch eine Vereinheitlichung ohne wirkliche Einheit in der ›Weltordnung‹, wird das nackte Menschsein angegriffen und die Ressourcen sinken.

Einem mikrosozialen Fortschritt steht mit unheimlicher Verwegenheit ein makrosozialer Rückschritt entgegen. Technologie lässt erkennen, dass olympische Gleichgültigkeit nicht weiter führt, dass die Erde nicht der Ersatz einer unendlichen Existenz sein kann, wobei jeder Fortschritt hier in anderen Teilen der Welt zu einem Rückschritt führt. Es ist einer Zivilisation des *Holos* aufgetragen, ein Gleichgewicht anzustreben, das nicht nur Ökonomie und Macht vereint, sondern auch Kultur, Religion und Kosmologie.

Interkulturalität ernsthaft zu verstehen, heißt, anzuerkennen, dass andere Kulturen nicht nur über eine andere Weltsicht verfügen, sondern tatsächlich in einer verschiedenen Welt leben, wir bleiben sonst Gefangene einer monistischen Perspektive, welche die technokratische Welt durchdringt, und dies keineswegs nur im Westen. Die monokulturelle Sicht ist aber auch Ausdruck eines Konflikts der Kosmologien, der Blitze schleudert und letzter Ausdruck der gegenwärtigen Krise ist. Den Herausforderungen der Zukunft kann mit einem einheitlichen Konzept der Kosmologien und folglich des Menschen aber nicht begegnet werden. Wir dürfen uns nicht völlig auf den *Logos* verlassen im Sinne einer rationalen Weltregierung, jenes Solipsismus, jener Eingeschlossenheit, die uniformierend wirkt und keinen Ausgleich schafft für eine ›Republica universalis‹. Weder Religion noch Politik können getrennt als höchste Instanz für den Frieden sprechen, aus dem einfachen Grund, dass der Mensch ein Ferment, eine Einheit bildet und beide mit dem Menschen in seiner Ganzheit zu tun haben und nicht mit Teilen von ihr. Die sinnvolle Trennung von Staat und Kirche soll nicht verwechselt werden mit der Apartheid zwischen Religion und Leben. Bloße Transzendenz wird dem Menschen ebenso nicht gerecht wie eine nur weltliche Politik. Eine strikte Dichotomie von Religion und Politik trennt das ›Humanum‹ vom Politischen, hierin unterscheidet sich der Mensch in der Evolutionsgeschichte von anderen höheren Lebewesen.

In einer neuen axialen Periode – nach der Zeit im ersten Jahrtausend vor Christus – erleben wir ein planetares Bewusstsein in der Gegenwart, wobei die Forderung heute auf einen Wechsel von Divergenz zu Konvergenz gerichtet ist. Spirituelle Energien, religiös-kulturelle Formen gleichen nicht mehr einer Verschwörung der Abwesenden, sondern rücken ins Zentrum vor, stets auf der Suche nach Authentizität und schöpferischer Energie. Diese Begegnung der Kulturen und Religionen wollen wir eben mit dem Begriff des dialogischen Dialogs im Gegensatz zum dialektischen Dialog erfassen, bei dem sich beide Parteien das Recht streitig machen. Verschiedenheit wird als Grundlage der Schöpfungskraft gewertschätzt in einer Zivilisation des *Holos*. Sie zielt auf eine kreative Vereinigung ab als Formel des Bewusstseins, das für das neue Jahrhundert verpflichtend sein wird. Ein planetares Bewusstsein ist mehr als ein bloß abstraktes und undifferenziert universales Bewusstsein. Planetar wird das Bewusstsein durch die globale Konvergenz der Kulturen und Religionen, durch die Wiederentdeckung der gemeinsamen Wurzeln der Erde in ökologischer Sicht. Wir erleben in einer Zivilisation des *Holos* den Wechsel der Paradigmen.

Der Anthropologie kommt hierbei eine besondere Aufgabe zu; Anthropologie, wie der Begriff etymologisch sagt, als *Logos* des Anthropos, als Studium der Menschheit schlechthin.

Der dialogische Dialog setzt jenseits der Absolutheitsgrenzen ein, sei dies bei Christen, Muslimen, Buddhisten oder Hinduisten. Er fordert die zunehmende Ent-Absolutierung im Denken der Zukunft. Der dialogische Dialog denkt in Verbindungen, wir sprechen über das Konzept des Dia-*Logos* als planetarem Ausdruck eines Prinzips. Die Begründung der Wirklichkeit liegt folglich nicht im *Logos* alleine, sondern im Dia-*Logos*. Andere Kulturen kennen vergleichbare Bezeichnungen, das Chinesische den Begriff ›cluihwa‹, das Hebräische ›dosioch‹, um nur zwei Beispiele zu geben. Es kann auch von einem wirklich integrativen Dialog gesprochen werden, wobei Wirklichkeit wechselseitig aufgefasst wird, die Partner sind wechselseitig bereit, zu lernen. Es lässt sich von einer reflexiv-bewusstseins-erweckenden Dynamik im Verlaufe der menschlichen Evolutionsgeschichte sprechen, die in der Einheit der Vielheit und Verschiedenheit – pluribus unum – mündet und in einem dialogischen Erwachen.

Da Religionen den Ort für letzte Wahrheiten markieren und den Weg zu ihnen weisen, gibt es eine konstitutive Verbindung zwischen einer bestimmten Vorstellung von Wirklichkeit, die vermittelt wird und der Religion, die sie zum Ausdruck bringt. Hier liegt eine menschliche Grunderfahrung vor. Paul Tillich formulierte bereits: ›Religion is the area of ultimate concern‹. Hier auch die Wurzel der Konflikte.

Das existentielle Problem liegt darin, dass sich Menschen in der Vielheit der Kulturen und Religionen unterscheiden, wenn sie aus der Frische der Anonymität heraustreten. Der Marktplatz der Weltreligionen ist der Ort, wo diese Unterschiede auf den Punkt gebracht werden, da um letzte Wahrheiten gestritten wird.

So verwundert es nicht, dass alle großen Kriege der Weltgeschichte auch als Religionskriege betrachtet werden können, dies trifft auch auf die beiden Weltkriege des 20. Jh. zu, vor allem aber auf die kriegerischen Auseinandersetzungen zu Beginn des 21. Jh. um die Stellung des Islam in der Weltzivilisation, um verschiedene Formen des ›Fundamentalismus‹ als Anti-Modernismus, um den jüdisch-arabischen Konflikt.

Politische Konflikte hatten immer ihren geistes- und religionsgeschichtlichen Hintergrund, die Divergenzen zwischen einem Sankara und einem Ramanuja, einem Thomas von Aquin und einem Duns Scotus, zwischen Averroïs und Abhinavagupta, zwischen Newman und Maimonides. Religionen und Kulturen sind verschieden, Sankaras Dharma ist ungleich Ramanujas trotz der überdachenden Zuordnung des Hindu. Sankt Thomas' Einsichten über Analogie, Essenz und Existenz sind als Grundlage einer religiösen Haltung verschieden von den Gedanken Duns Scotus, selbst wenn sie unter dem Begriff des Christentums rubriziert werden können.

Die Wirklichkeit einer planetaren Weltzivilisation des *Holos* lässt sich nicht auf ein einzig verpflichtendes Prinzip zurückführen, auf eine monolithische Einheit. Wir sollten jeder monochromatischen Besessenheit entsagen und die Vielgestalt der Wirklichkeit akzeptieren, die wir als Menschen verkörpern.

Die kulturgeschichtlichen Voraussetzungen: multiple Modernitäten

Die Vorstellung, dass sich das kulturelle Programm der Moderne als nur homogenisierende und hegemonistische westliche Vektorkraft herauskristallisierte, lässt sich also so einfach nicht mehr aufrechterhalten. Moderne Denkformen sind wesentlich durch kulturelle Prämissen beeinflusst, durch Traditionen und historische Erfahrungen. Viele Bewegungen artikulieren anti-westliche Topoi und sind dennoch zugleich sehr modern. Dies betrifft alle fundamentalistischen, anti-modernen Strömungen, um nur ein Beispiel zu nennen.

Eine Zivilisation des *Holos* sieht in der Figur der multiplen Modernitäten die beste Alternative, die gegenwärtige Welt zu begreifen, ja die Geschichte der Modernität als die fortdauernde Neugestaltung der Vielheit der kulturellen Programme, welche die Moderne konstituieren. Modernität und Verwestlichung sind nicht identisch, westliche Muster der Modernität sind nicht der einzig authentische Ausdruck, wenngleich sie historische Vorläufer sind und als Bezugspunkt dienen. Eine Vielfalt der kontinuierlich erwachsenden Modernitäten bildet den gemeinsamen Kern der Moderne – wesentlich als Folge der Globalisierung. Die kulturellen und politischen Programme der Moderne entwickelten sich zunächst in West- und Zentraleuropa und waren einschneidenden Zäsuren ausgesetzt durch außereuropäische Kulturen als Agens des Menschen im Fluss der Zeit bei der Bestimmung der kollektiven Identitäten. Das Monopol des Westens auf den Begriff der Moderne wird herausgefordert, das westliche kulturelle Programm als Epitom der Moderne verneint.

Wir erleben eine stetige Re-Interpration der multiplen Modernitäten, Versuche der Neu- und der Eigendefinition. Eine Zivilisation des *Holos* erkennt die fortgesetzte Entwicklung der multiplen Modernitäten – oder anders gesagt – der multiplen Interpretationen von Modernität als einer Entwestlichung, wobei dem Westen das Monopol auf die Moderne abgesprochen wird.

Von Divergenz zur Konvergenz: die Forderung nach einer integralen Kultur

Die Alternative besteht in einer integrativen Sicht, gleichsam einer Phänomenologie alles menschlichen Wissens, einem Zusammenwachsen von Kunst und intuitiver Intelligenz mit Dichtung, Wissenschaft, Empirismus und Logik sowie Hermeneutik, gleichsam von Evolutionstheorie und Idealismus. Es stellt sich die Frage, wie eine Integration von wirtschaftlichem Denken der technischen Welt in Einklang gebracht werden kann mit einer genuinen Spiritualität. Der Versuch, die Erlösung von der Wirtschaft zu erwarten, ist fehlgeschlagen. Heute stellt sich die Frage nach einem spirituellen Humanismus oder einer humanistischen Spiritualität als Ausdruck einer integralen Zivilisation des *Holos*, die auf einer integralen Anthropologie beruht. Der Kreis setzt das Verstehen des Ganzen voraus und entsprechend ebenso der Teile. Die Teile bleiben aber unverständlich, wenn das Ganze nicht durchdrungen wird. Der Physiker Louis de Broglie versicherte bereits, dass jeder physikalisch-empirische Mechanismus ohne Mystik nicht ›erklärbar‹ ist, das Gleiche sagten Albert Einstein, Max Planck, Erwin Schroedinger und Werner Heisenberg. Physik bleibt ohne Metaphysik in letzter Instanz unvollständig. Albert Einstein kannte den Pantheismus Spinozas, Erwin Schroedinger den ›Vedanta‹ Idealismus, Werner Heisenberg den platonischen Idealismus. Es herrschte Einvernehmen darüber, dass dem Universum kein übergeordneter Sinn zugesprochen werden konnte, wenn ein tiefgehendes metaphysisches Bewusstsein ausgeschlossen bleibt. Eine rein materialistische Deutung von Verstand und Bewusstsein galt als ungenügend. Die ganzheitliche Wirklichkeit kann nicht durch bloße physikalische und mathematische Logik und Grammatik erklärbar werden, da über eine Repräsentanz der empirischen Welt nicht vorgedrungen wird, die sich zu oft in der Jagd nach dem Nutzen erschöpft.

Eine Zivilisation des *Holos* macht heute den Rückgriff auf eine alte Weisheit, gleichsam eine ›Philosophia perennis‹ (Leibniz), die über kulturelle Grenzen und Zeitalter hinwegreicht, die nicht nur von der Weltweisheit Kenntnis hat, sondern auch die großen metaphysischen Traditionen einschließt, sei dies im Christentum, im Buddhismus, Hinduismus, in den islamischen Traditionen oder in der jüdischen Lehre – in Ost und West und Nord und Süd. Der Begriff des *Holos* gewinnt an Gewicht, da sich sonst keine Aussage über die Wirklichkeit treffen lässt, da der Mensch selbst nur ein Teil dieser ganzen Wirklichkeit ist.

Der Bogen war weit gespannt, von der Zivilisation des *Mythos* zum Theos, vom paläolithischen Zeitalter in das mesolithische, das sich in das neolithische formte, vom Beginn der Bronzezeit, die über größere spirituelle und kulturelle Kraft verfügte, bis im 6. Jh. vor Christus die erste Achsenzeit erwuchs mit dem Denken von Zoroaster, Gautama Buddha, Plato, Laotse, Konfuzius, Moses, Heraklit und Sokrates, wo erst mal in planetarer Weite nach Spiritualität und Wahrheit gesucht wurde. Eine vertiefte Realitätsfindung wurde angestrebt.

Die Zivilisation der Moderne, des *Holos*, bedarf eines tiefen Rückblickes in die primordialen Kulturen der alten Weisheit. Das Regieren der politischen Körperschaften ist ohne eine metapolitische Dimension nicht möglich, der *Logos* bleibt ohne den *Mythos* unvollständig, eine Zivilisation des *Logos* nicht lebensfähig und -wert. Die Stufen der Evolution fordern von der Zivilisation des *Holos*, die unsere Zukunft ist, eine integrale Kultur, die keineswegs retroromantisch ist, sondern den Blick frei macht auf eine Künftigkeit des 21. Jh., die Raum schafft für jene gelebte Interkulturalität und Religiosität als Prinzip des dialogischen Dialogs.

Der Mensch als Kulturwesen: In Richtung auf eine vergleichende Kulturwissenschaft

Kultur und Evolution

Die Kultur hat einen existentiellen Charakter für den Menschen. Sie gestaltet die Daseinswelt des Menschen, der sie hervorbringt und in ihr lebt.

Der Maßstab, an dem sie gemessen wird, ist nicht nur die Frage, was sie leistet, sondern auch, was in ihr aus dem Menschen wird. ›Kultur‹ zählt zu den weiträumigsten Begriffen der Humanwissenschaften. Die Anthropologen Alfred Kroeber und Clyde Kluchhohn gaben bereits in den 50er Jahren eine definitorische Übersicht über den fließenden Horizont des Kulturbegriffs, der eine geradezu unübersichtliche Vielfalt von Definitionen in facettenreichen Ausdeutungen einschloss. Der Fülle dieser Anstrengungen neue hinzuzufügen erscheint wenig aussichtsreich. Freilich greift auch der Vorschlag, den Kulturbegriff kraft seines definitorischen Schillerns ganz aus der wissenschaftlichen Diskussion zu streichen, ins Leere und bietet keinen Ausweg aus der Begriffsunsicherheit. Wir wollen uns vorsichtig annähern.

Georg Lukács formulierte einmal treffend – und dies darf als gesicherte Grundlage dienen –, die Kultur sei ›die Idee des Menschseins des Menschen‹. Was kann damit gemeint sein? Der schlichte Tatbestand, dass der Mensch nicht in der Natur aufgeht, sondern in ihr und zugleich außerhalb von ihr steht. Sein ontologischer Ort ist die Grenze der Natur. Diese Gratwanderung verwirklicht er im Kulturakt und wird dadurch freigestellt zu einem Verhalten, das dem Tier nicht möglich ist; die Ethnologie hat darauf verwiesen.

Die Universalität der Kultur kann erklärt werden als das Ergebnis der menschlichen Evolution. Der Mensch war fähig, Kultur zu schaffen, weil er die organischen und neurologischen Mechanismen entwickelt hat, die dies ermöglichten. Die Unausweichlichkeit von Kultur und ihre Auswirkungen auf die menschliche Entwicklung können nur begriffen werden als einzigartige Fortführung der Evolution selbst.

Im Werkzeugmachen und in ihrem Gebrauch verbargen sich erste Schritte der Kultur in der Vor- und Frühgeschichte als früher Ausdruck der Technologie. Bereits die Betätigung der Hand zur Arbeit oder zur Einnahme der Speise in einer bestimmten Art und Weise setzt Kultur voraus, die eine selektive Wirkung ausübt und von elementarer Bedeutung für die Ausgestaltung des menschlichen Gehirns ist. Selbst zur Zeit der Primaten entstand zwischen Hand und Gehirn eine unmittelbare Rückkoppelung – vermittelt durch die Kultur.

In einer Jahrmillionen umfassenden Evolution sind Mensch und Kultur untrennbar verbunden. Das Gehirn als Sitz der Intelligenz durchlief ebenfalls eine Angleichung an die Kultur, da hier menschliche Evolution – einem Kristallisationspunkt gleich – zentriert ist. Der Mensch alleine ist das Geschöpf, das sich in der Evolution im Raum der Kultur entwickelt hat. Hierbei bleiben die grundlegenden Bedürfnisse des Menschen die gleichen. Sie sind organischer, physikalischer Natur, der Mensch muss Nahrung aufnehmen, trinken, und trotzdem: Wie er diese Bedürfnisse befriedigt, ist der kulturellen Verschiedenheit ausgesetzt. Die Herausforderungen der Kultur haben hohe selektive Qualität, ja es lässt sich konziser sagen: In der Evolution des Menschen haben kulturelle und genetische Entwicklung wechselseitigen Charakter. Der Mensch entwickelt sich nicht nur nach genetischen Vorgaben, sondern auch entsprechend der Möglichkeiten und Grenzen der Kultur. Sie ist die spezifische Bestimmung des Menschen. Diese historische Einsicht ist auch Auftrag für Gegenwart und Zukunft; die Fähigkeit, die Angleichung an die technische Zivilisation mit ihrer Rationalität ist eine der Kernaufgaben der Kultur. Sie muss einschreiten gegen das Funktionale als universelle Denkform, das alle Inhalte des Lebens mediatisiert. Selbst die Religion findet ihre letzte Rechtfertigung nicht darin, heute Gottesverehrung zu sein, sondern Befriedigung religiöser Bedürfnisse von Menschen als Ausdruck der Selbstentfremdung.

Eine Kulturgemeinschaft ist immer auch eine Interpretationsgemeinschaft: Es geht um eine ›sinnhafte Lebensform‹, wie Clifford Geertz sagte. Umwelt ist somit kein physikalisches, sondern in erster Linie ein geistiges, gesellschaftlich-kulturelles Phänomen. Die Kultur wird zum Ausdruck variabler Sinngehalte und kann nur aus sich selbst verstanden werden. Im Grunde bedeuten die Begriffe Evolution und Kultur im Zuge der Entwicklungsgeschichte in der Gegenwart das Gleiche. Dies war nicht immer der Fall. Vor der hellenistischen Periode war der Begriff der historischen Evolution nicht in dieser Form bekannt. Griechen und antike Römer erkannten keine aktuelle Geschichte als integrale Geschichte als ungebrochener Fluss von Abläufen jenseits des Lebens der Individuen. Für die Antike war die menschliche Welt eher in der Ewigkeit begründet oder sie wurde als aufgebaut und wieder zerstört begriffen in zirkularer

Schwingung. So war die Vorstellung von Wandel und Evolution begrenzt durch den Begriff der periodischen Abläufe der Ereignisse. Das Bewusstsein der diversen organischen Kohärenz, die spätere Erkenntnis judeochristlichen Ursprungs einer gemeinsamen Menschheit als übergreifende Einheit waren in dieser Weise in der vorchristlichen Ära nicht gegeben. Dort setzte jede besondere ethnische Gruppierung die Menschheit mit sich selbst gleich.

Hier gibt es keinen großen Unterschied etwa zu Indianerkulturen des 19. Jahrhunderts, zu den Zini, Dene oder Kiowa, die Menschen immer als Äquivalente ihrer selbst begriffen haben einschließlich der Identifizierung des Fremden als Barbarei, wie es in der griechischen und römischen Kultur als Antithese aufscheint.

Die Kulturwissenschaften, wie sie heute etwa bei führenden Anthropologen wie Clifford Geertz, Marshall Sahlins oder Mary Douglas zum Ausdruck kommen, arbeiten nicht mehr mit diesem altertümlichen Konzept von Kultur als einem verfeinerten Zustand des Seins, als ›paideia‹ im griechischen Sinn. Die modernen Kulturwissenschaften begreifen Kultur als eine unabhängige Entität, als ›being in itself‹, wie es die englische Sprache trefflich zum Ausdruck bringt.

Das Verhältnis von Evolution und Kultur brachte in der Gegenwart ein metaethnisches Kulturverständnis hervor, etwa bei Marshall Sahlins, das die Vielheit der ethnischen Gruppen auf der Welt einschließt.

Die Kenntnis der menschlichen Geschichte erlaubt die Aussage, dass sich die weltgeschichtliche Entwicklung der Menschheit von den urzeitlichen Jäger- und Sammlerhorden zu städtischen Gemeinwesen und staatlichen Organisationen als kulturelle Evolution vollzogen hat. Es handelt sich um kulturell bestimmte Ordnungen gesellschaftlichen Verhaltens und in letzter Konsequenz auch um die kulturelle Prägung des genetisch ererbten Verhaltens und Erkennens. Der entscheidende Schritt besteht in der tiefgreifenden Veränderung des Verhaltens und Denkens während der kulturellen Evolution von Jäger- zu Sammlerhorden und schließlich zu Staaten. Der Mensch verdankt sein Überleben zunächst seinen kulturellen Fähigkeiten. Fragen der Ethik und des Erkenntnisvermögens werden nicht nur auf der genetischen, sondern auf der kulturellen Ebene ausgetragen. Spricht die Verhaltensbiologie von ›angeborenen Verhaltensweisen‹, so darf im Gegenzug auch von einer angeborenen Kulturfähigkeit des Menschen ausgegangen werden. Im reinen Naturzustand hätte die Gattung *Homo sapiens* niemals überlebt. Die Kulturfähigkeit ist somit ein Teil des genetischen Erbes, die jedem Menschen mitgegeben wird. Die kulturellen Erzeugnisse, die aus dieser Fähigkeit herrühren, sind hingegen der Veränderung ausgesetzt: Weltbilder, Techniken, Wirtschaftsformen, soziale Organisation. Die kulturelle Umwelt der technischen Zivilisation ist eben grundsätzlich anders als die des Eiszeitjägers. Nicht die genetisch bestimmten Faktoren sind variabel, sondern die kulturellen. Selbstverständlich strukturiert ein evolutionäres Erbe unsere Kulturfähigkeit. Die angeborenen Verhaltensweisen sind stets übergeordneten kulturellen Normen unterworfen. Es geht somit weniger um den alten Prinzipienstreit ›Natur oder Kultur‹, ›angeboren oder erlernt‹, sondern vielmehr um die Frage, wie sich das Angeborene mit dem kulturell Erlernten verbindet. Wie entwickeln sich angeborene Verhaltensweisen im Zuge der geschichtlichen Entwicklung zu kulturellen Ordnungen? Es lässt sich von einer Dialektik aus biologischer Potentialität und kultureller Notwendigkeit ausgehen.

Von Kultur lässt sich bei dem ersten Vertreter des modernen Menschen, dem Cro-Magnon-Menschen, sprechen, doch erst der *Homo sapiens* schuf figurative Kunst. Bereits während der ältesten seiner Kulturen, dem Aurignacien (33.000 bis 27.000 v. Christus) lassen sich die wichtigsten Motive der Eiszeitkunst, die in den folgenden 20.000 Jahren weiterentwickelt wurden, wiederfinden: abstrakte Zeichen, Menschen und Tiere.

Leroi-Gourhan stellt treffend fest, dass diese Kunst religiösen Ursprungs ist. Es lässt sich von einer Evolution des Religiösen sprechen, das menschlichen Denk- und Handlungsmöglichkeiten das Tor zu einer neuen Dimension aufstößt.

Bereits die Religionssoziologie eines Durkheim erkennt den Glauben an eine für das menschliche Handeln verbindliche göttliche Ordnung. Das Hinzutreten der Evolution des Religiösen erweiterte die menschliche Handlungs- und Denkfähigkeit in bisher unbekannter Weise. Die Vorstellungen einer göttlichen Ordnung, die für das menschliche Handeln verbindlich war, legten den Grundstein für eine kulturelle Regelung der Sozialbeziehungen, die der rein biologischen überlegen war. Die Evolution des Religiösen war insoweit von großer Bedeutung, weil es nun möglich wurde, angeborene Verhaltensweisen kulturell zu verstehen. Es wurde deutlich, dass soziale Beziehungen sowie das Verhältnis zur Natur kultureller Normen entsprechend interpretiert werden konnte. Ordnungen, in denen gottähnliche Wesen die Inkarnation der obersten Maxime des Menschen darstellten und nicht mehr die angeborenen Vorgaben, stellten die Grundlagen für das Denken dar.

In der Evolution des Religiösen in der menschlichen Geschichte wurden die Voraussetzungen für das kulturelle Verständnis des Menschen gelegt. Zum ersten Mal in der menschlichen Geschichte trat der Fall auf, dass die Wirklichkeit nicht als schlicht gegeben hingenommen wird, sondern hinter der Welt der Erscheinungen nach Ursachen geforscht wird. So entstehen die Fragen nach dem Sinn der Existenz kraft der Vorstellung, dass Götter die Welt ins Leben gerufen haben und den Menschen verpflichten, sich der Schöpfungsordnung zu beugen. In der Evolution des Religiösen liegt der Scheidepunkt dort, wo sich die Familie der ›Hominiden‹ von einem werkzeugherstellenden, intelligenten Tier zum Menschen entwickelte. Es entstanden in Wechselwirkung zwischen menschlichem Handeln und Beobachtung kulturelle Ordnungen, die sich auf Erfahrungen von Jahrtausenden gründeten. Es lässt sich von einem kumulativen Lernprozess der Kultur sprechen. Wir erleben eine Wendung des Bewusstseins des Menschen, das die Welt nicht mehr als selbstverständlich gegeben hinnahm, sondern Ursachen und Bedeutungen hinter der Welt der Erscheinungen reflektierte. Das Totenritual der Neandertaler vor etwa 70.000 Jahren liefert hierfür einen ersten Beweis. Es ist die Rede von den Ursachen von Leben und Tod, es finden sich Grabbeilagen wie Blumen, Hocker und Steinwerkzeug.

Mit der Zeit um 35.000 vor Christus wurden dann nicht nur vereinzelt Tote begraben, sondern umgreifende religiöse Ordnungssysteme geschaffen, von denen nicht zuletzt die Kunst der Eiszeitjäger spricht. Wir finden ein Wechselspiel von kultureller und biologischer Evolution; die früheren Vertreter von *Homo sapiens* verfügten mit der so genannten Levallois-Technik über verschiedene Arten von Werkzeugen, die kraft kultureller Standards auch unterschiedlichen Verwendungszwecken angeglichen wurden. Die Werkzeuge wurden immer vielschichtiger, ja, die Technik wurde der jeweiligen Lebensweise angeglichen. Die einfachen Speere der Neandertaler waren für die Jagd auf mittleres und größeres Wild geeignet, ab 20.000 v. Chr. wurden hingegen Waffen für besondere Verwendungszwecke entwickelt. Die Speere wurden verbessert zur Jagd auf Großwild, erstmals wurden auch Mahlsteine zum Zerkleinern der Samen wildwuchernder Getreidearten zur Verwendung gebracht. Die figurative Kunst stellt ebenfalls ein Zeichen der kulturellen Evolution dar, von den Anfängen im Aurignacien bis zu den wirklichkeitsgetreuen Tierszenen am Ende der Eiszeit, ja bis hin zum Höhepunkt im Magdalenien (16.000 bis 10.000 v. Chr.). Es entstehen erste Formen der kulturellen Identitäten, innerhalb von Stämmen kommt es zu Verbindungen verstreuter kleinerer Menschengruppen, es entstehen größere Siedlungsplätze wie La Madeleine, Solvieux, Laugerie haute oder Duruthy, die bereits einigen hundert Menschen zumindest für einen Teil des Jahres ein Zusammenleben ermöglichen.

André Leroi Gourhan sieht in den Kunstwerken von Russland und der Ukraine bis nach Spanien ein ›einheitliches religiöses System‹. Während die Höhlenmalerei auf Nordspanien und Südfrankreich begrenzt war, trat im größeren Teil Eurasiens an ihre Stelle die Vielzahl an tragbaren, kleineren Objekten, auch Statuetten in Elfenbein, ebenso in Geweih oder Schieferplatten geritzte Zeichnungen wie verzierte Gebrauchsgegenstände und Schmuck, der mit gleichen Motiven bestückt war wie die Höhlen: überwiegend Mammut, Auerochse, Bison, Pferd, Raubtiere und das Nashorn sowie natürlich der Mensch.

Die religiösen Ordnungssysteme hatten auch soziale Funktionen. Wir können von der Entstehung von kulturellen Identitäten sprechen; stilistische Unterschiede der Artefakte von Bewohnern unterschiedlicher Territorien sind hierfür Anzeichen, ebenso wie das gemeinsame Erscheinen mehrerer Gruppen an Orten, an denen Riten zelebriert wurden. Immer stärker prägten Glaubensvorstellungen und Riten das Weltbild und das Naturverhältnis etwa der Eiszeitjäger, religiöse Vorstellungen und Vorschriften lassen auf eine kulturelle Formung rückschließen, die dargestellten Tiere hatten symbolische Bedeutung und stellen einen Hinweis auf die kulturellen Faktoren im Weltbild und im Naturverständnis dar.

Zudem wirkten in der Entwicklung der Werkzeugtechnik und der sozialen Organisation kulturelle Faktoren neben den genetischen immer deutlicher. Der Mensch lernte, sich der Umwelt immer besser kulturell anzupassen und diese Anpassung, die sich besonders stark in den letzten 35.000 Jahren vollzog, stellt die Grundlage für den evolutionären Erfolg des modernen Menschen dar. Die kulturelle Anpassung war nicht auf den wirtschaftlich-technischen Raum alleine begrenzt. Auch die sozialen Beziehungen und das Verhältnis zur Natur sind nicht nur biologistisch zu sehen, nicht nur durch angeborene Verhaltensweisen verstehbar. Vielmehr begründen religiöse Ordnungssysteme, wie sie etwa in der Kunst der Eiszeitjäger zum Ausdruck kommen, die Kraft der kulturellen Normen, die die Gemeinschaft der Menschen bestimmte und die sozialen Beziehungen regelte.

Immer deutlicher wurde erkennbar, dass die mit den Sinnesorganen vordergründig wahrgenommene Welt nur einen Teil der Wirklichkeit verkörperte. Immer stärker trat die nicht sinnlich wahrnehmbare, geistige

Struktur in den Vordergrund, die durch die kulturellen Traditionen erschlossen wurde. Gerade die versteckten Bedeutungen gewannen an Gewicht, sie ließen sich nur durch die Einweihung in die kulturellen Traditionen erreichen.

Die Tatbestände der Natur wurden hintergründig betrachtet, ein auftauchendes Reh in der Reichweite menschlicher Siedlungen glich dem Geist eines Verstorbenen, den es zu seinen Angehörigen zurückzog, ja selbst ein Wasserschacht in der Steppe erinnerte an einen mythischen Ahnen, Tiere und Pflanzen gewannen Seelen, die Erscheinungen der Natur hatten gleichnishaften Charakter, das Donnergrollen war ein Signal der Urmutter oder des Allvaters, ebenso Naturkatastrophen, ein unerwarteter Todesfall, das Ausbleiben des Wildes bei der Jagd, kurzum, die Welt wurde durch imaginäre Wesen beherrscht, die gleichwohl auf das Verhalten der Menschen eine deutlichere Auswirkung hatten als jede wirklichen Wesen; die Welt wurde durch Götter, Naturgeister und mythische Ahnen bestimmt.

Gerade aber die Fähigkeit, sich durch Kultur in der Wirklichkeit zu behaupten, sich ins Bild zu setzen, fordert eine maßgebliche Freiheit, eine Distanz gegenüber angeborenen Verhaltensweisen, die sich bei Tieren nicht findet. Die Kultur setzt den Menschen in den Stand, hinter der Welt der Erscheinungen nach versteckten Bedeutungen zu suchen, um Verbindungen zwischen funktional verknüpften Phänomenen zu entdecken; die Wirklichkeit wird – anders als beim Tier – nicht als gegeben hingenommen. Kultur bedeutet immer auch die Fähigkeit, menschliches Verhalten und Erkennen durch symbolische Ordnungen zu strukturieren. *Homo sapiens* ist in den Stand gesetzt, Natur durch Kultur zu ergänzen

Das Besondere des Menschen: Geschichtlichkeit und Kultur

Die Evolution des Menschen in der Neuzeit nimmt im Vergleich zu den schriftlosen Zeiten nur einen geringen Platz ein. Jede historische Perspektive, die der Bedeutung der Vor- und Frühgeschichte nicht gebührend Rechnung trägt, verzerrt die historische Wirklichkeit. Es ist im Zuge der Evolution nicht von geschlossenen Kulturkörpern auszugehen, sondern von einer andauernden Vernetzung der Kulturen, von ungezählten Akkulturationen in der Geschichte. Es geht bei dem Geschichtsverständnis weniger um eine statistische Gesetzlichkeit als um den genetischen Verlauf, um die Zuordnung des Geschehens in einen organischen

Zusammenhang. Es lässt sich zeigen, dass die großen Erfolge der Könige und Eroberer nichts gegen die Wirkung sind, die ein einzelner bedeutender Gedanke ausübt, der sich mit der Spaltkraft und der Unwiderstehlichkeit eines Elementarereignisses auswirkt. Der Prähistoriker Oswald Menghin fordert zu Recht eine anthropologische Sicht von Evolution und Kultur, wobei die herkömmliche Unterscheidung von Urgeschichte und Geschichte aufgegeben wird. Von Dilthey stammt der Satz, dass sich der Mensch nur durch Geschichte, nie durch Introspektion erkennt. Es ist ein Gesetz, fügt Helmuth Plessner hinzu, dass im Letzten die Menschen nicht wissen, was sie tun, sondern es erst durch die Geschichte von Kultur und Evolution erfahren.

Die Archäologie des Lebens widersteht eines ausschließlich auf das Monumentale gerichteten Blicks. Es ist zu zeigen, dass zwischen jüngeren und älteren Kulturen eine pulsierende, verwobene und dichte Beziehung besteht. Den spirituellen Kern jeder Hochkultur, wie er sich in der Religions- und Geistesgeschichte Ausdruck verschafft, verbinden wir mit der materiellen Seite einer Kultur im Sinne des Wechselspiels von Ideen- und Realgeschichte. Die Überlegungen kreisen somit um das Wechselverhältnis von Geschichte, Evolution und Kultur. Die Begegnung von Kulturen ist immer Ausdruck von Geschichte, ebenso ihre interne Evolution. Als eine Koinzidenz der Gegensätze stellt sich ein Bewusstsein von der Diversität der Kulturen ein. Unter diesen Voraussetzungen spricht man vom Phänomen der Akkulturationen, die in der Geschichte raumschlagend, werkbildend und immer anwesend sind. Eine Kultur umfasst stets das gesamte Spektrum menschlicher Gedanken, Handlungen, Kenntnisse und Praktiken. Jede Kultur ist erlernt, variabel und dynamisch. Die Evolution weist aus, dass Kultur das Instrument ist, mit dem sich das Individuum seinen Lebensraum schafft und schöpferisch wird. Der Mensch bewältigt durch Kultur seine Umwelt entsprechend der Befriedigung seiner Bedürfnisse, hier liegt ein System von impliziten und expliziten Vorstellungen über das Leben vor. In der Evolution stellt Kultur Ganzheiten dar, deren einzelne Elemente in wechselseitiger Abhängigkeit stehen. Kultur bestimmt den Kanon der Werte, ihren Inhalt, soweit sie das menschliche Verhalten leiten. Die empirische Wirklichkeit ist für uns Kultur, weil und sofern wir sie mit Wertideen in Beziehung setzen. Im Kern jeder Kultur bildet sich der Bezugsrahmen für das Bewusstsein des Menschen über seine Stellung im Universum. Kultur ist nicht zu verstehen als ein gegebener musealer Bestand, sondern als Fähigkeit der schöpferischen Veränderung im Zuge der psychosozialen

Evolution des Menschen. In Anlehnung an die soziobiologische Evolutionstheorie kann man die Kulturentwicklung als evolutionär betrachten. Es finden sich Überzeugungen, die in Beziehung stehen zu der Natur des Menschen, zum Übernatürlichen, seinem Verhältnis zu der äußeren und inneren Wirklichkeit, seiner Stellung in der Welt, zu der Sinngebung seines Lebens und zum Tod, dessen Bewältigung für eine Kultur zum signifikanten Maßstab wird. Die Summe der Überzeugungen formt in jedem Fall eine besondere Kultur. Der Mensch hat eine Vorstellung von Raum, Zeit und Kausalität, die in den einzelnen Kulturen verschieden ist. Die Hierarchie der Werte unterwirft jede Kultur einer internen Kohäsion.

Die grundlegende Aufgabe der Kultur, ihr eigentlicher Daseinsgrund, ist die Humanisierung des Menschen. Sie trägt dadurch zur Evolution des Menschen bei. Jede Kultur verfügt über eine Vergangenheit, Gegenwart und Zukunft, die Entwicklung der menschlichen Kulturen ist somit eine voranschreitende Bewegung. Die menschliche Evolution bringt Kulturen hervor, die immer vielschichtig waren und sind, was das politische Gleichgewicht in einer gegebenen historischen Epoche hochgradig erschwert. Die Anwesenheit verschiedener Kulturen auf einem staatlichen Territorium wirft immer Spannungen auf, der Vielkulturenstaat der ehemaligen Sowjetunion hat dies gezeigt, ebenso wie Indien als Vielkulturenstaat, Pakistan, Sri Lanka oder die afrikanischen Staaten, natürlich auch Brasilien oder Peru mit der noch eher archaischen Bevölkerung der Hochlandindianer und den Mestizen der Städte im Zuge der Industrialisierung. Edmund Husserl spricht so zu Recht von der Kultur als der faktischen Unentrinnbarkeit der Lebenswelt des Menschen. Jede Kultur ist im Zuge der Evolution die Verwirklichung einer bestimmten Seinsverfassung in einem gegebenen Augenblick der Geschichte. Die voranschreitende Entwicklung der Kultur hängt von der dialektischen Verbindung von Idee und Aktion im Verlauf der Jahrmillionen umfassenden Generationsfolge in der menschlichen Geschichte ab. Entsprechend muss jede Analyse der Kulturalität des Menschen bis auf die Wurzel der Geschichte zurückgehen. Die Zeiten der Krise einer Kultur korrespondieren mit der Veränderung der historischen Umstände.

Die Geschichtlichkeit des Menschen weist ihm eine Dimension zu, die gleichzeitig in der Vergangenheit und in der Zukunft angelegt ist. Vico hat bemerkt, dass die Geschichte des Menschen verschieden ist von der Geschichte der Natur, weil die Menschen gewissermaßen ihre eigene Geschichte schreiben. Humboldt hat bereits auf die Gleichzeitigkeit von evolutiver Menschwerdung und Kulturwerdung verwiesen. Kulturen sind im Verlauf des weltgeschichtlichen Prozesses selektiv und meißeln, durch ihre Richtung und Schöpfungskraft, aus der Gesamtheit jeweils eine andere geistige Landschaft heraus. Ein Mensch, der nicht kulturell geformt wäre, existiert in der Geschichte nicht. Um den Menschen zu verstehen, wie er geworden ist, reicht der Freiblick des Philosophen nicht aus. Eine geschichtsfremde Methode gleicht den fehlgeleiteten Fuchsgängen des Denkens.

Freiheit zur Geschichte paart sich mit Eingebundenheit in ihr. Dilthey formuliert treffend: Wir können nicht mehr über den Menschen erfahren, als die Geschichte uns lehrt. Als Kulturwesen hat der Mensch keinen abgeschlossenen Seinsbestand. Ob wir beim Menschen etwa Monogamie oder Polygamie finden, ob die Struktur der Familie patriarchalisch oder matriarchalisch ist, ob die Familie die größte soziale Einheit bildet oder sich mehrere Familien aufflackernd und verlöschend zu umfassenden Verbänden zusammenschließen, ob im Zusammenleben eine strenge Hierarchie gelten soll oder jeder Mensch gleiche Pflichten und Rechte hat, all dies ist nicht in der Natur des Menschen verankerte Notwendigkeit oder Norm, all dies ist Kultur. Durch die Kultur gewinnt der Mensch Anteil am Überindividuellen, geht über sich selbst hinaus und ermöglicht ein diskursives Begreifen der Wirklichkeit.

Die Kultur kann als das Zentralanthropinion herausgesondert werden. Der Mensch ist in der Evolutionsgeschichte der ursprünglich Unvollendete und sich in immer neuen Kulturschöpfungen Vollendende. Kultur wird somit verstanden als das Ganze der geschichtlich herausgebildeten Objektivationen. Kultur zeigt sich in einer Vielzahl von evolutionshistorisch gewordenen Figuren: Kulturstufen, Teilkulturen, Kulturelementen. Stephen Jay Gould verweist zu Recht darauf, dass die Geschichtlichkeit des Menschen dort leicht verkannt wird, wo man voraussetzt, es gebe gewissermaßen ein natürliches Kulturelles, das heißt einen natürlichen Staat, eine natürliche Religion, die dem Menschen wie ein von der Zeit entbundenes a priori geschenkt worden wäre. Eine solche Naturkultur muss Fiktion bleiben. Das Kulturelle muss verstanden werden als das historisch Variable in der Evolution. Dem Menschen, so vermerkt Arnold Gehlen zu Recht, ist a priori nicht eine bestimmte Norm oder Kultur gegeben, sondern die Kraft, Kulturen zu entwerfen und sich in ihnen auszulegen. Inhaltlich bleibt der Mensch ungebunden, er gehört einem Reich an, das stets im Werden ist, und das Schöpferische erweist sich als unerschöpflich.

Die Pluralität der Kulturen und die Bedeutung einer vergleichenden Kulturwissenschaft

Das klarsichtige Erfassen der Verschiedenheiten des Menschen in der Weltzivilisation der Gegenwart ist sicherlich ebenso wichtig wie das Bemühen der philosophischen Anthropologie um die Erfassung des ›Menschlichen‹ überhaupt.

Die vergleichende Kulturwissenschaft legt Querschnitte durch die verschiedenen Kulturen, um die unterschiedlichen Weisen menschlichen Denkens und Handelns zu erschließen. Sie ist somit die Wissenschaft von den Gesamtlebensformen des Menschlichen. Michael Landmann zeichnet den Vorgang vorzüglich nach in seinem Bekenntnis zur Pluralität der Kulturen: »Mit einer entscheidenden Dimension seines Daseins ist der Mensch Kulturwesen. Man wird seinem Spezifikum nur gerecht, wenn man ihn als Erzeuger und Erzeugnis seiner Kultur begreift [...] In der Natur des Menschen liegt nur das Dass, nicht aber das Wie der Kultur vorgezeichnet [...], der Mensch schafft nicht Kultur, sondern er schafft jeweils eine Kultur, er schafft Kulturen.«

Bei universalhistorischer Sicht des Menschen wird erkennbar, dass sich der Mensch nicht in einer einzigen Form, sondern im geschichtlichen Wandel der Formen im Zuge der Evolution vollendet hat. Der Sinn für das Fremde und das Viele, den bereits Herder forderte, wird zur Überlebensfrage, zur Grundsatzkategorie. Wie es nicht die Sprache allgemein gibt, so auch nicht die Kultur; der Mensch hat nie Kultur schlechthin, sondern immer nur eine besondere Kultur: Kultur als Phänomen der Vielzahl, der verschiedenen Formen. Die Kultur als Ganzheit wird zum Gegenstand der vergleichenden Kulturwissenschaften, bereits nach Aristoteles war das Ganze immer etwas anderes als die Summe der Teile.

Hieraus folgt: Es gibt ein Fundamentalrecht des Menschen – das Recht auf Unterschied, oder besser, auf kulturellen Unterschied. Die Bestätigung in seiner Besonderheit, der eigenen Identität, ist zugleich die Forderung nach wirklicher Ordnung, auch weltpolitisch im Sinne einer globalen Weltzivilisation der Gegenwart.

Hier ist die Humanwissenschaft mit einem neuen Defizit geschlagen. Auf der einen Seite ist der Wandel jeder Kultur zu betrachten, andererseits darf die Welt nicht in ihrem Bestand aus den Augen verloren werden. Die Humanwissenschaften haben auf diese Herausforderung noch keine Disziplin gefunden, die vergleichende Kulturwissenschaft bietet Antworten.

Bislang hatten die Einzelwissenschaften ihr eigenes Instrumentarium. Die Historiker unterschieden sich traditionell vom politischen Leben, von der Ökonomie, der Kunst; die Soziologen sprachen gerne im Sinne von Gurvitch von der ›structure scalaire de la realité sociale‹, die Ethnologen von der Sprache, den verwandtschaftlichen Beziehungen, den Sitten, den Glaubensvorstellungen.

Die vergleichenden Kulturwissenschaften müssen diese Methoden und Haltungen, die nur augenscheinlich entlegen scheinen, miteinander vereinen. Hier stellt sich sicherlich die Forderung nach einer Interdisziplinarität. Jean Piaget erkannte bereits die epistemologische Umkehr als Forderung, die mit der Problematik der Spezialisierung zu tun hatte.

Es lässt sich präzise formulieren: Die Interdisziplinarität, die heute für die Humanwissenschaften so wichtig geworden ist, wird zur Überlebensfrage angesichts der gesteigerten Vielschichtigkeit der Wirklichkeit. Freilich lässt sich diese Interdisziplinarität nicht improvisieren. Als Frucht einer langen Arbeit und Praxis schafft sie Arbeitshypothesen, die es erlauben, eine Disziplin mit einer anderen in Verbindung zu setzen. Anders lässt sich eine globale Analyse der Mutationen der gegenwärtigen Welt nicht in die Tat umsetzen.

Der Ansatz des Historikers ist wohl nicht der gleiche wie der des Ethnologen; dennoch gleicht sich das Objekt der Forschung: der Mensch als Kulturwesen.

Es bedarf einer Wissenschaft vom Menschen, die sowohl Ganzheit wie auch Besonderheit beinhaltet. Die Kulturwissenschaft muss letztlich vergleichend sein, weil die Verschiedenheit der Kulturen mit der Verschiedenheit der Formen der Menschheit korrespondiert. Jede Kultur stellt gewisse Modelle der Persönlichkeit, die jeweils spezifisch sind, wobei die Werte der Kultur nicht unabhängig von den ökonomischen und sozialen Strukturen zu sehen sind. Die Arbeitsethik, sei sie weltabgewandt-katholisch wie in Lateinamerika seit der Scholastik oder empirisch-calvinistisch wie in Nordamerika beispielsweise, die Einstellung zu Grund und Boden, zum Tod, zur Natur, zum Übernatürlichen, all dies erlaubt dem Individuum, sich in der empirischen Welt zu orientieren.

Die Passage in Richtung auf eine planetare Zivilisation mit einer neuen Weltwirtschaftsordnung erfordert auch eine Umgestaltung unserer geistigen Strukturen und der methodologischen Ordnung.

Selbst wenn ein Kulturwissenschaftler eine einzelne Kultur beobachtet, so ist er sich bewusst, dass er sie mit anderen vergleichbaren Kulturen in Verbindung setzen kann und muss. Nur der Vergleich zu anderen Elementen der Kulturen erlaubt tiefere Einsicht. Auch Kulturgeschichte muss immer vergleichende Kulturgeschichte sein. Herodot hat als Ahnherr bereits den Blick auf für ihn ungewohnte Verhaltensweisen der Ägypter und der Menschen des Nahen Ostens geschärft und den Einfluss von Kultur als habituell, als unbewusst erkannt. Kulturen müssen im Kontakt, auch im Konflikt zu anderen Kulturen gesehen werden. Es ist die Sprache von einer Kontinuität des Wandels.

So lässt sich eine einzelne Kultur in ihrer Besonderheit nur durch sorgfältiges Vergleichen erkennen, auch von einem historischen Standpunkt aus. Eine Kulturgeschichte, wie sie aus dem Verständnis der Anthropologie erwächst, muss zunächst vergleichend sein, Schlussfolgerungen dürfen nur aus einer großen Anzahl von Kulturen gezogen werden. Die komparative Methode gewinnt eine große Bedeutung für Geschichte, Geistesgeschichte und Philosophie: Es werden die Prinzipien erkannt, die einen Korpus bilden, der auch als theoretische Grundlage für die eigene Kultur dienen kann.

Ernst Cassirer hat in seiner ›Logik der Kulturwissenschaften‹ darauf verwiesen, dass die Formbegriffe der Kulturwissenschaften mit einer eigentümlichen Unbestimmtheit behaftet sind, die sie nicht zu überwinden vermögen. Er erkennt die Totalität der Formen, in denen sich menschliches Leben vollzieht, als Gegenstand der Kulturwissenschaften: »Die Formen sind unendlich differenziert und doch entbehren sie nicht der einheitlichen Struktur. Denn es ist letzten Endes ›derselbe‹ Mensch, der uns in tausend Offenbarungen und in tausend Masken in der Entwicklung der Kultur immer wieder entgegentritt.«

Für die Methodologie der Kulturwissenschaften ist Cassirers Dictum ausschlaggebend: »Dieser Identität werden wir uns nicht beobachtend, wägend und messend bewusst [...] Eine Kultur wird uns nur zugänglich, indem wir aktiv in sie eingehen und dieses Eingehen ist nicht an die unmittelbare Gegenwart gebunden.«

In seiner Schrift ›Was ist der Mensch‹ wird die Forderung formuliert, der Philosoph dürfe keinen künstlichen Menschen beschreiben: »Alle so genannten Definitionen des Menschen sind nichts als (gehaltlose) Spekulationen, solange sie nicht auf unserer Erfahrung vom Menschen aufbauen und durch sie bestätigt werden. Es gibt keinen anderen Weg, den Menschen kennenzulernen, als sein Verhalten empirisch zu erforschen und ihn so zu verstehen versuchen.«

Ernst Cassirer sieht den Menschen als ein ›animal symbolicum‹. Damit ist gemeint, dass der Mensch in einem symbolischen und nicht nur einem natürlichen Universum lebt, dass Sprache, *Mythos*, Kunst, Religion, aber auch Philosophie Teile dieses Universums sind. Es geht um das Begreifen der gemeinsamen Strukturprinzipien der menschlichen Kulturschöpfungen, jenem *vinculum functionale*, das die symbolischen Ausdrucksformen in einem übergeordneten Rahmen auch im Bezug zur Wirtschaft und Politik sieht.

Paul Radin hat in seinem Buch ›Primitive Man as a Philosopher‹ festgestellt, dass eine kognitive Haltung keine Besonderheit der Schriftkulturen ist. Im Gegenteil: Gedanken über die Natur des Universums und die Stellung des Menschen in ihm kommen in jeder uns bekannten Kultur zum Ausdruck. Der Mensch vermag nicht zu leben ohne klare Gedanken zu seiner Stellung in der Welt, der Natur der Wirklichkeit, seiner Stellung zum Übernatürlichen.

Keine Kultur vermag ohne ein philosophisches Potential auszukommen, selbst wenn wie in nicht-schriftlichen Kulturen, etwa den Dogon, die Marcel Griaule und Michel Leiris im Nigertal beschreiben, nur von einer verdeckten oder impliziten Philosophie auszugehen ist. Es gibt eine Kulturphilosophie, wo immer Kenntnisse die Welt und die Stellung des Menschen betreffend in ihr zum Ausdruck kommen. So können ganze Kulturen charakterisiert werden durch ihre Philosophie und Literatur, die stets im Wechselspiel zu den anderen Bereichen der Kultur stehen, zu der politischen Organisation, zum ökonomischen System, zur Religion. Es setzt ein Vorgang der Verallgemeinerung und Abstraktion ein, die Erfahrungen werden von konkreten Erlebnissen in Weltsichten übersetzt, wir können von einer intellektuellen Reflexion über existentielle Konditionen sprechen.

Keine Kultur erarbeitet ihre Weltsicht von einer philosophischen ›Tabula Rasa‹ aus. Jede Kultur verfügt über Geschichte, durchlebte verschiedene existentielle Erfahrungen, die ihrerseits die Weltsicht beeinflussen. Philosophie und Literatur entwerfen demnach immer ein Bild der ganzen Kultur. Sie können herangezogen werden, um Kulturen miteinander zu vergleichen, ebenso wie politische Institutionen oder ökonomische Systeme.

Was folgt für die Kulturwissenschaften hieraus? Schlicht die Einsicht, dass sich der Sinn der Kultur theoretisch wie praktisch allein in einer Denk-, Fühl- und Handlungsgemeinschaft von Menschen herstellen lässt. Der vergleichende Aspekt ist wichtig, weil wir seit Ralph Linton wissen, dass erst die Kenntnisnahme einer anvertrauten Kultur die Einsicht in die eigene plastisch werden lässt. Alexis de Tocqueville hat dies mit seinem

Klassiker ›Über die Demokratie in Amerika‹ eindringlich bewiesen. Aus Europa kommend, beladen mit den Fragen des alten Kontinents an die junge demokratische Verfassungs- und Staatsform in Amerika, begreift er die neue Kultur in allen Facetten, den Gesetzen, der Literatur, der Philosophie, dem Gefängniswesen, kurzum, er vergleicht die Strukturprinzipien Frankreichs mit Amerika und erarbeitet ein Meisterwerk der vergleichenden Kulturforschung, das er niemals durch Betrachtung der jeweils einen Kultur hätte erzielen können. Erst die Erfassung einer genotypischen und phänotypischen Ausgestaltung eines Kultursystems, vor allem aber die vergleichende Betrachtung unterschiedlicher Kulturmuster erlaubt Einblick in die Gemeinsamkeiten respektive Verschiedenheiten der Kulturen und somit eine allgemeingültige Aussage über den Menschen an sich.

Der intrakulturellen Analyse folgt stets der interkulturelle Vergleich, der auf Methodenvielzahl beruht. Auf Grund ihrer Verwurzelung in mehreren Disziplinen ist die Kulturwissenschaft um eine Synthese der zutragenden Einzeldisziplinen bemüht. Um den Methoden und Erfordernissen des interkulturellen Vergleichs gerecht werden zu können, müssen die Eigenheiten der einen Kultur ebensogut wie diejenigen der anderen, verglichenen, zum Ausdruck gebracht werden. Die Terminologie muss den aus den Vergleichskulturen erwachsenen translativen Ansprüchen gerecht werden, damit unkontrollierte Projektionen aus der eigenen Kultur in die andere unmöglich werden. Auch zu der dem interkulturellen Vergleich vorgeschalteten intrakulturellen Einzelanalyse können den verschiedenen Wissenschaften zugehörige Frageansätze Erhellendes beitragen.

Kulturen entstehen als Prozesse, die von menschlichen Gemeinschaften in Form von naturverändernden Überbauleistungen hervorgebracht werden. Bezog der archaische Mensch sein Wissen überwiegend aus seinem Handeln im konkreten Umgang mit der Natur, so wurde für seine Nachfahren in der Speicherung überlieferter und selbstgewonnener Erfahrungen möglich, sich immer weiter von der unmittelbar begreifenden Weltauseinandersetzung zu entfernen und den Verstehensakt aus dem Praktischen ins Theoretische hinein zu verlagern. Es lässt sich von einem intellektuellen Bewusstseinszuwachs des Menschen sprechen. Er vereint Sinnbereiche mit Sachbereichen; Wissen und Handeln sind hierbei die Grundpfeiler der menschlichen Kultur. Im Erwerb, in der Organisation und in der Anwendung seines Wissens versichert sich der Mensch des Sinns der Welt, in die er handelnd eingreift.

Es wird ersichtlich, dass die Wissenschaft von den Kulturen zu den allerwichtigsten Humanwissenschaften zählt. Dass eine Wissenschaft von den Kulturen sinnvoll und vollziehbar ist, erscheint hinreichend bewiesen. Dass diese Wissenschaft vergleichenden Charakter haben muss, geht aus dem Gesagten hervor. Damit die Methode des Vergleichens möglich wird, müssen in der Analyse auch vergleichbare Einheiten gesucht werden. Kulturen können nicht als Ganzheiten verglichen werden, sondern unter den Aspekten ihrer Teilgebiete, gleichsam Stück für Stück. Aus diesen Vergleichen spricht zunächst das Besondere, das Unterschiedene, dann das Generelle, das allgemein Menschliche.

Diese Forderung stellt sich verstärkt und neu in einer planetaren Weltzivilisation, wie sie das beginnende 21. Jahrhundert kennzeichnet. Die Pluralität der Kulturen war in großen Zügen etwa der Antike noch nicht bewusst. Eine Ausnahme bilden Thukydides und Herodot, in deren Schriften sich erstmals in der abendländischen Geschichte das entscheidende Erlebnis des Fremden abzeichnet. Hier taucht auch die Kultur als Gesamtform der menschlichen Daseinsgestaltung auf.

Die moderne Anthropologie hat diese Einsicht der Kultur als der Gesamtlebensform entsprechend der Formprinzipien und Wertentscheidungen aufgegriffen und methodisch abgesichert. Auch die Kultursoziologie eines Alfred oder Max Weber verstärkte die Einsicht der Notwendigkeit einer vergleichenden Kulturwissenschaft, da das Phänomen der Kultur nicht uniform, sondern multiform auftritt, nicht in einer, sondern in vielen Verwirklichungsformen. Max Weber hat in seinen Schriften zur kalvinistischen Arbeitsethik der nordamerikanischen Kultur ebenso darauf verwiesen wie in der Religionssoziologie asiatischer Kulturen.

Gäbe es nur eine ›Menschenkultur‹, dann könnte die philosophische Anthropologie alleine Auskunft geben. Die vergleichende Kulturwissenschaft, wie wir sie begreifen wollen, geht eine Stufe tiefer und wird zur Wissenschaft von den einzelnen Verwirklichungsformen dieses Menschlichen. Gewiss, das allgemein Menschliche, das Faktum humanum als solches, leuchtet durch alle Kulturen hindurch, es ist in ihnen allen verwirklicht. Trotzdem unterscheidet sich die lateinamerikanische Kultur mit ihrer starken Metaphysik, Transzendenz und Spiritualität seit der Scholastik des 16. Jahrhunderts in Literatur, Philosophie, aber auch in Politik und Wirtschaft von der analytischen, empirischen, logischen und vor allem pragmatischen Kultur Nordamerikas seit Beginn der weißen Zivilisation im 17. Jahrhundert. Der Lateinamerikaner ist gewiss in vollem Umfang Mensch, aber er ist eben anders, und um eben dieses Anders-Sein geht es in der Wissenschaft von den Kulturen.

Die vergleichende Kulturwissenschaft ist die Gesamtwissenschaft von der Entfaltung des Faktum Humanum in der Gegenwart aus dem historischen Bezug. Sie hat es mit dem Phänomen der Kultur überhaupt wie mit der Gesamtheit seiner Ausgestaltungen zu tun. Die Arbeit vollzieht sich in Abstimmung mit verwandten Fächern wie der vergleichenden Literaturwissenschaft und der vergleichenden Religionswissenschaft, Rechtsgeschichte und Kunstwissenschaft. Verschiedene Kulturen sind verschiedene Weisen des Wertsehens und die daraus resultierenden Formen des Verhaltens. Wir können von Existentialwerten oder Daseinskategorien sprechen, die zur Diskussion stehen.

Die vergleichende Kulturwissenschaft erhält ihre Dringlichkeit, ihre Aktualität, ja, ihre Brisanz aus der in der Weltzivilisation steigenden Begegnung der Kulturen, die auch im Konflikt stehen, etwa durch verschiedene religiöse Traditionen in Asien oder Schwarzafrika oder auch im Nahen Osten. Kulturelle Konflikte sind oft der Hintergrund für territoriale politische Spannungen, jahrtausendealte Religionstraditionen wie in den arabischen Kulturen sind wesentliche Beispiele für die politische Bedeutung von Kulturtraditionen. Aus verschiedenen Sichtweisen resultiert eine unterschiedliche Einstufung der Beziehungen von Mensch zu Mensch sowie vom Einzelnen zur Gesamtheit, insbesondere zum Staat.

Die Kulturwissenschaft ist zwar universal-menschlich angelegt, beachtet aber die verschiedene Ausprägung der auftretenden Phänomene. Für die Kulturwissenschaft ist das, was die Menschen und ihre Kulturen voneinander unterscheidet, zumindest ebenso wichtig wie das, was sie gemeinsam haben.

Es ist auch kein Einwand gegen die Kulturwissenschaft und ihre Berechtigung als einer geisteswissenschaftlichen Fundamentaldisziplin, dass Einzelgebiete bereits Gegenstand anderer Disziplinen sind. Durch die Anerkennung der vergleichenden Kulturwissenschaft wird keiner der traditionell etablierten Wissenschaften Abbruch getan, im Gegenteil, sie vermögen befruchtend zusammenzuwirken. Auch im Falle der Politologie und Soziologie finden wir etwa Fragen, die die klassische Geschichtswissenschaft berühren, trotzdem würde niemand die Existenzberechtigung dieser Disziplinen bestreiten. Die Kulturwissenschaft rückt den Stoff in neues Licht, zieht andere Verknüpfungslinien, entdeckt unerwartete Verbindungen und Struktureinheiten, sie vollzieht schließlich die Integration der Teilgebiete und hat eine synthetische Wirkung.

Eine Wissenschaft von den Kulturen zählt zu den wichtigsten humanwissenschaftlichen Disziplinen. Sie allein vermag das zusammenhängende

Ganze von Wertbegriffen, sittlich-moralischen Entscheidungen und sozialen Verhaltensweisen tief zu erfassen. Betrachtet man Kultur als das menschliche Fundamentalphänomen, so folgert daraus, dass es auch eine zentrale Humanwissenschaft vom Faktum Humanum geben müsse, eben die Wissenschaft von der Kultur.

Es stellt sich in der Gegenwart immer deutlicher die Forderung nach einer Wissenschaft von dem Gesamtphänomen der Kultur, die hierdurch ihren Gegenstand erhält. Eine Kulturwissenschaft kann die vielschichtige Vielfalt ihres Gegenstandes nur meistern, wenn sie die interkulturellen Beziehungen in den Vordergrund rückt. Es ist die Aufgabe der Kulturwissenschaft als einer Humanwissenschaft, eine übergreifende Sicht der empirisch bestehenden Formen des menschlichen Seins zu erzielen. Die einzelnen Kulturen der Menschheit werden als Teilaspekte und schließlich als Ganzheiten abwägend miteinander verglichen. Hieraus vermag eine realistische Sicht der Gesamtheit der geistigen, politischen, wirtschaftlichen und sozialen Gegebenheiten der Weltzivilisation der Gegenwart ermöglicht werden.

Die Kulturwissenschaft steht in einer großen Tradition. Bereits Vico legte in seinem Entwurf einer ›Szienza Nova‹, einer neuen Wissenschaft (1725-44), den Grundstein für eine Kulturwissenschaft mit Fragestellungen, für die noch keine andere Wissenschaft verantwortlich zeichnete. Das Phänomen, das Vico entdeckte, war nichts anderes als das, was wir in der modernen Anthropologie als Kultur bezeichnen. Vor allem erkannte er bereits, dass dieses Phänomen in keinem Fall uniform, sondern multiform auftritt. Vico sicherte sich frühzeitig einen visionären Zugriff auf das Faktum der Vielfalt der Kulturen, die alleine den Wesenskern des Menschen offenlegte. Herder entwickelte die Vorstellung der spezifischen Kulturformen; Dilthey unterschied 1883 zwischen Geistes- und Naturwissenschaften, wobei er den Unterschied als ›menschlich gemacht‹ beschreibt. Dilthey spricht im Besonderen von dem so wichtigen Konzept des ›Verstehens‹, dem intuitiven Erfassen der Kulturformen, das immer auch historisch sein muss. Hier führt später eine Brücke zu Max Weber, einem der herausragenden Gründungsväter einer vergleichenden Kulturwissenschaft. Hier wird in weit konziserer Form aufgegriffen, was Voltaire bereits in seinem Essay ›Sur les Moeurs‹ 1757 vom ›Genie du peuple‹, seinem *esprit générale* gesagt hat, womit er wohl Lebensweise, ja, Lebensstil meinte. Jacob Burckhardt verwandte seinerseits in der Mitte des 19. Jahrhunderts einen vertieften Kulturbegriff zur Anwendung für spezifische Studien in seiner Kultur der Renaissance und der griechischen

Kulturgeschichte. Ähnlich hat später die Anthropologie den Begriff zur Untersuchung besonderer Kulturgruppen gebraucht So sprach Marcel Mauss zu Beginn dieses Jahrhunderts vom ›fait social total‹, womit er die Humanwissenschaft entgrenzen wollte, um auf der Grundlage von Einzelstudien eine Anthropologie zu schaffen, die auf die entstehende Globalität einer Weltzivilisation Antwort geben könnte. Arnold Toynbee und Fernand Braudel haben aus universalhistorischer Sicht die Begegnung der Kulturen, die exponentiale Entwicklung der Technologie in den Naturwissenschaften bis zur Entstehung einer planetarischen Zivilisation dargestellt.

Das Gesagte verdeutlicht, wie eine Kulturwissenschaft im strengen Sinne überhaupt erkenntnistheoretisch vertretbar ist. Nach Ralph Linton ist »Kultur selbst nicht greifbar und kann nicht direkt wahrgenommen werden, nicht einmal von Individuen, die an ihr teilhaben« (The study of man, 1963, S. 288). Hat Kultur somit keine ontologische Realität?

Nun, der Kulturbegriff ist sicherlich kein metaphysischer Begriff. Kultur bedeutet immer auch Verhaltensweisen, gesellschaftliche Prozesse, auch Institutionen, erlernte Eigenschaften, Gewohnheiten, Artefakte. Max Scheler unterscheidet zwischen den wirklichen und den ideellen Faktoren einer Kultur, erkennt aber vor allem die Wechselbeziehung zwischen beiden Elementen.

Der Experte einer Kultur studiert immer Besonderheiten, der vergleichende Kulturforscher sieht die Charakteristika in einer Vielzahl von Kulturen. Beide Ansätze schließen sich nicht aus, sondern ergänzen sich gegenseitig. Es ist offensichtlich, dass Kultur nicht hinlänglich mit den Methoden der quantitativ-analytischen Wissenschaft beschrieben werden kann. Als Forderung, die an die Begründung einer eigenständigen Kulturwissenschaft gerichtet wird, zählt: 1. dass ein Kulturphänomen nicht auf quantifizierbare Sachverhalte reduziert werden kann, sondern einen Verstehensakt voraussetzt und 2. dass ohne das Überschreiten der lebensweltlichen Horizonte, ohne Austausch zwischen leibhaftiger Betroffenheit und reflektiv-denkerischer Distanz, die als methodische Entsprechung, als wissenschaftliche Begründung auch der Intuition, dem situativ-lebensweltlichen Raum bietet, keine vergleichende Kulturforschung betrieben werden kann. Persönliche Introspektion und abstrahierende Kulturkritik beglaubigen und bedingen sich gegenseitig, sie sind gleichsam ineinander verflochten, um das innere Movens, das ›inside narrative‹, wie es die moderne angelsächsische Anthropologie nennt, einer Kultur zu erfassen. Die sonst gesetzte Distanz zwischen dem schöpferischen Subjekt und der als objektiv gegebenen historischen Empirie wird verneint. Die vergleichende Kulturwissenschaft bemüht sich um jene ›intensive Totalität‹ bei der Einsicht in die kulturelle, politische und historische Wirklichkeit, die einer extensiven Totalität wissenschaftlicher Arbeit vorzuziehen ist, wenn diese in festgefügten, bloßen Quantifizierungen verharrt. Das Gefälle zwischen der fremden und der eigenen Kultur wird schöpferisch genutzt durch Assoziation entlang der Grenzen der Empirie.

Edmund Husserl hat bereits in seiner letzten großen Schrift über die ›Krisis der europäischen Wissenschaften‹ die Meinung vertreten: »Unsere Umwelt ist ein geistiges Gebilde in uns und unserem historischen Leben [...] Und so gilt es überhaupt umweltliche Natur als in sich Geistesfremdes anzusehen und demzufolge Geisteswissenschaft durch Naturwissenschaft zu unterbauen und so vermeintlich exakt machen zu wollen, ist ein Widersinn.«

Wir sehen, Kulturvergleiche sind gewiss als Forderung keine Erfindung der Gegenwart. Auch Jacob Burckhardt sprach im Falle der Griechen vom ›völkervergleichenden Auge‹.

Vergleichend ist die Kulturwissenschaft zunächst nur auf Grund ihres methodischen Ansatzes, nicht kraft der Homogenität der Kulturen. Andererseits wäre es ausgeschlossen, kulturelle Unterschiede festzustellen, hätte man nicht einen transkulturellen Sachverhalt im Auge, der die wahrgenommenen Unterschiede tatsächlich als Varianten begreift: Kultur trägt eben in sich den Zustand der menschlichen Existenz.

Die Bedeutung der vergleichenden Kulturwissenschaft in Politik und Humanwissenschaft in der Moderne

Die elementare politische Brisanz und Aktualität erhält die vergleichende Kulturwissenschaft durch ihre Einsichten in die Auswirkungen der politischen Praxis. Eine Politik, die von kulturellen Unterschieden absieht, ist eben eine unrealistische Politik mit verhängnisvollen Auswirkungen, wie die durch Kultur- und Religionsspannungen verursachten kriegerischen Auseinandersetzungen weltweit täglich bezeugen. Die Fehlurteile auf Grund der Missverständnisse im kulturellen Großraum politischer Territorien sind historisch Legende, und auch die gegenwärtige Politik scheint nur wenig hinzuzulernen. Die Kultur bleibt die Gesamtform menschlicher Daseinsgestaltung, die Politik ist eine abhängige Variable, die Logiken des Denkens und Handelns der Politik sind von der Kultur und ihren Werten abhängig.

Eben dieser übergeordnete Zusammenhang von Politik und Kultur zeigt auf, dass die vergleichende Kulturwissenschaft Topoi erfasst, die bislang von den zuständigen Disziplinen wegen mangelnder Zuständigkeit nicht ihrer Wichtigkeit entsprechend behandelt wurden. Um eine wirklichkeitsnahe Einsicht in die politische Ordnung zu erzielen, um das Besondere der Weltzivilisation in ihrer kulturellen Divergenz in einem historisch verankerten Verständnis tatsächlich zu verstehen, wird die Integration der vergleichenden Kulturwissenschaft gefordert, die Ergebnisse aus Einzelwissenschaften zusammenführt, synthetisch verarbeitet und fokussiert. Geschichte ist die materielle und ideelle Erstellung des menschlichen Lebens als Basis der Vergleichbarkeit der Kulturen, als Ausgangspunkt zum Verstehen des eigenen kulturellen Standpunktes aus einer Perspektive, die eine Wertschätzung ohne Vorurteil möglich macht. Vergleich und Unterscheidung sind die Grundlage für das Verstehen. Die Tatsache der Andersheit, die theoretische Frage nach dem Inhalt der Kultur und der Vergleichbarkeit stehen im Vordergrund. Religionen integrieren Kulturen und sind Ausdruck eines hochentwickelten ethnischen Selbstbewusstseins.

Das Selbstbewusstsein liegt in der Verbindung des Religiösen, des kulturell-ethnischen und des politischen Werturteils. Die hellenistischen und römischen Kulturen kannten bereits einen Synkretismus, der alle seinerzeit bekannten Kulturen des alten mediterranen Raums vereinte, zunächst disparate kulturelle Einheiten. Das Bewusstsein der Identität war eine Art gemeinsamer Nenner. Die neue Identität entsteht wesentlich mit der Prädominanz der hellenistischen und römischen Kultur, wir erleben die Genese des christlichen Bewusstseins.

Kulturelle Identität entsteht als graduelles Entfalten des historischen und geistigen Verlaufs. Der emporschnellende Prozess der Befreiung der Kolonien vergrößerte die Diskrepanz zwischen dem kulturellen Selbstbewusstsein der Dritten Welt und dem der Industriekulturen. Hierdurch wurden europäisch und amerikanisch zentrierte Apologien diskreditiert, ihre Werte wurden wesentlich als relativ erklärt. Letztlich ist jede Kultur in gewissem Sinne zugleich verträglich und unverträglich mit den Elementen der anderen Kulturen. Die Idiosynkrasien von Kulturen bestehen nur im Vorgang der Interaktion, hierdurch entstehen Vergleiche zu anderen Kulturen. Diese Vergleiche werden möglich durch die Tatsache, dass das Besondere, das Konkrete in sich immer auch das Allgemeine als Motiv birgt. Beispielsweise lässt sich sagen, dass ein Großteil der griechischen Mythologie durch eine kulturelle Wanderung von Asien nach

Griechenland importiert wurde. Im östlichen *Mythos* heißt die Instanz Mot, der Gott des Todes und der Sterilität, der aus dem Meer in das Leben emporschnellt; in der griechischen Version zeigt sich der gleiche Akt in der Geburt der Aphrodite, der Göttin der Liebe, der Schönheit und der Fruchtbarkeit. So gaben die fast identischen Topoi der Mythen die Geburt von zwei Mythen preis, die unterschiedlich in ihrer Botschaft waren. Das asiatische Rohmaterial wurde geformt durch Wurzeln, die hellenistisch waren und sich dann im Wandel befanden. Kulturen sind vergleichbar und sollten verglichen werden insoweit, als jede Kultur letztlich das Ergebnis der Reproduktion der menschlichen Existenz mit Gemeinsamkeiten und Unterscheidungen zugleich darstellt. Dies betrifft alle anthropologischen Kategorien, die Darstellung der Arbeit, bewusst oder unbewusst, die Kunst, Philosophie, Religion, Moral. So besteht eine tiefe Verbundenheit zwischen der historisch entwickelten sozioökonomischen Formation und ihrer spirituellen Kultur. So können manche Gesellschaften eine hochstehende ökonomische Ebene erreichen ohne gleichrangige literarische, künstlerische, philosophische und politische Kultur. Jede Kultur hat ihre eigene soziale Logik. Die Kulturgeschichte, gerade auch die materielle Kultur, weist aus, wie relativ die Vorstellungen von Arbeit sind, von der Zeit der Arbeit, dem Verhältnis von Arbeit und Freizeit, bewusst oder unbewusst von der Besonderheit der Ästhetik. Hierbei geht es sicherlich nicht nur um die ›großen Werte‹ einer Kultur, sondern auch um die Bestandteile der erlebten Alltagskultur, wie sie sich täglich darstellt im Wechselspiel von materieller und geistiger Kultur.

Philippe Ariès spricht so zu Recht von der ›histoire reelle de la culture‹, von der Vorstellung einer ›étude comparée des cultures‹. Hierbei gibt es eine Dialektik vom Universellen und dem Besonderen. Die streckenweise aggressive Weltwirtschaft der westlichen und östlichen Industriestaaten bedroht die unabhängige Spiritualität der Weltkulturen, es entsteht die Schreckensvision des ›homo consumens universalis‹. Das Ringen um den Kern und die Peripherie der Weltkultur hat sich in den letzten Jahrzehnten stark intensiviert. Hierbei geht es um die Entstehung einer genuinen Weltkultur, die immer auch Synthese aller nationalen Kulturen ist und doch starken Wert auf die Besonderheiten der Traditionen legt, auf partikulare kulturelle Symbole, nationale Sprachen und andere Formen des Ausdrucks. Die Kernfrage stellt sich somit: Wie können die Staaten der Peripherie die Grundzüge der Modernität entwickeln, ohne im kulturellen Sinne ausschließlich zu »verwestlichen«, ohne Imitation jener kulturellen Muster, Werte und Institutionen, die für die Modernisierung der westlichen Gesellschaften verantwortlich sind? Ein monolithisches Gesicht des modernen Menschen hat mit der kulturellen und politischen Wirklichkeit der Gegenwart wenig gemein. Die Vorstellung einer völligen Destruktion der traditionellen kulturellen Werte ist für eine Modernisierung gegenläufig, die Betonung des Besonderen hingegen fördert eine schöpferische Anwendung der Modernisierung entsprechend der lokalen Voraussetzungen, eben die Umformung von Universalität zur Besonderheit. Die partikulare nationale Kultur darf als eine Hauptform der Entwicklung in Richtung auf eine Modernisierung begriffen werden im Prozess der Staatenbildung an der Weltperipherie. Ein unilaterales ökonomisches Wachstum oder politische Entwicklung erlaubt kein allgemeines wirtschaftliches Wachstum, weil es die Voraussetzungen, eben die Errichtung und Vergrößerung der unabhängigen nationalen Ökonomie, bereits unmöglich macht.

Die nationale, kulturelle Identität setzt sich zusammen aus der Universalität und der Besonderheit. Die Zukunft der nationalen Identität entsteht aus der Korrelation der Besonderheit. Dies hat historische Tradition: Die Entwicklung der italienischen Renaissance übernahm die hellenistischen Gedanken von der arabischen Kultur. Oder ein anderes Beispiel: Die mächtige mexikanische Kunst profitierte von indianischem Einfluss, der amerikanische Jazz von der afrikanischen Folklore, die Musik eines Bartók von den ungarischen Volksliedern. Ein Gesetz der Evolution lautet immer: Konvergenz. Dies hat sich bis heute nicht geändert. Die wissenschaftlich-technische Revolution ist nicht nur eine Revolution der Wissenschaft und Produktion, sondern in erster Linie eine Revolution der kulturellen Ideale. Hierdurch entstehen die Umrisse einer technischen Kultur. Dies ist wichtig, weil Kultur notwendig ist zur Orientierung in der Umgebung, in Zeit und Raum, um die Potentiale, die in der Umgebung verborgen sind, wirklich freizulegen. Kultur beinhaltet nicht nur Erkenntnis, sondern auch Verhalten, eine aktive Beziehung zur eigenen Umgebung. In der Gegenwart ist technisches Vermögen ein organischer Teil der Kultur, ja, ohne sie ist keine gegenwärtige Kultur mehr möglich. Die Einordnung der Naturwissenschaft ist somit in erster Linie auch ein kulturologisches Problem. Hinsichtlich der beiden Kulturen geht es nicht nur um den Widerspruch zwischen der Physik und der Literatur oder zwischen der Naturwissenschaft und der Moral, sondern um das Komplement der Wissenschaft und der Mystik.

Es kann in dem weltpolitischen Machtkalkül zu keiner sachlichen oder auch nur sinngemäßen Zusammenarbeit kommen zwischen den einzelnen

Staaten mit ihrem gestaffelten Bedeutungsgefälle, wenn das grundlegende kulturelle Verstehen kaum oder gar nicht gegeben ist. Die Kommunikationsmöglichkeiten, das zivilisatorisch-technische Zusammenrücken versetzen die Weltbevölkerung unversehens und unvorbereitet in diese bedrohliche Lage. Keine der existierenden Kulturtraditionen wurde darin ausgebildet und ist darauf gefasst, die jeweilige andere Tradition des Sprechens, Denkens, Lebens tatsächlich als Grundvoraussetzung für verantwortliches und im eigentlichen Wortsinne realistisches politisches Verhalten zu verstehen. Das Selbstverständnis der Menschen wie der Gesellschaften, die prägenden Auffassungen von Weltverständnis, von Rechtsprechung, ja von Gerechtigkeit, von Sinn, von Natur und von Geschichte ist verschieden und zugleich als existentielle Voraussetzung des Lebens unverzichtbar. Diese unterschiedlichen Traditionen werden auch in Zukunft nicht aufhören, anders zu sein, anders wahrgenommen zu werden. Dies trifft für Lateinamerika ebenso zu wie für Nordamerika, Europa, aber auch Arabien, China, Japan, Indien und Afrika. Diese Staaten sind sich fremd, noch gefährlicher aber ist, dass die weltpolitische Lage insgesamt befremdend ist, in der sich Menschen als Fremde gegenüberstehen. Es gibt die Unterschiede nicht nur der Sprachkultur, sondern auch der meditativen und der religiösen Kultur sowie der politischen und der geistigen Kultur.

Im beginnenden 21. Jahrhundert ist die Welt tatsächlich als ›global village‹, als ein einziges großes Dorf zu begreifen, freilich nicht zwingend in einem westlichen Verständnis. Es werden immer Stimmen von Staaten und Kulturen laut, die nicht zu diesem Dorf zählen wollen, zumindest nicht unter ausschließlich westlichen Vorzeichen. Nicht alle Staaten der Welt haben darauf gewartet, bis sich der Westen entschloss, das koloniale Weltimperium zu Gunsten der Vorstellung eines Weltdorfes aufzugeben, um dann unter überwiegend westlichen Auspizien Teil dieses Dorfes werden zu dürfen. Eine bemerkenswerte Vielzahl von Staaten der Dritten und Vierten Welt, der Gruppe 77 wollen an dieser neuerlichen Hegemonialaufteilung nicht unter diesen Voraussetzungen teilnehmen. Es ist ein empirischer Tatbestand der Weltzivilisation, dass es Milliarden Menschen gibt, die in wesentlichen Fragen nach dem Sinn des Lebens, der Arbeitsethik, der Einstellung zum Tod, zur Familie, in der Mann-Frau-Beziehung völlig andere Anschauungen haben als der westliche moderne Mensch. Ein Naturwissenschaftler aus dem Islam kommt zwar nach Princeton in den Westen, um dort die Quantenmechanik zu lernen, behält aber seine grundsätzlich anderen Anschauungen vom Glauben, vom Verhältnis des Menschen zur Natur, von der Frage nach dem Sinn des Lebens bei. Hierin ruht der Konflikt. Der Einspruch einer Vielzahl der Staaten und Kulturen der Moderne richtet sich weniger gegen den Tatbestand, dass der Westen die Welt aus seinem örtlichen und kulturell begrenzten Gesichtspunkt betrachtet, sondern vielmehr dagegen, dass eine solche Perspektive für universal gültig betrachtet wird. Wie würde sich freilich ein Abendländer fühlen, wenn man ihn einseitig mit dem Maßstab anderer Kulturen messen würde, sagen wir aus rein japansch-shinoistischer, chinesisch-konfuzianistischer oder arabisch-islamischer Tradition? Bereits die Frage lässt die Tragweite der Antwort erkennen. Auch eine sich ständig wandelnde Wissenschaft muss nicht zwingend und ausschließlich eine westliche Wissenschaft sein und bleiben.

In der zeitgenössischen islamischen Kultur herrscht eine große Auseinandersetzung beispielsweise über die Frage, was eigentlich die islamische Wissenschaft sei, das Gleiche gilt für China, Indien, Japan und Lateinamerika. In der Jahrzehntausende umfassenden Kulturgeschichte hatten die indische, die islamische, die chinesische Wissenschaft immer ihre eigenen Paradigmen, die ihrer Geschichte, Geistesgeschichte, Religion und Philosophie entsprachen. Die westliche Wissenschaftsgeschichte ist in ihren Paradigmen nicht alleine, nicht einzigartig. Der Sinn von wissenschaftlichen Paradigmen kann nur darin bestehen, dass sie variabel sind. Für den alten Orient etwa war die Natur heilig und das Verhältnis des Menschen zur Natur ist durchherrscht von der Dimension des Heiligen. Entsprechend lässt sich die nicht-neuzeitliche, nicht-abendländische Naturauffassung nicht verstehen, solange man von dieser entscheidenden Dimension absieht. Das Gleiche betrifft die Wissenschaft. Der Koran geht zudem von einem wichtigen Begriff aus, der in Arabisch ›aql‹ lautet und in den europäischen Sprachen zumeist mit ›Verstand‹ übersetzt wird, mit ›reason‹ oder ›raison‹. Hier liegt wohl ein Missverständnis und der Grund für wesentliche Fehlinterpretationen des Islam. Übersetzt man das Begriffspaar ›Mystik und Rationalität‹ ins Arabische, stößt man bald auf das Wort ›aql‹. Für das Wort ›rational‹ ließe sich wahrscheinlich eine Ableitung des Wortes ›aql‹ verwenden, aber dieses hätte eine ganz andere Bedeutung, denn das Wort ›aql‹ im Arabischen kommt von der Wurzel ›binden‹, ›verknüpfen‹. Gemeint ist die Bindung an die Wahrheit. Zudem hat das islamische Denken zwischen ›aql‹ als Ratio und ›aql‹ als Intellectio, das heißt Intellectus im Sinne von Thomas von Aquin, nicht im Sinn von Intellekt, unterschieden.

Im Arabischen meint das Wort ›aql‹ aber gleichzeitig Ratio und Intellekt. Dies ist wichtig, wenn wir über Spekulation, über Reflexion sprechen. Das Wort ›aql‹, das beispielhaft gebraucht wurde, verbindet im

Arabischen beide Aspekte und deswegen ist die arabische Mystik auch eine Mystik des Lichts, eine Mystik der Helle und der Klarheit. Dies ist auch für den Westen von Wichtigkeit, da er hier in dieser Kombination der Lebensbereiche defizitär ist. Die wahre Imagination, die Phantasie, ist keineswegs nur die Fähigkeit zur Einbildung von Unwirklichem. Im Gegenteil, alle großen wissenschaftlichen Entdeckungen entspringen einem hohen Maß an Spekulation, aus einem Vermögen, das man ›imaginal‹ nennen könnte, letztlich aus dem Vermögen der Phantasie. Heute, in der zweckrationalen Industriekultur, ist zunehmend mit einer Verkümmerung dieser Fähigkeit zu rechnen; die außereuropäischen, noch eher archaischen und autochthonen Kulturen haben hier ein größeres Potential, das die Welt bereichern und auch die westlichen Staaten befruchten könnte. Die Sehweise einer Verbindung von Mystik und Rationalität, wie sie aus der arabischen, aber auch aus der lateinamerikanischen Kultur hervorleuchtet, bedeutet auch für uns eine höhere Qualität des Lebens. ›Aql‹ heißt nicht nur Ratio, sondern stellt auch eine Synthese dar, eine Integration, die auf das Ganze zustrebt.

Die islamische Mystik kennt etwas, das man sinnliche Spiritualität nennen könnte, die auch in Lateinamerika in den mesoamerikanischen Hochkulturen, aber auch in der magischen, metaphysischen Weltauffassung seit der Scholastik des 16. Jahrhunderts bis in die Gegenwart in Religion, Politik und Gesellschaft Lateinamerikas zum Ausdruck kommt. Dies ist eine Spiritualität, die keine Trennung zwischen der Sinnenhaftigkeit der Welt, der wirtschaftlichen sowie politischen Verfassung und der Erleuchtung des Geistes erkennt. Der Sufismus ist ein arabisches Beispiel hierfür, die lateinamerikanische Kulturgeschichte ein zweites.

Das beginnende 21. Jahrhundert fordert die Einsicht, dass es mehr als eine Art und Weise gibt, die Welt zu sehen, die respektiert sein möchte. Der Szientismus der westlichen Wissenschaft, vor allem der Naturwissenschaft, hilft nicht weiter. Es ist in der westlichen Kultur die Einsicht gefordert, dass die Wissenschaft, so großartig sie sein mag, dennoch nicht die einzige Weise ist, die Welt zu betrachten und zu deuten und dass eine neue, die Pluralität der Kulturen begreifende Synthese angestrebt werden muss. Hier trägt die Einsicht bei, dass es verschiedene ›Wissenschaften‹ gibt in den unterschiedlichen Staaten und Kulturen und verschiedene Weisen des Wissens von der Natur und dem Übernatürlichen.

Die westliche Wissenschaft ist eben nur eine Wissenschaft von der Natur, nicht ›die‹ Wissenschaft von der Natur. Auch andere Weltverständnisse besitzen ein Lebensrecht; das betrifft die Indios vom Amazonas wie auch den nepalesischen Bergbauern und andere Bewohner der Weltkulturen mit ihren unterschiedlichen Auffassungen von den Zielen, vom Sinn des Lebens, von denen der Westen lernen kann, und sei es nur durch eine Zurkenntnisnahme der Andersartigkeit, der eigenen Wertigkeit.

Das kulturelle, geistige, das spirituelle Erbe anderer Kulturen lässt sich freilich nicht so bedenkenlos benutzen wie die wirtschaftlichen Güter, wie das Zinn aus Malaysia oder das Öl aus dem Persischen Golf. Die angestrebte und notwendige Synthese setzt nicht nur das Geben voraus, sondern auch die Demut des Nehmens, wobei beide nicht von den Bedingungen diktiert werden dürfen, die wir selbst den anderen Mitgliedern der Weltzivilisation vorgeben.

In der Gegenwart hat die westliche Kultur der Technologie insbesondere dank ihres auf Beherrschung der Objektwelt ausgerichteten Wissenschaftsbegriffs eine weitere Verbreitung gefunden als irgendeine andere bis heute bekannte Kultur der menschlichen Evolution. Ihre Verbreitung hat ihr eine faktische Universalität verliehen, die das okzidentale Denken veranlasst, von einer planetaren Einheitlichkeit des Verhaltens zu sprechen, das kulturgeschichtlich in keiner Weise vorliegt. Die Kulturen und Staaten der technischen Zivilisation setzten ihr Wirtschaftssystem, ihre gesellschaftlichen und politischen Normen absolut mit imperativem Charakter, ohne die kulturellen und religiösen Aporien zu beachten, die weltweit in facettenreicher Vielfalt gegeben sind. Hierin besteht eine drohende Gefahr. Die vergleichende Kulturwissenschaft fordert die Bereitschaft, die eigene Kultur in ihrer relativen Zielvorstellung zu erkennen, um auf diese Weise einen sinnvollen Kulturvergleich erst zu ermöglichen.

Die technische Welt, in der wir leben, kommt in Gestalt von Letztbedeutungen zum Ausdruck. Hierin liegt der Widerspruch. Die moderne Technologie ist eben nur bedingt mit anderen Kulturtraditionen kompatibel, etwa verträgt sich die Sachlogik und Pragmatik der Technologie nur sehr schwer mit der weitabgewandten, metaphysischen, transzendentalen und spirituellen Kultur, wie sie Lateinamerika seit der Scholastik des 16. Jahrhunderts bis in die Gegenwart durchherrscht. Eine Kultur setzt aber immer die Fähigkeit der Individuen voraus, sich zu einer eindringenden technischen Lebenswelt gegenüber zu verhalten, um dadurch den Weltbezug erst sinnhaft bestimmen zu können.

Hier aber setzt der Bruch ein, eine überwiegend archaische und autochthone Kultur vermag die Technologie nicht zu assimilieren, sie reagiert eruptiv mit revolutionären Schüben, die sich bis zur Zerstörung, zur Auflösung der Kultur steigern können.

Die Technologieförderung hat heute weltweit auf allen Ebenen ihre Unschuld verloren, die Einbettung in den übergeordneten Zusammenhang der vergleichenden Kulturwissenschaft nimmt hingegen exponential zu. Es stellt sich gegenwärtig die dringliche Forderung der Weiterentwicklung des kulturwissenschaftlichen Denkens nicht nur in der Wissenschaft, sondern auch in der politischen Praxis.

Die historisch gewachsene Neigung aller Staaten und Kulturen, sich selbst absolut zu setzen und in den jeweils anderen, ›fremden‹ Kulturen lediglich Verirrungen, Abweichungen von dem Wesensmäßigen zu erkennen, wurde weltpolitisch unvertretbar, ja gefährlich. Sich selbst als Norm zu wählen, statt die anderen Kulturen als grundsätzlich gleichberechtigte Formen gelten zu lassen, wurde schlechterdings zum weltpolitischen Sicherheitsrisiko. Bei verantwortlicher Betrachtung dürfen die technisch-wissenschaftlichen Innovationen nicht mehr vom Nachweis ihrer Kulturverträglichkeit entlastet werden.

Diese Überlegungen weisen auf die fundamentale Bedeutung der vergleichenden Kulturwissenschaften in der Moderne hin. Es ist von einer elementaren Verantwortlichkeit der Human-, Geistes- und Kulturwissenschaften zu sprechen angesichts der naturwissenschaftlich-technischen Herausforderung. Die Kulturwissenschaften gewinnen eine immer schneidendere Aktualität und übergeordnete Ernsthaftigkeit in ihrer Fragestellung.

Wenn Technikforschung langfristig Sinn machen soll, muss die Kulturbedeutsamkeit von Technik analysiert werden als einem entscheidenden Gegenstand der Kulturwissenschaften. Die Frage konzentriert sich auf einen Topos, über den bereits Edmund Husserl Klage geführt hat und der später von Martin Heidegger grundlegend aufgegriffen wurde: den Verlust des Sinnfundaments und der Lebensbedeutsamkeit von Naturwissenschaft und Technologie.

Im Universitätsleben des beginnenden 21. Jahrhunderts ist es von fataler Auswirkung, dass in allen westlichen Industriestaaten die Technologieforderung nicht gleichermaßen mit einem Ausbau der Reflexionswissenschaften gepaart wird, dass die Human- und Kulturwissenschaften sogar als ›fortschrittshemmend‹ eingestuft und gering geschätzt werden. Hierdurch entsteht ein Vakuum, in dem politische Entscheidungen nicht mehr kritisch und verantwortlich getroffen werden können. Die Sozial- und Kulturverträglichkeit von technologischen Neuerungen ist ebenso Aufgabe der Kulturwissenschaften wie ihre Wirkung auf die Lebenswelt des Menschen.

Wir leben in einer durch Technik vermittelten Welt, die in die unmittelbaren Lebensbezüge täglich eingreift. Ein bloßer Entschluss vermag uns aus dieser Welt nicht mehr hinauszukatapultieren, uns zu entbinden. Gerade aus diesem Grund benötigen wir die Kulturwissenschaften als ein entscheidendes Korrektiv, ja einen Garanten. Um die technische Zivilisation zu bewältigen, bedarf es Unterscheidungsvermögen; die in der zweiten Hälfte des 19. Jahrhunderts getroffene Untergliederung zwischen Natur- und Geisteswissenschaften hat ihre Treffsicherheit verloren, sowohl wissenschaftlich als auch politisch.

Die Verantwortungsethik im Sinne Max Webers wurde in der Gegenwart zur Grundregel, ja zum starren Imperativ des eigenen Sinngehalts von Wissenschaft. Dies betrifft die Geisteswissenschaft wie die Naturwissenschaft.

In letzter Konsequenz bildet die Kulturwissenschaft eine Kompensation, sie gestaltet Orientierungshilfen. Der moderne Staat ist selbst nicht stark genug in seinem Vermögen zum Ausgleich. Er vermag nicht für Balance zu sorgen; die Kultur-, Geistes- und Humanwissenschaften gewinnen staatstragenden, stabilisierenden Charakter. Sie steigen in den Rang von Ordnungskräften auf und sind hierdurch nicht modernisierungshemmend, sondern geradezu modernisierungsermöglichend.

Die technische Verfassung wird hierdurch menschlich abgefedert und verantwortet: es ist die Sprache von politischer Stabilität durch kulturellen Ausgleich. Auf der einen Seite steht der technisch-wissenschaftlich bestimmte Bereich, dem man die modernen Entfremdungserscheinungen ursächlich zuschreibt, auf der anderen Seite die Kultur als Ausdruck einer Verfassung, die den Menschen sich gleichsam seelisch nicht unbehaust fühlen lässt. Letztlich geht es weniger um Kompensation als vielmehr um Komplementarität zwischen beiden Bereichen. Das kompensatorische Moment wird erst dadurch erreicht, dass der technisch-wissenschaftliche Sektor, dass die nicht mehr steuerbare und sich ständig beschleunigende Innovationsdynamik, die wesentliche lebensweltliche Verluste erzeugt, ausgeglichen werden durch kulturelle Schubkraft, wäre diese nicht nur Reaktion auf den technisch-wissenschaftlichen Fortschritt, sondern genuin selbst erzeugt. Die Kultur übernimmt die Aufgabe des Gegengewichts, wobei sie verstanden wird als der Inbegriff der menschlichen Lebenswelt im Unterschied zur Natur, aus der der Mensch heraustrat, als er Mensch wurde.

Die vergleichende Kulturwissenschaft als eine Zentralwissenschaft der technischen Zivilisation schlägt Brücken zwischen den Religionen, Weltanschauungen und Kulturen und damit letztlich zwischen den

Staaten. Sie begreift Denkweisen, ästhetische Erfahrungen und Künste, aber auch die sich dahinter verbergenden Philosophien und Theologien. Dadurch erreicht sie die dringlich notwendige Verständigung zwischen den wirtschaftlichen und politischen Entscheidungsträgern und den Gelehrten, die über die Schlüsselphänomene nachdenken. Der Mensch des beginnenden 21. Jahrhunderts lebt in einer durch die Technologie immer stärker zusammenrückenden planetaren Zivilisation mit verschiedenen Gesellschaften, Rechtsordnungen, Staatsformen, eigenen Traditionen des Wohnens, der Architektur, der Künste, der Arbeitsteilung und Anordnung, aber auch des Gebets und der Meditation. Kurzum, der Mensch lebt in verschiedenen Kulturen, die sich in Denkweisen, Sprachen, sittlichen Vorstellungen, Riten, im alltäglichen Verhalten durch ihr historisches Wachstum bis in die Gegenwart unterscheiden.

Diese Grundbefindlichkeit bildet den Forschungsgegenstand der vergleichenden Kulturwissenschaft. Die Bürger von Staaten sind immer auch Angehörige von unterschiedlichen Kulturtraditionen, sie leben im Bewusstsein ihrer eigenen Kultur. Dies ist die Voraussetzung zur Verständigung zwischen Staaten, die das Kardinalanliegen der Außen- und Sicherheitspolitik ist. Nur im Bewusstsein der eigenen Kultur können Menschen und Staaten sich einander gegenüber öffnen und nachhaltig in Verbindung treten.

Die industrielle und technologische Weltkultur vollzieht sich vor dem bedrohlichen Hintergrund einer weltweiten Einebnung der historisch gewachsenen kulturellen und religiösen Traditionen in den Industriestaaten ebenso wie in den noch eher archaischen und autochthonen Kulturen und Staaten der Dritten und Vierten Welt in Lateinamerika, Schwarzafrika und Asien. Dort stehen die eigenständigen Religions- und Kulturtraditionen oft im Widerspruch zu den Anforderungen der technischen Zivilisation mit ihrer universalen Minimallogik, die über einen imperativen Charakter verfügt und einen Alleinanspruch auf den Begriff des *Logos* erhebt. Die Menschheit lässt sich aber nicht endgültig uniform gestalten. Gerade aus diesem Grund stellt sich die Forderung, dass sich Kulturen und damit Staaten so verstehen, wie sie tatsächlich historisch gewachsen sind, zunächst um sich selbst zu verstehen, vor allem aber, um sich anderen verständlich machen zu können. Sonst ist ein Zusammenwirken unmöglich. Hierzu vermag die vergleichende Kulturwissenschaft wertvolle Beiträge zu liefern.

Es muss auf die Möglichkeit hingearbeitet werden, dass sich der Mensch als ›Eingeborener‹ der eigenen Kultur und Geschichte begreift und dennoch mit Unbefangenheit und gleichzeitiger Aufmerksamkeit anderen Kulturen zu begegnen versteht, um mit ihnen zusammenzuarbeiten. Aus friedenstechnischer und sicherheitspolitischer Sicht löst die vergleichende Kulturwissenschaft das Versprechen ein, trotz der Bejahung der Vielfalt in die gemeinsame Einübung des Menschseins einzutreten.

Die Moderne und ihr Widerpart: Archaische Traditionen und die religiösen Nationalismen

»Nicht bloß die Religion, sondern der Geist
fällt dem Instrumentalismus zum Opfer.«
Max Horkheimer, 1969

Die Kultur als Ursprung der Identität

Es herrscht kein Zweifel: Religion entflammt immer mehr Staaten der »Peripherie« und der »Ersten Welt«. Da die Metropolen, von denen Modernisierung, Demokratisierung, Säkularisierung und Industrialisierung ausgingen, sich überwiegend in Westeuropa und Nordamerika befinden, ist es unverzichtbar zu fragen, bis zu welchem Grad es für den Westen sinnvoll ist, ein vergleichbares Verhalten und ähnliche Ergebnisse in diesen anderen Teilen der Welt zu erwarten. Hier wiederum scheinen Zweifel angebracht. In der jüngsten Geschichte hat mit wenigen Ausnahmen der Krieg zwischen Nationalstaaten eine geringere Rolle gespielt als die Bürgerkriege, Guerillakriege, zwischenreligiöse und ethnische Kriege, welche die Oberhand gewinnen. Es handelt sich um »balkanisierte« Auseinandersetzungen, vorstaatliche Kriege zwischen Gebilden, die sich auf der Schwelle zum Nationalstaat befinden und sich im Windschatten einer imperialen wirtschaftlichen und militärischen Weltordnung gebildet haben. Es ist hierbei bedeutsam, dass der Begriff der kulturellen und religiösen Identität nicht mehr alleine anthropologischen Charakter hat, sondern immer stärker politisch ausgedeutet wird.

In den betroffenen Staaten der »Peripherie« hatten nicht alle Segmente der Bevölkerung den Wunsch oder die Möglichkeit, eine Modernität anzustreben. Hieran fügt sich das dramatische Paradoxon. Die Frage der Trennung von Sakralem und Säkularem wird etwa in Algerien nicht von den westlich ausgerichteten Eliten gestellt, die mit laizistischem republikanischem Ethos ausgestattet sind, sondern von den islamischen Eliten, die sich einer Modernität nach westlichem Zuschnitt verschließen. Die Islamisten haben auf der Straße nicht deshalb gewonnen, weil die Religion nicht respektiert worden wäre, sondern weil die Modernisierung nicht den ganzen Staat erfasst hat. Das Resultat ist ein theokratisch-militärisches Regime, eine kulturell-religiöse Inquisition, der Exodus weiter Bevölkerungsanteile und das Fehlen jeder Demokratisierung im öffentlichen Raum.

Wir erleben heute eine Moderne im Sinne des Westens, die von allen Seiten von archaischen Traditionen eingekesselt wird. Wollten uns die Historiker und die Soziologen seit über einem Jahrhundert nicht weismachen, dass der wissenschaftliche Fortschritt, die Industrialisierung und die steigende weltweite Kommunikation die nationalistischen Überhöhungen und die religiöse Intoleranz einebnen werden? Das diametrale Gegenteil ist eingetreten. 1914 kontrollierte Europa noch 8,5 % der Erdoberfläche als Kolonien, Protektorate, Schutzgebiete und Dominien, wie Edward Said vermerkt. Das Aufbegehren ist gegen eine zugleich imperiale wie metrozentrische Weltordnung gerichtet, immer mehr Staaten und Kulturen verwehren dieser imperialen Landkarte die Ermächtigung. Es tritt an diese Stelle die Einsicht, dass die Geschichte aller Kulturen die Geschichte kultureller Anleihen ist. Das a priori Dogma, dass alle Kulturen gleich sind, ignoriert den einfachen Sachverhalt, dass Kulturen kein statisches Tableau von Unterschieden verkörpern, sondern vielmehr einen dynamischen Vorgang der Metamorphose. Kulturen dürfen als Quellen der Identität begriffen werden. Es wird deutlich, dass sich Kultur nicht in einer antiseptischen Sphäre abspielt, gleichsam unberührt von der äußeren Welt, sondern sich an der historischen sowie aktuellen politischen und wirtschaftlichen Empirie reibt. Die großen metropolitanischen Zentren, die in ihrem eigenen Verständnis nach Weltherrschaft streben, stoßen auf indigenen Widerstand, der sich in Form von Nativismus, Regionalismus, Nationalismus und Separatismus äußert, ja, diese Überlegung lässt sich auf den Punkt bringen in der Aussage, dass westlicher Metropolitanismus und der Nationalismus der Staaten der Peripherie sich gegenseitig nähren. Der Konflikt liegt auf der Hand: Die Welt verfügt über ca. 190 Nationalstaaten, zugleich aber mehrere tausend Kulturen mit ihren unterschiedlichen Religionstraditionen. Der Nationalismus, den wir heute erleben, im weiten Raum der ehemaligen Sowjetunion ebenso wie in den arabischen Staaten oder in Asien, ist wesentlich der Versuch einer Wiederherstellung von Gemeinschaft, Bekräftigung der Identität, ja, es lässt sich von einer Mobilisierung zum politischen Kampf gegen eine westliche Herrschaft sprechen, in Lateinamerika, Afrika, natürlich auch in China, Indonesien oder Malaysia.

Das Identitätsempfinden, das gefordert wird, soll ethnisch, religiös und kommunal getragen werden, dies kommt in den Schriften Ben Okris, Wole Soynkas, des Religionsphilosophen John Mbiti oder bei V. Y.

Mudimbe und Paul Houiitondji zum Ausdruck. Die Logiken des Denkens und Handelns werden nicht mehr alleine in New York oder Paris bestimmt, wie dies Aime Cesaire bereits erkannte in seinem Ringen gegen das metropolitanische Europa und Nordamerika.

Seit den 90er Jahren des 20. Jahrhunderts durchleben wir ein Zeitalter, das mehr Flüchtlinge, Migranten, Verschleppte und Exilierte zutage fördert als jemals ein anderes Zeitalter in der Geschichte des Menschen.

Moderne und archaische Traditionen

Heute herrscht eine Spannung zwischen einer technischen Homogenisierung der Welt und der Aufrechterhaltung der kulturellen und religiösen Unterschiede zwischen den wirtschaftlichen Imperativen und dem geistig-spirituellen Aufbegehren. Es gibt ein wirkungsvolles Wechselspiel zwischen dem Wiederaufstieg der religiösen Gründungsmythen und dem Sachverhalt, dass die Industrialisierung antireligiös ist, weil sie den spirituellen Raum verwehrt. Die Monopolstellung der Wirtschaft, ihre zentrifugale Macht, die weltweit voranschreitet, rufen archaische Traditionen im geistig-religiösen Raum hervor, wir erleben zugleich eine Totalisation des Planeten Erde durch die Weltwirtschaft. Aber im gleichen Augenblick, in dem sich die Weltwirtschaft planetarisiert, bricht der Planet im politischen Feld auseinander. Dem immer rasanter anschwellenden kosmopolitischen Handel und dem medialen Informationsaustausch steht eine außerordentliche territoriale Nervosität gegenüber. Das »Weltdorf« durchlebt jene Nationalismen, Trennungen und Tribalisierungen, die sich als Bürgerkriege, als Konflikte der kulturellen und religiösen Identitäten niederschlagen. Diese Triebfeder der Zersplitterung erfasst zunächst die großen multikulturellen Staaten, sie macht aber auch vor den ältesten Zivilisationen in Zentral- und Osteuropa nicht halt. Die politische Integration folgt der wirtschaftlichen Integration nicht auf dem Fuße, in den Apec- und den Asean-Staaten, bei dem GATT-Abkommen, im andinischen Pakt oder beim Mercosur-Abkommen in Lateinamerika. Der Wiederanstieg der Religionen darf als Gegenschlag zu der Einebnung auf wirtschaftlichem Gebiet gedeutet werden. Das Ringen um die kulturellen Demarkationslinien als Widerspruch zu der sich amöbenhaft ausbreitenden technischen Uniformierung der Welt, die alle Staaten ergreift, hat begonnen. Die Identität, die auf einem Sektor verloren geht, erstarkt auf der anderen Seite. Der weltlich-wirtschaftlichen Totalisierung stellt sich ein entfesselter kulturell-religiöser Partikularismus entgegen, gleichsam als Antipode zu der bedrohlichen Homogenisierung der Welt im technischen Feld. Das mangelhafte Zugehörigkeitsgefühl auf kulturell-religiöser Ebene von immer weiteren Teilen der Weltbevölkerung fordert ein Anrecht auf Souveränität heraus. Die Schaffung von lokalen Gewalten im politisch-religiösen Raum verneint nicht jene Globalisierung, sie wird vielmehr durch sie hervorgerufen. Es droht die Gefahr, dass jedes weitere Forcieren der Weltwirtschaft eine territoriale Entwurzelung in religiöser Hinsicht bedeutet. Es ließe sich gleichsam von einem anthropologischen Thermostat sprechen, einem geheimnisvoll anmutenden Regulator, der korrigierend einwirkt auf die kulturelle Integrität der Menschheit.

Das 20. Jahrhundert kannte einen weiten Pendelschlag der politischen Ersatz-Religionen auf der Grundlage der großen säkularen Mythologien, etwa die des Klassenkampfes, des Rassismus oder der nationalen Kriege in den beiden Weltkriegen. Politische Utopien wurden ebenso durchlebt wie millenaristische Heilsversprechen in der stalinistischen wie in der nationalsozialistischen Variante. Jetzt besinnt man sich auf alte millenaristische Traditionen des Glaubens im Hinduismus, im Islam und im Christentum, die weniger leicht falsifizierbar sind. Weltweit zeichnet sich ab, dass enttäuschte Teile der Bevölkerung im politischen Raum dem religiösen Nationalismus Tür und Tor öffnen. Mit den Zivilreligionen wurde im Westen, in der Vergangenheit Schindluder getrieben, ein laizistischer Fortschrittsglaube war zugleich agnostisch und gebar eine mangelhafte politische und soziale Moral, die das Anwachsen der klerikalen Fanatismen förderte. Die materielle Ergriffenheit, die Überhöhung des Geldes für immer weitere Bevölkerungskreise, sagen wir, jener Ökonomismus gleitet ins politisch Verderbliche ab und fordert jenen religiös-spirituellen Fanatismus in den verschiedenen Spielarten des Hinduismus, des Islam, aber auch der christlichen Gruppierungen. Das Recht auf den kulturellen Unterschied steht gegen eine falsche Objektivierung der wirtschaftlichen Kräfte. Die Geschichte kultureller Unterschiede ermöglicht es nicht nur zu verstehen, wie bestimmte Völker sich unterscheiden, sondern auch der Frage auf den Grund zu gehen, wie die Kultur insgesamt die wirtschaftliche und soziale Entwicklung beeinflusst. Die Geschichte, die niedergeschrieben wird, ist die Geschichte von Völkern und Nationen, aber die Prägemerkmale, die dabei entstehen, sind die von Kulturen. Selbst in einem technologischen Zeitalter ist die Verbreitung der Technologie als solche nicht so wichtig wie die kulturelle Aufnahmebereitschaft der verschiedenen Nationen. So kann verstanden werden, warum bestimmte

Staaten wie etwa Japan über eine größere Fähigkeit verfügen mit ihrer empirisch-pragmatischen Kultur als Lateinamerika, das seit dem 16. Jahrhundert von einer scholastisch-metaphysischen Tradition mit hoher Transzendenz geprägt war. Das Bedürfnis und das Vermögen, sich Technologie zu eigen zu machen, sie entsprechend der Bedürfnisse für künftige Zwecke umzuformen, sind von Kultur zu Kultur verschieden.

Es geht um ein Verstehen der politisch existierenden Wirklichkeiten der Gegenwart, wie sie sich aus der Geschichte entwickelten. Kulturelle und religiöse Unterschiede zwischen Nationen spielen eine wesentliche Rolle in den Ereignissen unserer Tage in den Staaten rund um die Welt. Sowohl die wirtschaftlichen Unterschiede von Gruppen innerhalb eines gegebenen Landes als auch größere Unterschiede auf der Weltbühne zwischen Nationen und ganzen Zivilisationen spiegeln große kulturelle und religiöse Unterschiede wider, welche die Geschichte beeinflusst haben. Die Geschichte der kulturellen Unterschiede ermöglicht es uns nicht nur zu verstehen, wie bestimmte Nationen voneinander abweichen, sondern auch wie stark kulturelle Muster insgesamt die wirtschaftliche und soziale Entwicklung bestimmen. Als etwa die Mauren das mittelalterliche Spanien eroberten, brachten sie nicht nur die islamische Zivilisation mit sich, sondern auch die Wissenschaft, Philosophie und die Sorge um die arabische Sprache. Unter ihrem kulturellen Einfluss wandten sich spanische Juden der Wissenschaft zu wie auch der hebräischen Sprache. Da vieles, was die mittelalterlichen spanischen Juden vollbrachten, in der Wissenschaft von der islamischen Welt abstammte, war die Folge dieser kulturellen Begegnung eine Reorientierung der jüdischen Intelligenz, die später wichtige eigenständige wissenschaftliche Entdeckungen hervorbringen sollte. Viele der menschlichen Errungenschaften nehmen die Formen solcher interkultureller Entlehnungen und Einflüsse an.

Zur anthropologischen Bedeutung der Religion

Die Religion rückt in das Zentrum des Interesses. Was aber hat es mit der Religion auf sich? Wie ist sie im Leben des Menschen verwurzelt? Die Religion ist ohne die Suche des Menschen nach Metaphysik, in der sich der Mensch als genuin menschlich definiert, nicht verständlich. Diese Suche nach Metaphysik, Spiritualität und Transzendenz findet sich in den unterschiedlichsten Kulturen und Zivilisationsstufen, das Bedürfnis, die gegebenen Grenzen der menschlichen conditio zu überschreiten, findet sich in den Kulturen Zentralasiens wie im Ahnenkult Westafrikas oder den Kulturen des Amazonas. Auch die technische Zivilisation des Ostens und Westens ist hiervon erfasst, etwa in Gestalt der Suche nach Unsterblichkeit auf den taoistischen Inseln oder bei der Suche nach dem Dorado, bei den Pilgerfahrten der Hindus nach Varanasi, der Moslems nach Mekka oder der Katholiken nach Rom, bei den mystischen Bestrebungen der muslimischen Sufi, der jüdischen Kabbalisten, der katholischen heiligen Schriften sowie die Odyssee oder das Gilgamesch-Epos zeugen ebenfalls von dieser Suche, letztlich auch Philosophie, Magie und die wissenschaftliche Forschung und natürlich die verschiedenen Ausgestaltungen der Kunst. Es wäre freilich schierer Eurozentrismus anzunehmen, dass diese Suche nur Ausdruck des »faustischen« Westens wäre oder eine Erfindung der monotheistischen Religion. Sie ist in der Evolutionsgeschichte des Menschen weit tiefer verankert und es lassen sich Kulturvergleiche aufstellen, die von den schamanistischen Praktiken der Skythen, die Herodot beschreibt, bis zu den sehr ähnlichen Vorgaben bei den Kulturen Sibiriens und Nordamerikas 25 Jahrhunderte später reichen.

Die spirituelle Suche kommt etwa auch in dem mythologischen Epos des Popol Vuh der Mayas in der mesoamerikanischen Hochkultur Mexikos zum Ausdruck, über die Alfred Métraux berichtet. Darüber hinaus darf der ekstatische oder visionäre Schamanismus erwähnt werden, der weniger ein diskretes Phänomen ist, noch weniger eine besondere Religion, sondern eine Form der stammesreligiösen Erfahrung, auf die Mircea Eliade immer wieder verweist, die dem suchenden Impuls vollsten Ausdruck verleiht. Die Suche nach Erkenntnis steht im Mittelpunkt. Der Mensch bleibt Hervorbringer des Sakralen, von den indigenen Hochkulturen der Inkas in Peru bis zu den Amazonaskulturen oder den Indianerkulturen der großen Ebenen. Diese Suche, das Gegebene zu transzendieren, erfasst die Kulturen Feuerlands wie die Eskimokulturen oder die Algoiiquin, die Fischerkulturen der Nootka oder die ackerbautreibenden Mapuche mit ihren kalendarischen Zeremonien wie auch die Pueblokulturen des Südwestens Amerikas. Stets vollzieht sich Wirklichkeit in der Zukunft, in der niemals voll aktualisierten Potentialität, auf die nur das Universelle verweisen kann durch das Medium der Drittheit, wie es im Symbol zum Ausdruck kommt. So erklärt sich die Suche der Kunst und der Philosophie und der Literatur wie überhaupt allen Denkens und der Sprache, da alle Sprache symbolisch ist, wie Ernst Cassirer vermerkt in seiner Philosophie der symbolischen Formen. Es ließe sich von einer Art metaphysischem Realismus sprechen, vor dessen Hintergrund die Suche nach Wahrheit angestrebt wird. Es ist diese bezeichnend menschliche, immer künftig ausgerichtete Wirklichkeit, die transitorisch ist insofern, als jeder Augenblick verfliegt. Diese Suche, Raimon Panikkar hat hierauf verwiesen, erfasst nicht nur unsere gegenwärtige technische Zivilisation, sondern bereits die australischen Ureinwohner oder die brasilianischen Schamanen und die sibirischen Medizinmänner, Geschichtenerzähler und Poeten. So unterschiedlich die Kulturen sein mögen, es bleibt jenes Bedürfnis nach visionärer Transzendenz des Gegebenen, die in der Suche ihre Verkörperung findet und in der die unerreichte Wahrheit liegt. Es ist hier die Sprache von einer metaphorischen Logik der Entdeckung und der Erfindung, es leuchten gleichsam Metaphern von kognitivem Wert auf. Die visionäre Wirklichkeit, die in der Suche ihren Ausdruck findet, ist eine lebendige Metapher.

Wie lässt sich eine Existenz als menschlich bezeichnen? Vor allem durch diese metaphysische Suche, die zunächst eine bewusste Transzendenz darstellt, ein befreites Hinreichen zu einem gesetzten Ziel. Der Mensch ist ein animal quaerens mindestens ebenso wie ein animal rationale, er versucht, über die natürliche Welt hinauszuwachsen und die Trennung zwischen Natur und Kultur zu überwinden, worin sich die Voraussetzung für die metaphysische Suche verbirgt. Dieses Bedürfnis nach Selbsttranszendenz hat im Sinne Bergsons seinen Ursprung in den protoplasmischen Anfängen der Evolution, in der der Mensch strebt und sucht. Erst indem der Mensch über die rein biologische Bedürftigkeit hinausstrebt, wird diese Suche wirklich menschlich. Der Mensch sucht eher, als dass er findet, und in dieser Kluft liegt die Wurzel der Metaphysik. Diese spirituell-metaphysische Suche wird zunächst mit den Religionen in Verbindung gebracht, wir dürfen sie aber nicht mit ihnen identifizieren. Clifford Geertz schreibt den Religionen das Vermögen zu, gesellschaftlichen Institutionen einen letztlich gültigen ontologischen Status zu verleihen, sie einzubetten innerhalb eines sakralen und kosmischen Rahmens. Lévy-Bruhl sprach bereits bei den primitiven Religionen von einer mystischen Teilhabe. Religion beschützt den Menschen gegen die Anomie oder Bedeutungslosigkeit, sie bringt jene dringliche und intensive Suche des Menschen nach Bedeutungsinhalten zum Ausdruck, die am Ursprung des Versuches steht, Ordnung auch auf das aufzuerlegen, was sich der Kontrolle entzieht. Die Religion enthüllt die innerlich wahrhaftige Unvollständigkeit aller menschlichen Bestrebungen, indem sie auf die Möglichkeiten verweist, eine Ordnung zu erzielen, die der unzureichend gegenwärtigen überlegen ist. Das Ziel ist auf einen alles umschließenden

Nomos, eine alles umfassende Communitas gerichtet. Aus diesem Grund ist Religion nicht nur, wie Durkheim glaubte, ein soziales Phänomen, sondern, wie Max Weber ausführte, ein radikaler Wandel, der sich aus dem individuellen Streben auf eine bedeutungsvolle Ordnung ableitet, die aus der gegebenen Welt nicht legitimiert wird: Wirklichkeit als Interesse eben. Ein Leben zu führen in dem unumkehrbaren Bewusstsein der Nichtdauerhaftigkeit, des Zwischenraums und des transitorischen Charakters des Lebens ist der Hintergrund für die Suche. Im Angesicht der fortlaufenden Offenheit, die keine Aussicht auf Abschluss findet, wird auch die Genauigkeit verhindert, die für das menschliche Leben so fundamental ist. Die Suche nach Permanenz bleibt eine Chimäre, unverträglich mit der Beweglichkeit und der Veränderung, die den Menschen als fragendes Wesen bestimmt. Es ist von politischer Bedeutung, dass die menschliche Suche immer auch ein Vorwärtsstreben ist, eine zweckgerichtete Öffnung auf eine ungewisse Zukunft hin. In der Ungewissheit der Zukunft verkörpert sich auch die Quelle der persönlichen Suche. Die Kluft zwischen Gewissheit und Ungewissheit begründet jene umformende Potentialität als eine anthropologische Konstante in allen Kulturen. Die fortgesetzte Suche rührt von dem Extrem, der bewussten Offenheit angesichts einer unvorhersehbaren Welt. Das Fragen ist immer zugleich ein Suchen und eine wahre Suche, sagt der Dichter Auden, bedeutet, nach etwas zu suchen, von dem man bisher keine Erfahrung hatte. Das Metaphysisch-Spirituelle erscheint als die Potentialität des menschlichen Lebens, und es wird ersichtlich, wie virulent politisch diese Möglichkeit ist. Nicht eine existierende Wirklichkeit ist von Wichtigkeit, sondern ein Aggregat von möglichen Wirklichkeiten für eine nicht absehbare Zukunft. Die metaphysisch-spirituelle Suche ist die menschlich unvollendete Bemühung, die Zukunft in kleinen Stücken zu aktualisieren. Hierdurch erfährt der Mensch seinen übergeordneten Bezugsrahmen, er findet zu sich selbst, indem er glaubt, immer mehr zu werden, als er tatsächlich ist. Der Mensch lebt in seiner Unvollendetheit, er bleibt sich selbst ein Versprechen und verharrt als animal quaerens. Die metaphysisch-spirituelle Suche ist ein schöpferischer Vorgang, in der der Mensch sich immer wieder neu erschafft. In der Suche verkörpert sich das eigentlich Menschliche, die Treue zu dem unfertigen Selbst. *Homo sapiens* sind wir durch die metaphysisch-spirituelle Suche, durch die transzendente Potentialität einer unbestimmten Zukunft: Dieses Streben definiert den Menschen anthropologisch, das unerreichte Ziel verkörpert seine eigene Weisheit, freilich auch die Gefahr des Umkippens in politisch-religiösen Fanatismus.

Wenn die metaphysisch-spirituelle Suche eine anthropologische Konstante ist, die in der Biologie, der Sprache und der Geschichte des Menschen verwurzelt ist, so finden sich ihre Beispiele in allen Zeitepochen und Kulturstufen in den Religionen, den religiösen Ritualen und den Mythen. Die weitgehend verschiedenen Formen der Suche sind Ausdruck des schöpferischen und selbsttransformierenden Vorgangs, der sich nicht auf ein bestimmtes religiöses Paradigma zurückstufen lässt, sondern durch seinen Reichtum an kulturell Besonderem beachtet werden muss. Jede Kultur bedarf ihrer Werkzeuge der Transzendenz, dies betrifft die metaphysisch-spirituelle Suche der Schamanen, der Wissenschaftler und Dichter, der Künstler und Philosophen sowie der Religionsstifter. Der Mensch befindet sich im historischen Verlauf in einer Überschreitung des Gegebenen, er ist definiert durch dieses Vorausgreifen bei der Suche nach der umformenden Transzendenz in einer immer unbekannten Zukunft.

Säkularer und religiöser Nationalismus

Diese Gegebenheiten verdeutlichen, warum Religion für den Menschen nicht nur historisch, sondern auch aktuell von kardinaler Wichtigkeit ist. In immer mehr Staaten herrscht ein geradezu verzweifeltes Bedürfnis nach Religion im öffentlichen Leben. In den arabischen Staaten, in Ägypten etwa wird immer stärker die Forderung nach einer Fusion der religiösen und der politischen Identitäten laut. Der Wunsch nach einer indigenen Form der religiösen Politik, die sich frei macht von den Imperativen der westlichen Kultur, wird von vielen Staaten zum Ausdruck gebracht, die in diesem Jahrhundert unabhängig wurden: von den Zentralasiaten, den Muslimen von Algerien bis Indonesien, den Ukrainern, der Bevölkerung von Sri Lanka, den Indern, den Israelis oder den Mongolen, um nur wenige zu nennen. Wir erleben heute die Einsicht, dass jene als Anomalie empfundene islamische Revolution von 1979, durch die eine Vorherrschaft der westlichen Kultur und ihrer säkularen Politik herausgefordert wurde, der entscheidende Topos der internationalen Politik der 90er Jahre und der Zukunft ist. Die neue Weltordnung, welche die bipolare Ordnung des Kalten Krieges ersetzte, ist nicht nur charakterisiert durch das Auftreten neuer wirtschaftlicher Kräfte und das Zusammenfallen alter Zentralmächte sowie der Diskreditierung des Kommunismus, sondern vor allem durch das Hervortreten von neuen religiösen und ethnischen Allianzen. Ja, es lässt sich behaupten, dass die neuen religiösen Nationalismen das Potential in sich tragen, gemeinsame Sache gegen den säkularen Westen zu machen, eine bedrohliche Konstellation, die in einen neuen Kalten Krieg münden könnte. Die politischen Strategen des Sudan etwa erklären, dass die Zeit nach dem Kalten Krieg nach einem neuen Reich des Bösen rufen würde, gegen das sich der Westen mobilisieren könnte. Im Gegenzug entsteht für die religiösen Führer des Islam leicht das Stereotyp des satanischen säkularen Westens. Anders als der Kalte Krieg steht der Westen jetzt in Allianz mit den Führern der ehemaligen Sowjetunion einer Opposition gegenüber, die weder politisch vereint noch zum gegenwärtigen Zeitpunkt militärisch stark ist. Aus diesem Grund wird diese Opposition politisch nicht immer ernst genommen, was sich verhängnisvoll auswirken könnte. Warum tritt gerade heute die Religion als Alternative auf? Warum ist die Zurückweisung des säkularen Nationalismus westlicher Prägung so gewalttätig, sei dies bei den politischen Führern in Ägypten, Algerien oder im Iran, in Israel, in den palästinensischen Gebieten, in der Mongolei, in Zentralasien und in anderen Teilen der Welt? Bei dieser Frage wird deutlich, dass der Begriff des Fundamentalismus, der heute gerne in die Debatte geworfen wird, eine ungenaue Kategorie ist, um Vergleiche zwischen Kulturen anzustellen. Das einzig gemeinsame Ziel, das die religiösen Aktivisten in der Welt vereint, ist die Zurückweisung des modernen westlichen Säkularismus. Aus diesem Grunde ließe sich trefflicher von Antimodernismus sprechen, einen Begriff, den Bruce Lawrence gebraucht, um den Fundamentalismus als ein globales Konzept zu beschreiben. Hier wird eine religiöse Revolte gegen die säkulare Welt beschrieben, welche die moderne westliche Gesellschaft begleitet. So ergibt sich auch die Möglichkeit, zwischen denen zu unterscheiden, die modern sind, und denen, die modernistisch sind, das heißt zwischen denen, die nur die moderne Gesellschaft akzeptieren, und denen, die weiter gehen und an die säkulare Welt glauben, die heute im Westen vorherrscht. Es ließe sich besser von Konservatismus sprechen als von reinem Fundamentalismus oder einfach von Antimodernismus. Da diese Perspektive aber mit Vorschriften für die nationale Politik und die Gesamtgesellschaft verknüpft ist, ist es zutreffender, einen alles umfassenden Begriff zu wählen, etwa den des religiösen Nationalismus, der im Kern dieses Beitrags steht. Der religiöse Nationalismus betrachtet den säkularen Nationalismus als bar jeder moralischen und spirituellen Werte. Vor wenigen Jahrzehnten wurde die Ankunft des säkularen Nationalismus in der »Dritten Welt« noch als

Triumph der westlichen Politik und ihres Einflusses gefeiert. Heute erleben wir einen Wettstreit unter den Religionen und dem europäisch-nordamerikanischen Modell eines säkularen Nationalismus. Die neuen politischen Revolutionäre sind weniger besorgt um die politische Struktur des westlichen Nationalstaates als um die politische Ideologie, die ihr zu Grunde liegt. Die Pfeile sind weniger gegen die westlichen Demokratien gerichtet als gegen die Idee eines säkularen Nationalismus.

Mit Staat ist der Ort der Autorität und der Entscheidungsfindung innerhalb einer geographischen Region gemeint. Mit dem Begriff der Nation ist eine Gemeinschaft von Menschen umrissen, die über eine besondere politische Kultur und ein Territorium verfügt, das autonome politische Autorität besitzt. Ein Nationalstaat wiederum verkörpert eine moderne Form der nationalen Idee, in der die Autorität eines Staates verbreitet wird und eine gesamte Nation reguliert, sei es durch demokratische und totalitäre Regularien. Der moderne Nationalstaat rechtfertigt sich moralisch und politisch durch ein Konzept des Nationalismus, das nicht das xenophobische Extrem des Chauvinismus meint, sondern grundsätzlich den Versuch der Suche nach Identität, gegründet auf den Tatbestand, dass eine Gemeinschaft eine Nation schafft und den Staat, der die Regularien verteilt, legitimiert. Es muss freilich gefragt werden, was die westliche Idee einer Nation heute in der nicht-industriellen Welt ausrichten kann, in Gebieten also, wo der Westen politisch defensiv ist, aber durch seine technologische Überlegenheit eine Dominanz aufrechterhält. Der Beitrag der Idee der Nation zur Stärkung des Staates war entscheidend in der Entwicklung der westlichen Modernität. Entsprechend konnte das Ideal der Nation erst voll eingeführt werden, als die zentralisierte Struktur des bürokratischen Staates entwickelt war. Diese Komplementarität zwischen Nation und Staat ist ein notwendiger Ausgangspunkt bei der Beschreibung der tiefen Ambiguität der gegenwärtigen nationalistischen ethnisch-religiösen Spannungen.

Mitte der 50er Jahre, bald nachdem Algerien und viele andere frühere Kolonien ihre Unabhängigkeit erzielten, entbrannte die Diskussion über die neu entstehenden Nationalismen in der Welt. Ihre Ziele waren zunächst säkular, ohne religiöse Einbindung. Das Auftreten dieser Nationalismen erschien zunächst in einem hoffnungsvollen, ja eschatologischen Licht. Die Führer der jungen Staaten aus der »Dritten Welt« hatten die Vision von freien und säkularen Nationen. Eine neue politische Figur entstand, der indische Nationalist, der ceylonesische Nationalist, Beispiele waren Ganiai Abdel Nasser von Ägypten oder Jawanarlal Nehru aus Indien. Politische Macht, die auf religiösen Werten und traditionellen Gemeinschaften beruhte, sollte vermieden werden. Es herrschte der Gedanke, dass säkularer Nationalismus über die Religion triumphieren könnte. Säkularer Nationalismus wurde gleichsam eine überhöhte Religion, die eine Gesellschaft jenseits einer bestimmten traditionellen Religion erzielen konnte, in Indien etwa entstand der Begriff des ›communalism‹.

Die Grenzlinie zwischen säkularem Nationalismus und der Religion war stets dünn gezogen. Beide sind Ausdruck von Glauben, beide schließen Loyalität zu einer großen Gemeinschaft mit ein und beide verlagern die moralische Autorität in die politische Führung der jeweiligen Gemeinschaft. Der Übergang ist fließend, da säkularer Nationalismus immer eine Art des kulturellen Nationalismus verkörpert und eine affektive Dimension einschließt.

Die Konfrontation mit dem westlichen Denken

Die Begegnung zwischen der säkularen Kultur des Westens und den traditionellen religiösen Kulturen des Nahen Ostens und Asiens markiert ein neues Kapitel in der Geschichte der Säkularisation. Der säkulare Nationalismus des Westens ist eine Maske für eine bestimmte Form der christlichen Kultur. Ein Führer der iranischen Revolution begriff entsprechend den säkularen Nationalismus als eine Religion im weiteren Rahmen der Geistesgeschichte. Das Argument lief darauf hinaus, dass im Westen das Christentum in der menschlichen Erfahrung den gleichen Rang einnimmt wie der Islam in den arabischen Staaten und der Hinduismus in Indien oder der Buddhismus in den Theraveda-buddhistischen Staaten. So könnte man auch vom christlichen Nationalismus oder vom westlichen kulturellen Nationalismus sprechen, und es wird für Muslime, Hindus, Buddhisten und Sikhs deutlich, dass sie im Wettstreit mit der Religion liegen. Das Ziel der iranischen Revolution war eben, die Iraner nicht nur politisch vom Schah zu befreien, sondern den Iran gedanklich vom westlichen Ideengut zu lösen. Die Führer der ehemals kolonisierten Staaten liefen Gefahr, von der indigenen Bevölkerung der Fortführung des Kolonialismus bezichtigt zu werden, wenn sie ihren Völkern westliches Gedankengut aufzwangen. Der iranische Führer Abolhassan Bani-Sadr vermerkt, dass der religiöse Charakter des westlichen Nationalismus im Wettstreit mit dem Islam liegt. Vor allem in den islamischen Staaten lebt die Vision einer globalen Verschwörung gegen die traditionelle

Religion auf, orchestriert durch die USA. Im islamischen Schreckensbild wird deutlich: Säkulare Feinde sind mehr als sterbliche Gegner, sie sind mythische Entitäten und satanische Kräfte, der Golfkrieg zwischen dem Irak und der westlichen Allianz wird hier gerne stilisiert.

Die Gründe für das Erstarken der Religion liegen nicht zuletzt darin, dass viele der ehemals kolonisierten Staaten solch hohe Erwartungswerte in der Epoche ihrer Staatsgründungen in den säkularen Nationalismus hatten, dass ihre Enttäuschung in sein Fehlschlagen das Pendel so radikal ausschlagen ließ. Dort, wo die Antizipation der Kraft des Säkularismus messianischen Charakter annahm, verkehrte sich die Politik in das Gegenteil. Die Entzauberung des säkularen Denkens in diesen Staaten vollzog sich vor allem bei den Mitgliedern der Elite und der hohen Mittelklasse, die größte Erwartungen in die säkularen nationalistischen Führer gelegt hatten. Viele von ihnen haben sich dem religiösen Nationalismus zugewandt, nachdem ihre säkularen politischen Hoffnungen unerfüllt blieben. Es liegt auf der Hand, dass die Ziele des religiösen Nationalismus oft utopischen Charakter haben, christliche Revolutionäre in Lateinamerika sprechen davon, das Königreich Gottes auf der Welt zu errichten, wie es im Neuen Testament versprochen ist. Die kühnen Visionen des religiösen Nationalismus sind deshalb so anziehend, weil sie transzendente Ziele haben, sie können nicht so leicht fehlschlagen, da sie empirisch kaum falsifizierbar sind im Gegensatz zu den materialistischen Versprechen des säkularen Nationalismus. Die ermüdeten Formen des säkularen Nationalismus verlieren weltweit an Bedeutung, sie dienen nicht mehr als Vorbild bei der Schaffung neuer Verfassungen und dem Versuch, eine Identität zwischen Verfassung und politischer Verfassungswirklichkeit zu erreichen.

Zum historischen Hintergrund des säkularen Staates im Westen

Die Säkularisation, wie wir sie als Verbündete des Nationalstaates kennen, erschien in England und Amerika nicht vor dem 18. Jahrhundert. Erst zu diesem Zeitpunkt war der Nationalstaat so tief verwurzelt, um eine eigenständige Loyalität aufzubauen, und erst dann war die politische und militärische Administration so weit ausgebildet, dass weite geographische Territorien erschlossen werden konnten. Giddens vermerkt zu Recht, dass zuvor die Reichweite des politischen Zentrums so begrenzt war, dass nicht von einer Regierung im modernen Sinn gesprochen werden darf. Die Autorität des politischen Zentrums überdachte nicht die gesamte Bevölkerung, so dass eine vermeintlich homogene Politik nichts anderes war als die Machtausübung der unterschiedlichen Fürstentümer. Ab dem 18. Jahrhundert erschien dann der säkulare Nationalismus für die westlichen Staaten als universelle Gesetzlichkeit und zudem als moralisch richtig. Er glich einem Naturgesetz und war letztlich Ausdruck des Willens Gottes und der Bürger und verkörperte so als politische Manifestation die aufgeklärte Sicht des Menschen. Das Gedankengut von John Locke zu den Ursprüngen der »civil society« und der theoretische Entwurf über den sozialen Stand von Jean-Jacques Rousseau bedurften wenig religiösen Glaubens. Die mittelalterliche Kirche verfügte noch über viele Aspekte eines Staates, und sie konzentrierte in ihrer Befehlsgewalt mehr politische Macht als ihre säkularen Rivalen. Um die Mitte des 19. Jahrhunderts nahm der Einfluss der christlichen Kirchen in der europäischen Politik aber ab. Zur gleichen Zeit, als die Religion im Westen weniger politisch wurde, gewann der säkulare Nationalismus an religiösen Konturen. Alexis de Tocqueville war nicht der einzige, der dem Verlauf der Französischen Revolution Insignien einer religiösen Revolution zusprach. Auch die Amerikanische Revolution hatte eine religiöse Seite, viele ihrer Anführer waren vom Deismus des 18. Jahrhunderts beeinflusst, der die klerikale Religion dem Licht der wissenschaftlichen Erkenntnis aussetzen wollte. Wie in Frankreich entwickelte der Nationalismus in Amerika religiöse Charakteristika, indem die Ideale des säkularen Nationalismus und die Symbole des Christentums in eine Zivilreligion eingebracht wurden.

Der Konflikt bricht auf:
Die Verschwisterung von religiösem Glauben und Nationalstaat

Gegenwärtig bleibt der Nationalstaat für die Weltpolitik von Bedeutung, weniger aus ideologischen Gründen als aus wirtschaftlichen: Nationalstaaten sind die entscheidenden Einheiten im globalen wirtschaftlichen System. In immer mehr Staaten der Peripherie ringen heute zudem Religion und Nationalstaat als Kraftfelder um den Primat in der sozialen Ordnung: der säkulare Nationalismus in Verbrüderung mit dem Nationalstaat und die Religion in Allianz mit den großen ethnischen Gemeinschaften in ihrer unterschiedlichen Ausgestaltung. Diese Konfrontationen verantworten die Geburt einer Synthese, bei welcher die Religion die Verbündete einer neuen Art des Nationalstaates wurde. Es gilt, den Konflikt zwischen Religion und dem säkularen Nationalismus zu beschreiben, der in den abendländischen Traditionen vor mehreren Jahrhunderten ausgetragen wurde und nun in anderen Teilen der Welt aufbricht. Sowohl Religion als auch der säkulare Nationalismus sind beides Gedankengebäude, die Ordnung symbolisieren. Ernest Gellner erkennt zu Recht in der Religion den Versuch, die empirische Wirklichkeit auf einer höheren Ebene in eine verbindliche Kohärenz zu binden. Zudem wird eine Wirklichkeit bejaht, die diese Empirie transzendiert. Da sowohl Religion als auch der säkulare Nationalismus Symbole der Ordnung sind, rivalisieren beide untereinander. Keiner der beiden Kräfte kann von sich behaupten, der Garant der Ordnung innerhalb eines Staates zu sein. Es ist bezeichnend, dass die gewalttätigsten religiösen Auseinandersetzungen in der Gegenwart an Orten stattfinden, an denen es sehr schwierig ist, einen Nationalstaat zu bestimmen, in Palästina etwa oder im Punjab, in Sri Lanka oder bei der Revolution im Iran, in Zentralasien oder in Teilen Osteuropas. Immer stellt sich die Frage, inwieweit Religion die Grundlage für einen neuen nationalen Konsensus und eine neue Form der politischen und wirtschaftlichen Führung darstellt.

Es mag einleuchtend sein, vom Islam oder vom Christentum als Rivalen zu sprechen gegenüber dem säkularen Nationalismus und hier weniger an den Buddhismus zu denken, der zu leicht als verinnerlichte, asketische und spirituelle Disziplin verkannt wird, die weit vom Nationalismus entfernt scheint. Dies ist freilich nicht ganz richtig. Es sei an die Bikkhus in Sri Lanka erinnert und ihre strenge Forderung nach Ordnung im politischen Leben: Sri Lanka hat eine lange Geschichte von buddhistischen Kriegern und Herrschern, wie Stanley Tambiah vermerkt, ebenso wie die Theraveda-buddhistischen Gesellschaften. Ein weiteres Beispiel: Die Führer in Myanmar errichteten einen buddhistischen Sozialismus, getragen von den synkretistischen Gedanken des Wechselspiels von marxistischem und buddhistischem Gedankengut, und selbst die Opposition heute gegen diese Ordnung trägt religiösen Charakter: Viele Demonstranten in den Straßen Rangoons und Mandalavs sind buddhistische Mönche. In den meisten religiösen Gesellschaften, einschließlich des Buddhismus, beantwortet die Religion die Fragen nach der politischen Legitimität.

Die Verschwisterung zwischen religiösem Glauben und dem Nationalstaat ist eine faszinierende Wende in der modernen Geschichte von immer mehr Staaten in der Welt. Verstärkt erhielt der ehemals säkulare

Nationalismus eine religiöse Aura. Nationale politische Führer entlehnen traditionelle Elemente der jeweiligen religiösen Kultur. Will man das Phänomen begreifen, so muss man die Vielseitigkeit im Blick haben. Dies betrifft den Nahen Osten wie Südasien und die ehemals »sozialistischen« Staaten in Zentralasien und Europa. Stets erkennen wir das gleiche Bild: Die religiösen Bewegungen verwerfen den säkularen Nationalismus als westlich und neokolonial. Ihre Zurückweisung ist feindlich, grundsätzlich und oft gewalttätig, der Kampf wird mit religiöser Sprachwucht und ziselierter Rhetorik geführt, wobei eine religiöse Alternative zum säkularen Nationalstaat angeboten wird. Der religiöse Nationalstaat kann demokratisch, sozialistisch, theokratisch oder autokratisch sein.

Wie die ideologische Rhetorik des Kalten Krieges ist die politische Rhetorik vieler religiöser Bewegungen auf übernationale Ziele gerichtet. Dies betrifft besonders die islamischen Bewegungen. Das Streben nach einem globalen Staat, getragen durch religiöse Harmonie, ist eine alte islamische Vision. Aus diesem Grund sprechen viele Muslime weniger von einzelstaatlichen Interessen als von panislamischen Idealen. Der Islam ist auch verbunden mit dem Aufschwung neuer ethnisch-politischer Machtkonstellationen in solch disparaten Plätzen wie Kroatien und Bosnien-Herzegowina, Kosovo, der Aceh-Region in Indonesien, den südlichen Philippinen, Xinjiang, Ningxia, Gansu und Yunnan in China und den islamischen Regionen Russlands, etwa Turkmenistan, Usbekistan, Aserbaidshan und Kasachstan.

Das Ereignis freilich, das Maßstäbe setzte für die religiösen Revolutionen in der islamischen Welt, war die islamische Revolution im Iran, heute liegen die Gefahrenherde auch in Algerien und Ägypten und Libyen, um nur einige Beispiele zu zitieren. Bernard Lewis beschreibt eindrücklich, dass der Prophet selbst der militärische Führer und der spirituell Erleuchtete in Personalunion war und dass es im klassischen Islam keine Unterscheidung zwischen Kirche und Staat gab: Entsprechend war die Vorstellung einer Säkularisation bis vor kurzem im Islam unvorstellbar. Neu an islamischen Gesellschaften ist, dass sie immer stärker ihre religiöse Autorität auf säkulare Staaten übertragen wollen und in gewalttätigen Auseinandersetzungen messianische Hoffnungen wecken. In der Shi'a-Sicht der Geschichte, wo am Ende der Geschichte der Mandi, der Messias, zurückkommt, der die bösen Kräfte besiegen und das Reich der Gerechtigkeit und Freiheit errichten wird, liegt die Wahrheit für die panislamischen Bewegungen. Die religiöse Revolution, die Khomeini im Iran schuf, wird nun an andere Orte der islamischen Welt exportiert, in Ägypten etwa gibt es die islamische Gruppe al-Jamaa al Islamivva mit ihrer spirituellen Autorität, Scheich Omar Abdul-Rahman, der sich seit den 80er Jahren militarisierte. Die Israelis ihrerseits kannten den jüdischen Nationalisten Rabbi Meir Kahane von der radikalen Kach-Partei, der in seiner Verblendung sogar Respekt für die Figur Khomeinis ausdrückte. Auch in den ehemals sozialistischen Staaten entbrennt ein Wettstreit zwischen säkularem Staat und dem Islam. An der Grenze zwischen China und Kasachstan haben die Völker der Kirgniz und der Uigur von Kashgar in Xinjiang, die sich gegen die chinesischen Autoritäten 1990 auflehnten, einen Kampf entbrannt, an dessen Ziel die unabhängige islamische Republik Ost-Turkestan steht. Spannungen zwischen tibetanischen Buddhisten und der chinesischen Staatsgewalt werden zunehmend militärisch ausgetragen. Wir finden immer wieder das gleiche Modell, nachdem die Religion im Grunde Partei für die nationalistischen Kräfte ergreift, sei dies bei den Christen in Osteuropa, der ehemaligen Sowjetunion, in Lateinamerika oder bei den Muslimen und Juden im Nahen Osten und Zentralasien, gleichermaßen bei den Sikhs, den Hindus und den Buddhisten in Süd- und Südostasien. Immer wieder wird Front gemacht gegen westliches säkulares Gedankengut, nicht zuletzt, weil dies Anspruch auf Universalität erhebt, sei dies noch zuzeiten des Sowjetimperiums oder nun der russischen Folgestaaten, der säkulare Nationalismus bleibt der erklärte Feind, gleichgültig, hinter welcher ideologischen Maske er sich verbirgt. Jener sich global ausbreitenden Säkularisation stellt die Religion eine mächtige Antipode gegenüber: Regionaler Stolz paart sich mit der strikten Bejahung der kulturellen Besonderheiten im Sinne der Vielfalt der Kulturen auf der Welt. Die drängende Frage, die sich heute stellt, ist, ob die Konfrontation zwischen religiösem und säkularem Nationalismus weltpolitisch sich in einen neuen Kalten Krieg steigern kann. Es ist sicher kein Geheimnis, warum der religiöse Nationalismus gerade in diesem Augenblick der Geschichte so weit verbreitet ist. Die ideologische Umklammerung des Ost-West-Konflikts ist aufgebrochen, religiöse ethnische Spannungen, die über viele Jahrzehnte künstlich und rigide befriedet wurden, brechen eruptiv auf wie in Jugoslawien. Zudem schaffen gesellschaftliche Turbulenzen und politische Verwirrung, die der Zusammenbruch des alten Sowjetreiches mit sich führte, weltweit, vor allem in den Satellitenstaaten in Afrika, Asien und Lateinamerika neue Konstellationen. In dem Maße, wie Nationen die sowjetischen und teilweise die amerikanischen säkularen Modelle zurückwiesen, besannen sie sich ihrer Vergangenheit und ihrer kulturell-religiösen Wurzeln. Konkrete Angriffspunkte gibt es viele, es sei nur an die gegenwärtige Streitfrage der nationalen Menschenrechte erinnert, die sich in den Außenministerien und den Weltorganisationen von UNO bis UNESCO niederschlägt. Die amerikanische geistesgeschichtliche Tradition schätzt das Individualrecht des Menschen, die religiösen Nationalisten weltweit hingegen pochen auf Gruppen und Gemeinschaftsloyalitäten, die über die Individualrechte des Menschen gestellt werden. Der religiöse Nationalismus vertritt die Auffassung, dass eine Nation Kristallisationspunkt der kollektiven Werte und der moralischen Autorität ist für alle die Individuen, die sie konstituieren. Der moderne säkulare Nationalismus steht in einer gegenläufigen Tradition. Er behauptet, in den einzelnen Individuen, die sich in einer sozialen Gemeinschaft zusammenschließen, die Grundlage für die politische Ordnung zu sehen.

Heute erstreckt sich ein religiöser Gürtel von Zentral- und Südasien über den Nahen Osten bis nach Afrika, der die Vision eines weltweiten Konflikts zwischen religiösem und säkularem Nationalismus auf die politische Agenda setzt, die immer auch eine kulturelle Agenda sein muss. Fügt man das mögliche Arsenal an nuklearen Waffen in diesen Staaten bei und die amerikanische Furcht vor dem Islam, könnten diese Staaten die Sowjetunion als weltweiter Feind des säkularen Westens ersetzen.

Gegen diese apokalyptische Bedrohung steht die Notwendigkeit dieser Staaten, eine politische und vor allem eine wirtschaftliche Versöhnung mit dem Westen herbeizuführen. Eine Lösung des Konflikts bietet sich nur auf der Ebene dieser globalen politisch-wirtschaftlichen Einbindung an. In Sri Lanka, im Iran, in Algerien, in Ägypten, in Afghanistan, in der Mongolei, kurzum, wo auch immer mit einem Nationalismus religiöser Prägung experimentiert wird, muss es gelingen, eine neue Synthese zwischen Religion und säkularem Staat zu schaffen, eine Verschwisterung zwischen der kulturellen Identität mit ihrer Legitimität des Religiösen und einer nicht nur scheinhaft demokratischen Moderne.

»Weil Religion als Horizontmarkierung in der Moderne sichtbar ist, stiftet sie zugleich auch Unruhe und erfordert – wie jede Grenze – symbolische Bearbeitung. Unaufmerksamkeit bestraft sich dabei selbst, individuell und erst recht politisch. Es geht also nicht um ein Pro und Contra von Religion, es lässt sich ja auch nicht gegen die Existenz ästhetischer Phänomene argumentieren. In einem vergleichbaren Sinn wäre von Religion zu sprechen. Was wir benötigen, sind Religionstheorien, die gegenüber ihrem ›Gegenstand‹ unvoreingenommen und neugierig sind wie Kunsttheorien und Ästhetiken. Gerade im deutschsprachigen Raum besteht hier ein Mangel: Es gibt zu viele Theologen und philologische Nachlassverwalter und – anders als im frankophonen und angelsächsischen Bereich – zu wenig Anthropologen, Soziologen und Kulturtheoretiker, die die reinliche Trennung von Religion und (philosophischer) Kritik, von Innen und Außen, nicht akzeptieren. Denn wenn Religion als Phänomen in der Welt ist, dann sind alle Erdenbürger von ihrem Ausgangspunkt Wesen, die sich mit religiösen Fragen befassen.«*

Es gilt, einen Ausgleich zu schaffen zwischen dem Absolutismus der Religionen und dem Potential gegenwärtiger Sicherheitspolitik im Bewusstsein einer gelebten Interkulturalität.

* *Wolfgang Müller-Funk, Ende der Religion? Plädoyer für eine Kritik der Religionskritik. In: Neue Zürcher Zeitung, 23. 2. 1995.*

Gedanken zu den Begriffen Schuld und Sühne

Von Kurt Waldheim wurde der Rücktritt gefordert, Werner Höfer war in wenigen Wochen politisch und moralisch liquidiert, Luise Rinser wurde ebenso heftig angegriffen wie Martin Heidegger; der belgische Literaturpapst und spätere Yale-Professor Paul de Man geriet in den Verdacht, als Jungredakteur für die Zeitung ›Le Soir‹ pronazistisches Gedankengut verbreitet zu haben, wenngleich er Jahre später als linksliberaler Großordinarius für die Vermittlung von Philosophen wie Friedrich Nietzsche, Georg Lukács oder Lyriker von Rilke bis Yeats Weltruhm erlangte und zu einem Brückenkopf für europäisches Denken in Amerika avancierte. Unter den europäischen Großmeistern, von Jacques Derrida bis Jürgen Habermas, herrschte tiefe Betroffenheit, ja Ratlosigkeit.

Es wird offensichtlich, der Begriff der Schuld lässt tiefe Spuren, markiert die Gespräche, hat hohe Konjunktur, ohne wirklich konzise gefasst zu sein. Das Jahrhundert kennt eine ungemeine Fülle von Beispielen: die leninistisch-stalinistische Gewaltherrschaft, der armenische Genozid, der blutige spanische Bürgerkrieg und natürlich das »Dritte Reich«. Freilich, nach 1945 bis in die Gegenwart blieb das Jahrhundert nicht weniger ›schuldig‹, die Welt zählt mehr Kriegstote als während des gesamten Zweiten Weltkriegs, in Korea, Vietnam, Angola, am Horn von Afrika, im Krieg zwischen dem Iran und dem Irak, in den israelisch-arabischen Auseinandersetzungen. Es herrscht faktisch kein Frieden auf der Welt, die Nord-Süd- und Ost-West-Spannungen wurden von den Supermächten lediglich exportiert.

Weiterhin: Wie werden ehemals schuldige Personen wieder in die demokratische Verfassung integriert? In der spanischen Geschichte warf dies nach 40 Jahren Herrschaft unter Franco ebenso ungelöste Probleme auf wie in Argentinien und Brasilien nach den Jahren der kriminellen Militärjuntas. Die ›Enthüllungen‹ verdeutlichen: Wir bewegen uns auf dünnem Eis.

Der Begriff der Schuld ist somit geographisch entgrenzt, es geht um die Sorge des Menschseins im Ganzen; Schuld verfügt immer über eine tiefere philosophische Dimension, will sie richtig verstanden werden, jenseits einer zufälligen Tagesaktualität. Die Vorstellungen einer Kollektivschuld eines Staates sind fragwürdig außerhalb der politischen Haftung. Tatsächlich schuldig sind immer Einzelne. Es gibt Schätzungen, wonach etwa

50.000 Deutsche das NS-Regime in Gang hielten, jene Fahndungs-, Verwaltungs-, Folter- und Todesmaschinerie. Freilich gibt es die entscheidende moralische Schuld in der Grauzone derer, die mitmachten, weil sie daran glaubten oder sich sogar etwas davon versprachen; dies ist eine Übergangszone, die statistisch schwer zu erfassen ist. Es gilt, moralische Verantwortung von legaler Schuld, die vor den Tribunalen einklagbar ist, zu trennen. Die Nürnberger Prozesse haben versucht, legale Schuld aus moralischer Verantwortung abzuleiten. Später haben die Nordvietnamesen an Nürnberg erinnert, um die Prozesse gegen amerikanische Angreifer als Kriegsverbrecher zu rechtfertigen.

Die Solidarität, die Einübung in die gemeinsame Sache des Menschseins, ist bereits dort in Frage gestellt, wo ein Mensch Zeuge des Unrechts, des Verbrechens wird. In diesem Sinne sind wir alle als Tageszeitungsleser eines beliebigen Wochentages schuldig. Es gibt eine metaphysische Schuld, einen Verlust an Solidarität zwischen den Menschen als solchen, die einen jeden mitverantwortlich macht. Der Begriff der Schuld ist vom heiligen Recht her abgeleitet und wurde auch auf das nicht ausschließlich sakrale Recht ausgeweitet. Begriffe wie Sünde, Böses, Schuld sind ursprünglich sakral bestimmte Begriffe, die auf eine numinöse Instanz bezogen waren, ob es sich dabei um einen Gott, um Götter, um ungeschriebene Gesetze oder heilige Ordnungen gehandelt hat. Der religiöse Horizont umschloss auch die profane Wirklichkeit. C.G. Jung spricht von dem Schatten der menschlichen Natur, der in jedem Menschen verborgen liegt. Jung führt als Beispiel das Individuum Adolf Hitler an, eine herausragende Verkörperung menschlicher Unterlegenheit, ein Psychopath mit kindlich-mörderischen Phantasien, der für den Schatten steht, für den niederträchtigen Teil in jedem Menschen, wodurch er vielen die Möglichkeit zur Identifikation gab, hochbegabt mit der zielsicheren Intuition der Ratte.

Eine verwunderliche Tatsache ist, dass Schuldgefühle häufig bei Heiligen vorgefunden werden, während Kriminelle oft frei davon sind. Die Heiligen sind mehr von der Schuld überzeugt als andere Menschen; die heilige Teresa von Avila spricht hier stellvertretend vom Leiden und vom Sterben für alle Heiligen. Während das Schuldgefühl andere Menschen spaltet, vereinigt es die Heiligen. Menschen, die ein tadelloses Leben führen, sind zuweilen überwältigt von einem Gefühl der Schuld, während diejenigen, die ein schuldiges Leben verantworten, sich von aller Schuld befreit fühlen. Dickens Protagonist Arthur Dodger betrachtet es nicht als Verbrechen, Taschendiebstahl zu betreiben, sondern als eine brillante Fähigkeit; er bestach nicht durch seine Armut der Moral, sondern durch die gelenke Fertigkeit seiner Finger.

Was kann damit gemeint sein, den Menschen als fehlbar zu taufen? Im Wesentlichen, dass die Möglichkeit des moralisch Bösen in die Verfassung des Menschen tief eingraviert ist. Der Mensch ist zu Doppeltem fähig: zum Wahren und zum Falschen, Guten und Bösen, Schönen und Hässlichen, er ist dazu bestimmt, Vermittler zu spielen zwischen dem Anspruch auf Glück und dem Tod als dem einzigen sicheren Ereignis der Existenz, das zählt. Dies ist der Mensch, den Parmenides durch das Tor der Nacht und des Tages hinauseilen lässt, den Platon aus der Höhle auf dem abschüssigen Pfad der Sonne sieht, den Descartes dem Vorurteil entreißt und auf dem Weg des hyperbolischen Zweifels zur Wahrheit führen möchte. Die Amphiktynonien, jene kultisch-politischen Verbände, die im frühen Griechenland sich eidesstattlich verpflichteten, das Heiligtum zu schützen und ritterlich zu kämpfen, symbolisieren bis heute einen unvollendet gebliebenen Versuch, die kulturfähigen Seiten des Menschen gegen seine heuchlerischen und zerstörerischen in eine Vormachtstellung sicherer Art zu bringen. Das Hinübergleiten der Unschuld in die Schuld, das gerade in der Setzung des Bösen entdeckt wird, gibt dem Begriff der Fehlbarkeit seine doppelsinnige Tiefe. Georges Bataille vermerkt zu Recht, dass dieses Paradoxon im Mittelpunkt der Symbolik des Bösen steht. Wie kommen wir von der Möglichkeit des menschlich Bösen zu seiner Wirklichkeit hinüber, von der Fehlbarkeit zur Fehltat? Es ist die Rede von dem Sündenfall-*Mythos*, hieraus versucht die Spekulation über die Erbsünde eine Doktrin zu errichten. Es ist die Sprache von einer archaischen Schuldauffassung. Schuld, Sühne bilden somit in der Erfahrung eine Urmannigfaltigkeit. In den ältesten sumerisch-babylonischen Psalmen fragt der Glaubende: »Wie lange noch, Herr, gegen welchen Gott habe ich gesündigt? Was habe ich getan?« Es gibt immer eine eschatologische Komponente des Heils, die historische Richtlinie des menschlichen Dramas, die anthropologische Konstante des menschlichen Bösen. Der ätiologische *Mythos* von Adam ist der extreme Versuch, den Ursprung des Bösen und Guten auseinanderzuhalten. Der adamische *Mythos* erzählt den Übergang von der Unschuld der Sünde auf dem Grundriss eines zum Guten bestimmten und zum Bösen geneigten Menschen. Kant erkannte mit bemerkenswerter Schärfe in seiner Abhandlung vom radikalen Bösen: »Der Mensch ist zum Guten bestimmt und zum Bösen geneigt.« Es liegt ein Paradoxon in der Bestimmung vor. Gabriel Marcel spricht von der Einladung zum Verrat. Es gibt daher eine Seite unserer Welt, die uns als

Chaos entgegentritt und deren Symbol das chthonische Tier ist. Aischylos erblickte es im Vulkan Ätna, in jenem Schauder, der Götter und Menschen verbindet und das tief Tragische der menschlichen Verfassung nährt. Prometheus und Ödipus auf der einen, Hiob auf der anderen Seite haben die kosmische Dimension der Chaostiere erkannt. Das Tragische kennt den Seher in der griechischen Tragödie, den Narr in der Shakespeare'schen Parabel. Seher und Narr sind von der Tragik zur Komik verstoßen. Antigone und Kreon richten sich gegenseitig zugrunde, ohne dass eine dritte Instanz gegeben wäre. Der Held ist jener Kreuzungspunkt, jener tragische ›Knoten‹, wie Max Scheler sagt, wo die Blindheit der Ordnung sich in die Feindseligkeit des Schicksals verwandelt. Es ist die Sprache von einer kosmischen Trauer. Die kosmischen Fragmente des Heraklit, die deutsche Mystik des 14. Jahrhunderts legen philosophische und gelehrte Äquivalente der Theogonie vor: Das Böse hat seine Wurzel im Leid des Seins, in einer Tragik, die eben die Tragik des Seins ist. Der Hiatus zwischen der reinen Reflexion über die Fehlbarkeit und dem Bekenntnis der Sünden ist offensichtlich.

Schuld ist ein Phänomen, das auf den ersten Blick einfach, ja, zu einfach erscheint. Schuld ist historisch und kulturell bedingt: Zu Jesu Zeiten hielt man Krankheit für eine Schuld, an der sich die Strafe Gottes zeigte, in kalvinistischen Kulturen galt Armut als Zeichen der Schuld. In der antiken griechischen Kultur wird Schuld auf dieser magisch-mythischen Stufe als eine Verletzung der von den Göttern verfügten, garantierten und mit Sanktionen belegten Ordnung gesehen. Ein gutes Beispiel ist der Ödipusmythos. Mit Hilfe der Mythen wird menschliche Erfahrung des Schicksals an der Grenze des Sagbaren und Ergreifbaren artikuliert. Aus diesen Götter- und Heldensagen wird der Stoff für die Tragödie entnommen. Ödipus erschlägt seinen Vater Lajos und heiratet seine Mutter Jokaste, ohne in beiden Fällen von der Blutsverwandtschaft zu wissen. Wo liegt hier Schuld? Die griechische Tragödie kennzeichnet l. die unbedingte Ausweglosigkeit der Situation, 2. das Geschehen vollzieht sich mit unaufhaltsamer Notwendigkeit; hieraus ergibt sich die tragische Schuld, die zur objektiven Schuld wird. Der aristotelische Ausdruck lautet ›hamartia‹, was so viel wie ›Fehl‹, aber nicht Sünde bedeutet.

Bei William Shakespeare erwächst die tragische Schuld nicht mehr durch die Macht des Schicksals, sondern aus dem ›Kosmos des Charakters‹. In der Zeit der Frühaufklärung bekommt das Tragische einen ambivalenten Charakter. Stellvertretend für andere Dramen soll ›Emilia Galotti‹ für die Aufklärung genannt sein. Gotthold Ephraim Lessing nennt das Drama ein Trauerspiel. Zeigt sich in ›Emilia Galotti‹ noch die Ausweglosigkeit mit aller Schärfe, überwindet Lessing in ›Nathan der Weise‹ den tragischen Konflikt, womit die Versöhnung eintreten kann. Ähnliches gilt für Goethes ›Iphigenie auf Tauris‹, Schillers ›Maria Stuart‹, wo man von einem klassischen Läuterungsdrama sprechen kann.

Schuld ist zeitlich und geographisch entgrenzt. ›Nicht schuldig‹ an dem schrecklichen Geschehen von Auschwitz und Babij Jar fühlten sich selbst Hauptakteure wie Adolf Eichmann. Schuld aus Mangel an Gewissen oder an Wissen um Verantwortung für andere wird zur Schuldlosigkeit unter Berufung auf andere. Der Soldat entschuldigt sich, auf Befehl gehandelt zu haben, als er Frauen und Kinder niedermetzelte. Vietnam wird zu ›Andorra‹ oder auch zu Biaffra, Angola ist ›Andorra‹, ein Modell, wie Max Frisch schreibt. Friedrich Dürrenmatts glänzendes Stück ›Die Panne‹ schildert Alfredo Traps, einen harmlosen Textilreisenden, den eine Autopanne zwingt, in einem fremden Gasthof zu übernachten. Vier ältere Herren, ehemals Richter, Staatsanwalt, Verteidiger und Henker, laden ihn zu einem Gerichtsspiel ein. Traps übernimmt unter Beteuerung seiner Unschuld die Rolle des Angeklagten. Der Staatsanwalt bemerkt dazu lakonisch, eine Schuld werde sich schon finden lassen. Im Laufe des Verhörs muss der staunende Traps erkennen, dass er immerhin seinen Chef umgebracht hat, nicht durch einen direkten Mord, vielmehr habe er ihm psychologisch das Messer an die Kehle gesetzt, so dass er schließlich an einem Herzinfarkt gestorben ist und er dessen Stelle einnehmen konnte.

Franz Kafkas Roman ›Der Prozess‹ beginnt mit dem Satz: »Jemand muss Josef K. verleumdet haben, denn ohne dass er etwas Böses getan hätte, wurde er eines Morgens verhaftet.« Ob er tatsächlich etwas Böses getan hat bzw. ob er verleumdet wurde, erfährt der Leser auch später nicht, ebenso wenig wie in Hermann Brochs großem Roman ›Die Schlafwandler‹.

Was Schuld tatsächlich ist, darüber wurde in der Philosophie und Literatur aller Zeiten nachgedacht. Die Antworten fallen unterschiedlich aus. Schuld sei ein Verhängnis, sagt Homer, Platon stellt fest, Schuld entstünde aus der Wahl, Aristoteles hingegen sieht Schuld auf reinen Willensentschlüssen beruhen. In homerischen Zeiten bestimmt der Schicksalsglaube weitgehend das Denken. Er ist diesseitig orientiert, obgleich die Vorstellung eines Totengerichts bisweilen anklingt. Gegen solche fatalistische Haltung wendet sich der platonische Sokrates. Er bemüht sich um den Ursprung der Gerechtigkeit. In seinen Gesprächen mit Glaukon erzählt er von einem tyrannischen Menschen, der nicht sich selbst »die Schuld an dem Unheil zugeschrieben habe, sondern dem

Schicksal und den Dämonen und allen anderen eher als sich selbst«. Für Platon steht fest: Schuld hat, wer gewählt hat, Gott ist schuldlos. Die Begründung der Ethik zeigt in dem sokratischen Rekurs auf die ›Gesetze‹ eine gewisse Parallele zum Alten Testament und dem dort begründeten Gesetzesgehorsam. Selbst Jesu ist nach seiner eigenen Auffassung nicht gekommen, das Gesetz aufzuheben, sondern es zu erfüllen. Diese Verinnerlichung hat den Begriff von Schuld bis heute geprägt. Der jüdisch-christliche Glaube hat mit der Verkündigung eines personalen Gottes, dem gegenüber sich der einzelne verantwortlich weiß und vor dem er schuldig wird, nachhaltig die abendländische Geistesgeschichte beeinflusst. Sören Kierkegaard sprach von der ›existentiellen‹ Schuld und erkannte, dass es aus ethischer Sicht nur möglich ist, von Schuld zu sprechen, wenn man vorher die Unschuld voraussetzt.

Paul Tillich zeigt in seiner protestantischen Theologie, dass der Begriff der Sünde durch den nichtbiblischen Begriff der Entfremdung ersetzt wird. Zu Beginn seiner ›*Deux Sources*‹ bemerkt Bergson, dass die Erinnerung des Fehlers, der Schuld, die älteste Figur in der Geschichte der Menschheit ist: in Form des Ungehorsams gegenüber Gott oder durch den Brudermord (die Ermordung Abels durch Kain) in den Mythen, in denen der Mensch revoltiert gegen die Götter und die Konsequenzen ertragen muss.

Der Mensch ist immer schuldig, nicht nur als Krimineller. Dieser Zustand der Schuld scheint unsere historische Situation zu unterstreichen angesichts zweier Weltkriege, fortdauernder kriegerischer Auseinandersetzungen und den Genoziden der Gegenwart. André Gide hat mit einem scharfen Auge für seine Zeit von der elementaren Verwandtschaft von Schuld und Verantwortung gesprochen. Zugleich bemerkte er, dass in der Fähigkeit zur Schuld die Menschheit ihre Größe erkennt, ebenfalls ihre innere Spannung. Die rationalisierte Schuld wird als Verantwortung erlebt.

Der persönliche Bereich weist ähnliche Linien auf. Ein Mensch, der niemals gelitten hat, ist nicht unbedingt ein glücklicher Mensch, er ist zunächst kein ›wirklicher‹ Mensch. Es gibt auch eine Häresie des Glücks. François Mauriac schrieb, dass es Menschen gibt, auf die sich das Glück wie ein Unglück legt. Auch William Faulkner zeichnet Dilsey, die alte Dienerin, als Erbin eines Volkes, die Demut durch das Leiden gelernt hat und den Stolz durch das Siegen über das Leiden, das daraus folgt. In seiner Rede zum Nobelpreis 1950 sprach Faulkner von der Fähigkeit zu leben mit dem Schmerz als einer der Vorbedingungen der Unsterblichkeit. Der Mensch wird unsterblich durch seine Fähigkeit zur ›compassion‹, zum

Opfer, und durch das Vermögen des Durchhaltens. Die wirkliche moralische Schuld ist dort als tiefste Quelle, wo sie das Leiden einschließt, das Leiden als Erlösung, das Leiden auch als Wiederauferstehung.

Ödipus Rex versteht seine Situation nicht. Seine Schuld ist die des klassischen Griechenland, der Kniefall vor der Dominanz des unwiderstehlichen Schicksals. Nach Sophokles ist der Mensch machtlos gegen ›Moira‹, das Schicksal. Die tragische Ironie von Ödipus Rex besteht darin, dass Ödipus blind ist gegenüber dem Schicksal, dieser Ödipus, der nach Delphi reiste, um zu erfahren, ob die Herrscher von Korinth seine natürlichen Eltern waren. ›Moira‹ ist unpersönlich, unwiderstehlich, unwiederbringlich. Das Schicksal erlaubt nur das Ideal der Amor fati, der Liebe des Schicksals. Die Schuld von Ödipus und Macbeth, Theben und Schottland hat weitreichende Konsequenzen, politisch wie gesellschaftlich; beide sind spirituell befleckt: »Es ist etwas faul im Staate Dänemark.«

Martin Buber spricht von der Schuld als Ausdruck des Absurden, einer Schuld, die sich nicht in Worten ausdrücken lässt. Auch für Joseph K. herrscht an jenem Morgen bei seiner Verhaftung in dem Zimmer nur eine Verschwörung des Schweigens. Trotz der Beteuerung seiner Unschuld spüren wir einen tieferen Sinn von Schuld: Joseph K. erfährt existentielle Angst. Martin Luther sprach von der Anfechtung, als er an Melanchthon schrieb. Er empfand Schuld für seine abweichenden Sehnsüchte, er fühlte sich verurteilt vor dem Richter Christus.

Moderne Bürokraten sind weit entfernt von der monastischen Schuldfrage, die Martin Luther durchlebte. Die Betrachtung des Prozesses von Adolf Eichmann vor dem israelischen Gerichtshof 1961 enthüllt einen furchtbaren Mangel von Schuldgefühlen bei Eichmann, ähnlich wie 1987 der Prozess gegen Klaus Barbie in Lyon. Hannah Arendt beschreibt Eichmann als einen Mann in einem Glaskasten, der zu seinem eigenen Schutz errichtet wurde, mittelgroß, mittleren Alters, kurzsichtig, der seine Selbstkontrolle behält, trotz eines nervösen Tics mit dem Zucken seines Mundes. Hannah Arendts Beschreibung von Eichmann spiegelt die Beschreibung der Nürnberger Prozesse durch die *New York Times* wider. Dort hieß es: »Die Erscheinung der Menschen ist nicht notwendig brutal oder unmenschlich, es scheint sich um harmlose Vertreter zu handeln, denen man überall begegnen könnte, eben jener ›Banalität des Bösen‹.« Eichmanns Verteidiger plädiert vor Gericht für nichtschuldig, schuldig vor Gott, nicht vor dem Gesetz. Ist Eichmann schuld, sind es freilich manche Führer der jüdischen Ghettos, auch die Rumänen, die russische Juden massakrierten. Wie verhält es sich heute mit den Gesetzen in

Jerusalem, die Nichtjuden von der israelischen Staatsbürgerschaft ausschließen, was ist mit den Schreckenstaten der Amerikaner in Nagasaki und Hiroshima? Wo liegt die Schuld des Vatikans, der den Konkordat-Pakt 1933 unterzeichnete, der Hitler international aufwertete? Was ist mit Winston Churchill, der in einem offenen Brief an die *London Times* 1938 schrieb: »Während England ein nationales Desaster durchlebt, bete ich zu Gott, einen Mann von der Stärke und Willenskraft Adolf Hitlers zu schicken.«?

Wo liegt die Schuld der amerikanischen und europäischen Industriellen, die Hitler geholfen haben, seine Armee aufzubauen und daraus skrupellos ihren eigenen Gewinn gezogen haben?

Es gibt eine grundlegende ontologische Schuld des Menschen. Sie resultiert aus seiner unauflösbaren Spannung, aus der Diskrepanz zwischen dem, was er ist, und dem, was er sein möchte, zwischen dem, was er gerne wäre und niemals sein wird. Die menschliche Existenz bleibt gespalten, er vollbringt keine Selbstintegration in moralischer Hinsicht. Die grundlegenden Widersprüche bleiben unauflösbar, die antithetischen Pole prägen den Menschen: Er ist zeitlich und doch ewig, endlich und unendlich zugleich, bestimmt und doch frei. Es kann keine höhere Einheit geben, wir können von einer ontologischen Spaltung sprechen. Der Mensch ist fähig zu wissen und doch unwissend in vielen Fragen.

Die westliche Kultur scheint einem graduellen Wandel unterworfen. Die hochgradig patriarchalische, feudale und hierarchische Gesellschaft vor der Reformation legte großen Wert auf Schuld; Schuld vor Gott war eine anerkannte und unumstößliche Tatsache. Mit der Reformation erreichte diese Bewegung ihren Höhepunkt. Zur gleichen Zeit fand eine neue Entwicklung statt, Martin Luther sprach von der Selbstverantwortung, von der Freiheit des Christenmenschen. Der angelsächsische Calvinismus fügte die Teilung zwischen ›chosen‹ und ›rejected‹ als Emphase der Rationalität hinzu. Erfolg rief nach Aggressivität ohne Schuld. Die industrielle Revolution und die erstarkende Technologie haben diesen Trend weiter verstärkt. Arbeit, die früher betrachtet und erfahren wurde als eine von Gott auferlegte Bestrafung zur Sühne, wurde nun idealisiert als ein Weg zu Erfolg und Auszeichnung. Der Bettler im frühen Christentum konnte noch Gottes Kind sein, ja, er konnte als Heiliger glorifiziert werden. In dem akquisitiven Zustand des Calvinismus musste er sich seiner Armut schämen. Eine Vielzahl der asiatischen, ozeanischen Kulturen, der Indianerkulturen Nordamerikas und der afrikanischen Kulturen kennen den Begriff der Schande als eine wichtigere Richtgröße, während der Sinn für Sünde, für den Sündenfall die anglosächsischen und protestantischen Kulturen auszeichnet.

Durch alle Kulturen, gleichgültig ob es sich gewissermaßen um Schande- oder Schuldkulturen handelt, läuft wie ein roter Faden die Verbindung zwischen menschlicher Endlichkeit und der Schuld bzw. der Schande. George Santayana schreibt von der persönlichen Nobilität des Menschen, der alleine weiß, dass er sterben muss; aber dieses Wissen um seine Sterblichkeit erhebt ihn auch, lässt ihn teilhaben an der kühnen Vision der eigenen Wahrheit. Die tiefe menschliche Schuld liegt eben in dieser Endlichkeit, oder noch trefflicher, in der Diskrepanz zwischen seiner Endlichkeit und seinem Anspruch, sie zu durchschreiten bei gleichzeitigem Bedauern, von ihr beherrscht zu werden.

Der Mensch ist schuldig, weil seine Kenntnis und sein Anspruch hinausreichen über seine tatsächliche Macht; hieraus leiten sich politische Megalomanie und abgründiger Hochmut des Menschen ab. Dies trifft auf Adolf Hitler ebenso zu wie auf den stummen Eichmann, auf den schüchternen Joseph K., auf Macbeth; sie alle erkannten ihre Schuld angesichts der besonderen Endlichkeit des Menschen als der Grundlage jener existentiellen Angst, von der Blaise Pascal in seinen Meditationen schreibt, als einem Zweifel an der Existenz angesichts der Flüchtigkeit des kurzen Augenschlages eines Lebens vor der turmhohen Mauer der Ewigkeit: das Leben als gescheiterter Versuch, einen soliden Grund zu finden, um jenen Turm zu errichten, der in den Himmel reicht und die Sterne streifen könnte.

Da dies nicht möglich ist, erfährt der Mensch jene existentielle Angst, wie sie auch Ingmar Bergmann in seiner religiösen Allegorie ›Das siebte Siegel‹ verinnerlicht hat. Der Film spricht vom Mittelalter, ein Engel des Todes erscheint, wie auch dem Straßenjungen Jaibo, Mörder und Ermordeter zugleich in Luis Buñuels Meisterwerk ›Los Olvidados‹ in der Misere Mexikos; der Mensch stellt sich jene Schicksalsfragen: Wer war ich?, Welche Worte einer Apologie könnten mich retten, mein kleines Leben fortschreiben? In diesen wahren Augenblicken erfährt der Mensch jene existentielle Angst vielleicht ein letztes Mal.

Ontologische Schuld, die in der menschlichen Endlichkeit begründet liegt, ist eine kosmische Schuld, eine ererbte Schuld der ursprünglichen Sünde, die sich in praktisch jeder Handlung des Menschen niederschlägt. Das innere und äußere Exil der Israeliten in Ägypten ist ein Symbol für die Gefangenschaft des Menschen unter dem Zeichen der Sünde. Die biblische Vorstellung der Sünde Adams enthüllt, dass der archaische

Mensch bereits ein gespaltener Mensch ist, dies trifft nicht nur auf das alte Israel zu, sondern auf alle Kulturen.

T. S. Eliot beschreibt in ›The Wasteland‹ schuldige Seelen in schlafwandlerischem Gestus, er erfasst die Schuld des Menschen, die in der Zerrissenheit, der Unfertigkeit besteht, auch der Unfähigkeit, das zu erfüllen, was er sich zum Ziel gesetzt hat; der Mensch hat keine Macht, für irgendetwas eine Garantie zu übernehmen, das ihn selbst betrifft; ontologische Schuld ist unausweichlich.

Arthur Rimbaud und Charles de Foucauld, der Geistliche, der sich in die unendliche Weite der marokkanischen Wüste zurückzog, sprechen von der tiefen Schuld des Menschen, seiner tragischen Verstrickung, die nur durch die Liebe der Menschen untereinander überwunden werden kann. Der Mystiker Foucauld sagt zu Recht, um zu verhindern, dass der Mensch mitschuldig wird, müsste er die Last seiner metaphysischen Schuld von sich werfen, er müsste, kurzum, im Glücksfall ein Heiliger sein, lebendig gefangen in einer satanischen Feerie der wirklichen Welt. Dann könnte er beitreten in die eigentümliche Bruderschaft der gestürzten Engel.

Die Bedeutung des Konflikts in der menschlichen Geschichte

Heraklit sprach vom Krieg als dem Vater von allem. Hiermit wollte er sicher nicht den Krieg verherrlichen, sondern den Streit preisen, die Auseinandersetzung als Quelle alles Neuen. Immanuel Kant vermerkte viel später den Antagonismus als die Kraft, die den Menschen aus der Belanglosigkeit der Schafe befreit: »Der Mensch will Eintracht; aber die Natur weiß besser, was für eine Gattung gut ist, sie will Zwietracht.«

Für Karl Marx ist der Konflikt sogar in seiner äußersten Form, der Revolution, die entscheidende Vektorkraft des Fortschritts. Max Weber steht tief in einer sozialdarwinistischen Tradition und sieht im Kampf das Prinzip der Auslese und einen Ausdruck von Gerechtigkeit.

Konflikt und Konsensus sind zusammenhängende Begriffe: Hierbei stellt sich die Frage nach der Fruchtbarkeit von Konflikten an sich. Der Bogen ist weit gespannt, er reicht von der ethnologischen Erforschung der Verhaltensweisen der Aggression etwa durch Konrad Lorenz bis hin zur Psychologie des Konflikts bei Alexander Mitscherlich oder den historisch-philosophischen Studien über den Krieg und seine Ursachen bei Raymond Aron. Ein Blick auf die negativen Utopien zeigt, dass wir auf den Konflikt nicht leicht verzichten können, denkt man an Orwells Schreckensbild von ›1984‹, in dem der Entwurf einer konfliktlosen Ordnung vorgestellt wird, die jegliche Individualität ausmerzt; auch der Mensch in ›Brave New World‹ kennt keine Individualität mehr, die konfliktträchtig sein könnte, dieser Mensch wird, wie in Solschenizyns ›Erstem Kreis der Hölle‹ –, liquidiert.

Der Begriff der Ordnung ist in extremis getrieben ebenso dämonisiert wie der des Konflikts, da hierunter auch der Krieg zu fassen ist. Ordnung beinhaltet die Gefahr der Zwangsordnung von totalitärem Zuschnitt, der Konflikt birgt in sich die Möglichkeit der Steigerung zur Anarchie. Eine erfolgreiche Bewältigung von Konflikten ist unabdingbare Voraussetzung einer pluralistischen Demokratie, die immer auch eine konfliktbejahende Gesellschaft und Kultur sein muss. Eine konfliktlose Wirklichkeit ist ebenso undenkbar wie eine ordnungslose. Jede Ordnung, die den Konflikt nicht als tragendes Strukturelement in sich aufnimmt, mündet in den Tod der Freiheit.

Eine grundsätzliche Sicht des Menschen offenbart, dass Konflikte die Existenz des Einzelnen ebenso begründen wie politische Systeme. Die

Wahrscheinlichkeit des Überlebens und der Stabilität hängt nicht zuletzt von der Fähigkeit ab, Konflikte auszutragen und hierdurch zu bewältigen. Konflikte müssen nicht unfruchtbar oder zwingend destruktiv sein, eine Eliminierung aller Konflikte kann Unterdrückung bedeuten und eine gewaltsame Verschleierung der sich dahinter verbergenden Interessensgegensätze. Nach Heraklit ist der Streit auch der Vater der guten Dinge. Ihm ist sicherlich ebenso zuzustimmen wie Kant, der in seinem Essay ›Idee zu einer allgemeinen Geschichte in weltbürgerlicher Absicht‹ den Antagonismus als das Räderwerk des Antriebs des Menschen erwählt, das seine Kräfte freisetzt.

Die Geschichte als die lange Reise der Menschwerdung im Zuge der Evolution ist in hohem Maße eine Geschichte von Konflikten und von Ordnungen, die sich durch die Bewältigung herausgebildet haben. Entsprechend haben strategische Konflikttheorien eine lange Tradition, die bis zu Sun Tze um das Jahr 500 vor Christus oder zu Machiavelli reicht. Auch die großen tragischen Figuren der Geschichte und Literatur sind von Konflikten gezeichnet – Hiob, Ödipus, Hamlet, Don Quichotte, Faust ...

Der Wandel ist immer das Ergebnis von Konflikten, dies betrifft sogar die physikalische Welt der Naturwissenschaften, wobei die Atomtheorie der Materie bereits im 5. Jahrhundert vor Chr. von Demokrit ebenso vorweggenommen wurde wie die heliozentrische Theorie von Anaxagoras.

Der Friedensbegriff als Gegenspieler hat sich sehr gewandelt. In der griechischen Antike verfügte er zunächst als Gegensatz zum Krieg über eine eher negative Bedeutung. Krieg wurde gleichsam als notwendig begriffen (Xenophon), er stand für den menschlichen Kulturfortschritt schlechthin, während Frieden als Störung des kriegerischen Normalzustandes gewertet wurde. Dieses Verständnis war im Laufe der Zeit Veränderungen unterworfen, wodurch Frieden einen positiven Wert gewann, was seinen Niederschlag in der Literatur fand, etwa bei Aristophanes (Lysistrate) oder bei Euripides. In der römischen Antike behauptete sich der Friedensbegriff und wurde zum Bestandteil des Römischen Vertragsrechts, das ein Ende des Kriegszustandes und die Formulierung ›Pax Romana‹ proklamierte als ordnungspolitische Formel für die Herrschaft des Römischen Imperiums. Die stoische Philosophie führte den Begriff des inneren Friedens ein als die besondere Qualität des Daseins, die sich auf Selbstgenügsamkeit (Autarkie) und psychisches Gleichgewicht (Ataraxie) gründete.

Der Friedensbegriff ist besonders durch die religiöse Überlieferung geprägt worden. Das Neue Testament steht im Gegensatz zum Alten Testament, weil der Friedensbegriff des Neuen Testaments nicht mehr auf das Verhältnis zwischen Gott und dem von ihm auserwählten Volk bezogen und damit auf dieses beschränkt war, sondern zugleich weltliche und universelle Dimensionen erreicht. Nach Zielsetzung und Inhalt muss das Neue Testament als Evangelium des Friedens bezeichnet werden. Christus selbst ist der Friede, es bleibt der messianisch-eschatologische, endzeitliche Bezug dieses Friedensbegriffes sichtbar. Der Dualismus von transzendenter Heilserwartung bzw. Friedenssehnsucht und politischem Friedensverständnis kennzeichnet etwa die Geschichte des Mittelalters. Augustin versuchte – wie später noch Thomas von Aquin – in seiner Schrift ›De civitate Dei‹ politisches Ordnungsdenken der Antike mit christlichem Friedensverständnis zu paaren. Angesichts konkurrierender Herrschaftsansprüche zwischen kirchlicher und weltlicher Macht sprach Dante in ›De monarchia‹ 1310 nicht von ungefähr von dem Gedanken der Weltmonarchie. Zur gleichen Zeit propagierte in Frankreich Pierre Dubois 1306 in ›De recuperatione Terrae Sanctae‹ den allgemeinen Frieden als vordringliches politisches Ziel, Erasmus von Rotterdam fügte durch ›Querela pacis‹ 1517 mit die Ansicht hinzu, der Krieg sei unmenschlich und der Mensch habe eine Verpflichtung zum Frieden. Hierauf gründen sich die Wertgrundlagen, von denen etwa Francisco de Suarez oder Hugo Grotius (de jure belli ac pacis) 1625 ausgingen in der Absicht, eine allgemeine Theorie des Völkerrechts zu entwickeln. Am Beginn der Neuzeit stand noch ein anderer Versuch, die dauerhafte Friedenssicherung zu bewältigen: der Entwurf des ›Leviathan‹ durch Thomas Hobbes, 1651. Ihm liegt eine pessimistische Anthropologie zu Grunde, die den Naturzustand des Menschen als ›Krieg aller gegen alle‹ versteht. Der Zustand individueller Willkür sollte in der Figur des Sozialvertrages überwunden werden, der die Beziehungen der Menschen untereinander in einer Rechtsordnung regelte. Dieser Herrschaftsvertrag ist zugleich die Legitimation des Leviathan, des Staates, der alle Vollmachten zur Aufrechterhaltung des inneren und äußeren Friedens erhält. Die klassischen Utopien markieren einen weiteren Schritt: Thomas Morus mit seiner Schrift ›Utopia‹ 1516, Tomaso Campanella mit dem ›Sonnenstaat‹ 1602 und Francis Bacon mit ›New Atlantis‹ 1624. Im ›Sonnenstaat‹ wird auf die Neuordnung der Eigentumsverhältnisse angespielt, in ›New Atlantis‹ wird die überragende Bedeutung des naturwissenschaftlich-technischen Fortschritts auserkoren. Es entstand der gleitende Übergang zu den Friedensplänen des Rationalismus und der Aufklärung. Kant kann dort an Rousseau anknüpfen und von den Bedingungen des ›ewigen Friedens‹ sprechen. Gleichgewichtsvorstellungen (›Balance of

Power‹ 1741) wurden von David Hume ebenso geäußert wie von Friedrich Gentz. Jeremy Bentham und Adam Smith sprechen von ökonomischer Gleichstellung und skizzieren die Sicherung des Weltfriedens im Sinne universeller Kriegsverhinderung. Hier finden sich Vorläufer einer befriedeten Weltsicht, wie sie später das Werk eines Leo Tolstoi, Romain Rolland, Carl von Ossietzky, Kurt Tucholsky oder A. Saint-Exupéry auszeichnen sollte.

In der abendländischen Moderne wird Konflikt zumeist negativ bewertet, er wird moralisierend abgedrängt wie Gedanken zu Krebs, Hass oder dem Tod schlechthin. Konflikt lässt sich aber nicht verbannen, er kann nur schöpferisch umgepolt werden, um sichere kulturelle und politische Voraussetzungen zu schaffen. Die Menschheit hat sich in der Evolution entwickelt durch die Erfindung von Werkzeugen; diese gaben ›survival value‹, vor allem die Waffe. Konflikte sind dem Menschen entstehungsgeschichtlich auf den Weg gegeben, sie schlicht beenden zu wollen, bedeutet erblindetes Denken. Es stellt sich die Frage nach der fügsamen Kontrolle von Konflikten. Völlige Unterdrückung führt zur Auslöschung der Art, ebenso wie absolute Nichtkontrolle. Grundsätzliche Unterdrückung von Konflikt leitet gleichermaßen zur Anarchie über wie der totale Konflikt. Gesetze gibt es nicht nur in voll politisch organisierten Kulturen, auch schriftlose Kulturen verfügen über Gesetze, die nicht primitiv sein müssen. Das Gesetz darf nicht mit dem Kodex und dem Gerichtshof gleichgesetzt werden. Der Anthropologe B. Malinowski versteht in dem Gesetz jene Normen als Regelungen der Neigungen und biologischen Vorgaben, die sich eben auch gerade in archaischen Kulturen finden. Es gibt ebensowenig ein ›primitives Gesetz‹ wie es eine ›primitive Gesellschaft‹ gibt. Vielmehr scheinen Gesellschaften und Kulturen auf, in denen Kontroversen geächtet sind wie etwa bei den Zuni-Indianern. Abordnungen von religiösen Tänzern bestrafen Menschen, die das Ritual verletzen.

Unter den Zuni wurde von einem Mann nicht erwartet, dass er für seine Rechte eintritt, ja er wurde missachtet, wenn sein Verhalten Anlass zu einem Konflikt gab. Der Zuni war ein höflicher Mensch, der Schwierigkeiten aus dem Weg ging. Die Kultur hatte ein starkes Gefühl für die Bestimmung von Rechten und Pflichten, Recht musste nicht gesprochen werden, sondern wurde ohne formales procedere verinnerlicht. Trat dennoch ein Konflikt ein, wurden zur Versöhnung geschliffene Obsidiane und kostbare Häute überbracht.

Die Ifugao aus dem nördlichen Luzon lösten Streitfragen durch einen Vermittler, der gewählt wurde und durch sein Amt den Namen Monkalun trug. Er war Richter, Staatsanwalt und Verteidiger in Personalunion, die Gebühr für seine Vermittlung wurde ›lubka‹ oder ›liwa‹ genannt. Dem Monkalun war die friedliche Beseitigung von Konflikten anvertraut, seine Arbeit entsprach der eines Friedensrichters, er war bei einer Kontroverse keiner Seite zuzurechnen, sondern gewann seine Autorität durch die rhetorische Kunst der Überzeugung, nachdem er sich die Plädoyers beider Parteien vergegenwärtigt hatte. Erzielte er eine friedliche Lösung, so lag seine Gebühr entsprechend höher.

Die Bestrafung von Delikten durch eine übernatürliche Instanz spielt eine tragende Rolle bei archaischen Kulturen. Die Rituale des Alltags und des menschlichen Miteinander sind von übernatürlichen Gesetzen beherrscht, etwa bei der Profanierung von heiligen Objekten. Das Gesetz entwickelt sich aus der Religion, und die sakralen Sanktionen sind von größerer Bedeutung als die säkularen. Durkheim spricht von der rituellen und sozialen Sanktion als einem Instrument der Kontrolle, so dass eine Kultur mit weniger Gesetzen auskommt. Die Ifugao kennen die Gottheit ›Hidit‹, die Frieden wünscht; alle in einen Konflikt verwickelten Kombattanten müssen ihm Opfer darbringen, bis Frieden geschlossen und in Gebeten und Zeremonien der Schwur der Beilegung geleistet wird. Dann werden die Speere gebrochen, gebündelt und festgezurrt als Symbol, dass diese Werkzeuge der Auseinandersetzung nun nicht mehr gebraucht würden. Konfliktlösende Strategien sind wie ein Schachspiel, in dem jeder Spieler die Konsequenzen seiner Züge vorausbestimmen kann. Es herrscht die Logik des Spiels. Hier treffen sich die archaische Kultur und die technische Zivilisation der Gegenwart mit ihrer nuklearen Potenz. Eine Bedrohung ist durchschlagskräftig, wenn sie nie herausgefordert wird. Dies betrifft die Drohung zum Streik wie zum Gebrauch von Nuklearwaffen. Wie aber verleiht man einer fast unglaublichen Bedrohung dennoch Glaubwürdigkeit? Die Ernsthaftigkeit der Bestrafung und die Glaubwürdigkeit der Bedrohung bilden eine Dialektik. Die gefährliche Situation kennt, wie etwa bei nuklearen Waffen, eine stumme Schwelle der Glaubwürdigkeit der eigenen Bereitschaft. Es herrscht jene Rationalität der Irrationalität des technisch Möglichen. Hier liegt eine Weisheit zu Grunde, die vor 2.000 Jahren im alten Rom erdacht wurde: Si vis pacem, para bellum – wenn du Frieden willst, bereite dich auf den Krieg vor.

Die politischen ›Realisten‹ vom Schlage eines Hans Morgenthau, George F. Kennan oder Henry Kissinger sehen entsprechend im Krieg ein Ergebnis des Ringens um Macht. Die individuelle Aggressivität, der Wille des Menschen zu leben, steigert sich bis hin zum Willen nach Macht.

Nationale Macht ist eine Projektion dieses individuellen Machtwillens auf einer übergeordneten Ebene. Die natürliche Suche nach Sicherheit einer Nation verursacht Unsicherheit unter den Nachbarn. Israels Definition von Sicherheit führte etwa seinen Nachbarn ihre relative Unsicherheit vor Augen. Die Balance der Macht verkörpert das stillschweigende Abkommen unter Nationen über Methoden und Ziele der Außenpolitik; dies schließt Krieg freilich nicht aus. Araber und Israeli nehmen die gleiche Wirklichkeit verschieden wahr und deuten sie unterschiedlich. Die Antagonisten bedenken immer die Konsequenzen ihrer Entscheidungen in einer Kosten-Nutzen-Analyse. Konflikte entstehen aus der Kontrolle über die Knappheit von Gütern, Raum, Geld, Besitz, Macht, Prestige oder Nahrung, die als nicht teilbar betrachtet werden.

Der klassische Fall eines Konflikts: zwei Personen in einem Rettungsboot, denen der Hungertod droht, da nur Nahrungsmittel zum Überleben für eine Person an Bord sind. Das Resultat eines Konflikts ist freilich nur selten rigide bestimmt durch die objektiv scheinenden Umstände. Hätte eine der beiden Personen etwa religiöse oder ethische Werte, so könnte auch der Verzicht auf Nahrungsmittel eintreten. Ob ein Konflikt konstruktiv oder destruktiv verläuft, ist ein freies Spiel der Kräfte. Vermeintlich objektive Bedingungen werden in tatsächlich erfahrene Konflikte verwandelt

Die menschliche Evolution wäre ohne Konflikte nicht denkbar, der Konflikt hat durchaus positive Eigenschaften. So verhindert er Stagnation, er stimuliert Interesse und Neugier und gleicht einem Medium, durch das Probleme einer Lösung näher gebracht werden können. Spannungen entzerren sich, schwingen sich auf ein Mittelmaß ein, der Konflikt gewinnt hierdurch eine integrative Lebensqualität. Die Quellen der Entzweiung werden aufgespürt, die Einheit wird wiederhergestellt. Durch unmittelbaren Ausdruck der rivalisierenden Ansprüche sind Kulturen und Gesellschaften fähig, ihre Strukturen durch eine Befriedung der Unzufriedenheit anzugleichen. Die Tolerierung und Institutionalisierung von Konflikten wirkt stabilisierend. Eine konfliktfreie Situation ist für den Menschen ein psychologisches Utopia. Konflikt kann weder unterdrückt noch auf Dauer eliminiert werden. Sozialer Konflikt trägt zur Entstehung neuer Normen bei, entsprechend der wechselnden Konditionen. Die Flexibilität einer Kultur gewinnt durch den Konflikt. Durch Unterdrückung von Konflikten werden nützliche Signale übersehen, die als Warnung dienen und die Gefahr eines unkontrollierten Zusammenbruchs mildern. Die Aufrechterhaltung der Balance wird durch die Wiedergewinnung einer neuen Basis gesichert. Ein Konflikt zwischen Parteien, die in ihrer Machtfülle gleichwertig sind, ist ungleich schwieriger zu lösen als bei einem Gefälle der Macht. Ist eine geringere Bedrohung bereits ausreichend, verkehrt sich eine stärkere Bedrohung in ihr Gegenteil. So waren die Drohungen durch die USA, die Bombardierung Nordvietnams bei einem tieferen Einmarsch nach Südvietnam zu verstärken, nicht stichhaltig. Der Preis für die militärische Aktion wäre durch den Tod der Piloten und das schlechte Bild in der Weltpresse höher als die erwarteten Gewinne gewesen. Das Versprechen einer teureren Belohnung erscheint inadäquat, wenn das einer weniger teureren bereits ausreichend wäre, wodurch das Versprechen selbst in Zweifel gezogen wird. Bereits 600 v. Chr. spricht Theogenis in den ›Sententiae‹ die Überzeugung aus, dass Vertrauen und Misstrauen funktional verbunden sind; wer am stärksten misstraut, dem sollte am wenigsten vertraut werden. Auch Nicolai Hartmann spricht von dem moralischen Wert des Lebens, der in der Sphäre des Vertrauens beginnt. Die Philosophie von Hegel gründet sich auf die Bedeutung des Konflikts, die in einer Theorie des Staates mündet. Die Geschichte erscheint in ihrer Dialektik als Abfolge von Konflikten; zwischen abstrakten Polen bilden sich These und Antithese, die in eine Synthese münden und einen neuen Zyklus markieren. Karl Marx folgte Hegel hierin in der Vorstellung des Konfliktes der sozialen Klassen, der sich in seinem historischen Materialismus als der Gesetzlichkeit verkörpert.

Immer entsteht der Staat als ein positiver Gedanke, für Hegel ist er die Materialisierung des Absoluten, für Clausewitz als den Philosophen des Krieges der Garant gegen seine Vorstellung vom Kriege jeder gegen jeden, der nur eine Suspendierung der Feindseligkeiten im Glücks- und nicht im Regelfall erlaubt. Hiernach ist der Kampf das Gesetz, die Struktur des Seins. Paul Ricoeur formuliert für das 20. Jahrhundert: »Der Konflikt reicht in die ursprüngliche Veranlagung des Menschen; das Objekt ist Synthese, das Ich ist Konflikt.« Konflikt ist immer auch eine Katharsis angesichts der Zerrissenheit des Menschen, von der Pascal spricht: »Der Mensch ist weder Engel noch Teufel«. Empedokles geht dem in der Einsicht der konfliktträchtigen Dialektik von Eros voraus als dem Selbst- und Arterhaltungstrieb, als dem Prinzip der Vereinigung gegenüber Thanatos, dem Todestrieb und dem Prinzip der Trennung. Der Mensch muss als biologisches Wesen diesen Konflikt zeit seines Lebens austragen. Er wird zur notwendigen und hinreichenden Bedingung für das existentielle Bewusstwerden. Nicolaus Cusanus spricht trefflich vom Menschen als einer ›Coincidentia oppositorum‹, einem Zugleich von Gegensätzen, einem widersprüchlichen Wesen. In poetisch-metaphysischer Sicht hat Plato im Dialog ›Timaios‹ die konstitutionelle Konflikthaftigkeit des Menschen dargestellt. Die Kinder der Götter wurden nach deren Gleichnis mit zwei Seelen erschaffen, einer göttlichen und einer sterblichen. Kriege zählen in der Evolutionsgeschichte des Menschen gewissermaßen zu seinen Lieblingsbeschäftigungen. Der Mensch ist das einzige Lebewesen, das die Vernichtung seiner Artgenossen mit erstaunlichem Ernst betreibt. Bei den außermenschlichen Primaten läuft das Töten eher auf Mord als auf Krieg hinaus. Kriege scheinen für den Menschen unvermeidlich zu sein vor dem Hintergrund des ethnologischen Aggressionsbegriffs. Der Mensch ist ontologisch gesehen ›frei in den bedingten Bahnen‹, wie Stefan George bezeichnend formulierte. Bereits die christliche Anthropologie beginnt mit der Beschreibung des Konflikts bei Paulus in seinem Brief an die Römer. Hier gibt es keine orphische Erlösung durch die Göttlichkeit. Homer spricht von der Dialektik der Übereinstimmung in der Entzweiung und blickt auf Ägypten, Babylon, China, Indien, auf die Gerichtsberichte und die Priesterrituale, religiösen Hymnen, dynastischen Genealogien. Nach Homers Überlieferung brachte Zeus selbst mit der Göttin Themis den Plan des trojanischen Kriegs zustande. Im 20. Jahrhundert schrieb Freud vergleichbar in einem offenen Brief an Einstein, dass er Krieg aus biologischer Warte für ›natürlich‹ hielte.

Bisher hat er Recht behalten. Die Schätzungen der toten Amerikaner im Ersten Weltkrieg belaufen sich auf 126.000, im 2. Krieg auf ca. 400.000 und die Spekulationen für den 3. Weltkrieg schwanken zwischen 10 und 160 Millionen Toten. Angesichts der rasanten Entwicklung der Nukleartechnologie, von SDI und der unkontrollierten Verbreitung der Atomwaffen in die Krisenherde nicht nur der Industriestaaten, sondern auch in die Dritte und Vierte Welt von Libyen bis Argentinien, Pakistan und Indien, bleibt wenig Hoffnung, wenn es nicht gelingt, Konflikte konstruktiv zu lösen, eben in jener philosophischen Tradition des Vertrauens, der Einsicht in die existentiell wichtige Einübung in die gemeinsame Sache des Menschseins. Aus der Anthropologie können Lehren gezogen werden. Karl Wittvogel und Métraux erkannten, dass ein gewisses Maß an Aggression jedem Individuum und damit jeder Großgruppe, jeder Kultur und jedem Staat gegeben ist. Die Saulteaux-Indianer haben als Abkömmlinge der Ojibua sprechenden Kulturen nahe dem Lake Superior hierbei eine friedliche Lösung gefunden. Ihre Stammesgeschichte kennt keinen Mord, Selbstmord oder Krieg, sei dies mit Weißen oder anderen Indianern, wobei lediglich Magie als Mittel der Vergeltung eingesetzt wurde. Die Teton-Dakota-Indianer sprechen wohl eine realistischere Sprache. Diese Kultur vermied die eigene Selbstzerstörung dadurch, dass sie alle kriegerischen Aktionen gegen die Nachbarstämme richtete. Für 30 Jahre nach 1850 und der Ankunft des weißen Mannes war eine klare Abnahme des innerstammlichen Mordens festzustellen, weil sich die Kultur gegen einen eingeschworenen Feind nach außen zur Wehr setzen musste. Nachdem Frieden mit den Weißen geschlossen wurde, stieg die Mordrate innerhalb des Stammes wieder steil an. Die Science-Fiction-Schriftsteller vertreten zu Recht die Vision, dass die Welt durch Eindringlinge von außerirdischen Sphären kraft einer Bedrohung gerettet werden könnte. Bis dieser Fall freilich eintritt, müssen wir uns mit dem Art. 51 der UN-Charter begnügen, wonach ein kriegerischer Konflikt erst gegeben ist, wenn eine Nation beweisen kann, dass sie Opfer eines bewaffneten Angriffs über eine nationale Grenze hinweg geworden ist. Diese Forderung ist für die Supermächte nicht zu erfüllen, da keine der beiden Seiten warten kann, bis die gegnerischen Missiles eingetroffen sind. Ein Rückschlag hat die Konsequenzen, die einen nuklearen Überraschungsangriff einem Akt des Selbstmordes gleichmacht. Hier trifft sich die antagonistische Leidenschaft des Anaximander mit der erkalteten Galaxie des Kriegs der Sterne.

Boden unter Gottes Himmel
Religion und Politik in Nordamerika

In Hemingways Werk *Der alte Mann und das Meer* trägt Santiago den Bootsmast wie Jesus das Kreuz von Golgatha. Saul Bellows Bücher sind reich an Anspielungen auf biblische Figuren, auf Daniel und auf Nebukadnezar. William Faulkner, Hermann Melville und Nathaniel Hawthorne diskutieren theologische Fragen. Der schwarze Schriftsteller James Baldwin nennt seinen Roman *Geh hin und verkünde es von den Bergen* und zitiert Jesaiah. Die Literatur legt Zeugnis ab von der tiefen Verwurzelung der amerikanischen Kultur im jüdisch-christlichen Erbe.

Wer die amerikanische Kulturgeschichte unter dem Gesichtspunkt der Religion betrachtet, der wird eine eigenartige Wechselbeziehung zwischen Politik und Religion – nicht zwischen Staat und Kirche – und darin etwas für Amerika Typisches entdecken.

Diese Beziehung hat das geistige und politische Leben Amerikas bis zur Gegenwart beeinflusst. Wir wollen versuchen, diesem Aspekt in den entscheidenden Epochen der amerikanischen Geschichte nachzugehen. Es geht also nicht um eine theologische Bewertung von Religionen und Konfessionen, sondern um deren kulturgeschichtliche und sozialgeschichtliche Bedeutung.

Die Bedeutung der Religion ist bei Historikern und Soziologen umstritten. Emile Durkheim sieht in der Religion die Quelle höchster Kultur, für Marx war sie schlicht ›Opium des Volkes‹. Max Weber widerspricht Marx in seiner Religionssoziologie diametral. Max Müller sieht in der Unberechenbarkeit der Natur, im kosmischen Unbekannten die Wurzel aller Religionen.

Einig sind sich die Wissenschaftler in einem Punkt: im zentralen Beitrag der Religion zur Überlebensstärke einer Kultur. Religion ist ein Schlüssel zum System sozialer Werte. Der gemeinsame Glaube und gemeinsame Riten sind unter den Menschen eine bindende Kraft und schaffen kulturelle Identität. Religion beeinflusst die Richtung menschlichen Fühlens, Denkens und Handelns.

Religiöse Ideen und Werke sind durch die Gesellschaft, aus der sie geboren werden, ebenso beeinflusst, wie sie ihrerseits Werte und Motive von Menschen formen. Religion kann Ursache oder Wirkung sein. Darüber hinaus gleicht der Mensch mit Hilfe der Religion sein Verhalten der Umwelt an, wobei die Religion nicht von außen auf den Menschen einwirkt, sondern ihre Macht und ihren Einfluss aus der Anerkennung ihrer Forderungen schöpft. Lernt der junge Mensch, die Kirche regelmäßig zu besuchen, die Gebote zu beachten, die Eltern zu lieben und den Alkohol zu meiden, so ist das eine Beeinflussung seines Lebens und seines sozialen Verhaltens.

Zum Beitrag, den die Religion als universelles Motiv menschlichen Handelns in allen Kulturen leistet, stellt sich die Frage, in welcher Form sie die amerikanische Kultur geprägt hat und ihr Überleben in Gegenwart und Zukunft sichern kann.

Der Mayflower Compact, der Vertrag der ersten Siedler Amerikas bei der Landnahme in Massachusetts, klingt zwar wie ein Handelsvertrag, beginnt aber mit den Worten: »Wir in der Gegenwart Gottes und in unser aller Gegenwart beschließen [...]«

Auch der »Consent of the Governed« vollzieht sich im Rahmen des göttlichen Rechts. Die religiöse Gemeinde war zugleich politische und religiöse Gemeinschaft, das amerikanische Selbstverständnis, wie es historisch gewachsen ist, ist tief religiös, auch wenn es scheinen mag, als seien die Amerikaner bei der Regelung ihres politischen und wirtschaftlichen Lebens durch Verfassung und Gesetze weitgehend ohne Gott ausgekommen.

Nordamerika unterscheidet sich grundlegend von Südamerika. Dort sind bis heute Rudimente des Einheitsgedankens von Staat und Kirche spürbar. Es herrscht seit Beginn der weißen Besiedelung im 16. Jahrhundert die Vorstellung einer Identität zwischen Glauben und Staatsführung. Im spanisch-portugiesischen Kulturraum ist der Bruch zwischen mittelalterlichem und neuzeitlichem Denken wesentlich weniger radikal als im Deutschland der Reformation, im England John Lockes oder im Frankreich eines Descartes. In Lateinamerika sollte der Mönch herrschen und der Konquistador regieren. So sahen es bereits Bullen der Päpste des 15. Jahrhunderts vor. Bei Vakanz des Vizekönigtums übernahm der Erzbischof die Leitung der Staatsgeschäfte. Das Universaldenken der Kirche der Renaissance war gar nicht so weit von dem mystischen, magischen Allbegriff der Azteken, Mayas und Inkas entfernt. Mönche wie Indianer hatten einen eher spekulativen, gefühlsmäßigen als rationalen Zugang zur Welt.

Auch in Nordamerika herrschte, abgesehen von den protestantischen Hugenotten, die nach dem Widerruf des Ediktes von Nantes nach Amerika geflohen waren, zunächst starker katholischer Einfluss durch spanische Missionare.

Franziskaner zogen nach Florida und christianisierten 26.000 Indianer, die sie als ›genus angelicum‹, als ›engelähnlich unschuldige Wesen‹ begriffen. Daneben erstreckten sich Missionen der Dominikaner und Jesuiten über den gesamten Südwesten, über Neu-Mexiko, Texas, Arizona und Kalifornien. Die Stadt Santa Fé war um 1600 zu einem religiösen Zentrum aufgestiegen. Als mit dem Friedensschluss von 1763 der politische Einfluss Spaniens und Frankreichs in Nordamerika schwand, nahm auch das katholische Missionswesen ab, das allerdings von Beginn an einen strukturell anderen Charakter hatte als in Lateinamerika.

Der Puritanismus, die religiöse Oppositionsbewegung gegen die anglikanische Staatskirche der englischen Stuartmonarchie, brachte radikale und gemäßigte Puritaner in die Neue Welt. Sie waren überzeugt, als besonderes Volk, als Werkzeug Gottes auserwählt zu sein. Sie wollten in der Neuen Welt die Gemeinde Christi begründen und dort das Werk der in England zur Hälfte stehengebliebenen Reformation vollenden. Ihr Ziel war die Errichtung eines neuen Jerusalem, einer ›City upon a hill‹, der Stadt auf dem Berge. Der ›Holy Commonwealth‹ sollte aller Welt ein leuchtendes Beispiel vor Augen führen.

Die erste Puritanerkolonie in Plymouth war das Werk der so genannten Pilgerväter, die im Herbst 1620 auf der Mayflower nach Amerika gekommen waren. Sie nannten sich Separatisten, waren Puritaner des radikalen Flügels, die eine kongregationalistische Kirchenreform befürworteten, das heißt eine auf kleinere Gemeinden zielende Reform.

Kongregationalismus, das typische Merkmal amerikanischer Kirchen, bedeutet nicht nur Unabhängigkeit der einzelnen Gemeinden, sondern auch Gewissensfreiheit des Einzelnen. Das Prinzip des Kongregationalismus stand im Widerspruch zur episkopalen bischöflichen Kirchenorganisation, deren Macht bei den ›Oberhirten‹ zusammengefasst war.

Die ›Mayflower‹, das berühmte Auswandererschiff, ist als Symbol nicht so eindeutig wie die Legende erzählt, denn neben den aus Holland kommenden ›Saints‹, den ›Heiligen‹, waren auch eine ganze Anzahl von ›Strangers‹ an Bord, von mittellosen Landarbeitern und Abenteurern, die keineswegs aus religiösen, sondern aus rein materiellen Gründen nach Amerika auswanderten.

Der Puritaner-Exodus aus England führte zur Entstehung der Massachusetts Bay Colony. Die Regierungsreform war dort von der puritanischen Geistlichkeit geprägt. Männer wie John Cotton oder Cotton Mather, allesamt Befürworter der theologischen Doktrin des Convenant, das heißt des Bundes Gottes mit seinem auserwählten Volk, bekleideten zwar keine politischen Ämter, kirchliche und weltliche Ordnung waren aber identisch. Staat und Kirche waren eins, aber nicht im lateinamerikanischen Sinne, nicht in der Organisation, sondern in der gemeinsamen Anerkennung Gottes als höchstem Souverän.

Religiöse Motive trieben den Staat nicht weniger an als die Kirche. Zwar bildete das englische Common Law die Rechtsgrundlage, das fundamentale Recht war aber durch die Bibel gegeben. Die Sündhaftigkeit des Menschen, die überhaupt erst eine weltliche Regierung nötig machte, und der absolute Wille Gottes bestimmten das puritanische Denken.

In diesem Sinne wehrte sich John Cotton zu Recht gegen den Vorwurf einer Theokratie, einer ›Gottesherrschaft‹, da es tatsächlich keine formalen Eingriffe der Kirche in ziviles Recht gab, keine Verbindung von kirchlichem und politischem Amt in einer Person.

Die Geschichte der Puritaner zeigt, dass nur eine Minderheit unmittelbar vom Calvinismus geprägt war. Die Mehrzahl stand in der protestantischen englischen Dissidententradition des 16. Jahrhunderts. Man muss beim damaligen Protestantismus zwei Flügel unterscheiden: einen Hügel calvinistischer Genfer Prägung und jene Form englischen Dissidententums, das religiöse Toleranz predigte. In England waren die Puritaner seit Jahrhunderten gewöhnt, im Pakt mit den Parlamentsführern gegen eine Allianz aus absolutistischer Staatsmonarchie und Bischöfen zu kämpfen. Dieser Dissidententypus überwog in der Massachusetts Bay Colony.

Das puritanische Staatswesen war vielen äußeren und inneren Widerständen ausgesetzt, vor allem in der Form religiöser Oppositionsbewegungen. Das bekannteste Beispiel stellt Roger Williams dar, der als Prediger des radikalen Separatismus und Kritiker des generellen kolonialen Machtanspruchs der Engländer 1636 aus Massachusetts verbannt wurde. Er gehörte einer kleinen Gruppe von ›Antinomern‹ an, die sich gegen ein Diktat theologischer Spielregeln im politischen Leben auflehnte. Er zog nach Süden zu den Naragansett-Indianern, kaufte ihnen eine Landparzelle ab und errichtete die Siedlung ›Providence‹.

Diese zog auch andere Gegner und Opfer der puritanischen Oligarchie an, wie zum Beispiel die bekannte Spiritualistin Ann Hutchinson und ihre Anhänger. So entstand die Kolonie Rhode Island, die sich auch weitgehende Selbstverwaltungsrechte sichern konnte und zum ersten Gemeinwesen Amerikas wurde, in dem uneingeschränkte Glaubensfreiheit herrschte. Besonders Baptisten, aber auch Quäker schlossen sich der Bewegung an.

Ab dem frühen 17. Jahrhundert gab es freilich andere Formen der Ansiedlung, etwa die Eigentümerkolonien wie ›Maryland‹, wo 1750 bereits 15 katholische Kirchen existierten, gegenüber nur vier in allen übrigen Kolonien. Der Katholik Cecil Calbert Lord Baltimore hatte das Land als königliches Lehen erhalten und wollte in der Neuen Welt ein Refugium für Glaubensbrüder schaffen. Ein Toleranzedikt sicherte später auch in Maryland volle Glaubensfreiheit.

In Pennsylvania fanden viele wegen ihrer spiritualistischen Anschauung verfolgte Christen ihre neue Heimat. 1682 entwarf der Gründer der Kolonie, William Penn, mit seinem ›Frame of Governmant‹ seine staatstheoretischen Vorstellungen, die ethisches Verantwortungsbewusstsein mit praktischer Geschäftstüchtigkeit verknüpften. Neben Quäkern aus England, Wales, Holland und Deutschland siedelten sich Hugenotten, Mennoniten und andere Angehörige unterdrückter Minderheiten an. Iroschottische Presbyterianer ließen sich vor allem im Westen Pennsylvanias nieder. Jüdische Immigranten bevorzugten zunächst die kosmopolitischen Großstädte der Ostküste, vor allem New York.

Man sieht: Das geistige und kulturelle Leben war in den verschiedenen Kolonien von Anfang an stark durch religiöse Fragen bestimmt. Die Vorstellungen variierten in den einzelnen Religionen ebenso wie die religiöse Praxis.

In Neuengland herrschte theokratisch geprägtes Gemeindeleben in ausgesprochen strenger Form vor.

In den mittleren Kolonien New York und New Jersey spielten Kirchenleben, Gottesdienste und die Einhaltung des Sabbats und Sonntags keine so herausragende Rolle. Die Kirchengemeinden waren meist kleiner als in Neuengland, die Geistlichkeit besaß weniger gesellschaftlichen Einfluss.

Im Süden stellten die Anglikaner ursprünglich die dominierende Kirche, sie genoss lange Zeit den Status einer Staatskirche.

Da es der Kirche von England in Amerika aber an Führungspersönlichkeiten fehlte, weil der Nachwuchs in England ausgebildet werden musste, konnten sich Presbyterianer und Baptisten in den mittleren und unteren Gesellschaftsschichten durchsetzen. Um 1770 übten sie in Nord- und Südkarolina sowie im Hinterland Virginias den größten Einfluss aus. Ihre Prediger eigneten sich, wie später die der Methodisten, besonders für die Arbeit in dünn besiedelten Gebieten.

Wie stand es um die Religionsfreiheit bei so viel verwirrenden Unterschieden?

Die verfassungsrechtliche Garantie für die religiöse Freiheit liegt im First Amendment, einem Zusatzartikel zur amerikanischen Verfassung. Er verbietet dem Kongress, irgendein Gesetz zu erlassen, das die freie Existenz einer kirchlichen Organisation einschränkt.

Die Trennung von Staat und Kirche wurde in Amerika seit der Gründerzeit strikter eingehalten als in Europa, wo selbst demokratische Staaten oft Staatskirchen unterstützten. So hob England, das eigentlich im Umgang mit religiöser Toleranz geübt war, erst im 19. Jahrhundert die politische und religiöse Ächtung der Katholiken auf.

Während anglikanische Bischöfe in England auch politische Rechte besaßen, hatte ihr Amt in Amerika nur noch religiösen Charakter. Jede Ballung von staatlicher und kirchlicher Macht galt als besorgniserregend. Eine Einmischung in die religiösen Belange der Gemeinden wurde selbst unter den Anglikanern nicht geduldet.

Dieser Einstellung entsprach auf politischem Sektor die Forderung der lokalen und regionalen Siedlungseinheiten – vergleichbar unseren heutigen Gemeinden und Landkreisen – nach möglichst hoher Eigenständigkeit und Unabhängigkeit von den Einzelstaaten und vom Bund.

Religiöse Freiheit in Amerika ist das Ergebnis einer langwierigen Entwicklung. Die religiöse Revolution endete gewissermaßen, bevor die politische begann.

George Washington erkannte die Bedeutung der Religion für das Überleben der Nation ebenso wie Thomas Jefferson: Von ihm stammt die Metapher einer ›wall of Separation‹, einer Grenzmauer zwischen Staat und Kirche, die später vom obersten Bundesgerichtshof übernommen wurde.

Die verschiedenen Formen religiöser Organisation sind breit gefächert. Amerika kennt keine Kirche, die auch nur im entferntesten als Staatskirche zu betrachten wäre. Natürlich gibt es Kirchen, auch solche mit hierarchischer Struktur wie die katholische Kirche. Aber der Staat hält Distanz.

In den USA bezeichnet man die verschiedenen amerikanischen Kirchen und anerkannten Glaubensgemeinschaften als ›Denominations‹, was mit ›Benennung‹ oder mit ›Konfession‹ nur unzureichend übersetzt wäre. Es handelt sich hier gleichsam um ›erwachsene‹, ›reife‹ Sekten, die Frieden mit ihrer Umwelt geschlossen haben, oder um Kirchen, die den Status einer Denomination annehmen mussten, weil Amerika keine Staatskirche kennt. Eine ›Denomination‹ ist eine unter vielen Glaubensgemeinschaften in einem Staatsgebiet. Eine Sekte hingegen stellt eine

Vorstufe, eine kleine, exklusive Gruppe dar, deren Mitglieder sich freiwillig zusammenfinden und der Gemeinschaft nicht – wie bei der Denomination – kraft Geburt angehören. Methodisten und Baptisten sind gute Beispiele für ›Denominations‹, die sich aus früheren Sekten entwickelt haben. Die Sekte unterscheidet sich wieder vom ›Kult‹. Seine Mitglieder empfinden ihr Engagement oft als Kampfansage gegen die Einsamkeit in urbanen Zentren, als Flucht vor der Wirklichkeit. Die Leitung des Kults hat meist charismatischen Charakter und wird von den Mitgliedern nicht als disziplinäre Autorität verstanden. Die Kultzugehörigkeit erlaubt zumeist noch ein Bekenntnis zu anderen konfessionellen Gruppen. Infolge der Koexistenz verschiedener Denominations, Sekten und Kultbewegungen in Nordamerika ist keine Gruppierung stark genug, das gesamte religiöse oder politische Leben allein zu prägen.

Was Europäer vielleicht verwirrt, hat für die USA weittragende Vorteile gebracht. In der Sozialwissenschaft wird nämlich die These vertreten, dass Amerika niemals den gleichen technischen, wirtschaftlichen und kulturellen Aufstieg hätte nehmen können, wenn eine Staatskirche im alleinigen Besitz der geistlichen Autorität gewesen wäre. Der Soziologe Talcott Parsons benennt zum Vergleich das kanadische Quebec, das einheitlich durch die katholische Kirche geprägt war und das in seiner Entwicklung einen wesentlich weniger steilen Aufstieg nahm als die benachbarten USA.

Ein weiteres Charakteristikum: Nordamerika kennt keine Verbrüderung der Intellektuellen mit religionsfeindlichen Bewegungen, wie etwa das vorrevolutionäre Frankreich oder das zaristische Russland. Eine Polarisierung zwischen ›religiös‹ und ›antireligiös‹ wurde in Amerika durch den Pluralismus aus Judentum, Protestantismus und Katholizismus ersetzt oder vermieden. Die religiösen Bewegungen stehen als autonome Größen im politischen und sozialen Leben nebeneinander.

Eine Trennung von Staat und Kirche, wie sie bis aufs Neue Testament zurückzuführen ist, wurde in Amerika nie notwendig. Jesu Wort »Gebt dem Kaiser, was des Kaisers ist und Gott, was Gottes ist« begründete in Europa einen Dualismus, wie er in der mittelalterlichen Rivalität zwischen Kaiser und Papst seinen Ausdruck findet.

Die USA kennen zwischen Staat und Religion weder Identität noch Rivalität. Der amerikanische Balanceakt zwischen den unabhängigen religiösen Gruppen und der zivilen Regierung zeigt kaum eine Verwandtschaft zu dem europäischen Verhältnis von Staat und Kirche, wie es auch nach Lateinamerika tradiert wurde.

In den ersten Jahrzehnten des 18. Jahrhunderts mehrten sich innerhalb der amerikanischen Glaubensgemeinschaften ganz allgemein die weltanschaulichen und theologischen Spannungen. Ansätze zu aufklärerischem Rationalismus riefen einerseits orthodoxe Gegenbewegungen und andererseits neue Formen des religiösen Individualismus hervor, parallel zu ähnlichen Strömungen in Europa. Daraus entstand das erste ›great awakening‹, eine Erweckungs- und Erneuerungsbewegung, die in den Jahren nach 1740 das gesamte Gebiet der damaligen britischen Kolonien erfasste. Die Bewegung wurde durch den enthusiastischen Wanderprediger George Whitefield ausgelöst, fand aber in Jonathan Edwards ihren bedeutendsten theologischen Vertreter. Sein Denken beweist, wie stark der Puritanismus nicht nur in der Tradition des Calvinismus, sondern auch in der britischen Dissidententradition stand.

Nicht die Kirche als tragende Institution, sondern die Erlösung der einzelnen Seele, das persönliche religiöse Erlebnis standen im Vordergrund. Jeder sollte das Königreich Gottes in sich selbst suchen und wer es gefunden hatte und sich berufen fühlte, sollte den Heiligen Geist öffentlich verkünden.

Die Pietisten vertraten mit Jonathan Edwards die Meinung, dass Gott zuerst erlebt werden muss, bevor man an ihn glauben kann. Das Herz war wichtiger als der Kopf, private Moral wichtiger als öffentliche Ethik. Edwards kämpfte gegen den Rationalismus in der Theologie, gegen ein Anwachsen der katholischen Bevölkerung und gegen die Freuden des Alkohols.

Der Kampf gegen die Säkularisierungs-Tendenzen der Aufklärung, das Verlangen nach einer Rückkehr zur Frömmigkeit lassen die amerikanische Revivalbewegung entstehen. Hierbei handelt es sich um ein geistig affektives Erlebnis, das bei den Beteiligten ein Gefühl auslöste, welches im Amerikanischen als ›spiritual‹ bezeichnet wird und mit ›geistlich‹ nur unzureichend übersetzt ist. Eine Revival kann mehrere Tage oder Wochen dauern. Die Teilnehmer sollen bekehrt werden, sollen gleichsam sinnliche religiöse Erfahrungen machen.

Während des Great Awakening, das die Autoritätsblöcke Religion und Politik tiefer spaltete und den mittelbaren Einfluss des Puritanismus auf die Politik verminderte, breiteten sich Revivals über das ganze Land aus. Die restaurativen Tendenzen des Great Awakening dürfen nicht mit einer Festigung kirchlicher Institutionen verwechselt werden.

Auch die jüngere Erweckungsbewegung in den Jahren 1820, die als ›second great Awakening‹ in die amerikanische Geschichte einging, hatte pietistisch-fundamentalistischen Charakter. Sie führte zur Entstehung einer Vielzahl neuer Sekten und Kirchen, die vor allem Angehörige der unteren Schichten anzogen. Es entstanden Gemeinschaften wie die Mormonen oder Adventisten, die rasch in Einzelbewegungen auseinanderfielen. Gemeinsam war ihnen allen das leidenschaftliche Bekenntnis zu dem persönlichen Bekehrungserlebnis, das sich wieder in Massenveranstaltungen der Revivals vollzog. Sie fanden auf offenem Feld statt oder in Kirchen, entstanden als plötzliche Ausbrüche oder unter der Führung von Evangelisten. Diese Evangelisten, deren Nachfahre Billy Graham früher so erfolgreich durch den Kontinent reiste, bemühten sich um suchende und entwurzelte Menschen. Unter den älteren Denominations, die dieses Great Awakening mittrugen, standen die Baptisten und Methodisten an der Spitze.

Der Philosoph und Psychologe William James erklärt die Revivalbewegung mit der Tatsache, dass protestantische Kirchen nicht wie die katholische Kirche eine periodische Tilgung der Schuld durch die Beichte praktizierten. Schuld wurde als Ganzes begriffen, als unteilbar gewissermaßen. Hieraus entsprang eine existentielle Angst als Ursache der Revivals: seltene Anlässe menschlicher Begegnung, zu denen sich die vereinsamt lebenden Siedler in einem Freudentaumel zusammenfanden.

Beide Awakenings brachten eine Reihe von Bewegungen hervor, deren Auswirkungen bis in die Gegenwart spürbar sind: die ›Christian-Science-Bewegung‹, die Heilsarmee, die Zeugen Jehovas, den Christlichen Verein junger Männer oder die Shakergemeinde.

Die Revivals verstärkten das soziale Engagement weiter Bevölkerungskreise. Die Abschaffung der Sklaverei wurde ebenso vorangetrieben wie die Gefängnisreform oder der Kampf gegen Hunger und Korruption. Die Brücke in das Reich der Utopie wurde häufig überschritten. Dem Utopismus als sozialer Idee entsprach der Perfektionismus auf der persönlichen Ebene. Der Christ wollte erst sich und dann die Gesellschaft verändern. Die Hoffnung auf wirtschaftlichen und sozialen Aufstieg war für die Siedler meist verknüpft mit der Erwartung einer zweiten Wiederkehr Christi. Man ersehnte das Millennium, die tausendjährige Periode des Friedens und Reichtums nach der Wiederkehr Christi und verknüpfte diese Vorstellungen mit Visionen des ›american dream‹.

Amerika begriff sich von Anfang an als großes Experiment, das die Prinzipien seiner Demokratie über den Kontinent und später über die Welt verbreiten wollte. Moralischer Idealismus paarte sich mit spiritueller Mission. Die Revivalbewegungen und die Idee des Millenniums arbeiteten gemeinsam als dynamische Kraft sozialer Reformen.

Welche Rolle spielt Religion in den USA auf dem Gebiet der Erziehung? Nun, Schulen und Universitäten verdanken ihre Gründung fast durchweg der Initiative von Glaubensgemeinschaften.

Puritaner in Neuengland gründeten 1636 das Harvard College, das künftigen Predigern eine gründliche Ausbildung in den Humanwissenschaften vermitteln sollte. Als zweite höhere Bildungsinstitution entstand unter anglikanischer Ägide das Mary College in Williamsburg 1693. Drei Jahre später folgte als Schöpfung der Kongregationalisten das Yale College in Connecticut. Unter Einfluss des Great Awakening entstanden um die Mitte des 18. Jahrhunderts berühmte Universitäten, die heute die Namen Princeton, Brown, Rutgers, Oberlin oder Dartmouth tragen. Sie alle waren ›fromme‹ Gründungen und unterstanden presbyterianisch-baptistischer, holländisch reformierter oder kongregationalistischer Aufsicht.

Zu Beginn der Kolonisation hatten die Missionsstationen die einzige Möglichkeit für Einwanderer und Siedler dargestellt, mit akademischer Bildung in Berührung zu kommen. Die christlichen Missionen sollten zugleich zu Missionen der Zivilisation werden.

In der Weite des Westens gewannen die Kirchen besondere Bedeutung. Kongregationalisten und Baptisten gründeten die berühmte University of California in Berkeley, Katholiken 1832 die St. Louis University und 1844 Notre Dame, die Episcopalen 1858 die University of the South.

Obgleich Amerika heute keinen Religionsunterricht an den öffentlichen Schulen kennt, scheint die Vermittlung religiöser Werte durch die historisch gewachsene Verschränkung von Religion und Alltag, privat und institutionell, auf einer ideellen Ebene gesichert. Die Schulausbildung lag im Osten bis in die 30er Jahre des 19. Jahrhunderts fast ausschließlich in den Händen religiöser Gruppen. Wurden 1860 kaum Steuergelder für die Universitätsausbildung ausgegeben, waren 100 Jahre später 60 % der Universitäten staatlich. Die Säkularisierungswelle der Bildungsinstitutionen, die um 1865 mit dem Bürgerkrieg heftig einsetzte, erfasste auch die Spitzenpositionen im akademischen Bereich. Immer mehr Geistliche wurden durch Laien ersetzt. 1898 vollzog sich der Wechsel in Yale, 1902 in Princeton. Die Sonntagsschule, eine typisch amerikanische Einrichtung, die lange Zeit in dem weiten Kontinent einen vitalen Ersatz für mangelnde staatliche oder konfessionelle Bildung darstellte, blieb allerdings von der Säkularisierungswelle verschont. Sie hatte 1960 noch 40 Millionen Schüler zwischen drei und 12 Jahren.

Die Geschichte des Erziehungswesens demonstriert, wie zögernd sich der Staat seiner bildungspolitischen Verantwortung besann. Die Kirchen konnten in diesem Bereich seine Kreise gar nicht stören, weil er sie nicht gezogen hatte.

Die Erschließung des Westens im 19. Jahrhundert zählt neben den Rassenkonflikten, dem Bürgerkrieg und der Industrialisierung zu den wesentlichen Stationen der amerikanischen Geschichte. Millionen wagten den Aufbruch und zogen in die Wildnis, um ein neues Leben zu begründen. Es stellt sich die Frage nach den Motiven.

In Amerika geborene Kinder von Einwanderern fühlten sich an den Ort ihrer Geburt kaum gebunden. Etwas von der Bereitschaft ihrer Väter, Brücken abzubrechen und ins Unbekannte zu ziehen, war ihnen geblieben. Sie hatten den Optimismus des Entdeckers und Kundschafters, der hinter dem nächsten Hügel einen noch günstigeren Platz zum Siedeln erhoffte. Die Geschichte des Farmers, der sich beengt fühlte, als er eines Morgens Rauch aus dem Kamin seines Nachbarn steigen sah, spricht für sich. Der Siedler lebte – anders als der Europäer – im Bewusstsein, dass ein Neuanfang stets möglich war.

Auch für die Kirchen hatte das Leben an der Frontier Folgen: Das Laienpredigertum stieg ebenso rasch an wie die Zahl der Denominations. Die Frontier kannte über 200 verschiedene religiöse Gruppierungen! So genannte ›Circuit Riders‹ zogen durch Steppen und Berge.

Peter Cartwright ist ein berühmtes Beispiel. Nachdem er 1802 von den Methodisten eine Predigerlizenz erhalten hatte, wanderte er von einer Farm zur anderen, predigte im flackernden Licht des offenen Kaminfeuers, wetterte gegen Sklaverei, Alkohol und Glücksspiel und hatte am Ende seines Lebens mehr als 12.000 Menschen getauft.

Die Amtszeit Präsident Andrew Jacksons von 1829-37, der als erster Präsident nicht mehr als ›trained statesman‹, sondern als ›popular hero‹ – Volksheld ohne akademische Bildung – galt, bekräftigte den Machtanspruch des Westens. In die Zeit der so genannten ›Jacksonian Democracy‹ fällt eine geistig-religiöse Strömung, die alle Lebensbereiche durchdrang. Das Nebeneinander von Missionswillen und quälendem Bewusstsein der eigenen Unvollkommenheit verstärkte das allgemeine Streben nach Verbesserung der gesellschaftlichen Zustände. Eine Vielzahl religiöser und sozialer Reformideen wurde in Neuengland und den Staaten des Mittleren Westens spürbar. Gerade die gesellschaftlich noch ungefestigten Gebiete des neu erschlossenen Westens bildeten einen günstigen Nährboden für ins Sektiererische reichenden Reformeifer. Neue Siedlungs- und Lebensgemeinschaften entstanden über Nacht meist in Verbindung mit religiösen Erweckungsbewegungen.

Unter der Leitung des englischen Philanthropen Robert Owen entstand in Indiana die Siedlung ›New Harmony‹, in der Gleichberechtigung, Gesinnungs- und Redefreiheit praktiziert wurden. Die Shakergemeinde unter Mother Ann Lee anerkannte in ihren Grenzen nicht einmal die familiären Bindungen zwischen Eheleuten oder Mutter und Sohn. Das Brook Farm Experiment in Massachusetts stellte manuelle und geistige Arbeit gleich und sorgte sich besonders um Erziehung und Kultur.

Diese Siedlung weckte Interesse bei zahlreichen Literaten und Wissenschaftlern aus dem Kreis der Transzendentalisten um Emerson und Thoreau. Dieser philosophische Zirkel, der in einer eigentümlichen Mischung sowohl im Puritanismus wie in der Aufklärung verwurzelt war, bildete in Form des Unitarismus eine eigene Denomination, die mit ihrer Ablehnung des Dogmas von der Dreifaltigkeit und dem Bekenntnis zu einem optimistischen Menschenbild auch die Prädestinationslehre der Calvinisten ablehnte. Die Prädestinationslehre Calvins hinterließ im amerikanischen Denken und Handeln zu den verschiedensten Epochen tiefe Spuren. Bereits der Pionier hatte es als seine Pflicht verstanden, seine soziale und wirtschaftliche Stellung zu verbessern. Bis zu einem gewissen Grad war dies die Nachwirkung des calvinistischen Selbstverständnisses, das sich in säkularisierter Form auch auf die Amerikaner übertrug, die nicht Puritaner calvinistischen Ursprungs waren.

Später, im Zuge der schnellen Industrialisierung des weiten Kontinents, war dieser Glaube wieder von höchstem praktischem Nutzen: Der Calvinismus wurde mit der Evolutionstheorie Charles Darwins und der auf ihr beruhenden Soziallehre Herbert Spencers in Verbindung gebracht, die in einem ›survival of the fittest‹ – dem Überleben der Tüchtigsten – die Grundvoraussetzung für den zivilisatorischen Fortschritt sah.

Gegen Sozialdarwinismus mit seinem ›gospel of wealth« wandte sich in den 80er Jahren des 19. Jahrhunderts der Baptisten-Pastor Walter Rauschenbusch mit dem ›Social gospel‹ als christlichem Engagement, das auch Einfluss auf die Gewerkschaftsbewegung nahm. Also: statt ›Evangelium des Wohlstands‹ das ›Evangelium sozialer Gerechtigkeit‹!

Diese Epoche hektischen Gewinnstrebens wurde von dem Dichter Walt Whitman ebenso wegen ihrer geistigen Leere verurteilt wie von Mark Twain, der ihr mit ›gilded age‹, dem vergoldeten Zeitalter, auch den Namen gab.

Der Calvinismus drang in immer tiefere Schichte des wirtschaftlichen Alltags ein. Max Weber hat in seiner berühmten Schrift über die protestantische Ethik und den Geist des Kapitalismus den engen Zusammenhang zwischen wirtschaftlichem und religiösem Denken dargestellt. Calvin lehrte, dass nur Gott wisse, wer in der Ewigkeit verdammt sei und wer nicht. Die Calvinisten betrachteten sich als auserwählt und fühlten sich verpflichtet, ihre Rettung durch besondere Leistungen zu rechtfertigen. In der Prädestinationslehre sieht Max Weber eine Triebfeder der Entwicklung Amerikas, die Wissenschaft und Technik kraftvolle Impulse gab.

Erfolg galt als moralisch hochwertig, Misserfolg als moralisch minderwertig. Erfolg wurde als Belohnung für eine gottgefällige, arbeitsreiche Existenz gewertet, die jeder führen kann, da Gottes Hilfe zunächst jedem Menschen in gleichem Maße zukommt. So ist jeder für seinen Erfolg oder Misserfolg selbst verantwortlich. Benjamin Franklin schreibt in seiner Autobiographie: »Gott hilft nur denen, die sich selbst helfen.« Diese Arbeitsethik wurde zur Grundlage der Lebensführung, für den Pionier, der die Felder des Westens rodete, wie für die Industriemagnaten der ersten Stunde. Ein Carnegie, Rockefeller, Ford oder Guggenheim wären ohne diese verinnerlichte religiöse Dynamik nicht zu verstehen.

In der amerikanischen Geschichtsschreibung streitet man allerdings bis heute über die Frage, ob der Calvinismus als der entscheidende Motor amerikanischen Lebens betrachtet werden kann oder ob die Vielzahl der unabhängigen Religionsgemeinschaften und der soziale Ehrgeiz der Immigranten den vehementen Aufschwung in Wirtschaft und Kultur beschleunigt haben.

Das Thema Religion spielt nicht nur in der Wirtschaft, im Geistesleben und im Bildungswesen eine Rolle, sondern auch bei den Schwierigkeiten, nichtangelsächsische Neusiedler zu integrieren. Jede Einwanderungswelle rief in Amerika immer wieder nativistische Gegnerschaft auf den Plan.

Das heißt: Die ›fremden Sitten‹ und Lebensgewohnheiten riefen bei den im Lande Geborenen tief sitzende Angst vor Konkurrenz und Gefährdung des erreichten Wohlstandes hervor. Zu leicht vergaßen manche Amerikaner, dass ihre Vorfahren vor nicht allzu langer Zeit auch Einwanderer gewesen waren.

Zahlreiche nativistische Geheimbünde schossen aus dem Boden und vereinten sich nach 1852 zu einer mächtigen nationalen Organisation. Da ihre Mitglieder zur Verschwiegenheit verpflichtet waren, wurden sie mit dem Namen ›know-nothings‹ bedacht, ›die, die von nichts etwas wissen‹. Zu ihren Zielen gehörte die Verteidigung des Protestantismus gegenüber dem Katholizismus und dem Judentum, die Erschwerung der Einwanderung und der Ausschluss der Ausländer vom Stimm- und Wahlrecht.

Diese nativistischen Strömungen flackerten in der amerikanischen Geschichte immer dann auf, wenn Immigranten aus niederen sozialen Schichten ins Land drängten, etwa zu Zeiten der südosteuropäischen Einwanderungswelle, die gegen Ende des 19. Jahrhunderts die Einwanderung aus Nord- und Westeuropa ablöste. Jetzt kamen Armenier, Menschen aus Serbien, Ungarn, Italien, Polen und Russland nach Amerika.

Verständlicherweise bemühten sich die verschiedenen Volksgruppen, ihrem Glauben in der neuen Heimat treu zu bleiben und schreckten vor einer Assimilierung zurück. Jüdische Immigranten boykottierten etwa die protestantischen Sonntagsschulen. Da der jüdischen Religion aber eine großräumige, zentral gelenkte Organisationsform fremd war, konnte sie rasch eine Vielzahl lokaler Gemeinden gründen.

Protestanten und Katholiken trennte lange Zeit ein feindseliges Verhältnis von historischer Tragweite: Bereits John Locke schloss in seiner Forderung nach religiöser Toleranz Atheisten und Katholiken aus. Das Zerwürfnis ging tief. Die immer neu nachströmenden Katholiken irritierte die ihnen unbekannte Trennung von Staat und Kirche. Dazu war ihnen das zentrale religiöse Erlebnis in Amerika – die Bekehrung – fremd, und sie standen zudem in dem Ruf, auf einen ausländischen Potentaten, nämlich den Papst, zu hören.

Viele Protestanten urteilten überdeutlich: Ihr seid unter uns, aber kein Teil von uns. Bis heute sind Fragen des Scheidungsrechts oder der Geburtenkontrolle zwischen Katholiken und Protestanten umstritten. Aber auch innerhalb der Konfessionen entzündeten sich Spannungen. Der irische Katholik konnte mit dem polnischen wenig anfangen, der deutsche Katholik wünschte sich deutsche Priester und keine italienischen. Die reformierten Protestanten aus Holland hatten wenig mit den orthodoxen Protestanten in Amerika gemein.

Die Assimilierung der verschiedenen ethnischen und religiösen Gruppierungen vollzog sich in mehreren Stufen. Die Freiheit des Glaubens wurde zunehmend unter den Konfessionen anerkannt. Dazu fand nach und nach die englische Sprache Eingang in den Gottesdienst. Festtage und Riten und die öffentliche und private Moral wurden angeglichen. Die Sorge der verschiedenen ethnischen und religiösen Gruppierungen, ihre kulturelle Identität zu verlieren, schwand.

In der Theologie gewann Amerika zunehmend an Konturen und begründete eigene Traditionen. Gustav Weigl vertrat als herausragender Theologe die katholische, Abraham Herschel die jüdische und Reinhold Niebuhr die protestantische Lehre. So zersplittert die Bekenntnisse gewesen sein mögen, so überzeugend trugen sie doch ihre moralischen Forderungen vor und legten damit den Grundstein für gesellschaftliche und wirtschaftliche Strukturen sowie für die immer wiederkehrende Forderung nach Beachtung der Menschenrechte.

Auch die kulturelle Potenz Amerikas wurde zu Variationen angeregt. Amerika sah sich gezwungen, ein hohes Maß an Flexibilität und Dynamik zu wahren, um die widerstreitenden Strömungen in seine Kultur zu integrieren. Das amerikanische Paradoxon entstand: Einheit aus Verschiedenheit als soziales und politisches Experiment.

In der Phase des ›New Deal‹, also des Wiederaufbaus nach der Weltwirtschaftskrise 1929, schien dieses Experiment allerdings zu scheitern. Dieses Datum markiert den Übergang Amerikas vom Laisser-faire-Staat im Sinne eines Adam Smith zu einem modernen Sozialstaat.

Der Glaube an die absolute Gültigkeit des Spiels freier Konkurrenz machte der Überzeugung Platz, dass eine maßvolle Lenkung der Wirtschaft durch die Regierung zur Überwindung der Krise notwendig sei. Das Elend des Hungers und der Arbeitslosigkeit auf der Straße forderte das biblische Selbstverständnis Amerikas heraus. Diese Erfahrung hatte das Vertrauen in den Pragmatismus erschüttert – besonders im Bereich des religiösen und philosophischen Denkens sowie im Erziehungswesen.

Der Pädagoge Robert Hutchins wandte sich gegen die positivistischen Zielsetzungen der Universitäten und Schulen. Katholische und protestantische Theologen warnten vor den Auswirkungen ausschließlich praktisch orientierter Religionsauffassung und forderten die Rückkehr zu humanistischem Denken.

Niebuhr zog gegen einen falschverstandenen Protestantismus calvinistischer Prüfung zu Felde. Er widersprach der gängigen Ansicht, Wissenschaft, Technik und Bildung allein könnten eine perfekte Welt entstehen lassen, könnten Armut und Grausamkeit abbauen. Er plädierte für die Ethik der Liebe, auch im politischen Leben.

Der zweifelhafte Glaube an den perfekten Menschen war geschwunden. Niebuhr forderte das Ewige im Jetzt. Der Mensch ist nicht Gott, er braucht Gott. Niebuhrs Skepsis gegenüber den Grenzen des ›Machbaren‹ gründet sich weniger auf politische als auf theologische und anthropologische Überzeugungen. Zahlreiche amerikanische Schriftsteller wie Ernest Hemingway, Scott Fitzgerald oder Thomas Wolfe kehrten damals nach Amerika zurück und bekannten sich nach der reinigenden Katharsis der großen Wirtschaftskrise zu ihrer Nation. Sie waren vorher aus Kritik gegen puritanische Gesellschaftsmoral, gegen die geistige Austrocknung des

›Boobus Americanus‹, des einfältigen, oberflächlichen Mittelklasseamerikaners, in die freiwillige innere und äußere Emigration nach Paris geflohen.

Jahrzehnte später spielte die Religion bei der Durchsetzung der Bürgerrechte für die schwarze Bevölkerung unter dem zur nationalen Autorität aufsteigenden Baptistenpfarrer Martin Luther King erneut eine herausragende Rolle. King setzte sich dafür ein, den Kampf gegen die Diskriminierung mit legalen und gewaltlosen Mitteln zu führen. Er riskierte Boykotte gegen Autobusse, Streiks, Sit-ins und Demonstrationen, wie den berühmten Protestmarsch nach Washington 1955, an dem sich 150.000 Menschen beteiligten. Die Treue zur ›Cevil Desobediance‹, zum bürgerlichen Ungehorsam, wie sie auch ein Gandhi praktizierte, stand im Zeichen religiöser Motive.

Die Bürgerrechtsbewegung unterschied sich neben ihrer Verwurzelung in der Kulturgeschichte der Südstaaten dadurch von modischen Subkulturen und Enthusiasmen wie Hippie-Bewegung und Jesus People, dass sie politische und religiöse Aspekte nicht trennte, sondern die Einheit von Religion und Politik bejahte.

Die religiöse Stimmung der sechziger Jahre fand ihren Ausdruck in einem zahlenmäßigen Zuwachs der Mitglieder von Religionsgemeinschaften und dem Erfolg neuer Erweckungsbewegungen wie der des Evangelisten Billy Graham. Im öffentlichen Leben der Nation tauchten zahlreiche religiöse Attribute auf. Auf Flugplätzen und in Fabriken entstanden Betkapellen.

Das Verständnis dafür und für die spirituelle Tradition Amerikas, wie sie in den Gebeten zum Ausdruck kommt, mit denen Regierungssitzungen eingeleitet werden, fällt dem Europäer schwer.

Das Dilemma der modernen technisierten Welt scheint in dem Unvermögen der Wissenschaften zu bestehen, auf entscheidende Fragen der Conditio humana eine befriedigende Antwort zu geben. Man spürt, dass selbst wenn alle wissenschaftlichen Fragen beantwortet wären, unsere Lebensprobleme noch gar nicht berührt sind. Vielleicht liegt hierin der tiefere Grund für das wachsende, gleichsam aus tiefer Versenkung auftauchende Bedürfnis nach Religion verborgen.

Die oft verzweifelte Suche nach Lösungen führt zu tragischen, sektiererischen Verirrungen, die bis zur Bereitschaft zum Massenselbstmord reichen wie damals unter dem selbsternannten Apostel James Jones in Guyana.

In Amerika erinnern mannigfaltige Erscheinungen der Gegenwart an die klassischen Revivals mit ihrem Hunger nach spiritueller Nahrung.

Damals wie heute herrscht bei vielen Menschen ein Gefühl mangelnder Geborgenheit und schwankender Perspektiven.

Kämpften die Revivals im 18. und 19. Jahrhundert gegen Säkularisierung und Aufklärung in Form von Deismus und Unitarismus, richtet sich das Unbehagen heute gegen eine Dominanz der »Vernunft«, gegen die Abstraktion der Technologie, die den Menschen auf bestimmte Funktionen zurückstuft. Der Protest richtet sich gegen die Bürokratisierung des Alltags, gegen die Vernachlässigung des affektiven Lebens und Liebens schlechthin. Wie bei den Revivals der vergangenen Jahrhunderte spielt auch heute die junge akademische Welt eine führende Rolle bei der Suche nach neuen Lebensformen.

Es wird von einem amerikanischen Studenten berichtet, der das gefährliche Gefühl einer maßstablosen, übersättigten Desorientierung in den westlichen Industriestaaten folgendermaßen umschreibt: »Ein Kleriker im Mittelalter sah, wenn er zum Himmel blickte, nicht nur das ptolemäische System in Aktion ... er sah viel mehr ... Wenigstens können wir mit Sicherheit sagen, dass er ein rationales, geordnetes Universum sah, innerhalb dessen er eine ganz bestimmte Funktion hatte ... wir dagegen sind in erster Linie ein Volk, das keinen Grund mehr für seine Existenz hat oder wenigstens sich keines solchen Grundes bewusst ist.«

Die Hippiebewegung konnte eine solche Sinngebung auf gefestigtem Grund auch nicht geben. Sie hatte eher Flucht-Charakter und verweigerte die Verantwortung für die Welt der Erwachsenen. Der fatale Hang zu Drogen stellte eine selbstsüchtige Melancholie bloß; der berechtigte Protest gegen eine Überbetonung des Intellektuellen aus Mangel an spontanem Leben und Lieben endete, wie bei den Jesus Peoples, in der Sackgasse. Auch hinter Jimmy Carters Ruf nach einer neuen Revivalbewegung verbarg sich die Erkenntnis, dass die Probleme Amerikas und der westlichen Welt keineswegs nur wirtschaftlicher oder politischer Natur sind, sondern akuten kulturellen und spirituellen Mangel signalisieren.

Technik und Wissenschaft alleine erweisen sich als kaum fähig, diese Kluft zu überbrücken, den Raum der emotionalen Leere mit Sinngehalt zu füllen. Die Angleichung des Menschen an die Technologie des 21. Jahrhunderts stellt eine solche Überlebensfrage dar.

Der Verkauf astrologischer Magazine in Millionenhöhe legt in Vergangenheit und Gegenwart ein eindrucksvolles Zeugnis für das Bedürfnis der Menschen nach Vorsehung, nach Gewissheit in einer Welt der Ungewissheit ab. Welche Rolle bleibt der Religion in den Industriegesellschaften? Dieser Frage hat sich mit vehementem Engagement in aller Ambivalenz in den letzten Jahrzehnten nicht ohne prophetisches Pathos auch die »christliche Rechte« verschrieben. Hier gewinnt das Verhältnis von Religion und Politik in Amerika einen anderen Aggregatzustand. Millionen von evangelikalen Christen wurden seit Jahrzehnten nicht nur für Wahlen mobilisiert, sondern auch für die großen offenen Fragen der Zivilgesellschaft. Prediger wie Jerry Falwell gelten als Präsidentenmacher, politische Forderungen werden gestellt, bis hin zur Außenpolitik Amerikas mit den Maßgaben, die USA müssten sich stärker in den Nahostkonflikt militärisch einschalten und an der Seite Israels kämpfen und sich noch stärker gegen den Iran und andere islamische Staaten zuwenden, um Israel als dem Ort des ersehnten Endzeit-Christus weiter den Rücken zu stärken. Viele amerikanische Juden, die noch in den 90er Jahren dem christlichen Fundamentalismus Amerikas ablehnend gegenüberstanden und ihm mit vollem Recht Antisemitismus vorwarfen, haben sich in der Zwischenzeit einer pragmatischen Haltung bemächtigt und wegen der großen finanziellen Unterstützung der christlichen Rechten für Israel ihre moralisch ethischen Bedenken zurückgestellt.

In der Frage nach dem Eingreifen der USA im Nahen Osten und im Iran vereinigt sich die »christian Right« mit Strategievorstellungen der »Neokonservativen« – mit Rückgriff auf Leo Strauss – wie William Kristol, Michael Ledeen, Richard Pearl, David Wurmser und anderen. Diese Intellektuellen haben bereits in den 90er Jahren später unter der Präsidentschaft von George W. Bush die geistige Debatte geprägt und eine stärkere Präsenz der USA in der Levante und im Mittleren Osten gefordert. Nachdem es nach dem Desaster im Irakkrieg etwas stiller geworden ist, gab der Libanonkrieg wieder Auftrieb.

Blickt man in die jüngere Geschichte der USA, so lassen sich die Protestbewegungen der »christlichen Rechten« auf die 1970er Jahre verstärkt zurückführen, einer Revivalbewegung, wie sie die amerikanische Geschichte wiederholt kannte, durchaus verwandt. Es erstarkten Organisationen wie »Moral Majoritiy«, »Religious Roundtable« und »Christian Voice«, die sich nachdrücklich für eine Rechristianisierung Amerikas einsetzten. Zivilgeschichtlich war dies von Wichtigkeit, weil die politische Mobilisierung des evangelikalen, vor allem des fundamentalistischen Protestantismus ein Phänomen verkörperte, das unmittelbar Sorge vor einer bibelbegründeten Revision zentraler liberaler Verfassungselemente mit sich führte. Politische Beobachter sprachen von einer Antipode zu islamischen fundamentalistischen Strömungen. Die Furcht war gegen die Radikalisierung gerichtet, die theokratische Züge in sich barg und das politische

System verändern wollte. Die Gesundheitsministerin von Jimmy Carter, Patricia Harris, fürchtete sich 1980 vor einem amerikanischen Ayatollah Khomeini, als Buchtitel wie »Holy Terror«, »God's Bullies« oder »The Anti-Americanism of the Religious Right« auf den Markt geworfen wurden. Trotz der Radikalisierungen konnte sich die christliche Rechte als politische Kraft in den USA etablieren. Sie durchlief nach den anfänglichen sehr aggressiven Ansätzen einen Umformungsprozess, der durch programmatische und strategische Mäßigung geprägt war, um sich weiteren sozialen Gruppierungen und politischen Institutionen zu öffnen.

Die Verfechter der »christlichen Rechten« rekrutieren sich aus den Kreisen der »Evangelikalen«, die in der amerikanischen Kultur eine tiefe Tradition haben, die sich immer wieder in verschiedenen historischen Epochen aktualisierte. Betroffen sind jene Gläubigen, welche die Verkündigung des Evangeliums als wesentliche Aufgabe begreifen, vor allem aber die an Unfehlbarkeit der Bibel und der unabdingbaren persönlichen Hinwendung zu Jesus Christus als einziger Weg der Erlösung festhalten und hier von einer spirituellen »Wiedergeburt« (»born again«) ausgehen. Freilich bestehen trotz solcher Gemeinsamkeiten in wesentlichen theologischen Fragen auch Unterschiede in der Auffassung zwischen den unterschiedlichen (»neo-evangelikalen«, »fundamentalistischen« und »pfingstlerisch-charismatischen«) Strömungen des Evangelikalismus, die oft zu Abgrenzungen und Fehden unter den Gruppierungen führten. Statistische Angaben über den Anteil der weißen Evangelikalen bewegen sich zwischen 23 und 26 Prozent, wobei etwa ein Drittel davon protestantische Fundamentalisten sind, ein weiteres Fünftel Pfingstler und Charismatiker; der ländliche Süden und der Mittlere Westen der USA sind hierbei stark vertreten, aber auch andere Bundesstaaten wie Washington und Oregon. Prägend sind die äußert konservative Haltung in politischen und sozial-ethischen Fragen.

Es ist nicht uninteressant zu bedenken, dass bis in die 1970er Jahre der amerikanische Evangelikalismus überwiegend unpolitischen Charakter hatte. Erst die Reaktionen auf die Protestbewegungen der Studenten, Friedens-, Frauen- und Homosexuellenbewegung, auf das Erstarken einer studentischen Gegenkultur in den späten 1960er Jahren, die geprägt war von der Abwehrhaltung gegen die calvinistische Leistungsethik und bürgerliche Sexualmoral – wesentlich aber auf Grund verschiedener Urteile des obersten Bundesgerichts, die das Morgengebet und die Lektüre der Bibel an den öffentlichen Schulen untersagten und die Abtreibung legalisierten, führte zu einer politischen Einfärbung und Mobilisierung.

Fundamentalistische Radio- und Fernsehprediger traten auf den Plan, von Jerry Falwell bis zu James Robinson oder Timothy LaHaye, warben um Mitglieder und gründeten Organisationen. Mit dem Ende der 1980er Jahre wurden etwa von Geistlichen oder Laien evangelikaler Strömungen Organisationen wie »Christian Coalition«, »Family Research Council« und »American Family Association« gegründet. Neben den eigentlich fundamentalistischen Bewegungen wurden vor allem »Neo Evangelikale«, »Pfingstler« und »Charismatiker« in immer umfassenderer Zahl politisch aktiv.

In den 1990er Jahren kam der Fernsehprediger Pat Robertson zum Ruhm mit der von ihm begründeten »Christian Coalition«, nachdem er als Präsidentschaftskandidat gescheitert war. Der dezentralistische Aufbau, ihr lokaler Charakter führte zu großem Erfolg. Bis 1998 erstarkte die »Christian Coalition« fortwährend. Die Mitgliederzahl stieg von 25.000 im Jahr 1990 bis auf 2,1 Millionen im Jahr 1998, dann freilich verlor sie deutlich an Unterstützung. Freilich stieg dafür die Zahl anderer evangelikaler Bewegungen stetig an. Zu Beginn des 21. Jh. ließen sich etwa 6 Millionen Bürgerinnen und Bürger als Mitglieder der christlichen Rechten zurechnen, wobei 100.000 bis 150.000 zu Aktivisten zu zählen sind. Mehr als 15 Prozent aller Wähler bekunden in Umfragen Sympathien für die Organisationen der christlichen Rechten.

Wesentliches Ziel dieser Gruppierungen der christlichen Rechte ist eine »moralische Erneuerung«, die selbstredend verkündigt wird, ein Feldzug gegen Liberalismus, humanistisches Gedankengut, Feminismus und eine säkulare Welt. Zu den innenpolitischen Zielen zählt auch ein Verbot der homosexuellen Ehe, der Abtreibung, des Glücksspiels, der Euthanasie, der Stammzellenforschung und des Klonens, auf der anderen Seite die Wiedereinführung des Schulgebets, der Berücksichtigung der biblischen Schöpfungsgeschichte (anstelle der Darwinistischen Evolutionslehre) im Biologie- und Geschichtsunterricht. Insgesamt ist das Ziel auf eine christlich protestantische Leitkultur gerichtet, um den Liberalisierungsprozess der 1960er Jahre aufzuhalten. Amerika erscheint, wie immer den Revivalbewegungen als die »erwählte Nation«, deren christliche Grundlage bewahrt werden muss, um Gottes Gnade und Schutz nicht zu gefährden.

Außenpolitisch wurde von den christlichen Rechten lange Zeit ein isolationistischer Kurs verfochten, später erfolgte die Kehrtwende zu einer aktiven interventionistischen Politik. Ausschlaggebend war der 11. September 2001 und der Beginn des Irakkrieges, wodurch ein Junktim – im allgemeinen Trend – mit den Neokonservativen in einer Allianz geschlossen wurde, der gleichermaßen eine unilaterale Politik der Intervention verstärkte. Dieses Junktim ist erstaunlich, da beide Gruppierungen in ideologischer Hinsicht und bei der Auffassung politischer Fragen auch ungleiche Meinungen vertraten.

Die christliche Rechte machte sich eher für die Ablehnung internationaler Organisationen stark wie die UNO oder die UNESCO, weil sie hierdurch die Souveränität der USA gefährdet erkannten, Konferenzen und internationale Konventionen galten als »säkular-liberal«, etwa die UN-Konferenz über die Rechte der Frauen und die Bevölkerungspolitik, ebenso die UN-Konvention über die Rechte der Kinder, die UN-Klimaschutzverordnungen in der Biosphäre.

Es ist erwähnenswert, dass die christliche Rechte in Israel teilweise starke Unterstützung fand. Dies geht auf ideengeschichtliche Ursachen zurück. Die israelfreundliche Politik der USA wurde gleichsam eschatologisch begründet. Hiernach galt die Begründung des Staates Israel als Merkmal für die bevorstehende Wiederkehr Christi, die in dieser Form ohne die Existenz eines jüdischen Staates in seinen biblischen Grenzlinien nicht möglich wäre. Aus diesen Gründen wird Einspruch eingelegt gegen die Rückgabe des besetzten Landes oder gar gegen die Gründung eines besonderen Palästinenserstaates. Seit den Anschlägen auf das World Trade Center vom 11. September 2001 wurde vor allem der Islam in seiner Vielschichtigkeit zu einem neuen Feindbild erklärt. Die christliche Rechte erkennt in ihm eine »böse unmenschliche Religion«, die einen »heiligen Krieg« gegen den christlichen Westen führen möchte, eine Herausforderung, der sich der Westen mit allen Mitteln stellen müsste.

Die christliche Rechte entfaltete politische Strategien, etwa Insider lobbying im Kongress, im Weißen Haus, vor den Gerichten durch Beeinflussung des »Meinungsklimas«, durch Referenden auf lokaler und einzelstaatlicher Ebene, wesentlich durch Infiltration der Führungsgremien der Republikanischen Partei, durch Einfluss auf die Kandidaten und Delegiertenauswahl und das Parteiprogramm.

Immer stärker gelang es der christlichen Rechten, Stammwähler der republikanischen Partei zu gewinnen, die Evangelikale vor den Wahlen gezielt ansprachen und zur Stimmabgabe für den jeweiligen republikanischen Kandidaten mobilisierten. Dies sollte seine Auswirkungen nach sich ziehen. In der Präsidentschaftswahl von 2004 gewann George W. Bush gegen John P. Kerry, wobei 82 Prozent der weißen evangelikalen Wähler, die mindestens ein Mal pro Woche zur Kirche gingen, für Bush votierten, während nur 46 Prozent der übrigen Stimmen an ihn verteilt wurden. Nahezu ein Viertel dieser weißen Evangelikalen sagte, mit Rücksicht auf die persönlichen Eigenschaften der Kandidaten habe vor allen Dingen deren Glaubenseinstellung ihre Wahlentscheidung bestärkt.

Die Kongresswahlen 2006 stellten freilich eine gewisse Zäsur in der Erfolgsgeschichte der republikanisch-evangelikalen Wählerallianz dar, da wesentliche Förderer den christlichen Rechten im Kongress Mandate verloren. Die Beziehung zwischen George W. Bush und der christlichen Rechten ist freilich wesentlich komplexer als in Europa oft vermutet. Er darf nicht ohne weiteres als bloße Marionette eines »politischen Fundamentalismus« begriffen werden. Vielmehr hat er ein wahlstrategisch beeinflusstes Verhältnis zur christlichen Rechten, weil ihm immer bewusst war, dass er ohne das evangelikale Wählersegment keine Wahlchancen hätte. Zugleich war ihm aber bewusst, dass er ebenso dringend die Unterstützung der anderen republikanischen Stammwählergruppierungen, etwa der Wirtschaftsliberalen, die in sozialethischen und religionspolitischen Fragen eher gemäßigt sind, benötigte. Aus diesen Gründen konzentrierte sich George W. Bush lediglich auf rhetorische Avancen gegenüber der christlichen Rechten, in der Hoffnung, diese Stimmen zu gewinnen, nicht aber andere Wählergruppierungen zu verprellen.

Freilich bleibt offensichtlich, welchen Einfluss ideengeschichtlich im Meinungsbild die christliche Rechte auf die Politik George W. Bushs hatte, bei Fragen der Abtreibung, der Homosexuellenehen, der embryonalen Stammzellenforschung, auch in der Außenpolitik, etwa in der Auseinandersetzung mit islamischen Staaten, war die Politik George Bushs gegenüber der christlichen Rechten von wahltaktischen Gesichtspunkten geprägt.

Selbst die »standard-konservativen« Berater von George Bush in der Außenpolitik mussten bei ihren Wirtschafts- und Sicherheitsinteressen immer wieder gut auf den Druck der christlich evangelikalen Glaubensinhalte Rücksicht nehmen.

So wurde das milliardenschwere Programm zur Bekämpfung von AIDS in Afrika und der Karibik im Kongress bewusst so formuliert, dass vor- und außereheliche Enthaltsamkeit als Leitbilder dargestellt wurden. Aus diesen Gründen reaktivierte George Bush die »Mexico City Policy«, die besagte, dass keine finanzielle Mittel an Organisationen fließen dürfen, die in ihrem Familienplanungsprogramm Abtreibung erlauben. So wurde etwa auch dem »UN Fund for Population Activities« die Zuwendung von bereits bewilligten Mitteln durch den Präsidenten verweigert. Außenpolitisch wichtig ist gleichermaßen, dass der »International Religious Freedom Act« von 1998 die Verteidigung der christlichen Außenpolitik zu einem wesentlichen Bestandteil der politischen Agenda gestaltete.

Der Einfluss der christlichen Rechten ist langfristig nicht leicht einzustufen. Fraglos erfolgte eine verstärkte öffentliche Diskussion über die Bestimmung von Werten und die Grundlagen zivilethischer Fragen in verstärktem Maße. Religiöse Fragen wurden in höherem Maße wieder erörtert (»God Talk«). Bezeichnend ist auch, dass sich amerikanische Politiker etwa im Wahlkampf 2006 wieder häufiger zu ihrem Glauben bekennen (»people of faith«), fast eine unabdingbare Vorraussetzung für jeden Präsidentschaftsanwärter.

Freilich stellt sich die Frage, inwieweit die christliche Rechte tiefe Auswirkungen auf den sozialen und politischen Wandel in den USA ausrichten konnte.

Statistische Umfragen scheinen zu belegen, dass die Einstellung der breiten amerikanischen Bevölkerung zur Stellung der Frau in der Gesellschaft und im Berufsleben, zur Homosexualität, zur Abtreibung und Euthanasie nach der Jahrtausendwende liberaler sind als vor 30 Jahren, als die christliche Rechte ihren politischen Kampf aktivierte. Der Rückgriff auf »traditionelle Lebensformen« aus der amerikanischen Kulturgeschichte gegenüber vermeintlich »individualistisch-hedonistische« Auffassungen führte zu keiner tiefgreifenden Umkehr mit gesamtgesellschaftlichen Konsequenzen für Amerika. Es darf sicher nicht zu Unrecht festgehalten werden, dass die christliche Rechte in ihrem gesamtzivilisatorischen Einfluss hinter andere sozial-politische Bewegungen des 20. Jh. und des beginnenden 21. Jh. zurückfällt, wie etwa die Bürgerrechts- oder die Frauenbewegung.

Die amerikanische Kultur ist überzeugt, dass jeder Aufbruch, sei es die ›New Frontier‹ Kennedys oder die ›Great Society‹ Johnsons, eine selbstreinigende Wirkung hat und dass die leitenden Werte des Einzelnen wie der Gesellschaft allem Wechsel enthoben zeitlos sind.

Die Besonderheit solcher Geschichtsauffassung lässt Amerika für uns Europäer oft unberechenbar erscheinen. Die Tendenz zur Selbstprüfung taucht aber in allen Epochen der amerikanischen Geschichte auf. Sie äußert sich in der Bereitschaft zur Neubelebung demokratischer und humanitärer Ideale, in einem immer wieder aufbrechenden Fortschritts-Optimismus, in politischem oder religiösem Sendungsbewusstsein, zuweilen aber auch in erbarmungsloser Selbstkritik; man denke nur an die Bürgerrechtsbewegung, die Watergate-Krise, den Vietnamkrieg oder den Irakkrieg.

Amerika ist durch politische und kulturelle Widersprüche gekennzeichnet, die man vielleicht unter religiösen Aspekten am ehesten verstehen kann.

Moderne Technologie und ostentativer Reichtum allein hinterlassen überall in der Welt das Gefühl von Leere und menschlicher Armut. Amerika wagt den Versuch einer Belebung neuer und doch alter Formen religiösen Bewusstseins in all ihrer Vielschichtigkeit.

Die amerikanische Verfassung anerkennt als einzige der westlichen Welt das Streben des Menschen nach Glück. Die Diskussion über dessen inhaltliche Bestimmung wird anhalten.

Tlazolteotles Kinder – Dialektik eines Doppelkontinents Zum Verständnis der kulturellen Identität Lateinamerikas

Das koloniale Erbe: Staatsphilosophie und historischer Verlauf

Die lateinamerikanische Kultur ist eine eminent synkretistische Kultur, die in allen tragenden Ausdrucksformen der Philosophie, Literatur, Theologie, Malerei und des Films entscheidend um ihre Identität ringt, die ihre eigene Mitte sucht seit Beginn der weißen Zivilisation in der Scholastik des frühen 16. Jahrhunderts bis in die Gegenwart. Die Identitätssuche erklärt jenen ›criollismo‹ in der erzählenden Literatur und den ›nativismo‹ in der Dichtung und Philosophie, aber auch in Kunst und Wissenschaft.

Wo enden die europäischen Traditionen und wo beginnt das ursprüngliche lateinamerikanische Erbe, das in seiner Eigentlichkeit ausdruckskräftig ist für das geradezu maskenhaft vielseitige Inventar der Kultur- und Religionstraditionen sowie der Ethnien? Man darf Lateinamerika nur an den ihm zukommenden Maßstäben messen. Diese müssen aus der sehr bestimmten lateinamerikanischen Kulturgeschichte abgeleitet sein, um tatsächlich zu begreifen, dass die staatstragenden Begriffe einen eigenen politischen und kulturellen Gehalt haben, der sich nur sehr bedingt mit Europa oder Nordamerika deckt; dies betrifft die Rolle des Militärs ebenso wie die Auffassung vom Wesen des Staates oder der Verfassung, die ja nur in sehr seltenen Fällen identisch war mit der jeweiligen Verfassungswirklichkeit einer Epoche und eines Staates.

Die Iberische Halbinsel vollzog den Bruch im sonstigen Europa zwischen Mittelalter und Neuzeitdenken, Glaube und Ratio, theologischem und philosophischem Primat nicht so eindeutig wie das Deutschland der Reformation, das England John Lockes und Cromwells oder das Frankreich Descartes und der Revolutionen.

Im spanisch-portugiesischen Kulturraum schwingt bis zum heutigen Tag stets etwas von dem mittelalterlichen Einheitsgedanken mit. Die Kolonialzeit kannte die Identität von Glaube und Staatslenkung, wobei der Mönch herrschte und der Konquistador regierte in den Vizekönigtümern und Audencias der Neuen Welt.

Der meditierende Mönch wagte weniger einen Vorstoß ins Gesetzlose als dass er, bewusst oder unbewusst, erkannte, dass das Universaldenken des spanischen Katholizismus der Renaissance gar nicht so weit entfernt war vom mythischen, magischen Allbegriff der indianischen Hochkulturen im vorkolumbianischen Lateinamerika. Sowohl Mönch wie Indianer hatten einen eher gefühlsmäßigen spekulativen als streng rationalen Zugang zur Welt, der im diametralen Unterschied stand zum ›matter of fact‹-Protestantismus in seinen Schattierungen und Denominationen der Pilgerväter des 17. Jahrhunderts in Nordamerika von Virginia bis Neuengland.

Im magischen Weltbild, das ein frühes Merkmal Lateinamerikas war, wie es die Maya-, Azteken- und Inkahochkulturen auszeichnet, hängt jeder Teilvorgang mit einem leitenden Prinzip des Weltverlaufs ab. Auch die spanische Mystik des Entdeckungszeitalters lebt in starkem Ausmaß von dem Gedanken der Integration des Individuums in das Göttliche und Universale, des Diesseitigen in das Jenseits. Alexander von Humboldt beschreibt eindrucksvoll, wie die Kirche, etwa in Cuzco, Peru, am Wegesrand neben indianische Steinzeichen als Symbol heidnischer Herkunft ihre christlichen Kreuze als Symbol des übersinnlichen Waltens setzte, als wollte sie einen magischen Kreis ausmessen. Die geworfene Zufälligkeit menschlichen Lebens wird eingebettet in die ewige Wahrheit des Immerwährenden, Immerdagewesenen. Lateinamerika war über Jahrhunderte von der spanischen Staatsidee geprägt, wie sie die Scholastik auszeichnete; hierbei liegt die von Thomas von Aquin übernommene aristotelische Grundidee der Unvollkommenheit des Menschen in der Vereinzelung zu Grunde, die in die Forderung nach einer ›Societas Perfecta‹ mündet.

Die tragenden Werte der lateinamerikanischen Kultur – verstanden in einem grundsätzlichen holistischen anthropologischen Sinne als die Voraussetzungen menschlichen Lebens – sind vollkommen verschieden von denen der nordamerikanischen Kultur.

Dies betrifft die Einstellung zum Tod, zur Natur, zum Übernatürlichen, zur Mann-Frau-Beziehung sowie zur Arbeitsethik, um nur wenige Beispiele zu nennen. So ist die Vorstellung von menschlicher Würde verschieden zwischen Latein- und Nordamerika. Lateinamerika scheint hier in einer stoischen Tradition zu stehen, es sei nur an Seneca erinnert und seine Worte, wonach ein großer Mensch auch noch im Staub groß ist. Die Bilder von Velazquez mögen als Beispiel dafür dienen, dass dort auch noch der Bettler menschliche Würde aufweist, die nicht mit materiellem Erfolg verknüpft ist, sondern auch dem Verstoßenen den gleichen Rang wie dem König zuweist.

Don Quichotte zeigt etwa Würde auch als Geschlagener; ein Siegerkult ist der lateinamerikanischen Kultur fremd, dort ist Würde gleichsam ein a priori Wert, sie genügt sich selbst und ist weniger auf sozialen Status gerichtet. Das Leben ist weniger Sprungbrett zur Aktion als eine bloße Möglichkeit des Seins, die sich selbst genügt. Octavio Paz spricht in seinem Meisterwerk 1950 ›Das Labyrinth der Einsamkeit‹ über die Dialektik Latein- und Nordamerikas und stellt dem quantitativen Denken Nordamerikas mit seiner Zweckrationalität, seiner Logik und seinem Pragmatismus von John Locke über den Sozialdarwinismus eines Herbert Spencer bis hin zur pragmatischen Philosophie der Schulhäupter Peirce, William James und vor allem John Dewey, die weitreichenden Einfluss in Wirtschaft, Erziehung und Politik hatten, das sehr spirituelle, metaphysische, transzendentale und intuitive Erbe Lateinamerikas von der Scholastik (etwa Molina, Suarez) bis hin zum 20. Jh. mit Antonio Caso, José Vasconcelos aus Mexiko oder Alejandro Korn aus Argentinien entgegen, die einen oft weltabgewandten Charakter hatten und im diametralen Gegensatz zu Nordamerika standen. Hiernach kennt die lateinamerikanische Kultur eine besondere Form der Einsamkeit, die dem dunklen Bewusstsein entspricht, gleichsam dem Ganzen entrissen worden zu sein, irgendwie auf der Flucht, aus der Schöpfung gestoßen durch die Urgewalt der Conquista und die Auslöschung der Kulturen.

Anthropologische Konstante und Merkmal einer Kultur

In den lateinamerikanischen Kulturen ist der Tod gewissermaßen allgegenwärtig, blutbefleckte Christusbilder brandmarken die Altäre mit ihrem abgeblätterten Goldputz, Brötchen beim Bäcker stellen Totenschädel dar, oftmals aus Zuckerguss, in glitzerndes Seidenpapier verpackt, mit denen die Kinder auf der Straße spielen. Dem Todeskult entspricht freilich die erklärte Lebenslust, die erlebte Sinnlichkeit auch in der Mann-Frau-Beziehung. Anders als in Nordamerika herrscht nicht die Vorstellung, man könne die Welt vervollkommnen um jeden Preis, vielmehr herrscht in Lateinamerika die Bitte um Gnade, die Welt muss erlöst werden. Das Weltbild der Selbstmächtigkeit des Menschen wird verworfen, selbst der technologische Gipfelgang der letzten Jahrhunderte erscheint durch das metaphysische Religions- und Kulturerbe nicht in dem Maße kompatibel mit den pragmatisch-analytisch-logischen Notwendigkeiten des wissenschaftlich-technischen Zeitalters wie etwa in Nordamerika;

entsprechend herrscht in Lateinamerika faktisch ein eher gebrochenes Verhältnis von Technik und Kultur, etwa im Vergleich auch zu Japan mit seiner Konvergenz von Technik, Kultur und Religion seit der Tokugawa-Periode und vor allem seit der Meiji-Restauration durch die eher unmittelbare, lebenszugewandte und im gewissen Sinne pragmatische Tradition des Konfuzianismus, Buddhismus in der japanischen Spielart und vor allem dem Volkskult des Shintoismus, der explizit nicht metaphysisch, sondern sehr empirisch-weltlich ist und entsprechend bessere Voraussetzungen für den Umgang mit der Technik bietet als etwa in Lateinamerika. Dort herrscht die Vorstellung, dass die Ordnung des Alls zerstört wurde durch den Eindringling Mensch, etwa auch bei Machado de Assis in seinem epochalen Werk ›Quincas Borba‹ für die lusitanisch-brasilianische Kultur. Die unmittelbare Nähe des Todes evoziert die Stimmung des Außergewöhnlichen und begünstigt eine gleichsam hoffnungsvolle Verzweiflung (etwa in den Lebenswerken von Juan Carlos Onetti aus Uruguay oder Vargas Llosa aus Peru).

Das Leben bleibt Geworfensein, hat sehr existentialistische Züge, die durchschlagen; der Glanz des Siegers paart sich stets mit dem Mut zum Missgeschick. Die mexikanische Fiesta (wie sie auch der große Erzähler Carlos Fuentes beschreibt, etwa in ›Terra Nostra‹ und an anderen Stellen) ist nicht nur Ausschweifung, sondern immer auch Revolte, einem urplötzlichen Eintauchen in das Formlose gleich, eine Rückkehr in archaischen Grund, gleichzeitig Utopie der sozialen Unterschiedslosigkeit und Metapher absoluter Freiheit.

Der Tod steht mit dem Leben in unmittelbarer Verbindung. Stirbt ein Mensch eines gewaltsamen Todes (die ›Violencia‹ ist ein Grundtatbestand lateinamerikanischer Politik und Kultur bis in die Gegenwart, etwa beim ›Leuchtenden Pfad‹ in Peru und der Vielzahl an militanten revolutionären Bewegungen in Kolumbien und Argentinien oder Brasilien), so sagt man: Er hat diesen Tod gesucht, der seinem Leben rückwirkend Sinn verleiht. Der Mensch erleidet den Tod, den er sich selbst erwählt; eine besondere Variante lateinamerikanischer Freiheit, der auf eine vorkolumbianische Wurzel zurückgeht: Kosmologie und Schicksalsglaube durchherrschten etwa das aztekische Leben. Dort galt das Opfer nicht dem Heil des Menschen, sondern der Societas, während das christliche Opfer dem Heil des Einzelnen gilt. Der christliche Tod gleicht einem Durchgang, einem Sprung zwischen zwei Welten, für den Azteken verkörpert er hingegen die erhabenste Form der Teilhabe an der ständigen Erneuerung der Schöpfung, der Tod wird zum zärtlichen Freund, wobei die Geringschätzung des Todes letztlich aus der Geringschätzung des Lebens resultiert. Entsprechend vollzieht sich der Tod bis ins 20. Jh. nicht wie zunehmend in Nordamerika in der anonymen Sterilität von Hospitälern, verheimlicht hinter mondscheinblassgetönten Plexiglasscheiben in transzendenzloser Gleichgültigkeit, sondern noch eher in der Geborgenheit des Freundes- und Familienkreises.

Das Denken als Ausdruck der Kultur: Pensador und Escritor
Die Stilform des Essays in Lateinamerika als Signifikanz

Literatur, Philosophie und Wissenschaft sind als symbolische Formen des menschlichen Denkens im Sinne Ernst Cassirers Ausdruck der kulturellen Gehalte, so auch dieser grundlegenden Suche nach Identität, die Lateinamerika auszeichnet. Wenige Beispiele müssen genügen, sie stehen pars pro toto. Der Lateinamerikaner empfindet sich als Schössling der besiegten Kulturen, herausgelöst aus den archaischen Mythen, hineingestoßen in die entgötterte Welt, die zugleich seelenlos ist. In den Köpfen der Konquistadoren spuckten die Träume vom Eldorado nach den Irrfahrten über den Atlantik, von dem Land des funkelnden Goldschatzes, versteckt hinter geheimen und bemoosten Grotten, vom Kipango, der sagenumwobenen reichen Insel in glitzerndem Prunk oder vom unermesslichen Reich der Amazonen und von dem niemals versiegenden Quell der Jugend sowie dem ›hacerse la America‹, dem Reichtum über Nacht. Die Wirklichkeit freilich fiel mit brachialer Gewalt ein. Die Kernfragen: woher komme ich, wohin gehöre ich, schließlich, wer bin ich? finden in dem lateinamerikanischen Denken keine eindeutige Zuordnung und Antwort. Eine gewisse Ortlosigkeit, geographisch wie im Geiste sind Kennzeichen auch der großen Literatur. Dieses sehr besondere Gefühl der Heimatlosigkeit, des Unbehaustseins, des sich fehl am Platze Fühlens, ›fuera de lugar‹, paart sich mit jenem ›malestar‹, jenem besonderen Gefühl des lateinamerikanischen Unwohlseins, das bis in die Scholastik zurückreicht. Maßgebliches Ausdrucksmittel der lateinamerikanischen Kultur ist der Essay bei dieser Suche nach Identität und einer ›Amerikanität‹, die sich von der kolonialen Vergangenheit löst. Durch diese spielerisch wechselnde Form, halb literarisch, halb wissenschaftlich, subjektive Erfahrung mit objektiver Realität paarend, ebenso Gefühl und Intellekt, scheint der Essay als Stilform einer gewissen Unsystematik im lateinamerikanischen Denken zu entsprechen, jener Verweigerung einer geschlossenen Ordnung in Inhalt und Form. Der Essay war für Montaigne bereits in der europäischen Tradition ein Instrument der Kritik, für Dilthey die konzentrierte Darstellung eines persönlichen Erlebnisses und für Adorno schließlich ein Experiment, für Lateinamerika wurde er zum Gefäß des Denkens schlechthin. Dies trifft für alle epochalen Köpfe zu, für den Argentinier Domingo Faustino Sarmiento zur Mitte des 19. Jh. ebenso wie für Andres Bello aus Chile im Jahrhundert zuvor oder Rodo mit seinem Meisterwerk ›Ariel‹ 1900 bis hin zu Alejo Carpentier aus Cuba, Jorge L. Borges aus Argentinien, dem führenden Literaturkritiker Alfonso Reyes oder José Vasconcelos aus Mexiko wie natürlich Octavio Paz oder Romulo Gallegos oder dem großen brasilianischen Kulturphilosophen Darcy Ribeiro im 20. Jh.

Auch Schriftsteller wie die Chilenin Gabriela Mistral oder der Kubaner Nicolas Guillen sowie der Guatemalteke Miguel Angel Asturias (etwa mit der Schrift ›El senior presidente 1948‹) sowie aus Ecuador Jorge Icazas oder der Peruaner Mariategui verkörpern mit ihrem politisch-sozialen Protest diese so wichtige Tradition des Essays.

Lateinamerika kennt zwei kennzeichnende Begriffe: den ›escritor‹, vor allem aber den ›pensador‹, eine wirklich treffende Bezeichnung, die ihresgleichen sucht in Europa: die selbst die Malerei einschließt mit der ›indigenista‹-Schule der Muralisten in Mexiko, Frida Kahlo oder Diego Rivera 1921-1927 oder in Peru 1929-1935; die weiterhin die ›Modernista‹-Periode bei Rüben Dario, Jaimes Freyre mit einbezieht, die jener sehr besonderen Traurigkeit und Melancholie Lateinamerikas zum Ausdruck verhelfen, die sich deutlich von M. Unamuno, Victor Hugo, Lamartine oder selbst Baudelaire und Blaise Cendrars unterscheidet, die ihrerseits nicht ohne Einfluss in Lateinamerika waren (im Sinne des Internationalismus und kosmopolitischen Erbes, das stellvertretend etwa von Borges mit seiner angelsächsischen Bildung vertreten wird als Kenner von Walt Whitman bis Emerson oder Swinburne oder der griechischen Mythologie, die in allen seinen Schriften aufscheint, etwa in dem ›Sandbuch‹ oder der ›Bibliothek von Babel‹).

Natürlich sprechen wir hier in erster Linie von den autochthonen Denkern, etwa dem Peruaner Cesar Vallejo, der amerindianisches Kulturgut vertritt, von seinem Landsmann Jorge Guillermo Llosa oder den ursprünglichen großen Brasilianern Carlos Drummond de Andrade, Joao Guimares Rosa oder Mario de Andrade mit seinem Nationalepos ›Macunaima, der Held ohne Charakter‹, ein Roman wie eine Rhapsodie, welcher die soziale Wirklichkeit Brasiliens in den 20er Jahren des 20. Jh.

schildert und als eines der Hauptwerke des brasilianischen Modernismus die Literatur Lateinamerikas aus der europäischen Tradition befreit.

Der ›Pensador‹ verkörpert politisch-soziales Gewissen, er steht im Fadenkreuz des politischen Geschehens und gewinnt den Rang einer moralischen Instanz. Die Stellung des Intellektuellen ist ohnehin eine sehr besondere in Lateinamerika; ein hohes Maß an Achtung tritt ihm entgegen, oft geradezu Verehrung. Dies ließe sich an einer Vielzahl von Beispielen belegen, angefangen von Vicente Huidoibro in Chile bis zu Roberto Arlt in Argentinien oder Pablo Neruda, Octavio Paz, Carlos Fuentes, Alejo Carpentier (die alle auch Botschafter ihrer Staaten waren von New Delhi bis Paris). In der Gegenwart genießt Gabriel García Márquez für den gesamten spanisch sprechenden Raum der Welt eine vitale politisch-kritische Potenz, nicht zuletzt durch seine Nähe zu Fidel Castro, von dem sich andere weit distanziert haben, etwa Vargas Llosa aus Peru oder Octavio Paz mit seiner sehr einflussreichen Zeitschrift ›Vuelta‹ in Mexico City und natürlich Borges, der immer ein ›Porteno‹ war, ein Großbürger aus Buenos Aires, eher weltabgewandt als Dichter und ein großer Metaphysiker, der in seinen politischen Äußerungen auch gar nicht ernst genommen werden wollte, sondern als genialer Visionär in seinen ›ficciones‹ untertauchte und bei gelegentlichem öffentlichem Auftauchen in das politische Alltagsgeschehen (von Franco bis Pinochet) eher Verwirrung anstiftete durch seine Parteinahme, von der er sich später deutlich distanzierte. Freilich wollte er als Universalist dort begraben sein, wo seine Jugend und die Ausbildung begannen: im Herzen des kosmopolitischen Europas, in Genf. Argentinien war ihm zu chaotisch, unaufgeräumt, durch Inflationen gebeutelt, nicht mehr handhabbar für einen blinden, weltberühmten Greis, dem Chesterton, Coleridge, Nataniel Hawthorne und Pascal näher waren als die Elendshütten der ausfransenden Metropolen Buenos Aires oder Rosario.

Sarmiento war als ›Pensador‹ und Staatsgründer in Argentinien ein ebenso gutes Beispiel für die besondere Stellung des Intellektuellen in Lateinamerika wie Alfonso Reyes als Literaturkritiker und mexikanischer Botschafter in Buenos Aires (wo er übrigens den jungen Borges sehr förderte) oder Romulo Gallegos aus Venezuela sowie Juan Bosch aus der Dominikanischen Republik. Ernesto Sabato etwa war in den letzten Jahren als moralische Instanz und als einer der großen Schriftsteller Vorsitzender der Kommission zur Aufklärung der Menschenrechtsverletzungen unter der Militärdiktatur der 70er Jahre, die von Präsident R. Alfonsin in Argentinien eingesetzt wurde. Europa kennt hier kaum vergleichbare Traditionen, sieht man von Ausnahmen wie Paul Claudel ab, der französischer Botschafter in Brasilien war, oder von Saint J. Perse. Selbst Julio Cortazar, der überwiegend in Paris lebende argentinische Schriftsteller, der mit ›Rayuela‹ 1963 ein lateinamerikanisches Epos im Range des ›Ulysses‹ schuf, setzte sich von Europa aus ebenso für die Menschenrechte ein wie der in Toulouse lebende Augusto Roa Bastos, der mit ›Menschensohn‹ einen Aufschrei letzter Verzweiflung im Exil in Frankreich tat. Der Brasilianer Ignacio Loyola Brandao mit dem Roman ›Null‹ oder Mario Benedetti mit ›Die Besitzer des Bodens‹, ja selbst Bioy Casares etwa mit ›Der Traum der Helden‹ und ›Tagebuch des Schweinekrieges‹ in Argentinien wagten eine Behandlung des drängenden Themas der Gewalt.

Die ›Hundert Jahre Einsamkeit‹ von Gabriel García Márquez wurden gewiss selbst in Lateinamerika mit seiner bedeutenden Illiteralität ein Millionenerfolg, ebenso wie die Schriften des Brasilianers Jorge Amado, der die kulturelle Identität des Nordostens Brasiliens beschreibt und sich im Verlaufe seines Lebens von einem Moskau-treuen Kommunismus deutlich losgesagt hat auf der Suche nach der ›Amerikanität‹. Hier wird die Auflehnung gegen die Willkürakte der zahllosen Caudillismen oder populistischen Diktaturen in Verse gegossen. Die Zielrichtung bleibt stets die gleiche: die sehr berechtigte Furcht vor einer ›Herodianisierung‹ (Toynbee) Lateinamerikas, einer Entfremdung gegenüber den eigenen Ursprungskulturen, wie sie Herodes erlebte, der zwar physisch in Palästina lebte, kulturell aber an Rom gefesselt war (denkt man etwa in Brasilien an die bis in die Gegenwart durchschlagenden spirituellen Traditionen des Macumba und Condomble, die für eine breite Bevölkerungsschicht von Lebenswichtigkeit sind, auch in der technischen Zivilisation der Gegenwart). Auch die Schriften ›Huasipungo‹ des ecuadorianischen Schriftstellers Jorge Icazas wie des Guatemalteken Miguel Angel Asturias bringen jene drängenden sozialen Reformen gegenüber dem Großgrundbesitz und den ausländischen Landbesitzern zum Ausdruck, der immer mit der Forderung nach einer besonderen lateinamerikanischen Identität gepaart ist (etwa auch bei dem Roman der mexikanischen Revolution oder in der ›Modernista‹ -Periode, wo Schriftsteller wie Rüben Dario, Jaimes Freyre oder Diaz Rodriguez die Entfremdung von ihrer kulturellen Identität beklagen, jenes Herausgerissensein aus den Mythen der vorkolumbianischen Zeit, jenes Gespaltensein zwischen Mensch und Natur in der Moderne, wie es Pablo Neruda in seinen Gedichten als Ausdruck einer lateinamerikanischen Melancholie und tief verankerten Traurigkeit formulierte (bei Mariategui oder Haya la Torre mischt sich dazuhin noch ein marxistischer Zug in dieses Ringen um die

Identität in Peru, die sich in der Auseinandersetzung mit Denkern wie Gramsci, Henri Barbusse oder auch radikalen Denkern wie Bakunin gestaltet). Das Ringen um die eigene Stimme in Lateinamerika vollzog sich immer in Abgrenzung gegenüber Europa und Nordamerika, deren Hegemonie bestritten wurde etwa auch bei N. Gómez Dávila aus Kolumbien. Einzig der Argentinier Domingo Sarmiento, der zur Mitte des letzten Jahrhunderts nach Chile flüchtete, um dem Diktator Rosas zu entkommen, später aber Staatspräsident in Argentinien wurde, lehnte sich in seinem berühmtesten Werk ›Facundo oder Zivilisation und Barbarei‹ in gewissem Sinne auf die Seite Europas und Nordamerikas. Er sah Zivilisation nur im Bildungswesen Nordamerikas und den städtischen Zentren, vor allem in Buenos Aires, die Pampas waren für ihn Ausdruck der kulturellen Minderwertigkeit, des Rückschritts, der Indio und Gaucho waren nicht dem Europäer ebenbürtig, sie sollten durch verstärkte Einwanderung ›aufgeforstet‹ werden in ethnischer Hinsicht.

Diese Haltung darf freilich als eher ungewöhnlich eingestuft werden, sie ist hier kurz umrissen, um die eigentlich lateinamerikanische Haltung besser kontrastieren zu können.

Der ›Homo Latinamericanus‹:
Ethnische Pluralität, Mestizentum und Künftigkeit
Zur Hybris und Vitalität des Doppelkontinets

Zunächst der Kubaner José Marti, dessen kurzes Leben eine einzige Kette von Auflehnung, Verfolgung und Kampf war. Bereits mit 17 Jahren wurde er bei der Beteiligung am Unabhängigkeitskrieg Kubas zu sechs Jahren Zwangsarbeit verurteilt, schließlich begnadigt und nach Spanien verbannt, wo er Jura studierte und über Mexiko und Guatemala 1878 nach Kuba zurückkehrte. Seine Erfahrungen von 1880 bis 1895 in New York führten zu jener signifikanten Ablehnung Nordamerikas, die für Lateinamerika so bezeichnend werden sollte. 1895 stirbt José Marti im Befreiungskampf um Kuba. Sein Essay ›Nuestra América‹ legt bis in die Gegenwart Zeugnis ab von dem oft verzweifelten Versuch, sich gegen die Übermacht aus Nordamerika mit einer eigenen Identität zu behaupten.

Noch deutlicher tritt die Dialektik zwischen Latein- und Nordamerika in dem Schlüsselwerk ›Ariel‹ von José Enrique Rodo aus dem Jahre 1900 hervor, einem genialen Wurf von prophetischer Visionskraft. Hier werden die Wurzeln in der ursprünglichen lateinamerikanischen Kulturgeschichte gesucht, nicht zuletzt auch in den Inkatraditionen, weiter in Palenque und Utitlan. Rodo spricht hier die Sprache des hingerissenen und mitreißenden Tribunen, der Anführer einer Mission ist, vergleichbar nur noch mit Ruben Darios ›Ode auf Theodore Roosevelt‹ 1903, die eine Okkupation von Panama geißelt oder mit den 1905 veröffentlichten ›Cantos de vida y esperanza‹, welche die spirituelle Urgewalt Lateinamerikas stolz abgrenzt gegenüber dem Utilitarismus Nordamerikas.

Der Uruguayaner Rodo entwirft mit seinem epochalen Werk ›Ariel‹ ein ästhetisches, aber auch kulturpolitisches Credo als Mahnmal eines Kontinents. Der Essay ist an die Jugend gerichtet, die vor einer Verführung durch Nordamerika gewarnt werden soll. Die Furcht vor einer hochtechnisierten Welt von materialistischem Zuschnitt, wie sie in Nordamerika entwickelt wurde, tritt deutlich zutage. Sie gilt als nicht vereinbar mit den Werten Lateinamerikas, die auf Metaphysik und Spiritualität ausgerichtet sind und nicht auf die Funktionalität und Zweckrationalität, die das berufliche wie private Leben Nordamerikas beherrschen.

›Ariel‹ schildert in monologisierender Form die letzte Vorlesung des Hochschullehrers Prospero, der sich wie Plato von der Jugend Athens am Ende des Studienjahrs verabschiedet. Seine Metaphern hat Rodo den französischen Vorbildern Renan und Guyau entlehnt, die Symbolik aber entstammt Shakespeares Alterswerk ›The Tempest‹. Ariel ist die Verkörperung des Idealismus, der mit der lateinamerikanischen Kultur gleichgesetzt wird und Prospero Caliban gegenübersteht, dem Sinnbild des Materialismus, der die nordamerikanische Kultur vertritt.

Im Kern steht für Rodo das Individuum und sein Anspruch auf persönliche Freiheit, an die Spitze der Wertpyramide in Lateinamerika tritt die Kunst, die Anerkennung des Schönen, der zweckfreie Diskurs, das Ideal der Wahrheit, das sich der Nutzbarkeitsmachung und der Anwendbarkeit widersetzt, auch in der Wissenschaft. Die Abgrenzung zu Nordamerika ist grundlegend.

Der mexikanische Kulturphilosoph, Universitätspräsident und spätere Erziehungsminister José Vasconcelos ergänzt dieses Bild 1925 mit seinem ebenso einschneidenden Essay ›Die kosmische Rasse‹, der den Übertitel trägt: ›Mission der iberoamerikanischen Rasse‹ und wie Rodos ›Ariel‹ die Verteidigung der transzendentalen Kultur Lateinamerikas mit dem intuitiv-gefühlsbetonten Weltbild im Gegensatz zu dem Pragmatismus Nordamerikas darstellt.

Die Widersprüchlichkeit Lateinamerikas wird nicht geleugnet, sondern stolz anerkannt und bejaht. Bereits Tlazolteotl, die aztekische Göttin des Schmutzes und der Fruchtbarkeit zugleich, war ebenso Göttin der Bäder, des Dampfes, der Geschlechtlichkeit wie der Beichte.

Hier spricht ein Vertreter des ›indigenismo‹, der nicht weniger als einen neuen Menschentypus schaffen möchte, gleichsam den Menschen des 3. Jahrtausends, Mitglied einer kosmischen Rasse, die er messianisch herbeiruft als Ausdruck der ethnischen Besonderheit Lateinamerikas, das als Vorreiter des Zusammenrückens aller Ethnien, des Kreolentums, der Indios, Mestizen und Schwarzen, eine Vision von planetarer Weite entwirft: Lateinamerika als Beispiel der Zukunft durch die Überwindung der Religions- und Rassenschranken, von Feuerland bis zum Rio Grande (Frobenius hatte in mehr versteckter Weise eine zuweilen vergleichbare Sicht vom afrikanischen Kontinent).

Schließlich ist Gilberto Freyre aufzuführen, der große Sozialanthropologe und Boas Schüler aus Brasilien, der in New York studierte und 1933 mit ›Herrenhaus und Sklavenhütte‹ eine Analyse der brasilianischen Kultur vorlegte, die bis in die Gegenwart von durchschlagender Bedeutung blieb und für Generationen von Humanwissenschaftlern zum Maßstab wurde, an dem jedes Werk gemessen wurde. In der spezifischen Tradition des ›Escritor‹ (Gilberto Freyre lehnte im Verlaufe seines Lebens viele Lehrstühle ab, um sich die Freiheit des schöpferischen Denkens jenseits der hemmenden Fakultätsgrenzen zu bewahren) beschreibt er in einem holistischen anthropologischen Verständnis auf der akribisch gesicherten Grundlage von Feldforschung und historischen Quellen den Facettenreichtum der brasilianischen Kultur. Dieser Klassiker des Mestizentums ist gleichzeitig ein absoluter Höhepunkt lateinamerikanischer Selbstbesinnung und Identitätssuche wie ein Meisterwerk der Literatur. Hieran vermochte auch die an der Vermischungsthese der Kulturen und Religionen Anstoß nehmende (oft aus marxistischer Sicht kommende) Kritik der letzten Jahre kaum etwas zu ändern.

Im Kern des groß angelegten Essays steht die Mann-Frau-Beziehung in der brasilianischen Kultur, die durch ihre faktisch gelebte Sinnlichkeit besticht, durch die Bejahung des Eros, wie sie etwa auch die Filmklassiker Orpheo Negro von Marcel Camus oder ›Vidas Seccas‹ und ›Barravento‹ des brasilianischen Regisseurs Glauber Rocha trotz der Schilderung der Armut des in der glühenden Hitze verdörrenden Nordostens zum Ausdruck bringen. Die frühen erotischen Beziehungen zwischen den roten, schwarzen und weißen Gruppierungen in der Alltagskultur, die Verfügbarkeit der Mulattin als erotische Katharsis, als Sklavin in der patriarchalischen Großfamilie, aber auch die Beziehung der portugiesischen Eroberer zu den Ameroindios verleihen der brasilianischen Kultur ihre besondere Faszination. Gilberto Freyre schildert die Tisch-, Ess- und Schlafsitten der lusitanisch-tropischen Kultur aus der Kolonialzeit und ihrer Wirtschaftsverfassung der Sklavenhaltung bis in die Moderne und entwirft in gewisser Hinsicht das Gegenstück zu der Zivilisationsgeschichte von Norbert Elias für das europäische Abendland.

Durch die Forschungen des Ethnologen und Fotografen Pierre Verger wissen wir, wie stark Brasilien durch seine Brückenkopfstellung zwischen Afrika und Europa eine Vorreiterfunktion bei der Akkulturation verfügte. Hierbei wurde das Dunkelhäutige weniger als abstoßend empfunden oder als per se minderwertig, sondern vielmehr als begehrenswert. Dies geht auf historische Wurzeln zurück und steht in der Tradition der Portugiesen mit ihrer – im Vergleich zu den rigiden Spaniern – gleichsam milderen Form des Katholizismus, der selbst erotische Bindungen der Padres zur weiblichen Urbevölkerung duldet. Die Portugiesen standen im stetigen Kontakt mit den Sarazenen, sie ließen die Gestalt der ›verzauberten Maurin‹ anklingen, jener dunkelhäutigen Frau, die, zumeist in Rot gekleidet, ihr fallendes schwarzes Haar verspielt kämmend in einer Quelle badete und den erotischen Mystizismus schlechthin verkörperte. Die Kolonisatoren schienen dieses Wunschbild in der Mulattin der frühen brasilianischen Kultur wiederzufinden.

Für Gilberto Freyre ist die ›ethnische Demokratie‹ ein geradezu archetypisches Kennzeichen Lateinamerikas insgesamt, eine These freilich, die in der Sozialwissenschaft und Anthropologie der letzten Jahrzehnte immer wieder kritisch hinterfragt wurde, obgleich bereits Cortez die zauberhafte indianische Prinzessin Malinche zur Frau nahm (allerdings wohl kaum ohne politisch-strategische Hegemonialgedanken). Historisch lässt sich feststellen, dass es trotz dem gewürfelten Maß an sozialen Spannungen und wirtschaftlicher Ungleichheit nicht in dem Maße zu militanten ethnischen Auseinandersetzungen kam wie in Nordamerika mit dem Bürgerkrieg des 19. Jahrhunderts bis hin zu den Rassengesetzen des 20. Jahrhunderts in Little Rock, Ark. oder zu schwarzen Heroen wie E. Cleaver, Angela Davis, B. T. Washington oder Martin Luther King. Das Mestizentum als Signifikanz ist in Lateinamerika sicherlich von tragender Bedeutung.

Es gibt hierbei sicherlich nicht ein Lateinamerika, das für alle seine Einwohner zugleich Anspruch auf Gültigkeit hätte, es gibt das Lateinamerika der Hochanden, in dem die Indianersprache Quechua gesprochen wird wie im Tiefland Paraguays noch heute das Guarani; Mato Grosso und sein Dschungel in Brasilien unterscheiden sich grundlegend von der Verheißung der argentinischen Weideflächen mit ihren sich endlos verlierenden Horizonten, die bereits Ortega y Gasset bei seinen Besuchen in tiefstes Erstaunen versetzten und jenes Versunkensein, jene Melancholie hervorriefen, die noch in eruptive Lebensfreude umschlagen kann und auch in das Vermögen zur Resistenz wie bei der lange exilierten Volkssängerin Mercedes Sosa in der Gegenwart, die einen Triumphzug durch Lateinamerika und mittlerweile auch durch Europa angetreten hat nach der Rückkehr zur Demokratie in Argentinien.

Das faktische Leben ist in Lateinamerika mehr als bloße Sachlichkeit, dies ist gewiss. Der ›Homo Latinamericanus‹ zeichnet sich – etwa verstärkt im Gegensatz zu den Industriestaaten Europas und Nordamerikas – durch sein Bekenntnis auch zu dem nicht-rationalen, zu dem spirituell-metaphysischen Lebensbild aus; selbst die Politik ist, wie Julio Cortázar trefflich sagt: ›Leidenschaft, Leben, Schicksal‹. Eben dieses Bekenntnis zu Lebensbereichen, die sich augenscheinlich der Ratio verschließen, aber nichtsdestoweniger das Leben der Menschen bestimmen, von der Herzlichkeit in der Alltagskultur bis zur Fähigkeit zu Gefühlen im zwischenmenschlichen Bereich, verleihen Lateinamerika eine Tiefe und Besonderheit, die in den wirtschaftlich erfolgreicheren Teilen der Welt stündlich mehr verloren geht. Lateinamerika zeichnet sich gewiss durch den Primat des Qualitativen gegenüber dem Quantitativen aus und strebt eher nach einer Verfeinerung des Seins als einer reinen Macht des Besitzes. Die spielerische Fähigkeit in der Kultur wirkt hierbei flankierend, wird zum Ausdruck der Lebenskraft.

Jenseits des Materiellen, das lediglich Mittel zum Zweck ist, weniger aber Selbstzweck, wird eine Fähigkeit des Leidens von Bedeutung, durchaus im christlichen Sinne. Dieses offensichtliche Unvermögen zu einer Rationalität der pragmatischen technischen Zivilisation ist für Lateinamerika im weltweiten Vergleich in Wirtschaft und Politik sicherlich von eindeutigem Nachteil. Es erlaubt aber im Feld des Menschlichen den Blick auf eine Künftigkeit, die mehr sein kann als eine trügerische Utopie, weil sie sich dem fatalen Hochmut einer Rationalität widersetzt, die ihre moralische Legitimation längst verloren hat. In diesem Sinne mag es wohl sein, dass eine kulturelle Identität entsteht, die Hegel bereits zu sehen glaubte, um von ihr zu lernen, als er Lateinamerika als den Kontinent der Zukunft bezeichnete.

Sosua, verheißendes Land
Eine jüdische Gemeinde in der Dominikanischen Republik

Die Straße war nass, ein zitterndes Grau vor fahlem Hintergrund. Kurz hinter Nisibon und Miches bogen wir auf einen schmalen Weg, sehr holprig, tellergroße Schlaglöcher im lehmigen, milchigen Boden, kraterartige Rinnen zogen sich von der einen zur anderen Seite des Wegrandes, der in die Savanne ausfranste. Es war der einzig verfügbare Weg an der Nordküste der Dominikanischen Republik, zwischen der Cordillera Oriental und dem Oceano Atlantico, der nach Sabana de la Mar führte, der letzten belebten Station vor dem Dschungel Los Haitises, der keine Straßen kennt. Von dort blieb nur eine Möglichkeit: das morsche, ehemals beige Fährboot bei Sonnenaufgang zu besteigen, rechtzeitig, solange das Meer noch ruhig war, und auf die weite Landzunge nach Samana überzusetzen – die einzige Landverbindung an der Nordküste Richtung Haiti.

Die Dominikanische Republik nimmt den östlichen Teil der Insel Hispanola ein, ihr westlicher Nachbar ist Haiti. Sie wurde sehr früh, Ende des 15. Jahrhunderts, von Kolumbus entdeckt und zählt mit Kuba, Jamaika und Puerto Rico zu den ›Inseln unter dem Winde‹. Diese bilden mit den ›Inseln vor dem Winde‹, Trinidad und Tobago, eine Kette verstreuter Eilande in der Karibischen See vor der mexikanischen Küste.

Die Nacht war schwül und feucht, regnerische Winde wechselten mit tropischen Güssen, Samana versank im Schlamm. Die alte viktorianische, streckenweise noch spanisch-barocke Architektur war gedankenlos niedergerissen worden.

Die ethnisch sehr gemischte Bevölkerung kam gerade aus einer wurmstichigen Holzkirche. Es war Sonntagmorgen gegen halb zwölf Uhr, und eine Gruppe Schwarzer, Nachkommen von Sklaven aus den Südstaaten Nordamerikas, die im 19. Jahrhundert geflüchtet waren, unterhielt sich vor der Kirche mit dem Geistlichen. Sie schienen etwas verstört, Fremde zu sehen, die in ihrer kleinen Gemeinde unvermittelt auf sie zutraten, und freuten sich zugleich: Sie konnten wieder englisch sprechen, dunkel und guttural, mit sonorer Stimme und einem deutlichen Südstaatenakzent, durchsetzt mit spanischen Idiomen.

Ihre bunten viktorianischen Häuser waren ihnen genommen, waren niederplaniert; jetzt lebten sie in provisorischen Blechhütten. Eine überstürzte Modernisierung war urplötzlich in die Weltabgewandtheit und Stille dieses entlegenen Winkels der Erde eingebrochen. Es bedurfte nicht des Blickes eines Anthropologen, um die Hilflosigkeit, die hoffnungslose Erbärmlichkeit dieser Menschen zu begreifen. Vergeblich um Gnade bittend, waren sie herausgelöst aus ihren kulturellen und religiösen Traditionen, seit Generationen verstoßen. Sie konnten es nicht aussprechen, aber es wurde wohl aus ihrer verzweifelten Gestik deutlich: Sie beklagten den Verlust ihrer kulturellen Identität und damit ihrer Existenzgrundlage überhaupt. Technik und Kultur, Kultur und Technik, diese wohl wichtigste Dialektik der industriellen Zivilisation, legte hier ein Zeugnis für ein gebrochenes Verhältnis ab.

Die Straße führte weiter, entlang des Meeres in Richtung Puerto Plata und Haiti. Rechts erstreckten sich kilometerlang Palmenhaine, die sich gegen den wehenden Wind aufbäumten. Dazwischen weißer Sandstrand, unendlich weit und leer, einzig bevölkert von behäbig dösenden Riesenschildkröten. Links der Straße ein Szenenwechsel. Grüne Weidenlandschaft, trotz der insularen Enge an die argentinischen Pampas erinnernd, durchsetzt mit grasenden, braun-weiß gescheckten Rindern und mannshohen Findlingen. Nach etwa sechzig Kilometern wurde die Landschaft etwas belebter, auch buckliger. Vereinzelt tauchen Menschen auf, Dominicanos, Mestizen mit Macheten, die Kokosnüsse aufschlugen, reife Bananen pflückten oder Kühe vor hölzernen Speichenwagen trieben.

Plötzlich Strommasten: Zwei schwarze Kabel hängen über der Straße wie das Trapezseil unter der Zirkuskuppel. Dann, ganz unwirklich, hinter der nächsten Biegung eine Tankstelle. Sie ist alt, fast museal, die Zapfsäulen scharlachrot übermalt, ölig der Grund wie das Gesicht, die Hände, der schwarz-blau durchtränkte Arbeitsdrillich des dominikanischen Tankwarts. Er hat gerade wieselflink den Verschluss des Tanks zugeschraubt, da geschieht etwas Unheimliches. Aus dem Hintergrund erklingt, deutlich vernehmbar, ein deutscher, nein, ein wienerischer Gruß: »Geh bitt' schön, schauen's halt rein.«

Wir drehen uns verdutzt um, ein wenig ungläubig, ungetrübtes Wienerisch inmitten indianischer Grenzen zu vernehmen, nach tagelanger Fahrt durch ausgedörrte Steppen und dschungelartiges Gehölz. Der freundliche Herr stellt sich vor. »Koch mein Name, willkommen in Sosua, wollen Sie sich nicht etwas ausruhen nach der langen Fahrt?«

Wir nehmen die Einladung an und folgen Herrn Koch durch einige Straßenzüge des Dorfes weiter abwärts, entlang kleiner, europäisch anmutender Häuser. Tatsächlich sieht man immer mehr weiße, ältere Damen mit bestickten Handtaschen vom Einkaufen kommen. Sie sind bemüht, das Trottoir zu wechseln, um der stechenden Sonne zu entkommen. Hinter einer Ecke hängt ein von Wind und Salzluft strapaziertes, graugrün bemoostes Messingschild: Colmado, Gemischtwarenhandlung. Herr Koch führt uns in sein Haus mit dem gepflegten Vorgarten, den wohlgeordneten Blumenbeeten, wie mit Zirkel und Lineal gezogen, und dem kurz geschnittenen, englischen Rasen. Als die Nacht hereinbricht, verabschieden wir uns. Wir machen uns auf den Weg in das empfohlene Restaurant, das einzige in Sosua.

Der Wirt ist ein alter, gut gekleideter Dominicano mit weißem, sorgfältig gebügeltem Leinenhemd, den Borsalino schräg auf dem Kopf. Er steht tatsächlich seinem Kollegen aus der Bar von Le Havre, in Marcel Carnés Film ›Hafen im Nebel‹, um gar nichts nach. Der Wirt geleitet uns zu einem Tisch, wortlos, mit der Grazie eines alternden Pfaues (und der Souveränität eines Platzhirsches). Die Tische, mit karierten Decken überzogen, sind angeordnet im Halbrund. An einigen Tischen flackern Kerzen neben langstieligen Blumen. Die Fenster zum Meer hin sind aus den Angeln gehoben, so dass ein milder Abendwind durch den Raum streicht und sich mit den kreisenden Luftströmen des Ventilators mischt, der bedrohlich an einem dünnen Draht von der Decke baumelt.

Es sind kaum Gäste in dem Restaurant. An dem kleinen Ecktisch gegenüber sitzt, sehr allein, ein älterer Mann vor einem Glas Wein und wartet offensichtlich geduldig auf sein Essen. Er trägt einen ausgebeulten, dunkelblauen Anzug, die Hose mit Umschlägen, die Nähte geflickt, mit breitem Revers und einem nicht mehr frischen, an den Manschetten mehrfach umgestülpten Hemd, dem man die Jahrzehnte deutlich ansieht. Auf dem Sessel liegt ein schwarzumrandeter Basthut, formlos geworden. Trotzdem strahlt der Herr eine gewisse Vornehmheit aus. Er ist klein von Wuchs, fast zwergenhaft gedrungen, doch schlank, und blitzt mit wachen Augen über den Tisch. Er fixiert uns deutlich.

Nach einer Weile steht der Herr auf, streicht seinen Anzug zurecht, als habe er ihn letzte Woche bei Sacks, Fifth Avenue, in New York gekauft und ihn eben vom Aufbügeln abgeholt. Er kommt geradlinig auf unseren Tisch zu. »Sie sprechen Deutsch. Darf ich mich Ihnen vorstellen: Erich Hauser aus Österreich.« Wieder diese Wiener Sprache inmitten der Mestizen und Indios. Er sagt bündig: »Wollen's tauschen?« Wir verstehen nicht gleich und bitten ihn, Platz zu nehmen. Er wiederholt die Frage mit überlegenem Schmunzeln. Jetzt steckt er die selbstgedrehte Zigarette in die Silberspitze seines Halters. »Ich biete den besten Peso-Schwarzmarktkurs für den Dollar auf der ganzen Insel, unschlagbar, glauben Sie mir«, versichert er mit diesem hintergründigen Lächeln auf den schmalen Lippen. Wir fühlen uns in einen Roman versetzt. Ein Roman, vielleicht von Graham Greene oder von Somerset Maugham oder V. S. Naipaul.

Dann begreifen wir endlich, und einige Dollarnoten werden unter der Tischplatte durchgeschoben. Von der anderen Seite kommen ebenso prompt Peso-Scheine zurück, gebündelt, vor Schmutz starrend. Nachzählen ist offensichtlich unerwünscht. Ehrensache. »Wollen Sie nicht noch zum Mokka zu mir kommen, ich wohne im Haus gleich über der Straße?« Wir willigen ein. Nach dem Essen, beim Hinausgehen, grüßen wir den Wirt, der alles genau beobachtet hat und schweigend im Halbdunkel hinter dem Tresen an der Steinwand lehnt.

Jetzt sind wir Eingeweihte, der Ritus ist vollzogen; ein beherrschtes Lächeln, ein stummer Gruß sind erste Zeichen der Freundschaft. Sosua schreibt eigene Gesetze, das ist uns klar.

Das Haus von Erich Hauser, in dem wir vor dem wiedereinsetzenden tropischen Regen Schutz suchen, ist ein besserer Bretterverschlag. Innen fast leergeräumt; auf den blankgeputzten Holzfliesen stehen ein Sofa und einige Ledersessel; mehrere Gewehrkolben lehnen an der Wand. An den Wänden hängen Schlangenhäute und Rinderknochen, in einer entfernten Ecke thront ein ganzer Stierschädel. Vergilbte und verstaubte Zeitungen, die stoßweise angeordnet sind, lassen die Jahrzehnte vorüberziehen. Und die Bar scheint gut bestückt. Auf dem oval geschwungenen Tablett steht ein Martini. Die Nacht wird lang, als der Regen unnachgiebig auf das dünne Blechdach trommelt. Erich Hauser erzählt.

Er war als einer der ersten jüdischen Immigranten 1940 in die Dominikanische Republik gekommen, auf der Flucht vor der Nazi-Diktatur und auf der Suche nach einer neuen Heimat. Er ist geblieben, bis heute unverheiratet, ein noch lebender Zeuge der Zeitgeschichte, in gewisser Weise ein Fossil. Im Wien der zwanziger Jahre war Erich Hauser überzeugter Kommunist. Er ging auf die Barrikaden, wurde wiederholt verwundet, mehrfach auch schwer. Eigentlich wollte er nach Amerika auswandern, seinem ›Leitstern‹ folgend, aber auf einem spanischen Schiff wurde er vor Ellis Island, dem ›Immigrantenpunkt‹ der Vereinigten Staaten, abgewiesen und nach Santo Domingo umgeleitet. Er kam an mit einem geflickten Hemd auf dem Leib und einer verschlissenen Hose, des Spanischen nicht mit einer Silbe mächtig.

Dann kam die Kunde von Sosua, jener märchenhaften Siedlung der jüdischen Gemeinde im Norden der Insel, die begründet werden sollte. In

Santo Domingo reichten die letzten Ersparnisse kaum für das Essen, eine Pension oder ein Hotel waren ausgeschlossen. So blieb Erich Hauser die Nächte über in den großen Kinopalästen der Hauptstadt, eingekeilt zwischen den Sitzreihen, die als Schlafplatz dienten. Er sah wieder und wieder Errol Flynn in Helden- und Siegerpose in den Hollywoodhallen ringen und lieben. Er stahl sich im Morgengrauen aus dem Saale.

Dann der Aufbruch nach Sosua. Die Straßen und Wege waren damals kaum ausgebaut, nicht geteert und gepflastert. So ritt Erich Hauser wochenlang auf einem Maultier in den Norden der Insel, über Pfade nach San Francisco de Marcoris, über die Cordillera Septentrional bis zum Atlantischen Ozean, verfolgte in den Dörfern die dominikanischen Hahnenkämpfe in den rautenartigen Rostgittern und gelangte schließlich ausgemergelt, geschunden nach Sosua.

Heute ist Erich Hauser Don Enrique, ein vielfacher Dollarmillionär, Grund- und Industriebesitzer, der Hilfsgelder nach Israel verschickt und dessen Bruder in New York mit seinem investierten Geld Häuser in Manhattan kauft, am besten gleich ganze Straßenzüge.

Dazwischen liegt über ein halbes Jahrhundert. Trotzdem lebt Erich Hauser im selben Haus, in das er 1940 eingezogen ist, genehmigt sich selten einen Schluck Wein zum Abendessen, trägt die alten, angestaubten Anzüge und ist stolz auf sein Bretterhaus, ebenso wie die Neuengländer Nordamerikas auf ihre Gründungsbauten der puritanischen Epoche des 17. Jahrhunderts stolz sind. Nur geheiratet hatte er doch fast einmal. Sie war Schweizerin, eine Dame von Rang, lebte in den Zimmern in den weitverzweigten Gängen des Palace Hotels in Montreux und jagte wie Nabokov mit dem Fliegennetz auf den blühenden Berghängen von Villars hoch über dem Genfer See den türkisfarbenen Schmetterlingen nach.

Auf einer Kreuzfahrt in die Karibik verirrte sie sich nach Sosua und in die Arme von Don Enrique. Dies war vor mehr als einem Vierteljahrhundert. Sie kam und blieb, kurz entschlossen, willensstark, vielleicht ein wenig zu heftig liebend, bei alldem etwas arbeitsscheu und damenhaft verklärt, stets auf der Suche nach einem Meisterfigaro für den herbeigesehnten tropischen Abend, während sie von Kakirock in die lange Garderobe schlüpfte und an der Hutschnur tüftelte. Doch die Abende blieben aus, der Laufsteg fehlte wie auch das Publikum. Das verhinderte den gewünschten Auftritt. Don Enrique und Sosua waren im Aufbau, kurze Nächte und eine lange Arbeit unter der Tropensonne waren die Losung.

Nach wenigen Monaten packte die edle Dame die kübelgroßen Überseekoffer, schiffte sich in Santo Domingo auf einem italienischen Frachter ein, da kein Passagierschiff aufzufinden war, und fuhr grollend über den Atlantik nach Genua.

Ein Freund von Don Enrique hat sie kürzlich gesehen, vor wenigen Jahren, als sie allein an der Uferpromenade in Genf spazieren ging, sehr gebrechlich, die Augen hinter dunklen Sonnengläsern versteckt, natürlich in weiße Seide gekleidet. Später trank sie hinter den Spiegelfenstern im Ballsaal des Hotels des Bergues eine heiße Schokolade.

Auf ihre Weise ist sie Don Enrique doch treu geblieben. Zu Weihnachten erhält er pünktlich einen Kartengruß aus der Schweiz, first class mail, versteht sich.

Die historischen Fakten der jüdischen Gemeinde in Sosua sind rasch skizziert: Auf Anregung des Präsidenten der Vereinigten Staaten trafen sich im Juli 1938 in Evian zweiunddreißig Nationen zu einer Konferenz, um die Probleme der Emigration von Hunderttausenden von Menschen aus Mitteleuropa zu besprechen, die durch politische Verfolgung oder rassische Diskriminierung ihre Heimatländer verlassen mussten. Die Vertreter des kleinen Inselstaates boten hunderttausend Einwanderern an, auf dem Territorium der Dominikanischen Republik ein neues Leben aufzubauen, im Einklang mit der Refugee Economic Corporation in New York und dem Advisory Committee of Political Refugees. Der Diktator Rafael Leonides Trujillo, der die Dominikanische Republik als Caudillo par excellence wie einen Gemischtwarenhandel über dreißig Jahre ausplünderte, unterstützte diese Einladung an die jüdischen Immigranten. Er wurde erst 1961 unter niemals geklärten Umständen in seinem Wagen erschossen. Auch die Beteiligung der CIA wurde niemals endgültig geklärt. Gewiss ist, dass der Diktator seine blutrünstige Politik auch für die Amerikaner in ungebührliche Höhen steigerte. So ordnete er die Ermordung des Präsidenten Venezuelas durch einen Bombenanschlag auf dessen Fahrzeug an. Die geplante Liquidation verfehlte nur knapp ihr Ziel. Die OAS, die Organisation der amerikanischen Staaten, ließ Trujillo darauf endgültig fallen, und die amerikanische Regierung schloss sich an. Doch kehren wir zurück zur Chronologie der Ereignisse.

Der amerikanische Präsident Roosevelt erklärte am 12. Dezember 1939 das Flüchtlingsprojekt in der Dominikanischen Republik im Namen der Flüchtlinge aus aller Welt als Wendepunkt der Hilfsaktionen. Trujillo bot in einem Brief vom 20. Jänner 1940 ein Terrain im Norden der Republik für hunderttausend Dollar zum Verkauf an. Es umfasste etwas mehr als hundert Quadratkilometer, erstreckte sich von der Küste bis zu fünfzehn Kilometer ins Landesinnere. Auf dem Gebiet standen vierundzwanzig Häuser mit einer teilweise funktionstüchtigen Wasserversorgung.

In einer Sondersitzung des dominikanischen Kongresses vom 21. Februar 1940 wurde ein Gesetz verabschiedet, das den Siedlern sämtliche Grundrechte – freie Berufswahl, Religionsfreiheit, Chancengleichheit – gewährte, wobei sogar die dominikanische Staatsbürgerschaft angeboten wurde. Die erste Gruppe sollte fünfhundert Siedler nicht überschreiten, allmählich sollte dann auf hunderttausend Menschen aufgestockt werden. Dazu kam es freilich niemals. Zu restriktiv waren die Auswahlverfahren, die im Besonderen auf die landwirtschaftliche Tauglichkeit Wert legten.

Die Dominikanische Republik war in Evian der einzige Staat, der in dieser Form den Juden die Einreise anbot. Vorbild bei der Landverteilung sollte das nordamerikanische Homestead Act aus den Pioniertagen des 19. Jahrhunderts sein, wonach Landstücke nach mehrjähriger Bearbeitung in den Besitz des Landwirtes übergehen.

Natürlich stand dieser humanitäre Akt in groteskem Widerspruch zu der Diktatur Trujillos und kann nur durch einen kurzen historischen Rekurs verständlich gemacht werden. Bereits General Gregorie Luperon (1839 bis 1897) entwarf um 1875 das Projekt, Juden in der Dominikanischen Republik anzusiedeln, da der Staat in seinen Augen unterbevölkert war und tätige Einwanderer benötigte. Als Minister und Interimspräsident, 1879 bis 1880, förderte Luperon die Einwanderung aus Kuba und Puerto Rico in das benachbarte Santo Domingo. Er bot – überwiegend erfolglos – russischen und europäischen Juden 1882 die Einreise an. Diese Aufrufe wurden auch in der »Allgemeinen Zeitung des Judentums« abgedruckt. Die Juden sollten Genossenschaften gründen und Land erwerben, wobei ihnen mit der Übernahme der dominikanischen Staatsbürgerschaft auch Regierungsämter offenstanden.

Luperon sprach auch mit Gustave und Edmond de Rothschild über die Gründung einer Stiftung zur ›flankierenden Unterstützung‹ bei der Ansiedlung von Juden in Santo Domingo. Dieses Vorhaben wurde allerdings niemals ausgeführt, es kann aber als historischer Vorläufer und als Erklärungsgrundlage für die Politik Trujillos sechzig Jahre später verstanden werden. Trujillo war zudem von der Vision einer ›rassischen Aufforstung‹ der negroiden und indianischen Bevölkerung beflügelt. Er suchte die Europäisierung der Dominikanischen Republik und wollte Juden auch als technische Experten beim Ausbau des Staates einsetzen. Er schminkte sich täglich, um sein Mestizentum zu verdecken, um weißer zu erscheinen, und träumte von der Aufhellung der Bevölkerung.

Von großer Wichtigkeit ist selbstverständlich der historische Tatbestand, dass Trujillo bei der jüdischen Bevölkerung über viele Jahre ein hohes Ansehen genoss. Als zeitgenössische Quelle kann etwa das Mitteilungsblatt der jüdischen Gemeinde vom 27. Februar 1945 dienen, das die Gründung einer Zeitschrift betraf, unterzeichnet von Dr. Ernst Fialle für die jüdische Gemeinde, gewidmet dem Generalissimo Rafael Trujillo, Benefactor de la Patria, in tiefer Dankbarkeit.

Eine spiegelverkehrte Welt; die sauberen Straßen Santo Domingos, des damaligen Ciudad Trujillo, wurden bewundert, und die diktatorische Willkür und Schreckensherrschaft, das Massenelend, der Nepotismus in Staat und Wirtschaft, die Blüten treibende Korruption, all das wurde über viele Jahre von den Mitgliedern der jüdischen Gemeinde übersehen.

Dies betrifft die erste Siedlergruppe im März und April 1940, bestehend aus siebenundzwanzig Männern, zehn Frauen und einem Kind, sowie die nachfolgenden Siedler (1941 waren es bereits mehr als dreihundert Menschen, davon rund zweihundert Männer). Hannah Arendt übrigens hat in ihren Ausführungen zu Eichmann in Argentinien und in ›Macht und Gewalt‹ auf ähnliche Phänomene und Widersprüche in der jüdischen Kultur verwiesen.

Die jüdische Bevölkerung in Buenos Aires ist eine der größten in der Welt außerhalb Israels und umfasst mehrere hunderttausend Menschen. Trotzdem gaben sich die ehemaligen nationalsozialistischen Größen in der deutschen Kolonie nach 1945 ein Stelldichein, wie sich aus authentischen Zeugenaussagen beweisen lässt.

Was nun war Sosua wirklich, wo verläuft die Gratwanderung zwischen *Mythos* und historischer Wirklichkeit? Gewiss, ein bislang kaum entdecktes Stück jüdischer Emigrationsgeschichte des 20. Jahrhunderts, zudem eine anthropologische Fallstudie ersten Ranges.

Wir sprachen mit der jüdischen Gemeinde, mit der noch überlebenden Gründergeneration, wenigen hochbetagten Menschen im achten und neunten Lebensjahrzehnt, und den nachgewachsenen jüngeren Generationen, den wenigen Mitgliedern, die noch in Sosua leben. Die meisten kamen nach der Ausbildung und dem Studium an einer amerikanischen oder europäischen Universität nie mehr nach Sosua zurück, so dass eine deutliche Überalterung der Gemeinde festzustellen ist.

Wir erfuhren von abenteuerlichen Fluchtwegen aus Europa. Einige Siedler kamen aus den Konzentrationslagern: Wir erfuhren von den Anfängen in Sosua, vom Aufbau der Fincas, der großangelegten Viehzucht, der Milch- und Molkereiproduktion, die Sosua in der ganzen

Dominikanischen Republik berühmt machte, vor allem von dem kaum beschreibbaren Glücksgefühl nach der Flucht aus Nazideutschland über den Tatbestand, nochmals mit dem Leben davongekommen zu sein, aber auch von dem Unglück, in einem Staat und einer Kultur leben zu müssen, die zunächst fremd waren.

Die kulturelle Isolierung in den ersten Jahren wurde prägend. Selten wurde der Versuch gemacht, durch einen Aufenthalt in den Vereinigten Staaten oder in Europa wieder Anknüpfungspunkte an die eigene kulturelle Vergangenheit zu suchen. Auch hier fühlten sich die Siedler entfremdet, konnten nicht mithalten mit der Rasanz und Dynamik der Nachkriegsentwicklung und kehrten enttäuscht nach Sosua zurück.

In den Erzählungen der Siedler wird ein typisches Emigrantenphänomen deutlich. Die Zeit blieb für sie stehen, und bei den wenigen Besuchen in der alten Heimat hofften sie, das Europa vergangener Jahre wiederzufinden, und wandten sich verstört von der Betriebsamkeit und falschen Hast des Wirtschaftswunders in Deutschland ab. Keines der Gemeindemitglieder aus der älteren Generation wäre nach mehreren Jahrzehnten in Sosua noch in einer nordamerikanischen oder europäischen Großstadt überlebensfähig.

So blieb die Emigration eine Reise ohne Umkehr, eine Reise in eine Sackgasse, ohne Möglichkeit zur Rückkehr in die alte Heimat.

Die Kinder der jüdischen Gemeinde erlernten verschiedene Berufe in der Fremde, wurden Textilingenieure, Volkswirte, Elektriker, Dolmetscher, Ärzte und Juristen. Kaum einer kehrte zurück nach Sosua; zuweilen bringt das Flugzeug einen Besucher aus Miami oder New York und die kleine Gemeinde begeht dieses festliche Ereignis noch heute mit einem großen Zeremoniell, Synagogenbesuch und festlichem Abendmahl.

Warum sind nur rund siebenhundert jüdische Flüchtlinge eingewandert, obgleich die Dominikanische Republik doch hunderttausend die Einreise angeboten hatte?

Inwieweit fanden Akkulturationsvorgänge an die dominikanische Kultur statt? Warum haben sich viele der Mitglieder der jüdischen Gemeinde so wenig in die neue Kultur integriert, dass sie noch in den siebziger Jahren nicht die spanische Sprache beherrschten?

Hierfür sind mehrere Faktoren verantwortlich zu machen. In der Dominikanischen Republik arbeitet noch heute die Mehrzahl der Bevölkerung in der Landwirtschaft, wo vor allem Zucker, Kaffee und Kakao angebaut werden. Die Monokulturen bedingen eine völlige wirtschaftliche Abhängigkeit von dem Hauptabnehmer, den Vereinigten Staaten.

Die Mehrzahl der Kinder in der Dominikanischen Republik wurde nach dem Krieg 1945 unehelich geboren (dies ist bis heute ein Problem geblieben). Sie entstammen den ›uniones libres‹, den typischen eheähnlichen Verbindungen in der breiten Unterschicht auf dem Lande und in den Elendsvierteln der Städte. Die ›uniones libres‹ sind Verbindungen, die weder vom Gesetz noch von der Kirche sanktioniert werden.

Auch die kreolische Oberschicht – die in Lateinamerika geborenen Angehörigen der alten spanischen Kultur – kennt diese Verbindungen. Dort vollziehen sie sich in der Form, dass auf mehrere feste Verbindungen zurückgegriffen wird. Der Anthropologe und Kultursoziologe Gilberto Freyre sprach in seinem ›Herrenhaus und Sklavenhütte‹ 1933 von der aus der Kolonialzeit des 16. und 17. Jahrhunderts entstandenen ›Casa Grande‹. Dies gilt für Brasilien wie auch für die spanischen Kulturen Lateinamerikas, auch für die Dominikanische Republik. Daneben steht immer noch eine ›Casa chica‹; der sozial und wirtschaftlich hochgestellte Mann verfügt über eine kirchlich angetraute Frau und einen bunten Strauß von Geliebten, mit denen er ebenfalls Kinder zeugt. Das war für die jüdische Gemeinde immer ein Problem.

Außerhalb Sosuas, in der angrenzenden Ortschaft Jaramico, entstanden in den vergangenen Jahren die Prunkvillen und Sommerresidenzen der Wohlhabenden aus Santiago de los Caballeros und Santo Domingo. Sie nisten an den Berghängen, dicht oberhalb der Elendshütten. Daneben erstrecken sich die Weiden für die Rinder der bedeutenden Milch- und Molkereiproduktion sowie der Fleischverarbeitung, die von der jüdischen Gemeinde aufgebaut wurden, als Markenzeichen in der gesamten Karibik vertreten sind und den Siedlern Wohlstand brachten.

In Sosua stand vor der Ankunft der jüdischen Flüchtlinge eine Bananenplantage der ›United Fruit Company‹. Die getünchten Baracken – mit breiten Veranden, Wellblechdächern und Blumenrabatten – sind heute Verwaltungsgebäude oder Wohnhäuser der dominikanischen Hausangestellten. Am Anfang dienten sie den Siedlern als Wohn-, Schlaf-, Ess- und Arbeitsstätte. Zu den ersten Mitgliedern der jüdischen Gemeinde gehörte eine Gruppe deutsch-österreichischer Kleinbürger, darunter versprengt einige polnische Juden.

Eine Akkulturation war von Beginn an sehr schwierig. Die Siedler fühlten sich in den ersten Jahren nicht als Dominicanos, aber auch nicht mehr als Europäer. Eine den Siedlern nach ihrer sozialen Herkunft entsprechende Mittelschicht kannte und kennt die Dominikanische Republik nicht. Wir finden hier eine klassische lateinamerikanische Oligarchie, eine kreolische, traditionalistische und katholische Oberschicht, in die ein Aufstieg nicht möglich schien. Dort waren die gesellschaftlichen Rituale, die Heiratsabkommen auf eine Abschottung bedacht, und man begegnete den jüdischen Siedlern mit Misstrauen, ja einem hohen Maß an Skepsis.

So blieb die deutsche Sprache lange Zeit die Umgangssprache in Sosua, sie dient bis heute als schützender Kokon gegenüber einer als fremd und feindlich empfundenen Umwelt. Die jüdischen Frauen sprechen oft ein Küchenspanisch, gerade ausreichend, um mit den Hausangestellten zu parlieren. Noch in den sechziger Jahren berichteten Siedler stolz, noch niemals in dem benachbarten Ort Jaramico mit seinen Elendshütten gewesen zu sein.

Sosua bedeutete für die Männer und Frauen der ersten Stunde zunächst eine völlige Freisetzung von sozialen Normen in einer fremden Welt; das tatsächliche innere Movens der Siedler war das auffahrende Glücksgefühl über das wiedergewonnene Leben. Viele betrachteten Sosua nur als ein Durchgangsstadium und beantragten sogleich ein Einwanderungsvisum für die Vereinigten Staaten. Freilich, der Andrang war groß, und die Einlassquoten waren gering. Man glaubte aber, dass die Zeit in der Dominikanischen Republik begrenzt war, einige Monate, vielleicht ein paar Jahre, mehr aber nicht. Die Rückkehr nach Europa oder zumindest die Reise nach Amerika schien gewiss. Ein Streben nach Assimilation war dementsprechend kaum vorhanden.

Auch das Leben in der Gemeinde selbst war nicht frei von Spannungen auf Grund der verschiedenen nationalen Zugehörigkeiten. Viele der deutschen Juden sprachen kein Jiddisch und reagierten verschreckt und empfindsam auf das geradezu klanartige Leben der Österreicher und Polen. Die Deutschen beschuldigten die Österreicher, zu viele Affären mit den deutschen Siedlerfrauen zu haben und die traditionellen Werte der jüdischen Kultur zu vernachlässigen. Die Polen ihrerseits warfen den deutschen Juden genüsslichen Hochmut vor und beneideten sie in späteren Jahren um die Wiedergutmachungsgelder.

Tatsächlich wurden jüdische Religion und Kultur von der ersten Stunde an gepflegt, eines der ersten errichteten Gebäude war eine Synagoge, in der regelmäßig Gottesdienste abgehalten wurden. Die jüdischen Feiertage waren einem strengen Reglement unterstellt, und ein Angehöriger der Kultusgemeinde nahm die Beschneidung der Jungen vor. Noch zum Zeitpunkt des dritten israelisch-arabischen Krieges 1967 war die Identifikation mit dem Judentum so groß, dass die Siedler in einer konzertierten Aktion siebentausend Dollar für Israel spendeten.

Im Laufe der vergangenen Jahre ließ das orthodoxe Judentum freilich deutlich nach. Trotzdem wurden und werden deutsche Zeitschriften abonniert und im Tausch gelesen, die Deutsche Welle wird im Radio mit besonderen Antennen empfangen und das pünktliche Erscheinen des Emdener Tagblatts wird stolz vermerkt.

Die Frage, ob Sosua als jüdische Gemeinde überleben kann, darf wohl verneint werden, zumindest was das ›Überleben‹ in einer strengen Form betrifft. Die kosmopolitischen Kinder kehren nicht mehr zurück nach ihrer Ausbildung in Amerika oder Europa, zudem stellt die Mann-Frau-Beziehung immer noch ein gesondertes Phänomen dar. Dies hat eine historische Dimension. Abgeschiedenheit war für die ersten Siedler 1940 das oberste Gebot. Wollte man den Siedlungsraum verlassen, selbst für wenige Stunden, so brauchte man eine Sondergenehmigung der Gemeinde, die nur sehr ungern erteilt wurde.

Das größte Problem war der chronische Mangel an Frauen zu Beginn der Besiedlung in der jüdischen Gemeinde. Ein Mangel, der sich nur sehr langsam legte. Aus diesem Grund war am Anfang ein rasanter Anstieg der Prostitution in den Gebieten um Sosua zu verzeichnen. Die Anzahl der unehelichen Kinder ist noch heute kaum zu bestimmen. Auf Nachfragen erhält man immer noch ausweichende, verhaltene Angaben. War die Mutter eines Kindes – meist eine Dominikanerin – nicht als Prostituierte polizeilich gemeldet, so musste der Vater in den vierziger Jahren vier Dollar pro Monat Unterhalt bezahlen.

Mit den Jahren wuchs das Interesse der Väter für ihre außerehelichen Kinder, vor allem wenn es sich um Söhne handelte, die für die Nachfolge in den Molkerei- und Fleischfabriken bestimmt waren. Einigen dieser Kinder wurde erlaubt, die Schule in Sosua zu besuchen, und sie wurden später auf den Fincas für die Administration abgestellt.

Eine wirkliche Akkulturation lässt sich nur in jenen Familien im Laufe der Jahrzehnte feststellen, in denen eine dominikanische Ehefrau geheiratet wurde. Diese Siedler sprechen heute fließend Spanisch. Dennoch waren diese Ehen sehr schwierig.

Octavio Paz hat auf diese Unverträglichkeit der lateinamerikanischen und insbesondere der indianischen Kultur mit den Anforderungen der technischen Zivilisation in seiner Schrift ›Das Labyrinth der Einsamkeit‹ hingewiesen, die aufbaut auf den überragenden Kosmologien der Azteken, Mayas, Inkas und der Omecen-Kulturen bis in das 20. Jahrhundert; ebenso Alejo Carpentier mit den ›Verlorenen Spuren‹ für die kubanische Kultur der Gegenwart; Joao Guimares Rosa für die lusitanische Kultur Brasiliens, Juan Rulfo und Carlos Fuentes für die mexikanische Kultur mit ›Pedro Páramo‹ oder ›Terra Nostra‹, Jahrhundertwerke und Zeugnisse dieser lebensnotwendigen Suche nach einer kulturellen Identität. Bereits Alfonso Reyes und José Vasconcelos sprachen in Mexiko zu Beginn unseres Jahrhunderts vom ›Ulysses Criollo‹, dem besonderen, suchenden Menschen der lateinamerikanischen Kultur.

Es ist somit verständlich, dass eine wirkliche Akkulturation, die im anthropologischen Sinne immer als gegenseitige Angleichung begriffen werden muss und die wechselseitige Veränderung von Kulturen beschreibt, in Sosua sich selten vollzogen hat. Die wenigen Ausnahmen bilden die Mischehen mit dominikanischen Ehefrauen, wo in manchen Fällen, selten genug, eine gelungene Akkulturation zu verzeichnen ist.

Allerdings wurden diese Ehen über viele Jahre sozial geächtet, der jüdische Ehemann wurde als Abtrünniger, als Außenseiter gebrandmarkt und zuweilen auch aus den öffentlichen Ämtern in der Gemeinde gedrängt: Ausdruck einer kulturellen Sanktion.

Auch eine gewisse Angleichung der europäischen Agraranbauweisen an die dominikanischen Traditionen mag festzustellen sein. Im Grunde ist aber wohl von einer Dekulturation zu sprechen. Die orthodoxe jüdische Tradition scheint gebrochen. Nur die Kinder aus den jüdisch-dominikanischen Ehen erlauben den Begriff der Enkulturation zu gebrauchen, weil in diesen Fällen von der Eingliederung des Menschen in eine neue Kultur die Rede sein kann, vor allem während der entscheidenden Jahre der Persönlichkeitsentwicklung im Kindes- und Jugendalter. Hier ergab der dominikanische Katholizismus eine sehr seltene Symbiose mit dem jüdischen Glauben, die durchaus synkretistische Züge trägt.

Die Toleranz gegenüber den Werthaltungen der dominikanischen Kultur trat/tritt in allen unseren Gesprächen zutage, auch mit den Greisen der Gründergeneration; der Wille, Sosua in die dominikanische Kultur zu integrieren, ist freilich nur sehr zögernd vorhanden.

Der letzte Tag unseres Besuches brachte noch eine Verabredung zum Tee mit dem Präsidenten der Dominikanischen Republik, Señor Blanco, der Sosua besuchte. Wir trafen ihn im Garten des Gemeindehauses. Die massigen schwarzen Cadillacs mit kugelsicherem Glas waren in einer langen Kolonne die weite Strecke von der Hauptstadt Santo Domingo gekommen. Zwischen den Blumenbeeten sicherten schwerbewaffnete Leibwächter mit Maschinenpistolen und Sprechfunkgeräten das Terrain.

Der Präsident wusste über die Geschichte Sosuas exakt Bescheid, noch immer schwang so etwas wie Stolz über die Großzügigkeit der Dominikanischen Republik mit, diesem Zwergstaat in der Karibik, der auch einmal in das Weltgeschehen eingreifen durfte. Und der Präsident hielt guten Kontakt mit der jüdischen Gemeinde. Sosua soll mit seinen Stränden auch als Fremdenverkehrsknotenpunkt einmal eine dominikanische Zukunft haben.

Als die Nacht hereinbrach, begann in einem alten Holzhaus der ›United Fruit Company‹ eine Filmvorführung, wie immer Samstagabend, einmal die Woche. Ein Kurier bringt einen Film aus der Hauptstadt, eine Attraktion in Sosua.

Die Kerngemeinde versammelte sich vor dem flachen, wegen der salzigen Meerluft vielfach übermalten Gebäude, von dem doch wieder die Farbe in faustgroßen Fladen abblätterte. Das Ritual der samstäglichen Begegnung wiederholte sich seit Jahrzehnten, die Anwesenden kannten einander gut, kein Geheimnis bleibt im Laufe der Zeit verborgen, Neuigkeiten über die Kinder in Amerika oder Europa wurden ausgetauscht, die großen Nachrichten der Weltpolitik werden ebenso gehandelt wie die kleinen Ereignisse in der Gemeinde während der vergangenen Woche. Zwischen den gedämpften deutschen Worten war die eine oder andere jiddische Vokabel zu vernehmen; auf der Veranda standen fast ausschließlich alte Menschen, kaum ein Jugendlicher hatte sich eingefunden, um an der Nachrichtenbörse teilzunehmen.

An diesem Abend wurde ›The Golden Pond‹ gezeigt, ein wehmütiges Stück mit Tochter Jane und Vater Henry Fonda sowie Katherine Hepburn als alternder Mutter. Henry Fonda spielt sich selbst in seinem letzten Film, einen vom Tode gezeichneten Mann in seinen letzten Lebensmonaten, der von seiner Tochter besucht wird und das Leben Revue passieren lässt. Kurze Zeit nach den Dreharbeiten zu diesem Film starb der Schauspieler.

Das Publikum klemmte in dem schmächtigen Holzklappgestühl und verfolgte die Vorführung betroffen und sehr leise. Man konnte die kreisende Umdrehung der Filmrollen hören, die regelmäßig an das Metall der Aufhängung des ältlichen Vorführapparates schlugen. Dieses Geräusch lag im Wettstreit mit den blechernen Stimmen aus dem hölzernen Lautsprecher, die den Film begleiteten. Sehr selten trat ein scheues Husten hinzu, wurde aber sogleich unterdrückt.

Als der Film zu Ende war und das Licht wieder anging, sah man, dass der Raum etwa zur Hälfte gefüllt war. Die Männer und Frauen hatten sich in Grüppchen gesetzt, wahrscheinlich nach Familien geordnet. Sie blieben noch eine kurze Weile stumm sitzen, erhoben sich und strömten auf den Ausgang zu, während sich ein Herr mit einer dicken Hornbrille daranmachte, die Filmrollen zurückzuspulen und die Kabel auf ein Schwungrad zu binden, das hinter der Leinwand versteckt war.

Einige wenige blieben auf der Veranda stehen, grüßten einander, zumeist wortlos, und stiegen die kleine Treppe zur Straße hinab, wo die anderen noch warteten. Nach wenigen Augenblicken, die unendlich lang erschienen, zerstreuten sich die Menschen, viele sehr gebückt, einige auf Krücken und Gehstöcken gebeugt, in alle Himmelsrichtungen zu ihren Häusern.

Die Nacht war wieder tropisch mild, vom nahen Ozean kam ein kühlender Wind, der in langen Brisen zwischen den im Mondlicht jetzt weiß aufleuchtenden Holzhäusern durchstrich.

Wir gingen einige Schritte und erkannten plötzlich in der Ferne Don Enrique, der in der letzten Gruppe aus der Vorführung kam und jetzt allein hinter einer Kurve stand, dort, wo man das dunkle Schlagen der atlantischen Wellen von der Küste besonders deutlich hören konnte. Sein Blick ruhte offensichtlich auf dem Atlantik, schien auf Europa gerichtet zu sein. Er hatte uns nicht bemerkt und wir hielten einen gebührenden Abstand. Don Enrique verharrte einige Momente unbeweglich, den Kopf unter dem Basthut auf das Meer gerichtet, den Arm auf den Stock gestützt, der von einem silbernen Pferdefuß eingefasst war. Er war tief in Gedanken versunken.

Nach einigen Minuten ließ er den Kopf etwas sinken, löste sich aus der starren Haltung und ging ruhigen, festen Schrittes in Richtung der Häuser. An dem ersten Gartentor hielt er nochmals kurz an, drehte sich ruckartig um und warf einen letzten Blick auf das Meer, als wolle er einen stummen Gruß bestellen. Sein nächster Schritt ließ ihn im Schatten der Häuser verschwinden.

Am nächsten Tag war Sonntag in Sosua, wieder einmal. Unser Wagen war bereits vollgetankt und stand zur Abfahrt in den frühen Morgenstunden bereit.

Der Mensch als metaphysisches Tier
Zur Religion der Technologie

Animal Symbolicum: Die kulturelle Evolution und der Übergang von der Natur- zur Kulturgeschichte

Begreift man die menschliche Geschichte als zeitliches Kraftfeld, als ein labyrinthisches Spiel am Grat der Zeit, den Menschen als Priester des Genus Loci zu Beginn des 21.Jh.,wird die virulente Kraft der Technologie deutlich, die zutiefst – dies die These dieses Essays – religiösen Charakter hat in einer sehr langen Tradition. Technologie gewinnt die Gestalt einer säkularen Religion. Moderne Technologie und Religion sind miteinander verwoben in langer evolutionärer Entwicklung bis zum heutigen Tag, wo das Erstarken der Religion die spirituelle Sterilität der technologischen Rationalität offenbart.

Es wird verständlich, warum Religion im öffentlichen und technologischen Leben eine solch herausragende Rolle spielt als Kreuzpunkt der Zeiten und der Epochen, warum sie heute den Spuren des vergangenen Sinns ihre Funktion zuteilt. Wir erleben, wie Religion in ihrem Streben nach Absolutheit, auch in der jüngeren Geschichte – und gerade heute – durch die Technologie an Macht gewinnt, sie bringt die Topik der kulturellen Erinnerung zur Darstellung.

Es lässt sich von einer archaischen Doppeldeutigkeit des Religiösen sprechen – keine passive Komplizenschaft, sondern der untilgbare Drang nach Aufgipfelung der Evolution. Der historische Baukasten des Menschen, ein Bühnenstück für ein Spiel, das auf unterschiedlichen Zeitebenen stattfindet, schärft den Blick auf das Laboratorium jener Coevolution der Gene und der Kultur – dies ist der Stand und der hegemoniale Code der heutigen Evolutionsbiologie, die dem Menschen die ursprüngliche Unschuld abspricht.

Der tiefe Atem der Geschichte lässt erkennen, dass Religion kein Konstrukt der heutigen Zeit ist, kein Residuum, keine Ruine der Geschichte, keine perspektivische Illusion – einem exorzistischen Trompe-l'oeil gleich –, sondern zum Haushalt der Symbole der Coevolution aus Genen und Kultur zählt, die für den Menschen Zeugnis seiner materiellen und immateriellen Erinnerung ablegen. Es gibt unauflösliche Knoten zwischen der genetischen Evolution der biologischen Spezies und der kulturellen Evolution, welche in der Geistesgeschichte und letztlich auch in Technologie und Religion mündet.

Wir wissen heute, dass sich das Gehirn des modernen *Homo sapiens* nicht früher als ca.100.000 vor Chr. voll geformt hatte. Von dieser Zeit an entwickelte sich die materiale Kultur langsam, expandierte später exponential, sie steigerte sich bei dem Ackerbau und Dorfbildungen, Begräbnisritualen, Kultbildungen und unterschiedlichen Formen der Technologie bis heute, wo alleine in den USA über 5 Millionen Patente jährlich gemeldet werden.

Für Religion und Technologie ist bezeichnend, dass von der Zeit des oberen Paläolithikums, vor 40.000 bis 10.000 v. Chr. sich die Entwicklung der kulturellen Evolution beschleunigte.

Die Coevolution aus Genen und Kultur offenbart heute, dass gleichsam auch von einem biologischen Ursprung des Religiösen auszugehen ist, von genetischen, evolutionären Vorbedingungen der ethischen und religiösen Glaubenshaltungen. Naturwissenschaften und Humanwissenschaften müssen angesichts der epigenetischen Regeln zusammen nach Erkenntnis streben – synkretistisch vereint, wenn auch in bruchstückhafter Präsenz, nicht als Ausdruck der genialen Zügellosigkeit, sondern als Wächter der Vergangenheit. Dies betrifft wesentlich auch das Verhältnis von Religion und Technologie.

Religion lässt sich entstehungsgeschichtlich mit der Entfaltung der soziokulturellen Lebensformen zurückverfolgen. Diese Lebensformen verweisen auf das symbolische Vermögen des Menschen, der sich über Sprache und Denken vermittelt und durch ›sinnhaft‹ verankerte Lebensformen. Religion lässt sich als Phänomen nur begreifen in ihrer anthropologischen Verfassung, die sich durch den Übergang aus dem Zustand der Naturgeschichte in die kulturelle Existenzform entfaltete. Kulturelle Organisationsweisen menschlichen Daseins sind Bestandteile einer evolutiven Naturgeschichte. Religion war als symbolisches Vermögen ein wesentlicher Bestandteil dieser Evolution. Die Anthropologie erkennt, dass es die geistige Existenz erlaubt, der Menschwerdung auf die Spur zu kommen, etwa in den Höhlenmalereien von Lascaux bis Altamira.

Der Mensch vermag die Neuzeit in einem grundlegend anderen historischen Bewusstsein zu erleben als seine Vorfahren und verfügt über die einzigartige Möglichkeit, zu einem Verstehen der Welt und sich selbst zu dringen. Der Rückblick erlaubt dem Menschen heute, die gesamte Geschichte im Blickfeld zu haben. Spricht man von Geschichte, kann nur die gesamte Geschichte der Spezies Mensch gemeint sein – wann immer man den Anfang setzt. Der Mensch ist sich heute – rückblickend auf die gesamte Evolutionsgeschichte – selbst auf der Spur.

Es lässt sich nach heutigem Kenntnisstand eine empirische Wissenschaft von der Welt als Ganzem entwerfen.

Für das Verständnis der Religion ist wichtig, dass sich der Mensch in seinen kulturellen Organisationsformen entfaltet hat, die sich geschichtlich nachweisen lassen.

Das Verstehen von Geschichte erfasst beim Menschen zunächst die Naturgeschichte. Hier ist die Geschichte der Hominiden von Anfang, folglich etwa 1,8 Millionen Jahre bis zur Entstehung des *Homo sapiens* und des Menschen der Gegenwart gemeint. Religion lässt sich entstehungsgeschichtlich mit der Entfaltung der soziokulturellen Lebensformen rückverfolgen. Diese Lebensformen verweisen auf das symbolische Vermögen des Menschen, der sich über Sprache und Denken vermittelt und ›sinnhaft‹ verankerte Lebensformen. Religion ist – wie Geschichte an sich – eine über Sinngebung vermittelte kulturelle Existenzform des Menschen, die ein historisch vergleichsweise junges Phänomen ist. Neuere Rückdatierungen sehen den *Homo sapiens* bei 20.000 Jahren vor Chr. in Afrika oder bei Funden in Europa um 35.000 vor Chr. Eine tiefe Phase der Hominisation reicht vom Homo Rudolfensis vor ca. 1,8 Millionen Jahren bis zum *Homo sapiens* Sapiens, die man als Vorgeschichte des Menschen begreifen muss. Protokulturelle Organisationsformen bereiteten den Weg für die geistig-kulturelle Existenzform des Menschen, die sich im Anschluss an die Naturgeschichte des Menschen vollzog. Religion lässt sich als Phänomen nur begreifen in ihrer anthropologischen Verfassung, die sich aus dem Übergang aus dem Zustand der Naturgeschichte in die kulturelle Existenzform entfaltet. Kulturelle Organisationsweisen menschlichen Daseins sind Bestandteil einer evolutiven Naturgeschichte. Es erfolgte ein Übergang von der Natur- in die Kulturgeschichte und Religion war als symbolisches Vermögen ein wesentlicher Bestandteil dieser Evolution; Ernst Cassirer sprach zu Recht vom Menschen als dem ›animal symbolicum‹ in Kunst, Musik, Sprache und *Mythos*. Die geistige Existenz – Clifford Geertz spricht von logisch-sinngebenden Formen – erlaubt, der Menschwerdung näher zu kommen, wir erleben die Fortschreibung der Naturgeschichte in einem geistig-kulturellen Raum. Die Neuzeit ist vom Umbruch im Weltverstehen geprägt. Die naturwissenschaftlichen Revolutionen des 16. und 17. Jh., die industriellen und politischen Revolutionen des 18. und 19. Jh. zeichnen in der Geistesgeschichte einen Wandel des Weltbildes nach wesentlich durch die Logik eines materialen Naturverständnisses. Seit dem 14. Jh. sprechen die Weltdeutungen – auch des Mittelalters durch die Nutzung von Wind und Wasser – paradigmatisch von der Maschine. Denkt man an Buridan und Nicole Oresme oder an das Jahr 1348, als Giovanni de Dondi ein großes Uhrwerk als Planetarium erschuf, wo sich die Himmelskörper nach dem ptolemäischen System bewegten, angespornt von der Mechanik des Räderwerkes.

Die Religion ist nicht ohne die Kraft der ›Machina Mundi‹ verständlich, auch bei Descartes und Montaigne scheint die Maschinenmetapher auf.

Technologie, Kosmos und Erlösung

Es wird verständlich, warum Religion im öffentlichen und technischen Leben eine solch herausragende Rolle spielt, vor allem in der jüngeren Geschichte, bis heute oder gerade heute. Wir erleben seit Jahrhunderten – vor allem durch die Technologie – eine Aufgipfelung der Macht des Religiösen, ja einen Absolutismus der Religion in gewissem Sinne, der mehr ist als eine Regsamkeit, die in alten Dingen ruht, mehr als ein mystisches Bild einer versunkenen, reinen Sphäre. Wie immer erweist der Verlust den wahren Wert.

In den letzten 1000 Jahren menschlicher Geschichte war Transzendenz mehr als das Unirdische und Sternenhelle. Technologische Visionen artikulierten sich in der Sprache eines christlichen Millenarismus. Hierbei nahm diese millenaristische Hoffnung eine Vielzahl von Formen an und steigerte sich bis heute – in der Weltraumforschung, der nuklearen Atomforschung, der künstlichen Intelligenz, der digitalen Revolution und dem Cyberspace und nicht zuletzt in der Biotechnologie und der Erforschung des Genoms. Entscheidend hierbei bleibt: Technologie war sui generis ein zutiefst religiöses Unternehmen. Wir erleben ein keineswegs erloschenes Schauspiel. Die millenaristische Ausrichtung des Christentums hat die Entwicklung von Technologie und Wissenschaft wesentlich bestimmt und geleitet. Fraglos lässt sich heute rückblickend von einer Religion der Technologie sprechen, wie sie sich in der technologischen Imagination der letzten 1000 Jahre ausgebildet hat.

Die westlichen Industriestaaten sind mit dem Millenniumswechsel mit Fragen konfrontiert, die bereits das Mittelalter bestimmten. Die neuzeitliche Erweckung durch Technologie als der eigentlichen Form der Aufklärung lässt einen Glauben walten, der nicht als stille Weisheit der

Schulbibeln zum Ausdruck kommt, der keine leise Poesie der heiligen Dinge ist, sondern Religion als einen Vorgang der wechselseitigen Anformung und Verähnlichung begreift. In ihrem Streben nach Nützlichkeit, Macht und Gewinn sind moderne Technologien getrieben von entfernter Imagination und gebären feste Formen in der empirischen Geschichte durch spirituelle Sehnsüchte und übernatürliche Erlösung. Wie immer die westliche Weisheit gestaffelt und verteilt sein mag, die tiefe Inspiration liegt im Jenseitigen, in einer Suche nach Transzendenz und Erlösung.

Mit dem neuen Jahrtausend werden wir Zeugen einer januskköpfigen Entwicklung: auf der einen Seite der technologische Fortschritt, der mehr ist als ein widerflimmernder Wolkenflug, sondern von der Aufgipfelung der Ratio und der algebraischen Vernunft ausgeht, andererseits erkennen wir aufstrebende fundamentalistische Tendenzen als Formen des Antimodernismus in allen Gründerreligionen vom Christentum bis zum Islam. Was wir heute erfahren, ist nicht neu, sondern eine jahrtausendealte Fortschreibung einer Tradition, die nutzbare Kunst und angewandte Wissenschaft mit religiösen Erwartungen paarte. In diesem Sinne lässt sich nicht von einem Konflikt zwischen Wissenschaft und Religion sprechen, sondern von einer Erneuerung und einer Vergewisserung einer älteren historischen Tradition.

Wir leben heute nur bedingt in einer nachreligiösen Zeit. Mutierte die religiöse Ordnung nicht nur auf die Wissenschaft hin?

Verlagerte sich das sakrale Netzwerk nicht nur? Hat Religion in der heutigen westlichen Welt wirklich ihren Endpunkt erreicht mit der Säkularisierung und dem Aufstieg der Wissenschaften in den letzten Jahrhunderten? Ist wirklich von einer Erosion der Religion auszugehen?

Der Physiker Steven Weinberg schrieb 1977: »Je begreiflicher uns das Universum wird, desto sinnloser erscheint es.« Der Nobelpreisträger für Physik, Charles Rubia formuliert: »Wenn wir die Galaxien der Sternenwelt zählen oder die Existenz von Elementarteilchen beweisen, so sind das wahrscheinlich keine Gottesbeweise. Aber als Forscher bin ich tief beeindruckt durch die Ordnung und Schönheit, die ich im Kosmos finde sowie im Inneren der materiellen Dinge. Und als Beobachter der Natur kann ich den Gedanken nicht zurückweisen, dass hier eine höhere Ordnung der Dinge im Voraus existierte. Die Vorstellung, dass dies alles das Ergebnis eines Zufalls oder bloßer statistischer Vielfalt sei, das ist für mich vollkommen unannehmbar [...] Es ist hier eine Intelligenz auf höherer Ebene, jenseits der Existenz des Universums selbst tätig.«

Wir erleben heute eine Überkreuzung der Naturwissenschaften mit der Religion, trotz aller Säkularisierung der letzten Jahrhunderte. Während religiöse Führer ihre Erweckung hervorkehren, wird die letzte technologische Erkenntnis im Bewusstsein einer göttlichen Instanz getroffen.

Bereits Albert Einstein schrieb in seinem späten großen Aufsatz ›Science and Religion‹ zur gleichen Überlegung: »Meine Religion besteht in meiner demütigen Bewunderung einer unbegrenzten geistigen Macht, die sich selbst in den kleinsten Dingen zeigt, die wir mit unserem gebrechlichen und schwachen Verstand erfassen können. Diese tiefe, emotionale Überzeugung von der Anwesenheit einer geistigen Intelligenz, die sich im unbegreiflichen Universum eröffnet, bildet meine Vorstellung von Gott.«

Das technologische Unternehmen hat zugleich religiösen Charakter und dies in einer langen Tradition. Technologie wird zu einer Art der säkularen Religion. Moderne Technologie und Religion sind gleichsam gemeinsam entstanden, sind miteinander verwoben. Das Erstarken der Religion bezeugt die spirituelle Sterilität der technologischen Rationalität – scheinbar ohne Gottes Zorn auf sich zu ziehen.

Technologie und Religion

Die amerikanische Kultur kann als gutes Beispiel dienen. Dort herrscht eine öffentliche Erleuchtung für Technologie, verknüpft mit einer ebenso öffentlichen Heilserwartung auf die Wiederkehr Christi. Die Weltraumforschung, die Biotechnologie sind mit einer religiösen Dimension versehen, die zwischen außerirdischen Reisen, der Wirklichkeit entrafft und der Exploration pendeln. Künstliche Intelligenz befürwortet zudem die Vision maschineller Unsterblichkeit wie eine Heiligengestalt sowie die Wiederauferstehung und birgt deutlich religiöse Züge in sich. Die virtuelle Wirklichkeit des Cyberspace als technologische Form Gottes begreift sich in einer gottgleichen Allmächtigkeit, Omnipräsenz, Ubiquität und Perfektion. Entschlafenen Wächtern gleich wird die empirische Welt hinter sich gelassen. Auch die genetische Forschung trägt religiöse Züge in sich, sie ist göttlich inspiriert in der neuen Schöpfung des Menschen. Technologische Pionierleistungen bergen eine Verwandtschaft zu tief verwurzelten Glaubenshaltungen sowie zu religiösen Topoi, die sich hinter dem technologischen Voranschreiten verbergen. Die Vergeistigung der Menschlichkeit sowie die Parallelen liegen auf der Hand; die industrielle Revolution entfaltete sich wesentlich in Verbindung zu den religiösen Erweckungsbewegungen des ›Second Great Awakening‹ als Leitstern der amerikanischen Kulturgeschichte. Dort schien deutlich die Maßgabe der Perfektibilität auf. Die vielschichtige Erweckungsbewegung in der amerikanischen Kultur gingen Hand in Hand mit dem technologischen Impetus. Die historischen Wurzeln für die Verknüpfung von Technologie und Religion lassen sich freilich weit tiefer zurückverfolgen, sie finden sich in den frühen Hochkulturen Persiens, Mesopotamiens, Ägyptens sowie in der frühen chinesischen und der Induskultur. Auch dort verkehrten sich die weltlichen Voraussetzungen des Überlebens in das Transzendente, der menschlichen Aktivität wurde spirituelle Bedeutung zugemessen. Wir erkennen dort frühe Wurzeln einer Religion der Technologie.

Der moderne Mensch ist durch eine virtuelle Obsession mit der Technologie geprägt, er verlangt nicht nur nach Bequemlichkeit, sondern nach jenseitiger Erlösung und bleibt sich selbst ein Versprechen. Technologie als die wohl rationalste Form der algebraischen Intelligenz entzieht sich verstärkt dem einsichtigen Zugriff und erschließt ganz andere, transzendente Horizonte. Der Mensch lebte in den verschiedenen Stadien der Hochkulturen in kollektiven Mythen und Kosmologien, um sein Leben kohärent zu bündeln, um Sinn, Bedeutung und Kontrolle für sein Handeln zu erzielen. Heute figuriert die Religion der Technologie als ein sich amöbenhaft verbreitender *Mythos* von höchster Aktualität. Rückblickend lässt sich erkennen, dass die Verknüpfung von Religion und Technologie sich seit dem europäischen Mittelalter wesentlich verstärkt hat. Die Entstehung der westlichen Technologie gewann als Vektorkraft durch das Hervortreten der Religion als der anderen Seite des gleichen Phänomens deutliche Konturen.

Die versprochene Erlösung war als Telos auf die Wiederherstellung der Gottgleicheit des Menschen gerichtet, die Aussicht auf die Herstellung von Perfektion ausgelegt. Perfektion war nicht mehr – wie bei Augustinus – durch die Gnade vor Gott zu erlangen, sondern als Mittel zur Erreichung der unmittelbaren Erlösung. In monastischen Traditionen verstärkte sich die Bildgleichheit der Technologie mit der Gottgleichheit des Menschen. Der Mensch rückte gleichsam zu Gott auf und dieser Impuls wurde zum inneren Movens für das technologische Voranschreiten. Die Rechtfertigung der enormen technologischen Anstrengung lässt den Menschen zu Gottes Arbeiter küren, das Bild des Menschen als Imago Dei erstarkt. Der Mensch paktiert mit Gott, um sein Königtum zu errichten in einer steten Empfindung des Glücks, um die Beherrschung der

Welt mit Gott zu teilen wie das Nest der Korsaren. Der karolingische Philosoph Erigena kristallisiert im 9. Jh. die neue Sicht der Künste und der technischen Gebrauchswerkzeuge als göttliche Inspirationen heraus, man sprach nun von mechanischen Künsten. Bei Augustinus fand sich noch nicht eine vergleichbare Begrifflichkeit, Erigena gebraucht erstmals die Bezeichnung ›artes mechanicae‹. Diese Einstellung der mechanischen Künste überwog zu Ende des 12. Jh. im mittelalterlichen Denken, etwa bei Abälard, Duns Scotus, Bonaventura, Albertus Magnus und Raymond Lullus. Die mechanischen Künste erhielten einen besonderen Rang, der der Verbindung von Weltlichem und Göttlichem Rechnung trug, ebenso von Technologie und Transzendenz. Der Mensch war nicht mehr nur Abbild seines gefallenen Zustandes – vielmehr erhielt die Nutzanwendung, die technologische Innovation einen Ehrenplatz in der Schöpfung und der Mensch vermochte seiner ursprünglichen Perfektion entgegenzustreben. Technologie wurde mit spiritueller Signifikanz versehen und wurde auf den Rang der Gottgleichheit emporgehoben; sie wurde zum Vehikel der Erlösung. Erigenas Überlegungen stellen einen Wendepunkt in der Geistesgeschichte der Technologie dar. Dies betraf Wassermühlen, Windmühlen, die mechanische Uhr, geschliffene Brillen wie die Metallverabeitung. Technologische Innovationen wurden nun in Europa mit spirituellem Leben erfüllt und in den biblischen Kommentar eingegliedert. Mit dem 12. Jh. entstand verstärkt eine teleologische Vorstellung der christlichen Geschichte; christliche Erwartungen und technologische Innovation wurden kongruent. Der Mensch des 15. und 16. Jh. war Erbe des mittelalterlichen Millenarismus und Vorläufer der Reformation und suchte die Vertiefung in die Natur und ihr Studium im Lichte der Wahrheit des frühen Christentums.

Die großen Humanisten Marsilio Ficino und Pico della Mirandola erforschten die verlorenen Geheimnisse der hermetischen Naturphilosophie als Vorreiter einer göttlichen Botschaft. Pico bewunderte den großen florentinischen Propheten Savonarola, einen Schüler von Joachim von Fiore. Später wurde Francis Bacon zur tragenden Säule der modernen Wissenschaft als der Voraussetzung für alle Technologie. Der historische Vergleich gibt wieder Auskunft, um die frühen Wurzeln der technologischen Transzendenz aufzuspüren: Der Renaissancedichter Italiens Ludovico Ariosto sprach in seinem großen epischen Werk bereits 1516 von der außerirdischen Reise als der entscheidenden Reise des Menschen und der Rückkehr zu Gott und nahm die Raumfahrt vorweg. Ein Jahrhundert später schrieb Tomaso Campanella an Galileo seine Sicht einer neuen Erde und eines gleichermaßen neuen Himmels. In seiner Schrift › Apologia pro Galileo‹ sprach er von der Möglichkeit eines Paradieses, das nicht irdisch wäre, sondern sich als fromme Niederlassung auf dem Mond befände.

Campanellas Zeitgenosse Kepler äußerte gleiche Einsichten, als er 1609 einen Traum der Reise auf den Mond skizzierte. Im gleichen Jahr veröffentlichte er die Gesetze der planetarischen Bewegung. Keplers Schrift ›Somnium‹ verkörperte Vorstellungen des kosmischen Reisens. Wieder scheint eine implizite Religiosität auf, ebenfalls ein technologisches Heldentum, wie es später bei Jules Verne in seiner Mondreise ›Sans Dessu Dessous‹ weiter folgen sollte.

Auch andere Kulturen kennen vergleichbare Beispiele: Der einflussreiche russische Denker Nikolai Fjoedorov, der einem gewissen Mystizismus nicht fern stand, verknüpfte die Idee der russischen Orthodoxie, der russischen Aristokratie, der ländlichen Kommune und schuf die Vision einer gemeinsamen Aufgabe des Menschen, technische Hindernisse aus dem Wege zu räumen, um die menschliche Evolution in ein Stadium voranzutreiben, in dem die Augenblicke der Gleichgültigkeit überwunden werden können und Feuer ins Blut der Menschen schießt, wo Selbstschöpfung, Unsterblichkeit, ja Gottgleichheit das sterbliche Universum des Menschen in einen unsterblichen Kosmos überführen sollten. Am Ende stand die Vergleichbarkeit des Menschen mit Gott. Voraussetzung blieb die Beherrschung des Universums – den Weltraum inbegriffen. Nikolai Fjoedorov glaubte, durch die Erschließung des Weltraums ein neues kosmisches Bewusstsein zu schaffen und die Perfektionierung von Mensch und Gesellschaft voranzutreiben.

Dieses Beispiel verdeutlicht, dass von Protagoras bis Francis Bacon bis weit später zu dem Russen Tsiolkovsky die Vorstellungen der Technologie in Verknüpfung mit einer Teleologie auftraten, die nicht von einer Eschatologie zu trennen war.

Dies betrifft wesentlich auch die Biotechnologie. Hier wird eine Evolution zutage gefördert, die von eschatologischen Perspektiven einer ›Prozesstheologie‹ getragen wird. Durch ›genetic engineering‹ soll einer göttlichen Vorhersehung entsprochen werden, der Evolutionsprozess soll in einer Gottgleichheit der Schöpfung vergleichbar gesteuert werden. Der Mensch glaubt, über die Lizenz für gottgleiches Handeln zu verfügen. Im Rückgriff auf die Renaissance lässt sich hier von einer ›Stewardship‹ sprechen. Die Denker der Renaissance glaubten, dass sich die Erfindungskraft des Menschen so weit steigern ließe, dass er im Gipfelgang zum zweiten Schöpfer der natürlichen Welt aufsteigen könnte. Marsilio Ficino äußerte die Vermutung, er erkenne in der Beherrschung der Welt durch den Menschen einen weiteren Beweis für die Gottgleichheit, ja wenn nicht für die Göttlichkeit selbst. Der Mensch handle als Vikar von Gott und steigt zum Partner, zum Coschöpfer auf durch seine Arbeit auf Erden, die auch ins Jenseits leuchtet.

Heute spricht die Gentechnologie davon, dass die Möglichkeiten Gottes durch Wissenschaft und Technologie ergänzt werden sollen, dass Gott dem Menschen den Rang des Erkunders zuerkannt hätte. Das millenaristische Versprechen der Wiederherstellung der gottähnlichen Vollendung für den Menschen durch die Religion der Technologie hat historische Tradition, denkt man an Joachim von Fiores millenaristische These der ›Viri spirituales‹. Hierauf folgten die großen Erforscher, die glaubten, erwählt zu sein und in die Welt ausgesandt zu werden, um das Paradies zu erobern. Auch die Philosophen glaubten, ein Monopol auf die göttliche Weisheit zu haben, es folgten die wissenschaftlichen Virtuosi des 17. Jh. mit ihrer elitären Vision einer Bruderschaft der weisen Männer, die sich der Rettung der Menschheit verpflichtet wusste.

Diese Haltung fand sich bei den Benediktinern, aber auch bei den Zisterziensern, von denen Joachim von Fiore nur einer war, sowie den Mönchen von Cluny. Es lassen sich frühe Wurzeln jenes transzendentalen Glaubens einer Erlösung durch Technologie feststellen, der heute die Menschheit in zunehmendem Maße bedroht Es stellt sich die Frage, inwieweit die jahrtausendealte Konvergenz zwischen Transzendenz und Technologie heute nicht sich in ihr Gegenteil verkehrt hat, inwieweit wir Technologie nicht von ihren religiösen Wurzeln entbinden sollten.

Nur eine tiefe kulturgeschichtliche Einbettung vermag hier weiterzuhelfen. Der Mensch erlebt heute eine Selbstvergegenwärtigung des großen Zweifels. Dieses Gewahrwerden der Wirklichkeit konstituiert seine eigentliche Existenz. Er erfährt eine Säkularisierung des öffentlichen Raumes und eine Verwaisung seiner metaphysischen Bedürfnisse. Wir können heute von einem digital – elektronischen Millennium sprechen, der Mensch steht gleichsam an der Pforte zu einer himmlischen Stadt, auch in der Biotechnologie, ohne wirkliche Transzendenz zu spüren. Wird sich seine Vorstellung von der Ewigkeit ändern? Bleibt die Loyalität zum Irdischen auf der Strecke? Beide Fragen sind wohl zu verneinen. Der Mensch wurde zum Nomaden einer technischen Wirklichkeit, zu einem kosmischen Bastard. Wir stehen heute vor dem Problem, Religion nicht mehr zu finden, sondern zu versuchen, sie zu erklären. Im Grunde lebt der Mensch heute bereits in einer Art des kosmischen Exils.

Es kann folglich nur um eine Selbstbesinnung und Bescheidung gehen. Das Leben ist kein metaphysischer Irrtum der Materie. Der Mensch ist nicht zu einer wirklichen metaphysischen Nutzlosigkeit verurteilt. Es bleibt die metaphysische Erkenntnis des animal quaerens vom Geheimnis aller Dinge, die mehr ist als peripheres Atmen, ein rhythmischer Instinkt irgendeines biologischen Organismus, mehr als erkalteter Spott. Die Rätsel der Leere sind mehr als ein bloßer Reflex der Gattung Mensch, der Mensch ist mehr als die Abwesenheit des technischen Saldos seiner selbst, er will nicht nur Papierschiffchen aus dem Schein verfertigen, er kann schließlich nicht ständig im Abstrakten der technisch-wissenschaftlichen Welt leben, in einer Geographie seines Bewusstseins als dem Gefühl der ortlosen Verzweiflung, der künstlichen Alchemie des Lebens.

Das Phänomen der Weltkultur

Die menschliche Vernunft am archimedischen Punkt

Es stellt sich das Phänomen der Weltkultur ein, das Jacob Burckhardt bereits zu Beginn des 20. Jahrhunderts heraufkommen sah. Diese industrielle und technologische Weltkultur vollzieht sich vor dem bedrohlichen Hintergrund einer weltweiten Einebnung der historisch gewachsenen kulturellen Traditionen in den Industriestaaten ebenso wie in den noch autochthoneren Kulturen der Dritten und Vierten Welt in Lateinamerika, Schwarzafrika und Asien. Dort stehen Religion und Kultur oft im Widerspruch zu den Anforderungen der technischen Zivilisation mit ihrer universalen Minimallogik, die über einen imperativen Charakter verfügt und einen Alleinanspruch auf den Begriff des *Logos* erhebt. Ein tatsächlicher Zwiespalt kennzeichnet die Industriekultur der Gegenwart. Zum einen wird die Wirklichkeit im Lichte der wissenschaftlichen Erkenntnis betrachtet, welche die Welt, wie Max Weber trefflich formulierte, entzauberte. Zum anderen hat der Mensch niemals aufgehört, grundlegende menschliche Tatbestände, etwa die Begegnung mit der Natur, der Liebe, der Geburt und dem Tod auf eine nicht wissenschaftliche Weise zu erleben.

Die Rationalität ist sicher die Herausforderung unseres Zeitalters, das von der Vorstellung ausgeht, dass allein die Wissenschaft die Ratio gepachtet habe. Diese Weltdeutung glaubt zu leicht an einen Sieg der Ratio über das Irrationale, die sich auf das Verlangen nach Klarheit, allgemein gültiger Einsichtigkeit, Begründbarkeit und Begrifflichkeit gründet. Hierbei zeigt sich die Wissenschaft als eine historisch bedingte Art und Weise, die Wirklichkeit zu verstehen und zu deuten. Die Rationalität wird so zum Ausdruck des Wirklichkeitsverständnisses einer Epoche.

Die heutige Welt wird bis in alle Verästelungen und Einzelheiten des täglichen Lebens hinein von einer operativen Rationalität geprägt, wie dies in einer mythischen Kultur unmöglich wäre. Das Problem besteht darin, dass die tägliche Weltpolitik und die Alltagskultur beweisen, dass unser wissenschaftlich aufgeklärtes Zeitalter tatsächlich nicht weniger irrational und somit vernünftiger ist als andere Epochen. Dies beweist ein Blick in jede Tageszeitung mit den Berichten der weltweiten kriegerischen Spannungen und militanten Aktionen. Wissenschaft und Rationalität lassen sich demnach nicht mit Vernunft gleichsetzen. Dies will bei der wissenschaftlichen Wirklichkeitsauffassung als der Ontologie der Neuzeit bedacht werden. Die Diesseitigkeit des modernen Menschen in einer entgötterten Welt befreit ihn nicht von einem Element des Numinosen. Der moderne Mensch lebt zwar im Zustand absoluter Selbstverantwortlichkeit, er gelangte aber historisch nur dadurch in diese Lage, weil er alles göttliche Wirken in der Natur und damit auch in sich selbst ablehnte.

Logozentrismus

Den Menschen der modernen Industriekultur als ein autarkes Wesen misszuverstehen, hieße freilich, ihm die Ruhe eines Tempelraumes zu verordnen. Das menschliche Leben scheint sich verstärkt in Paradoxien zu entfalten, auch im bisher technisch Unwahrscheinlichen – und ist doch nicht ethisch erhaben. Das analytische Wissen ist freiliegend und bedarf einer übergeordneten Einbettung, will der Mensch nicht zu einem rationalen Nihilismus fortschreiten, der selbst Spuren des Irrationalen trägt, ein Mysterium grundsätzlich neuen Zuschnitts, in der Gentechnik wie im Krieg der Sterne, der unentrinnbaren nuklearen Bedrohung, der Mikroelektronik, in der Kommunikationstechnik, die eng mit der Informationstechnik verbunden ist. Das Internet flankiert die Telekommunikation. Satelliten und Raumsonden bewegen sich mit der Geschwindigkeit von Geschossen durch das Weltall. Die Computertechnik paktiert als irdisches Pendant mit den Waffentechnologien und der Biotechnologie, der Laserfusion, Laserchemie und Laserspektroskopie.

Die Freude am Tun bedingt freilich auch die Tat. Das Benötigen und das Genötigtwerden sind wechselseitig. Die Vermessung des menschlichen Raumes führt sicherlich nicht zu einer Befreiung von der Magie der Dingwelt, sondern wirft uns auf das prometheische Element des Menschen zurück. Das Einüben der gemeinsamen Sache des Menschseins gerät in Vergessenheit, neue Formen der technologischen Irrationalität gewinnen die Überhand. Der Mensch beschleunigt seinen begeisterten Lauf in Richtung auf ein Unbestimmt-Vorausliegendes, ohne dieses exakt bestimmen zu können, und nimmt es als Richtschnur seines Tuns.

Die technisch-wissenschaftliche Kompression treibt zum Versuch einer Besitzergreifung der Grundkräfte des Universums, die wohl in der offensichtlichen Physis erklärbar und quantitativ ortbar ist, nicht aber in ihrem innersten qualitativen Kern, der auf Bereiche weist, die Gegenstand der Humanwissenschaften sind, und auch nicht die Metaphysik als Existenzgrund des Menschen ausspart. Dies vermag weder die Entthronung des Menschen noch die Inthronisierung der Technologie zu ändern, ebensowenig den zum Scheitern verurteilten Versuch einer Verkehrung der Anthropogenese in eine Kosmogenese.

Verlust des Sakralen

Es ist gewiss, dass der Mensch der Gegenwart in den führenden Industriestaaten (in Nuancen trifft dies auch in wachsendem Maße für die Staaten der Dritten, Vierten Welt sowie auf die Schwellenländer zu) die Eingebundenheit in eine traditionelle kosmische Ordnung preisgegeben hat. Die archaische Form der Religion ging verloren durch eine verstärkt profane Lebensweise; jenes Sakrale, das seine Stellung in der kosmischen Ordnung gefährdet sieht, kann als Prisma des Lebens in der Empirie, in der Societas und Kultur des Menschen nicht mehr bestimmend sein. Schlichter formuliert, bedeutet dies: Der Mensch büßt das Sakrale in seinem tatsächlichen Leben ein, er erfährt die Alltagskultur gleichsam mit einem skelettierenden Bewusstsein.

In einer vorwiegend archaischen Kultur wurde der Zeug- und Sinnzusammenhang ebenfalls durch den *Mythos* und das Sakrale getragen; das Sinnhafte und das sachlich Zweckmäßige waren aus einem Guss und drohten nicht wie in der technischen Kultur auseinanderzuklaffen. Das praktische Besorgen wurde in der Seinswirklichkeit unmittelbar vom Mythischen und Sakralen als dem eigentlich Sinnvollen ausgerichtet. Ein Priesterkönigtum mit sakraler Ordnung offenbarte etwa in seinen Symbolen in einfachen Formen tiefgreifende Unterschiede zur Alltagswirklichkeit der Moderne. Welche Auswirkungen hat diese Umkehr von der Vernunft zur Rationalität?

In erster Linie steht hier der Sachverhalt im Vordergrund, dass diese Rationalität nicht nur für den Forscher Richtlinie ist, sondern als Erklärungsgrundlage auch für den außerwirtschaftlichen Raum grundlegend wird. Im Menschen verkörpert sich weiterhin jene humanisierende Kette, deren Verzahnung zuweilen eine Lücke aufweist, er kennt auch den babylonischen Fehlschlag als Vermächtnis seiner gleichsam angeborenen Hinfälligkeit. Die Traurigkeit verwirklichter Träume ist größer als die der noch nicht verwirklichten. Die Gefahr ist hierbei stets eine Variable der eingesetzten Mittel.

Der Aufmarsch an Technik, gepaart mit den umwälzenden Entwicklungen der industriellen Revolutionen der jüngeren Neuzeit ist nicht mehr umkehrbar. Dies hat Auswirkungen auf alle Lebensbereiche, auf das Selbstverständnis der Arbeit, ihre Zuordnung zum Gemeinwohl, auf das Privateste der Menschen, die Beziehung von Mann und Frau, aber auch auf das Bewusstsein der Menschen, das zu immer instrumentellerem, funktionalerem Umgang zueinander nötigt.

Die Frage nach der Stellung des Menschen, nach seiner Distanz zu Gott, ist für das Verstehen einer Kultur und einer Epoche von herausragender Wichtigkeit und kommt einer prima causa gleich, weil hierdurch auch alle Erscheinungsformen der empirischen Welt beeinflusst werden.

Um ein Bild zu gebrauchen: Es liegt ein Stück menschlichen Seins vor, das für das Welttheater bestimmend ist, es spielt in wechselnden Szenenfolgen seit der Frühzeit auf der menschlichen Bühne, angefangen mit den organologischen Ursprüngen über die Vielheit der Kulturen in der vorchristlichen Zeit bis zum Mittelalter und schließlich der Neuzeit, die hier nur in Riesenschritten durchmessen werden kann.

Die spätantike Natur ist noch von Wundern erfüllt, von mehrköpfigen Tieren, zweigeteilten Nonnen, deren Hälften getrennt weiterleben, übersinnlichen Erscheinungen, die oft die Gestalt einer Persönlichkeit annehmen.

All dies ist Ausdruck des Tatbestandes, dass die Beziehung zum Kosmos, zu Gott, zur jeweiligen Kirche und ihrer Heilsmittel in dieser nicht berechenbaren Welt weit wichtiger waren als die Beschäftigung mit der rein rationalen Wissenschaft, die angesichts der Vielfalt bezeugter Eingriffe transzendentaler Willkürakte ohnehin wenig für den Menschen ausrichten konnte.

Veränderung des Bildes

Erst die neuhellenistische Renaissance im europäischen Hochkulturgebiet des 9. bis 12. Jahrhunderts schärfte jene spätantike Wundergläubigkeit. Sie wich ersten Spuren eines Denkens, das im europäischen Hochmittelalter und im Frühhumanismus die gebildete Welt zunehmend beeinflusste. Die neuplatonisch-spätantike Auffassung einer natura mirabilis, als eine mit Wundern erfüllte Welt, steht im Gegensatz zu der hellenistischen Wissenschaft mit ihrer Vorstellung eines geordneten Kosmos. Dennoch kannten die mittelalterliche Welt und ihr Ordnungsgefüge noch einen Symbolismus, der durch die Autorität Gottes selbst geführt wurde. Dantes Göttliche Komödie zeigt vortrefflich jene mittelalterliche Signifikanz als eine Einheit alles Vorhandenen in einem übergeordneten kosmischen Bezug.

Das Wirklichkeitsbild verändert sich verstärkt mit dem 16., 17. und 18. Jahrhundert. Die Meisterung des Wissens wies die Unbedingtheit des Glaubens in ihre Schranken, Intelligenz und eigene Urteilskraft bemächtigten sich auch der Natur durch das Experiment; in Jurisprudenz und Wissenschaft vollzog sich gleichermaßen eine Entwicklung, die den Menschen immer stärker aus der religiösen Einheit des Lebens und Arbeitens herauslöste. Neue Formen der Produktion und der Verteilung von Gütern entstanden, immer breitere soziale Schichten fanden Zutritt in die erweiterte Berufswelt.

Offenen Auges folgten moralische und religiöse Verpflichtungen gegenüber Kirche und Reich nicht mehr dem Duktus unabdingbarer Gesetze, die als erhabenes Gebot auf Gott wiesen, die ideologische Zielgerichtetheit schwenkte auf eine andere Richtung ein. Es entstand das Gefühl der Unbegrenztheit, das sich aus dem neuen kosmischen Bild ableitete und sich wie ein Vexierbild auf die Seite der empirischen Welt kehrte.

Unbekannte Gebiete der Welt galten nicht mehr als unerreichbar, als Schlupfwinkel, voll der opiatischen und narkotischen Tröstungen und der warmen regnerischen Winde; sie waren erschließbar und wurden der Alltäglichkeit einverleibt.

Dante bezichtigte Odysseus noch des Übermutes, weil er sich über den Felsen von Gibraltar in die offene See hinauswagte. Für den Menschen der aufbrechenden Moderne verkörperte die unerschlossene Geographie eine Herausforderung, der er sich zu stellen hatte. Das Vorrücken auf die Freiheit in ihrer neuen Gestalt, das Hinter-sich-Wissen überkommener Grenzsteine vollzog sich zweifach: durch die menschliche Aktion und durch die Freiheit des Selbstregierens. Die Seinsgewissheit einer mittelalterlichen Eingebundenheit wurde verloren zu Gunsten eines Freiraumes im individuellen Bereich. Rudolf Otto konnte noch von einer überwiegend magischen Naturauffassung, von dem Wirkkriterium des tremendum, des fascinans, des Schauerns der Göttlichkeit sprechen, wie dies mit dem Fest- und Feierbegriff verbunden ist, der aus der mittelalterlichen Ostermystik hervorgeht.

Der Mensch misst als gefesselter Riese erfahrbare Wirklichkeit an sich selbst und erlebt eine Naturentfremdung, ohne im geistig-spirituellen Raum wirksame und balancierende Gegenkräfte zu entwickeln. Welche Gestalt könnte das im Bemühen um Eigentlichkeit vollzogene seelische Nachreifen des Menschen als Gegenkraft zu dem Primat des *Logos* annehmen? Kappt der Mensch die Richtschnur des eigentlich Humanen? Alain Touraine formuliert sehr bezeichnend: »Usage devoye de la rationalite, fonctionnant comme principe religieux.« Es stellt sich die Forderung, die Konfrontation mit der Messbarkeit, die Nummerierung des Lebens gleichsam, das algebraische Zahlenspiel des Alltags, die Versachlichung des Lebens durch die Funktionszuweisung der Technologie in eine Kosmologie einzugliedern.

Aus diesem Grunde steht die Suche nach den kosmischen Zentren, nach all den Polen, die jenseits des inneren Horizontes des Menschen liegen und doch auf sein empirisches Verhalten grundsätzlich Einfluss nehmen, im Vordergrund. Diese Welttendenz erscheint umso kontrastreicher, je tiefer der Mensch an seinen Wurzeln gemessen und an die Zeit der Vor- und Frühgeschichte erinnert wird (etwa durch Teilhard de Chardin oder Darcy Ribeiro an das Mittelalter mit seiner Betonung der Transzendenz, durch Georges Duby oder Jacques Le Goff an den italienischen Humanismus, etwa durch Boccaccio, oder noch an die Renaissance durch Jacob Burckhardt, Ernst Gombrich oder Erwin Panofsky).

Die außereuropäischen und europäischen Kulturen sowie der indoeuropäische Kulturraum wurden von einer Vielzahl von Religionshistorikern, von Georges Dumezil bis Mircea Eliade, auf dieses Phänomen der Entsakralisierung durchleuchtet und auf mögliche Neugestaltungen des Sakralen in den Industriegesellschaften hin befragt.

Die Bedrohung der Welt durch eine kalte Mechanik entspricht im gesellschaftlichen Großraum dem *foro inferno*, das Hobbes in der Philosophie sah. Die Produktion wird zu einer Art von religiösem Glauben, und die technokratischen Ideen brandmarken alles Gedankengut als unproduktiv, das zu den großen industriellen Bastionen keinen Zugang findet. Die politischen Praktiken der Wirtschaft schützen nicht vor dem Tatbestand, dass eine besondere Form der technologischen Irrationalität, von der Gentechnik bis zum Atom, das Schicksal der Menschen bestimmt. Das Zeitalter der ungeheuren industriellen und technologischen Macht ist dabei, das Individuum zu liquidieren. Die industrielle Disziplin, der technologische Fortschritt, die wissenschaftliche Aufklärung, die gemeinsam die Auslöschung der Individualität bewirken, leiten in ein neues Zeitalter ein, das die Forderung mit sich führt, die Individualität in einer humaneren Daseinsform neu entstehen zu lassen.

Einsicht in Vergangenes

Es scheint, als gehe in der Gegenwart eine bestimmte Lebensqualität zu Grunde, die ein Maß an Menschlichkeit und auch gegenseitiger Zuwendung und Fürsorge, aber auch Herzlichkeit bedeutet hat und sich in der Zweckrationalität der Gegenwartskultur in den Industriestaaten der ersten Welt nicht mehr am Leben halten kann.

So bleibt, auf die dringend notwendige Verknüpfung von analytischem und synthetischem, zwischen dem abstrakt-logischen und dem konkret-fühlenden Element hinzuweisen. Losgelöst von der Fähigkeit der Einbildungskraft, von den Träumen und Eingebungen, von einem holistischen Menschenbild scheint dem Menschen gleichsam ein Teil seiner selbst zu fehlen; er leidet in seiner Verlorenheit gewissermaßen an einer Art des kosmischen Heimwehs, in die er in der entgötterten Welt entlassen ist. Bereits Teilhard de Chardin hat zu Recht darauf verwiesen, dass es in der technologischen Zivilisation einen Zustand der Entseelung gibt, der kein tiefes inneres Leben mehr erlaubt. Freilich darf niemals vergessen werden, dass der gegenwärtige Zustand lediglich ein sehr bestimmtes Durchgangsstadium in der Jahrmillionen umfassenden biologischen und psychosozialen Evolution ist. Probleme lassen sich entsprechend nur dann lösen, wenn der Mensch auf seine bisherige Entwicklungsgeschichte des Planeten bewusst in der Retrospektive Einsicht nimmt und aus dieser Perspektive zu einer planenden Zukunftsgeschichte voranschreitet.

Homo oeconomicus

Die Wissenschaft hatte einen langen und dornenreichen Weg. Die Renaissance war besonders verpflichtend. Kopernikus zeigte, dass die Erde nur ein Satellit der Sonne ist, die ptolemäische Welt war im Wandel, die Erde wurde aus dem Zentrum des Universums geworfen. Die Kirche griff ein, jedoch vergeblich, das Schicksal Galileis war ausdrucksvolles Zeugnis dieses Aufbäumens. Die Welt des Aristoteles, des heiligen Thomas von

Aquin, war im Begriff, sich aufzulösen, die herkömmliche Logik, die für den Menschen so vergänglich einfach, so bequem war – sie war im Zustand des Aufbruchs.

Auch die irdischen Territorien wurden rasant erweitert, Marco Polo hatte dem Abendland die ungeheure Weite Asiens erschlossen, Christoph Kolumbus entdeckte die Neue Welt, Vasco da Gama fand den Weg nach Indien. Kurze Zeit vor dem Erscheinen Machiavellis und Luthers ersann Gutenberg den Buchdruck, und die Welt des Gedankens strahlte mit weitreichendem Einfluss in immer neue Lebensbereiche. Neben die Behauptungen der Philosophie und die Theoreme der Religion trat nun die Gewissheit der systematischen Beobachtung der Weltphänomene.

Dies setzt eine exakte Vorstellung der Struktur des Kosmos voraus. Es zeigt eine Umkehr vom qualitativen Denken, das etwa Aristoteles bestimmte, hin zum quantitativen Denken eines Galilei, Newton oder Lavoisier. Das 18. Jahrhundert, Voltaire und die Enzyklopädisten, verstärkte diesen Ton, der Symbolkraft auch im politischen Felde gewann: Die Vereinigten Staaten von Amerika proklamierten ihre Unabhängigkeit, die Macht der Regierenden hing von der Zustimmung der Regierten ab, und jedes Individuum war frei, das Glück auf seine Weise zu bestimmen.

Die industrielle Revolution breitete sich rasch über England aus, Adam Smith schuf mit seinem Buch *The Wealth of Nations* einen Eckpfeiler des neuen Denkens. Die Französische Revolution brach aus, ersetzte die Aristokratie durch das wirtschaftlich erstarkende Bürgertum, die liberale Ökonomie begann ihren Aufstieg. Der Homo oeconomicus wird zur tragenden Gestalt der Moderne. Er anerkennt den Primat der Materie und opfert das Spirituelle dem Ökonomischen. Die Geschichte unserer moralischen Emanzipation und der Aufgabe des Sakralen vermengen sich mit dem Ungehorsam gegenüber den wesentlichen Gesetzen der Natur. Der Homo oeconomicus unterschlägt Tatbestände der menschlichen Existenz, die mehr ist als nur Produktion und Verzehr. Seit Beginn seiner Evolution auf der langen Reise der Menschwerdung legt der Mensch Zeugnis ab von der Schönheit, dem Sinn für das Religiöse, die intellektuelle Neugier, die schöpferische Imagination und den Geist des Opfers. Den Menschen auf seine ökonomischen Fertigkeiten zurückzunehmen, bedeutet, einen Teil seiner selbst zurückzustufen. Im Leben des abendländischen Menschen wurde die Ratio der Intuition vorgezogen, ebenso die Intelligenz dem Gefühl. Man folgte Descartes und verließ Pascal, um es in eine philosophische Kurzformel zu fassen.

Sie ist immer auch eine Krise des Individuums, als dessen Agens sich die Rationalität entwickelt hat. Das Individuum als eine historische Kategorie meint nicht nur die raum-zeitliche und sinnliche Existenz eines besonderen Gliedes der menschlichen Spezies, sondern weiterhin ein bewusstes menschliches Wesen, das sich seiner Individualität bewusst ist, primär durch die Erkenntnis seiner Identität.

Gesellschaftliche Macht wird in der Gegenwart immer stärker durch die Macht der Dinge verkörpert. Je stärker aber das Interesse eines Individuums auf die Beherrschung der Dinge gerichtet ist, desto stärker sind seine wirklich individuellen Züge bedroht, desto mehr wird sich sein Geist in eine formalisierte Ratio verwandeln.

Das typisch griechische Individuum war noch anders gestaltet. Es kam im Zeitalter der Polis oder des Stadtstaats zur Blüte: mit der Herausbildung einer Bürgerklasse. In der athenischen Lehre war der Staat seinen Bürgern gegenüber stets das Erste und das Höhere. Das Vorherrschen der Polis erleichterte eher den Aufstieg des Individuums, als dass es ihn behinderte, da es einen Ausgleich zwischen dem Staat und seinen Angehörigen bewirkte, zwischen individueller Freiheit und gemeinsamer Wohlfahrt, wie ihn Perikles so trefflich schilderte in seiner Grabrede. Aristoteles beschreibt den griechischen Bürger als ein Individuum, das, zugleich mit dem Witz des Europäers und der Intelligenz des Asiaten begabt, die Fähigkeit besaß, andere zu beherrschen, ohne die Freiheit zu verlieren. Dieser Ausgleich wurde auch in der Stadtkultur von Florenz im 15. Jahrhundert erzielt. Das Schicksal des Individuums war stets mit der Entwicklung der städtischen Gesellschaft verbunden gewesen.

Sokrates war der wirkliche Herold der abstrakten Idee der Individualität, er war der Erste, der die Autonomie des Individuums expressis verbis hervorkehrte. Der Wert der Seele wurde später durch die Idee der Gleichheit vermehrt, die in Gottes Schöpfung des Menschen nach seinem Bild in Christi Sühneopfer für die gesamte Menschheit enthalten ist.

Durch die Erhaltung der ewigen Seele bestand das Christentum auf dem unendlichen Wert eines jeden Menschen, ein Gedanke, der sogar nichtchristliche Systeme der abendländischen Welt beherrschte. Zumal das Individuum durch die Geringstufung seines empirischen Ichs eine neue Tiefe und Vielschichtigkeit erreichte. Mit Blick auf die Idee des Individuums besteht zwischen der Reformation und der philosophischen Aufklärung eine auffällige Parallelität.

In der Neuzeit warf die Idee der Individualität ihren metaphysischen Prunk ab und wurde zur Synthese der materiellen Interessen des Individuums. So verstanden wurde der Individualismus zum innersten Kern der Theorie und Praxis des bürgerlichen Liberalismus, der in dem Fortschreiten der Gesellschaft, in der Wechselwirkung der auseinander tretenden Interessen auf einem freien Markt zutage tritt.

Wert der Tüchtigkeit

Der Gedanke der ewigen Seligkeit und alles, was mit dem Absoluten in Verbindung war, ist auf die Funktion religiöser Erbauung herabgesunken, die als eine Art der Freizeitbeschäftigung verstanden wird. Selbst die Idee der Wahrheit ist auf den Zweck eines nützlichen Werkzeugs bei der Kontrolle der Natur zurückgenommen. Der Zwang der pragmatischen Wirklichkeit von heute lässt das Selbstbewusstsein des Menschen mit seiner Funktion identisch werden. Die Einheiten der älteren Gesellschaften waren in dem Sinne Totalitäten, dass sie hierarchisch organisierte Gebilde waren. Dies trifft für das Leben des totemistischen Stammes ebenso zu wie für die Sippe, die Kirche des Mittelalters, die Nation in der Ära der bürgerlichen Revolutionen, sie alle folgten Mustern, die sich durch geschichtliche Entwicklungen herauskristallisiert hatten. In diesen Mustern, seien sie magisch, religiös oder philosophisch, spiegelten sich die jeweiligen Formen der sozialen und politischen Herrschaft. Seit dem Industrialismus im 19. Jh. gewinnt nun eine andere Seite der Rationalität die Oberhand: Verbände, Gruppen und Organisationen fordern die Individualität als das Element des Besonderen vom Standpunkt der Vernunft heraus. Tüchtigkeit wird zur *efficiency* als der einzigen Rechtfertigung für das Dasein eines Individuums. Die technische Zivilisation hat die Tendenz, alle Attribute von Individualität zu negieren, ohne dass die Mitglieder dieser Zivilisation durch die Rationalität ihrer Organisation entschädigt würden, ohne dass sich der technokratische Traum erfüllen würde. Der Verfall des individuellen Denkens durch die wirtschaftlichen und kulturellen Mechanismen des modernen Industrialismus erschwert die Entwicklung zum Humanen in besonderem Maße. Die europäische Kultur ist sicherlich nicht in einem einfachen linearen Sinne zu bestimmen. Das geistige Gebiet, das sich als Europa umreißen lässt, weist auf außereuropäische Traditionen hin, auf Assyrien, auf den indoeuropäischen Kulturraum, auf die vielseitigen philosophischen, künstlerischen und religiösen Schöpfungen aus dem Vorderen Orient, aus Kleinasien, Zentralasien, aus der arabischen Welt. Fragt man, wie diese Kultur entstanden ist, so lassen sich vielseitige Antworten geben. Auch der Zeitpunkt lässt sich nicht leicht bestimmen: mit Sokrates, dem heiligen Paulus, mit dem römischen Recht, mit Karl dem Großen, im Laufe der geistigen Umwälzungen des 12. Jahrhunderts, nicht zuletzt mit den Begegnungen mit der Neuen Welt. Auch die geographischen Grenzen Europas sind nicht immer scharf zu ziehen. Gehört Byzanz dazu? Oder Russland? Oder bestimmte Regionen Afrikas, Nord- und Lateinamerikas? Diese Fragen sind nicht eindeutig zu bestimmen, die Konstitutiven unseres Kulturraumes sind breit gefächert. Es bleibt ebenso umstritten, wann sich die Europäer bewusst geworden sind, dass sie eine einzigartige kulturelle Gemeinschaft geworden sind, deren Zusammenhalt nicht zuletzt durch das abendländische Christentum gestiftet wurde. Es gibt wenige Anzeichen dafür, dass diejenigen, die etwa in den verschiedenen historischen Epochen auf der Iberischen Halbinsel gegen die Sarazenen, in Schlesien gegen die Tataren und im Donaubecken gegen die Osmanen kämpften, bereits ein derartiges Bewusstsein der Identität geteilt hätten.

Kultureller Universalismus

Es ist unzweifelhaft, dass sich dieses Bewusstsein aus der Gemeinsamkeit des Glaubens entwickelte und dass es sich durchzusetzen begann, als die Gemeinsamkeit im europäischen Maßstab einzusetzen begann. Heute wird die Idee der europäischen Kultur häufig in Frage gestellt, oder besser, der einzigartige Wert und ihr Überlebensanspruch sind strittig.

Sind wohlwollendes Interesse und Toleranz gegenüber anderen Kulturen nur möglich, wenn man darauf verzichtet, die eigene Kultur ernst zu nehmen? In welchem Maß können wir unsere ausschließliche Zugehörigkeit zu einer Kultur bejahen, ohne die anderen zerstören zu wollen?

In der Philosophie gibt es den berühmten Prolog, in dem Diogenes Laertius die irrige Vorstellung bekämpft, es habe bereits vor den Griechen bei den Barbaren, bei den indischen Gymnosophen und bei den babylonischen oder keltischen Priestern Philosophie gegeben. Er wendet sich bereits gegen den kulturellen Universalismus, gegen den Kosmopolitismus des 3. Jahrhunderts. Er vertrat die Ansicht, dass die Philosophie, wie das Menschengeschlecht als Ganzes, ihren Ursprung bei den Gräbern des Musaios von Athen und des Linos von Theben, Sohn des Hermes und der Urania, hätte. Er erinnert uns an die eigentümlichen Gebräuche der chaldäischen Magier und die wunderliche Glaubenswelt der Ägypter und zeigt sich erzürnt darüber, dass man Orpheus, den Thraker, als Philosophen bezeichnete, einen Mann also, der sich nicht schämte, den Göttern alle menschlichen Leidenschaften, selbst die niedrigsten, zuzurechnen. Europa gewann, nicht zuletzt auch durch die Bedrohung durch das osmanische Reich, ein immer klareres Bewusstsein seiner eigenen kulturellen Identität, stellte aber auch die Überlegenheit seiner eigenen Werte in Frage und setzte einen Prozess der Selbstkritik in Gang, der bis in die Gegenwart reicht und ebenso Ursache von Stärke wie Ausdruck von Verwundbarkeit geworden ist.

Die Fähigkeit, sich in Frage zu stellen und jede pharisäerhafte Überheblichkeit und Selbstgefälligkeit zu unterlassen, ist die Voraussetzung der geistigen Kraft Europas. Die europäische Kultur definierte sich in der Überwindung eines ethnozentrischen Standpunktes. Das Spezifikum der europäischen Kultur liegt in der Fähigkeit, nicht in Selbstgenügsamkeit zu verharren und Selbstgewissheit zu verwerfen. Die tatsächliche kulturelle Identität Europas besteht in der Weigerung, eine vollständige Identifikation zuzulassen und den Zustand der Schwebe vorzuziehen. Die Stärke der europäischen Kultur liegt eben in der Unsicherheit gegenüber den eigenen Normen, in der Fähigkeit zur Selbstkritik.

Zweifel an sich selbst

Jener Humanismus, der von Pico della Mirandola in seinem Diskurs über die menschliche Würde geschaffen wurde, ist ein Humanismus, der von der Überzeugung getragen war, dass der Mensch unvollkommen ist, dass er sich notwendigerweise in einem Zustand der Ungewissheit befindet. Dieser Humanismus ist mit der christlichen Lehre durchaus in Einklang zu bringen. Der beständige Zweifel an sich selbst verleiht der europäischen Kultur das geistige Gleichgewicht und die Rechtfertigung ihres Anspruchs auf Universalität. Arnold Toynbee hatte 1947 in seiner Schrift *Civilisation on trail* noch einen hoffnungsvollen Grundton: »Unsere Nachkommen werden nicht einfach Abendländer sein wie wir. Sie werden ebensogut die Erben von Konfuzius und Lao Tse wie von Sokrates, Platon und Plotin sein; Erben des Guatama Buddha so gut wie die des Deutero-Isaias und Jesus Christus; von Zarathustra und Mohammed ebenso wie von Elias, Elisaeus, Petrus und Paulus; Erben von Shankara und Ramunuja so gut wie von Clemens und Origenes; Erben der kappadozischen Väter der orthodoxen Kirche so gut wie unseres afrikanischen Augustinus und unseres umbrischen Benedikt; Erben von Ibn Khaldun wie von Bossuet; Erben schließlich – soweit sie weiterhin in politische Verwirrung verstrickt sein werden – von Lenin, Gandhi und Sun Yat-sen so gut wie von Cromwell, George Washington und Mazzini.«

Bloße Technokratie

Es ist hier nicht beabsichtigt, eine negative Ontologie der technischen Zivilisation zu entwerfen. Sie entspräche lediglich einer Kapitulation der Humanität vor den tatsächlich anstehenden Problemen moderner Industriekulturen, die einem Gebücktsein, ja einem Kniefall vor einem kryptischen, ominösen Empfinden des Beraubtseins gleichkäme. Es geht nicht um undifferenzierte Überspitzungen, die eine Sicht auf die tatsächlichen Probleme verstellen, nicht um die verkürzte Gegenüberstellung von Mensch und Technologie, Gerät und Gott, Technokratie und tiefem Lebenssinn, und doch stellt sich die Frage nach den möglichen Formen menschlicher Würde in den Industriekulturen der Gegenwart als der verantwortlichen Verknüpfung eines dichten Geflechtes von Faktoren, als der Bestimmung des *criterium existendi*.

Es ist gewiss die Aufgabe des menschlichen Verstandes, Fragen zu stellen nach der Grundbefindlichkeit in einer technischen Zivilisation sowie Antworten zu finden. Nun taucht das Problem auf, dass der menschliche Verstand zu einem überwiegend positivistischen Verstand mutierte. Hierdurch wurde er aber seiner entscheidenden Dimension beraubt: Die Fragen nach den Mitteln weichen zurück und überlassen der Bestimmung der Ziele das Feld. Die Frage nach dem Wie hat die Frage nach dem Warum, in der sich der eigentliche philosophische Gehalt spiegelt, im Wesentlichen verdrängt. Die weitreichenden Auswirkungen dieses Tatbestandes sind die Erstarrung der Wissenschaftlichkeit zu schierem Szientismus, der Technik zu bloßer Technokratie und der Politik zu jenem erkalteten Gleichgewicht des Schreckens in Gestalt des Machiavellismus der Gegenwart.

Der Szientismus ist auf die Vorstellung gegründet, die Wissenschaften – verstanden als ein totum – könnten die anstehenden Probleme des Menschen in der Gegenwart lösen oder zumindest einer Lösung nahebringen.

Das experimentell nicht Messbare, nicht Erfahrbare und entsprechend nicht Vorherbestimmbare existiert in dieser Vorstellung nicht. Entscheidende, den Menschen in seiner Eigentlichkeit charakterisierende Erfahrungen des Gefühls, des Glaubens, der künstlerischen Schöpfung können keine Aufnahme in den Kanon der Kategorien finden. Die Technik wird zum Selbstzweck der Technokratie mit ihrem spezifischen Gewicht und stellt weniger die Frage nach den Zielen, sondern nach der Möglichkeit der Ausführung alles technisch Machbaren. Wissenschaftliche Ratio wird zu einem Derivat, zur menschlichen Unvernunft herabgestuft. Es stellt sich das Problem der Beziehung von Mitteln und Zielen. Die Wissenschaften bleiben grundlegend für die Erstellung der Mittel, die aber nur in Verbindung mit den Zielen ein Ganzes bilden.

Dies leitet zu den Qualitäten des Lebens über. Das wesentliche Problem der führenden Industriestaaten liegt heute neben ihrer Effizienz in der Sinnstiftung als Voraussetzung einer Arbeitsleistung für die verschiedenen Bevölkerungsschichten. Es geht somit nicht nur um eine Philosophie des Seins, sondern auch um eine Philosophie der Aktion. Die erstrebte Vernunft darf sich nicht auf die Reflexion über das Sein beschränken, sondern muss als eine schöpferische Vernunft die Tat fortwährend begründen.

Nur eine Teilmenge

Es ist hierbei offensichtlich, dass die abendländische Vernunft und Logik, wie sie etwa bei Descartes oder Kant aufscheint, nur eine Teilmenge des rationalen Potentials des Menschen in einer planetaren Zivilisation ausmacht. Die Vernunft, die es in den Industriestaaten zu entwickeln gilt, darf nicht Dienerin des rein Faktischen sein, jener vermeintlichen Notwendigkeiten in Politik und Technik. Die Folge wäre das entfesselte Aufeinandertreffen der sich gegenüberstehenden Machtblöcke in der Politik und einer nicht mehr mit der menschlichen Würde zu vereinbarenden Entwicklung des technologischen und naturwissenschaftlichen Vermögens des Menschen. Angesichts des Tatbestandes, dass der Mensch heute über die Fähigkeiten verfügt, Leben nuklear auszulöschen als letzten Ausdruck seines Bemühens um Eigenständigkeit in einer historischen Entwicklung, die sich verselbständigt hat und irreversibel ist, gibt es für die menschliche Vernunft keinen anderen Ausweg, als sich zu besinnen.

Die technische Weitläufigkeit und die geographische Dichte, das Einander-Näherrücken, geben diesem Problem eine planetare Bedeutung. Es trifft Christen ebenso wie Muselmanen, Marxisten wie Sikhs und Tamilen, Buddhisten, Shintoisten oder Hinduisten.

Es ließe sich daraus ableiten, dass bloßes zweckrationales Denken und Handeln durch nicht vorteilstrebendes und somit zweckfreies, im klassischen Sinne humanes Vorgehen aufgefangen werden könnte. Soll dies nicht ein Gedankenspiel bleiben, ist offensichtlich, dass nur eine humanistische Grundhaltung und die Ausbildung, die zu ihr hinführt, eine Lösung sein kann. Das Studium Ovids, der griechischen Philosophie, des Sophokles, Spinozas oder der Malerei des Quattrocento gewinnen für die Moderne neben der kunsthistorischen Retrospektive noch eine zusätzliche vertiefende und zugleich zukunftsweisende Aufgabe. Der Rückblick auf Traditionen verweist auf Möglichkeiten einer Neubestimmung menschlicher Vernunft in der Gegenwart.

Der Logos am archimedischen Punkt

Gefordert ist Einsicht in die anwachsende Gegenseitigkeit, die das Nebeneinander menschlicher Kulturen ausmacht. Die entwerfende menschliche Vernunft kann so nur ein Kreuzpunkt sein, der komplementär und doch ordnungsstiftend wirkt jenseits kultureller Grenzen. Diese Vernunft kann sich nur auf eine anthropologische Basis stellen, einen gemeinsamen Nenner menschlichen Seins, der einem archimedischen Punkt gleicht: in ihm werden die politische Aktion, die künstlerische Schöpfung, der Glaube und das technische Vermögen des Menschen ein Ganzes.

Dieser Horizont gibt dem Verhältnis zwischen Vernunft und Rationalität eine neue Gestalt, wobei dem Begriff der Vernunft jene zusätzliche Dimension einer Einsicht in alle Erkenntnisformen des Menschen in den verschiedenen Kulturen zugeordnet wird. Die Vorstellung einer *sophia perennis*, einer letzten Weisheit als tiefster Wurzel, die diesem archimedischen Punkt gleichen könnte, erscheint nur sehr unscharf am Horizont einer rein technischen Kultur, soweit sie zur verklammerten Dingwelt erstarrt. Ein historischer Bezug zeigt Beispiele und Möglichkeiten auf.

Die klassische Polis kannte zeitweilig den Übergang vom *Mythos* zum *Logos*, der nicht substitutiv erfolgen konnte. Plato vollzieht den Rückgriff auf den *Mythos* stets dann, wenn der *Logos* an die Grenze seiner Erkenntniskraft stößt. Die griechische Polis kannte die Urform der Tragödie, die dem *Mythos* stützend zum Ausdruck verhalf. In der griechischen Kultur paarten sich Bürgerfähigkeit und technischer Fortschritt: die praktische Fähigkeit, die *techne*, wurde aber einer niedrigeren Ebene zugerechnet, im ersten Glied stand *schole* und der sorgende Weg zu jener Weisheit.

Mensch und Ganzheit

Diese Problematik hat sich seit der Zeit der hadrianischen Bauten und der druidischen Steinsäulen nicht wesentlich geändert, die Antworten hingegen zeigen eine Verzerrung ins Große. Der Rückgriff auf die Tradition der Naturtheologie, wie sie ursprünglich als Sapientia in Platons Republik oder im Schriftwerk Augustinus' aufschien, verkörpert etwa ein Maß, das sich in seiner Vorgabe einer Reduktion der Vernunft entgegenstellt. Vernunft und Intellekt halten einen Weg frei, der gewiss nicht zu einer *scientia sacra* führen soll und doch nicht nur dem verengten *Logos* ontologische Wirklichkeit und Alleinherrschaft einräumen möchte.

Die Beschränkung des Menschen auf seine reinen analytischen Fähigkeiten lässt das Anselm'sche Wort des *Credo ut intellegiam* nicht zu. Bereits in der griechischen Kultur stand die Begrifflichkeit der *sophia* im Gegensatz zur sophistischen Tradition und den skeptischen Formen des Denkens im späteren historischen Verlauf.

Die Argumente lassen sich bündeln

Die führenden Industriestaaten sind heute vergleichbaren Phänomenen ausgesetzt, die transempirische Züge aufweisen. Die rationale Organisation der gesellschaftlichen Aktivität, die vielfachen Innovationsprozesse, die noch immer gestiegene Mechanisierung und Abstraktheit der Arbeits- und Privatwelt – von der Gentechnologie bis hin zur Verwendung von Mikroprozessoren und der Spitzenelektronik – vollziehen sich mit dem Ziel, die Produktivität und das wirtschaftliche Wachstum expotential zu steigern. Die Zukunftstechnologien fordern das Ausbildungs- und Beschäftigungssystem der Industriekulturen heraus. Die Vielzahl kommunikativer Möglichkeiten ist hiervon ebenso betroffen wie das menschliche Miteinander in der ihm gebührenden Tragweite. Die Dynamik des naturwissenschaftlich-technischen Potentials erscheint als volkswirtschaftlich notwendig, zukunftsweisend und ist gewiss nicht aufhaltbar. Gerade die technisch-naturwissenschaftlichen Grenzfragen suchen nach moralischen und in letzter Konsequenz nach ethischen Antworten und Richtlinien. Die Teilung des Menschen in Daseinsweisen verschiedener Wertordnung bietet Einblick in die jeweils bestimmende Form der Reaktion auf die Phänomene der Versachlichung, Verdinglichung, Entsakralisierung oder Entpersönlichung. Entsteht gar eine neue Persönlichkeitstypologie entsprechend kulturhistorischer Voraussetzungen?

Das Sein im Tun

Sind die tragenden Tendenzen der Modernisierung in ihrem Unterwegs zur postindustriellen Gesellschaft mit den kulturellen Traditionen anders verknüpfbar als in den westlichen Industriestaaten? Folgen beide Ebenen einander oder schließen sie sich gegenseitig aus? Lässt sich das Wort als falsches Idiom entlarven, wonach eine vorwärtsschreitende Industrialisierung in kruder Form zum Verlust kultureller Traditionen und Eingebundenheit führen und die ursprünglich dem Menschen gegebene Ganzheit spalten müsse?

Menschliche Seinsart aus der umfassenden Geschichte zu begreifen heißt, den objektiven Zusammenhang zwischen Wirtschaft, Politik, Gesellschaft, Religion und Kultur als dem Anschauungsganzen in die Betrachtung mit einzuschließen. Bei der Frage, was der Mensch sei, bleibt das Sein im Tun zu erfassen – und vice versa. Hierbei wird die Empirie nicht in den Winkeln der Theorie aufgespürt, sondern verläuft gleichsam gegen die Schenkel im Lot der Wirklichkeit.

Kultur ist nicht erworbene Sprache, die den Augenblick flieht, sie ist sinngebend – ausgleichender Faktor in einer technologischen Welt und somit der Vollzug menschlichen Denkens und Handelns selbst. Der Mensch vermag nur im Bewusstsein Teil eines Lebensstroms zu sein, die weltumspannenden Aufgaben in die Wege zu leiten. Die Religion ist sicherlich in einem neuen kosmischen Verständnis zu sehen, die traditionellen Formen der religiösen Legitimationen, auch von Herrschaft, etwa in theokratischen Religionsformen, mutieren auf neue Gestaltungen hin. Die Frage freilich bleibt offen, wie es zu einer neuen, am Ganzen teilnehmenden Spiritualität kommen kann.

Das dritte Jahrtausend wird zeigen, ob es tatsächlich eine Wende vom mechanistischen zum mystischen Zeitalter geben wird, ob sich sogar eine

Symbiose aus Natur, Wissenschaft und einer grundsätzlich neuartigen Mystik des nachmechanischen Zeitalters einstellt als Merkmal eines Übergangs zu einer weiteren Stufe der Evolution des Menschen.

Werden einer neuen Kultur

Wir erleben heute eine gleichzeitige Vergegenwärtigung aller Kulturen der Welt, die verstärkt auch eine Koexistenz der bisher entlegensten Kulturen fordert. Ein historisch bislang nicht gekanntes Ausmaß von Medien und Techniken eröffnet Verkehrswege und den Austausch in die abgelegensten Weltgegenden innerhalb weniger Flugstunden, die ein seelisches Nachreifen, ein Sich-Einstellen auf die neue Kultur gar nicht mehr erlauben, ja oftmals auch gar nicht mehr wünschen, da ja die jeweils eigenen Werte und Wertvorstellungen gleichsam unbefragt als bedeutender in die entlegene Kultur Lateinamerikas, Afrikas oder Asiens importiert werden, als Ausdruck der finanziellen und wirtschaftlichen Hegemonialstellung eines Abkömmlings einer Industrienation.

Natürlich löst dies die gewachsenen autochthonen Kultur- und Religionstraditionen der jeweiligen entlegenen Staaten auf, die in Fatalismus verfallen, wobei bereits der bewusst gewählte Begriff *entlegen* die Willkür der Perspektive offenbart und ein rein eurozentrisches Weltbild entlarvt, das nicht mehr der empirischen Wirklichkeit des beginnenden 21. Jahrhunderts entspricht, in dem faktisch und quantitativ messbar der absolut überwiegende Anteil der Menschen in eben diesen Staaten und Kulturen lebt, die wir gerne als entlegen geringschätzen und die – sehr zu Recht – als gleiche Menschen vor Gott auf ihre Lebensrechte pochen.

Die globale Nivellierung des vielseitigen kulturellen Inventars des Menschen als seinem eigentlichen Spezifikum in allen Teilen der Welt entspricht den Anforderungen der technischen Zivilisation und markiert den Widerspruch zwischen den jahrtausendelang gewachsenen kulturellen, mythischen und religiösen Traditionen in der psychosozialen Evolution des Menschen und jener pragmatischen Letzt- und Minimallogik der Technologie, die sich amöbenhaft und rücksichtslos zugleich über die Welt in bedrohlicher Geschwindigkeit verteilt.

Nun zeigen die geistig-seelischen Reaktionen der Menschen aber immer deutlicher, dass ein rein materielles Verständnis von Kultur und Staat tatsächlich nicht ausreichend ist. Vor dem Hintergrund der Ubiquität von Technik und Wissenschaft ist es eine zentrale Frage, wie die operative

Rationalität in Übereinstimmung mit der jeweiligen Kulturalität des Menschen gebracht werden kann.

Der entscheidende Widerspruch tritt offen zutage: Oft steht die eigene Kultur nicht im Einklang mit jener Minimallogik, jener Letztlogik, die eine universale Rationalität der technischen Zivilisation fordert. Hierdurch sind die Menschen in ihren Kulturtraditionen gefährdet und in ihrem Bestand bedroht. Die traditionellen Werte als Leitsterne einer Kultur sind in Auflösung begriffen, ohne dass eine neue Orientierung per se eintritt. Die Vorstellung einer einzigen Industriekultur in planetarer Weite hat durchaus einen imperativen Charakter. Es stellt sich heute in der Ersten Welt wie in den Schwellenländern und den Drittweltstaaten als existentielle Notwendigkeit die Wahrung der jeweiligen kulturellen Eigenständigkeit und Identität entsprechend der historisch gewachsenen Traditionen.

Die Anerkennung des Pluralismus der Kulturen ist gerade aus friedenstechnischer Sicht von Bedeutung. Es geht weniger um die Frage, ob eine Kultur besser ist als eine andere, sondern darum, ihre Unterschiede zu beleuchten und tatsächlich zu verstehen, um die Logiken des Denkens und des Handelns des jeweils anderen Staates und seiner Kultur zu begreifen. Dies gilt für den Islam in seinen vielseitigen Schattierungen und fundamentalistischen Ausgestaltungen ebenso wie für den Konfuzianismus Chinas, den Hinduismus Asiens, den Buddhismus verschiedener Kulturen wie für das christliche Abendland.

Es soll der Vorstellung eines Monomorphismus der industriellen Weltkultur, der einem Denkmorphismus gleicht, widersprochen werden. Die gegenwärtigen Naturwissenschaften setzen – wie die Technologien – ein bestimmtes Verständnis von Zeit, Materie, Mensch, Natur, dem Übernatürlichen und der Kausalität voraus, das in anderen Kulturen nicht oder anders gegeben ist. Die Logiken des Denkens und Handelns sind kein Akzidens, das von jeder Kultur leicht übernommen werden könnte, sie haben jeweils sehr bestimmte kulturhistorische Ursprünge. Hierbei ist der abendländische Mensch nur eine Teilmenge des totalen Menschen, entsprechend deckt die westliche Rationalität nicht alle Merkmale des Humanen ab.

Ontologie der Gegenwart

Keine Kultur, keine Religion oder Weltanschauung verfügt über einen ausschließlichen Anspruch auf den Begriff des *Logos* oder der richtigen

Weltsicht. Auf einer weltpolitischen Ebene stellt sich die dringliche Frage nach einer Identität der breitgefächerten Kulturen angesichts strittiger politischer Territorien und wechselseitiger nationaler Abgrenzungen. Dies fällt vor allem dort ins Gewicht, wo innerhalb eines territorialen Verbandes verschiedene Kulturen um Eigenständigkeit ringen, aber auch da, wo Vielkulturenstaaten anzutreffen sind: in Lateinamerika, Asien und Afrika, doch auch in den Vielkulturenstaaten der USA und der ehemaligen Sowjetunion.

Eine Kultur ist immer der Totalhorizont einer bestimmten Lebenswelt, in der die Wirklichkeit des Menschen bestimmt wird. Es kann entsprechend niemals eine absolute Weltkultur geben, sondern nur die Forderung nach einer Offenheit gegenüber dem Pluralismus der Kulturen, oder deutlicher, gegenüber dem Phänomen der Kulturalität als dem Fundamentalen, dem Gemeinsamen des menschlichen Seins.

Die Hybris des Menschen der Gegenwart liegt in dieser Kulturalität verankert, die sich nur bedingt mit der Aufgipfelung der Naturwissenschaften als Ausdruck des Primats der theoretischen, der physikalischen, der positiven Wissenschaften verbinden lässt. Es zeichnet sich eine fatale Teilung ab: die physikalisch-mathematische Ratio der Naturwissenschaften und der Wirtschaft mit ihrer Technologie stimmt nicht mehr mit der kulturellen Vernunft überein, wie sie in der Kunst und den Humanwissenschaften Ausdruck findet. Die Versöhnung beider Ebenen ist der Auftrag der archimedischen Vernunft. Eine Ethik des Denkens und Handelns auf der Grundlage der Konvergenz von Natur- und Humanwissenschaften ist als eine conditio sine qua non zur Überlebensfrage geworden. Technik und Wissenschaft können nur in Verbindung und unter Respekt der jeweiligen Kulturalität dauerhaft von Erfolg sein. Diese Einsicht ist die zwingende Voraussetzung einer Ontologie der Gegenwart.

Die Kompatibilität von Technologie und Kultur als das Kairos der Zukunft

Das Phänomen der Weltkultur
Die Vernunft am Scheideweg und der Verlust des Sakralen

Es scheint sicher: Durch das exponentiale Wachstum der Technologie erleben wir eine metaphysische Verwaisung, auf die bereits Roger Caillois und die spanische Philosophin Maria Zambrano in ›El hombre y el divino‹ verwiesen haben. Angesichts der Geschwindigkeit der technologischen Evolution in den letzten zweihundert Jahren wäre es grob fahrlässig, davon auszugehen, daß die Zukunft uns keine weiteren Quantensprünge in Richtung des Kosmos bringen wird. Die Geschichte von der Entwicklung der Menschheit, die von Prometheus bis zu Watson und Crick führte, eröffnet nun eine kosmisch-biologische Vision von der Ausbreitung einer Vielzahl von Spezies über die ganze Galaxis.

Trotzdem ist der Mensch in transzendentaler Hinsicht wurzellos, seine vermeintliche Perfektion nichts als flüchtig und unbeständig. Geographisches Ausschreiten, die Natur angeschlagen, die Welt auf einer unaufhaltsam gestreckten Flugbahn: unsere frühere Einfachheit, unsere kosmische Harmonie sind für immer verloren. Die Hittiten mögen eine freundliche, ländliche Gesellschaft erschaffen haben, die unter einem dreitausend Jahre alten Mutterboden aus anatolischen Weidenblättern schlief, nachdem der Abendregen wie auf einen Schlag hinwegfegte.

Der moderne Mensch ist jedoch von der fixen Idee mit Blindheit geschlagen, er sei an einem vorläufigen Höhepunkt, einem technologischen Gipfellauf angelangt, einem mutmaßlichen point de perfection der technologischen Zivilisation, während Milliarden seiner Artgenossen sich in den Kulturen der Peripherie die Lunge aus dem Leibe husten.

Mircea Eliade hat diesen Zustand in seinem Zwillingskonzept vom Sakralen und Profanen treffend zusammengefasst. Der moderne Mensch unterscheidet sich von den archaischen Kulturen dadurch, daß er sein Leben nicht mehr auf das Heilige ausrichtet, das früher einmal sowohl die Verkörperung von Macht repräsentierte als auch letztlich die Wirklichkeit der Existenz selbst. Die modernen Naturwissenschaften erkennen heute nur noch eine ontologische Ebene an, die physische, und umfassen damit nur noch einen Teil der Realität, nicht die ganze.

Heute, zu Beginn des 21. Jahrhunderts, werden wir immer häufiger mit dem Phänomen einer Weltkultur konfrontiert, das Jacob Burckhardt schon zu Beginn des letzten Jahrhunderts beschrieben hat. Diese industrielle und technologische Weltkultur entsteht vor dem bedrohlichen Hintergrund einer weltweiten Nivellierung von kulturellen Traditionen, Traditionen, die im Laufe einer mehrere Millionen Jahre umspannenden Evolutionsgeschichte entstanden sind. Die Nivellierung von Kulturtraditionen ist in den Industrienationen nicht weniger offensichtlich als in den archaischeren und ursprünglicheren Kulturen der Dritten und Vierten Welt in Lateinamerika, Schwarzafrika und Asien. Das entscheidende Problem liegt darin, daß in den letztgenannten Gesellschaften Religion und Kultur oftmals im Widerspruch zu den Anforderungen der technologischen Zivilisation stehen und mit deren universeller, doch minimalistischer Logik kollidieren, einer Logik, die zum Gebot erhoben wird und die einen Monopolanspruch auf die menschliche Vernunft erhebt, die traditionell Logos genannt wurde.

Den heutigen industriellen Kulturen wohnt ein Widerspruch inne, den sie jetzt, so scheint es, dabei sind, der ganzen Welt aufzudrängen. Einerseits sehen sie die Realität im Lichte wissenschaftlicher Erkenntnisse und unterwerfen diese damit einer, wie es Max Weber einst bezeichnet hat, Entzauberung oder Entmystifizierung. Andererseits jedoch hat die Menschheit niemals aufgehört, bestimmte grundlegend menschliche Erfahrungen zu machen, die außerhalb des wissenschaftlich Erklärbaren liegen: unsere Begegnungen mit der Natur, mit Liebe, mit Geburt und Tod, um nur einige zu nennen. Das wird insbesondere in den Nationen und Kulturen der Dritten und Vierten Welt und in den Schwellenländern offenkundig. Die Weltkultur unseres Planeten ist dem Diktat des Logozentrismus verbunden. Diesem Diktat kann nur durch die Anerkennung und Akzeptanz der Vielgestaltigkeit menschlicher Kulturen entgegengewirkt werden. Anstatt eines einzelnen, zentralisierten Logos müssen wir, wie Georges Dumezil gefordert hat, eine Vielzahl von dezentralisierten Logoi anerkennen. Unsere Welt ist heute bis in die tiefsten Verästelungen des täglichen Lebens von einer operativen Rationalität durchdrungen, die in den archaischen, mythischen Kulturen undenkbar gewesen wäre. Das Problem ist, wie unsere Tagespolitik und unsere Alltagskultur nur zu deutlich zeigen, daß unser angeblich so aufgeklärtes Wissenschaftszeitalter tatsächlich nicht weniger irrational und keinesfalls vernünftiger ist als andere Zeitalter. Ein kursorischer Blick in jede Tageszeitung, mit ihren Berichten über militärische Konflikte und Auseinandersetzungen reicht aus, um diesen Standpunkt zu erhärten.

Der Homo oeconomicus und die Krise der Rationalität

Wissenschaft und Rationalität können demnach nicht mit Vernunft gleichgesetzt werden. Diese Wahrheit muß in die wissenschaftliche Betrachtung von Realität, in die Ontologie unserer Tage Eingang finden. Es stimmt, der moderne Mensch lebt ein überwiegend säkulares Leben in einer Welt ohne Götter. Doch ist er deshalb nicht frei von einem Element des Numinosen, des heiligen Mysteriums, dessen neues technologisches Gewand in unserer modernen Kultur einfach nur eine neue Form des Irrationalen darstellt. Der moderne Mensch mag in einem Zustand absoluter Eigenverantwortung leben. Doch hat er diesen Zustand nur durch die Ablehnung jeglicher Vorstellung von einer göttlichen Intervention erlangt, ob nun in der Natur oder folglich auch in ihm selbst.

Die Vermessung des Vitruvischen Menschen und des ihn umgebenden Raumes führt uns nicht zu einer Befreiung von der Magie des materiellen Universums, sondern bedeutet für uns ein Zurückgeworfenwerden auf das prometheische Element unserer Existenz. Wir lassen außer Acht, wie die von der condicio humana gesteckten Ziele erreicht werden können und schenken stattdessen neuen Formen technologischer Irrationalität unseren Glauben. Der Mensch strebt unreflektiert einem in ferner Zukunft liegenden Ziel entgegen, ohne dabei im Stande zu sein, dieses Ziel als Anleitung für sein Handeln genau einzugrenzen. Nachdem wir das Heilige in unserem Leben über Bord geworfen haben, begegnen wir unserer Alltagskultur nunmehr nur noch mit einem Torso unseres Bewusstseins. In den meisten archaischen Kulturen wurde der Nexus aus Zielen und Sinnhaftigkeiten gleichermaßen durch das Mythische und das Heilige aufrechterhalten. Es gab keinen Wesensunterschied zwischen sinnstiftenden und praktischen Dingen, weshalb eine Tendenz zum Auseinanderdriften von Ziel und Sinn, wie es in der technologischen Kultur geschieht, nicht bestand. Wie Roger Bastide, Alfred Métraux und Raimundo Panikkar in ihren Religionsphilosophien aufgezeigt haben, wurden sogar die kleinen alltäglichen Pflichten im Wesentlichen unmittelbar auf das Mythische und Heilige als Quelle allen Sinns ausgerichtet. Ein theokratisches Königreich mit einer herrschenden Priesterklasse wies, wenn auch nur durch sein Symbolinventar, doch auf tiefgreifende Unterschiede zum täglichen Leben in der modernen Kultur hin, wie dies etwa Georges Bataille und Michel Leiris in ihrem Lebenswerk beschrieben.

Der Mensch, dieser Riese in Fesseln, betrachtet sich selbst als das Maß des fassbaren Universums und löst damit seine Verbindung zur Natur, ohne zugleich wirksame Ausgleichskräfte im Reich der Seele und des Geistes zu entfalten. Welche Form könnte der geistige Reifeprozess des Menschen, seine Suche nach dem Grund der Existenz annehmen, um einen Ausgleich zum Primat des Logos zu schaffen? Wir erleben heute, besonders in den Nationen von Asien, Afrika und Lateinamerika, eine Konfrontation mit der Algebraisierung der täglichen Existenz, mit der Quantifizierung des Lebens, die aufkommt, wenn Technologie in die Rolle einer neuen Kosmologie erhoben wird. Nachgezeichnet wurde diese Entwicklungslinie ab den paläolithischen und prähistorischen Zeiten von Teilhard de Chardin in seinen Evolutionstheorien, von Darcy Ribeiro und Leroi-Gourhan in ihrer Geschichte der Zivilisation, Georges Duby und Jacques le Goff in ihren Berichten über die Pracht des mittelalterlichen Europa bis hin zum italienischen Humanismus Boccaccios und der Renaissance, die uns von Ernst Gombrich und Erwin Panovsky erläutert worden sind.

Die Notwendigkeit, die analytischen und die synthetischen, die abstrakt-logischen und die konkret-emotiven Elemente von Kultur miteinander zu verbinden, wird immer größer. Wirtschaftsdisziplin, technologischer Fortschritt, wissenschaftliche Ratio – sie alle bündeln ihre Kräfte, um die Individualität des Menschen zu gefährden. Das neue Zeitalter, in das sie uns führen, verlangt, daß wir das Individuum in einer dem Menschen gerechteren Lebensweise wiederherstellen. Voraussetzung dafür ist ein neues grundlegend holistisches Verständnis von Kultur. In der technologischen Zivilisation weicht die Suche nach Zwecken zu sehr der Festlegung von Mitteln. Wir fragen nicht länger nach dem »Warum?«, dem Gegenstand der wahren Philosophie, sondern vielmehr nach dem »Wie?«. Die weit reichenden Auswirkungen dieser Situation lassen sich erkennen an der Versteinerung der wissenschaftlichen Forschung zum reinen Szientismus, an der Technologie, die zur puren Technokratie verhärtet, an der Politik, die zu dem zu Eis erstarrten Gleichgewicht des Terrors wird, welcher der Machiavellismus unserer Zeit ist. Alles, was nicht experimentell gemessen werden kann, was immateriell ist und daher nicht vorherbestimmbar, hat in diesem Konzept keinen Platz. Hier liegt der Widerspruch mit den noch magischen und mythischen Kulturen der Dritten und Vierten Welt begründet. Nur in diesen Kulturen sind, anders als in der technologischen

Zivilisation, wesentliche Erfahrungen des Menschen in den Bereichen der Emotion, des Glaubens und des künstlerischen Schaffens, also Erfahrungen, die das innerste Wesen des Menschen kennzeichnen, nicht aus dem Kanon von Denken und Handeln ausgeschlossen worden.

Durch ihr sich selbst antreibendes Moment ist Technologie zum Selbstzweck der Technokratie geworden. Sie fragt nicht so sehr nach Zielen wie nach der Möglichkeit, alles, was technisch möglich erscheint, auch umzusetzen. Das Ergebnis: Wissenschaftliche Folgerung ist zu einem Derivat verkümmert, zu menschlicher Irrationalität.

Kulturelle Universalität und das Verhältnis zwischen Technologie und Kultur

Wir müssen heute, auch bei der Betrachtung der Vereinbarkeit von Technologie und Kultur, von der Annahme ausgehen, daß die Wechselbeziehung beständig zunehmen wird. Die menschliche Vernunft, nach der wir suchen, kann nur ein jenseits kultureller Grenzen liegender Schnittpunkt sein, der ein Gefühl von Ordnung ergänzt und gleichzeitig vermittelt. Sie kann nur aus dem Grundgestein der Anthropologie erwachsen, aus einem gemeinsamen Nenner der menschlichen Existenz. Wir sind auf der Suche nach etwas in der Art des archimedischen Punkts, dem Punkt, an dem die politischen Handlungen des Menschen, seine künstlerischen Schöpfungen, sein Glaube und seine technischen Fähigkeiten in einer globalen Zivilisation der Zukunft ein gemeinsames Ganzes bilden, einem Punkt, der der breiten Palette menschlicher Kulturen vollkommen gerecht wird.

Die Schnittstelle des Konfliktes besteht darin, daß die kulturellen Traditionen in den Ländern der Dritten und Vierten Welt anders mit Technologie zusammenwirken als die Traditionen der westlichen Industrienationen. In Extremfällen kann es sogar scheinen, daß Traditionen und Technologie sich gegenseitig ausschließen. Das Wesen des Menschseins vor einem größeren historischen Hintergrund zu begreifen heißt jedoch, sich des klaren Zusammenhangs von Ökonomie, Politik, Gesellschaft, Religion und Kultur innerhalb eines übergeordneten Ganzen bewusst zu werden. Es bedeutet ebenfalls zu erkennen, das der Schlüsselfaktor, durch den einer technologischen Welt Sinn und Gleichgewicht verliehen wird, in der kulturellen Dimension verankert ist.

Diese Erkenntnis ist unabdingbar. Wir erleben heute sämtliche Kulturen der Welt als gleichzeitig präsent und erkennen zunehmend die

Notwendigkeit, selbst mit den entlegensten und fremdartigsten Kulturen zusammenzuleben. Eine Flut von bisher unbekannten Medien und Technologien hat uns Verbindungswege zu und Austauschmöglichkeiten mit den verborgensten Winkeln dieses Globus eröffnet, die nun innerhalb weniger Flugstunden für uns erreichbar sind. Diese neuen Wege und Möglichkeiten lassen uns keine Zeit für einen geistigen Reifeprozess, das Sich-Einstellen auf eine ungewohnte Kultur. Eine solcher Reifeprozess und eine solche Anpassung sind oftmals auch gar nicht erwünscht. Wir haben schließlich unsere Werte bereits bis in die entlegenen Kulturen von Lateinamerika, Afrika und Asien exportiert, ohne darum gebeten worden zu sein, und haben sie als »überlegen« bezeichnet, als kennzeichnend für unsere finanzielle und wirtschaftliche Hegemonie.

Kein Wunder also, daß die etablierten einheimischen Kulturen und religiösen Traditionen in diesen ›entlegenen‹ Nationen begannen, brüchig zu werden und in Fatalismus zu verfallen. Bereits das Wort ›entlegen‹ macht deutlich, wie willkürlich diese Perspektive ist. Es enthüllt eine rein eurozentristische Sicht auf die Welt, eine Sicht, die jeden Bezug zu Beginn des 21. Jahrhunderts vorhandenen Wirklichkeit verloren hat, in der statistisch gesehen die große Mehrheit der Menschen gerade in den Staaten und Kulturen lebt, die wir abwertend als ›entlegen‹ bezeichnen. Die globale Nivellierung der Pluralität menschlicher Kulturen ist in allen Teilen der Welt das Kennzeichen unserer Existenz. Diese Nivellierung kommt den Anforderungen einer technologischen Zivilisation sehr entgegen und zeigt den Widerspruch zwischen den jahrtausendalten kulturellen, mythischen und religiösen Traditionen der psycho-sozialen Evolution unserer Spezies auf der einen und der pragmatischen Ultima Ratio und minimalistischen Logik von Technologie auf der anderen Seite auf, indem sie sich mit beängstigender Geschwindigkeit amorph und unnachgiebig über den Globus verbreitet.

Unsere intellektuellen und geistigen Reaktionen zeigen mittlerweile mit zunehmender Deutlichkeit, dass ein rein materialistisches Verständnis von Kultur und Staat auf keinen Fall ausreicht. Angesichts der allgegenwärtigen Präsenz von Technologie und Wissenschaft ist es unumgänglich, eine Antwort auf die Frage zu finden, wie die operative Rationalität des Menschen mit seiner kulturellen Identität in Einklang zu bringen ist.

Die Bedeutung von Kultur
Kultur und die Evolution des Menschen in Vergangenheit und Gegenwart

Kultur ist die entscheidende Vektorkraft unserer Zeit. Viele Konflikte, die an der Oberfläche politisch zu sein scheinen, bergen in Wirklichkeit tief sitzende kulturelle und religiöse Unterschiede in sich. Um nur einige Beispiele zu nennen: die religiöse Orthodoxie und der Fundamentalismus in der islamischen Welt, nach dem Fall des Schahs innerhalb eines Zeitraums von ein paar Wochen von kurzsichtigen westlichen Sicherheitsstrategen ad absurdum getrieben; die Annektierung von Kuwait durch den Irak, durch die tausende von Jahren alte religiöse Traditionen und Gebietsansprüche aufbrachen, der Irakkrieg selbst, der Bürgerkrieg in Sri Lanka; die Spannungen zwischen Indien und Pakistan, Hindus und Moslems; die Zerwürfnisse in Tibet; die Violencia in Lateinamerika, ob nun in Kolumbien oder in Peru, mit seinem ›Leuchtenden Pfad‹ in den 80 er und 90er Jahren des 20. Jahrhunderts und einer Kulturgeschichte, die bis zu den Inkas zurück reicht; und, erst kürzlich, die Umwälzungen in der multikulturellen ehemaligen Sowjetunion, wo unterschiedliche Kulturen vom Baltikum bis nach Armenien jetzt lautstark nach politischer Unabhängigkeit riefen. Die Weltordnung unserer Zeit ist nicht nur eine Frage der wirtschaftlichen und politischen Bande: Sie besteht in erster Linie aus einem Komplex von Kulturen. Diese Tatsache wird bei der angeblich ›realistischen‹ Außen- und Sicherheitspolitik der internationalen Organisationen wie der Weltbank und der UN sowie von den Außenministerien der führenden Industrienationen im Allgemeinen übersehen. Die von diesen Institutionen verfolgte Politik ist unrealistisch, ja geradezu ›irreal‹, weil sie entscheidende Faktoren außer Acht lässt und folglich zu kurzsichtigen Lösungen gelangt.

Die Kultur einer Person hat existenziellen Charakter; sie gibt der Welt dieser Person ihre Gestalt. In Georg Lukács' Worten ist Kultur die »Vorstellung des Menschen vom Menschsein«. Was Lukács damit meinte ist einfach, daß Mensch und Kultur in einer Millionen von Jahren währenden Evolution untrennbar miteinander verbunden worden sind. Der Anthropologe Clifford Geertz fand heraus, daß sogar das Gehirn einen Prozess der Anpassung an Kultur durchlaufen hat. Die Herstellung und Verwendung von Werkzeugen in der Vor- und Frühgeschichte stellten die ersten kulturellen Schritte dar. Die Entwicklung der menschlichen Spezies vom primitiven Jäger und Sammler über den Stadtbewohner zum Bürger von Nationalstaaten war zu jedem Zeitpunkt der Geschichte auch eine kulturelle Evolution. So wie Verhaltenspsychologen von ›angeborenen Verhaltensmustern‹ sprechen, kann auch von einer dem Menschen angeborenen Fähigkeit zur Schaffung von Kultur gesprochen werden: Sie ist Teil unseres genetischen Erbguts, wesentlich für unser Dasein, die Quelle unserer Weltanschauungen, unserer Technologie, unserer wirtschaftlichen Institutionen, unserer Überzeugungen, unserer gesellschaftlichen Organisationen. Die alte Debatte über Nature or Nurture, angeboren oder erworben, ist weniger vordringlich als die Frage, wie das Angeborene mit dem Erworbenen zusammenpasst – eine Frage, die sich seit dem ersten Vertreter des modernen Menschen, dem Cro-Magnon-Menschen oder der frühesten Kultur des Aurignacien (33.000 bis 27.000 v. Chr.) bis zum heutigen Tag nicht geändert hat. Der Paläoanthropologe Leroi-Gourhan hat erkannt, dass nicht nur die Kunst religiöse Ursprünge hat: Das Konzept einer göttlichen Ordnung legte auch den Grundstein für die kulturelle Gestaltung von gesellschaftlichen Beziehungen, die jedem rein biologischen Verhaltensmuster überlegen war. Die Entstehung von Religion erweiterte die Denk- und Handlungsfähigkeit des Menschen. Natur wurde zunehmend atavistisch wahrgenommen: Ein Reh, das inmitten einer menschlichen Siedlung erschien, war wie der Geist eines Toten, den es zu seinen Blutsverwandten zurück zog. Selbst ein Wasserloch in der Savanne war ein Zeichen der Erkenntlichkeit eines sagenhaften Vorfahren; Tiere und Pflanzen waren beseelt; die Natur bekam metaphorische Bedeutung; Donner nahm man als Zeichen der Urmutter oder des Allmächtigen Vaters wahr. Naturkatastrophen, unerwarteter Tod, die Abwesenheit von Wild bei der Jagd: Dies alles waren Zeichen. Kurz gesagt, die Welt bevölkerte sich mit imaginären Wesen, symbolische Hierarchien wurden aufgestellt, Kultur ergänzte Natur, die Umwelt war kein rein physikalisches Phänomen, sondern auch und in erster Linie ein geistiges und kulturelles. Eine kulturelle Gemeinschaft definierte sich damals wie heute durch Lebensformen, die mit ›Sinn‹ ausgestattet sind – eine historisch gewachsene Einsicht, die für den Prozess der Anpassung an die technologische Zivilisation auch heute noch von grundlegender Bedeutung ist.

Der Mensch und seine kulturellen Fähigkeiten

Das kulturelle Universum, um den Begriff von Claude Lévi-Strauss zu verwenden, bildet eine Totalität, einen dialektischen Nexus des Allgemeinen und des Besonderen. Unter den bestimmenden Merkmalen von Kultur, die über alle Stufen der Menschheitsgeschichte in einer Vielzahl von Varianten und Permutationen sichtbar sind, finden sich Prozesse, die die Dynamik der menschlichen Evolution regeln.

An erster Stelle stehen die Zusammenhänge zwischen globalen, rein geographischen kulturellen Prozessen, in denen Kultur selbst letztlich als bestimmendes menschliches Merkmal erscheint. Die Untersuchung von Kultur bedeutet, das Wesen des Menschen und der Menschheit zu untersuchen. Wir können den Menschen nur in seiner Funktion als tragende Kraft und Verbindungsglied des kulturellen Lebens erkennen. Ein menschliches Wesen, das ohne Verbindung zu und Formung durch Kultur existiert, ist undenkbar, so wie auch Kultur ohne die sie erschaffenden Menschen nicht existieren kann. Anthropologen von Victor Turner bis zu Bronislav Malinowski, Ralph Linton, Robert Redfield, Mary Douglas und Michel Leiris sind alle zu demselben Schluss gekommen: Es gibt keinen Aspekt der Menschheit, der tiefer geht als Kultur in ihrer Totalität. Die Evolution des Menschen zeigt, dass die Menschheit in einem kontinuierlichen, Millionen von Jahre umspannenden Prozess durch Kultur hervorgebracht wurde und gleichzeitig Schöpfer von Kultur war. Wir müssen das Vorhandensein einer kulturellen Fähigkeit postulieren, die uns von anderen Lebewesen unterscheidet und ein bestimmendes Merkmal unserer Existenz ist. Der Zusammenhang zwischen Kultur und Menschheit steht daher im Mittelpunkt einer jeden wissenschaftlichen Kulturtheorie und ist maßgeblich für das Verhältnis von Kultur und Technologie. Kultur lässt sich nicht getrennt von Menschen und ihrem Leben in einer spezifischen historischen oder politischen Situation betrachten; Kultur und Menschheit sind eins und nicht voneinander trennbar. Jede Nebenerscheinung von Kultur, jeder kulturelle Aspekt eines Staates ist durch und durch historisch zu sehen. Sprache und Religion, Rechtssystem und Kunst sowie vor allen Dingen die Entwicklung von Technologie und Wirtschaftssystem: Sie alle sind in erster Linie historische Phänomene von Kultur, vom heutigen Blickpunkt aus betrachtet oftmals mit einem explosiven Potential. Dieser Zusammenhang hat einen nachhaltig prägenden Einfluss auf den politischen und strategischen Aufbau eines Staates und auf seine Beziehungen zu anderen Staaten. So werden andere Staaten nicht nur unter dem Aspekt des internationalen Rechts betrachtet, sondern auch und in erster Linie als Teile von kulturellen und religiösen Sphären, die einander, unter bestimmten Umständen, diametral gegenüberstehen können. Antagonismen haben ihre Wurzeln daher oftmals weniger in der Politik als in der Kultur und Religion, deren Grundlage tausende von Jahren alte historische Traditionen sind. Wie Jacob Burckhardt schon vor langer Zeit erkannte, unterdrücken, verdrängen und beeinflussen sich die verschiedenen Bereiche innerhalb einer Kultur gegenseitig. Um die einzelnen Bereiche verstehen zu können, müssen wir unsere Aufmerksamkeit zunächst auf das Ganze lenken, auf Kultur als Gesamtkonzept, da dieses Ganze eine übergeordnete Einheit bildet, die nicht nur in sich selbst erklärbar ist, sondern zu weiteren Handlungen und Gedanken führen kann, ob nun im politischen Leben oder in der Welt der Technik und in der Wirtschaft.

An dieser Stelle sollten wir uns an ein Axiom erinnern, das für den Vergleich und die Analyse von unterschiedlichen Kulturen von höchster Bedeutung ist: Erst wenn wir unter Anwendung vergleichender Methoden ein tiefes Wissen über und Verständnis von verschiedenen Kulturen erlangt haben, sind wir berechtigt, in dem breiten Spektrum von Phänomenen nach Zusammenhängen zu suchen und Kulturen und deren Bezug zu Technologie miteinander in Beziehung zu setzen. Menschliche Kulturen befinden sich seit Millionen von Jahren in einem Entstehungs- und Entwicklungsprozess, einem Prozess, der von Natur aus veränderlich und ungleichmäßig verläuft. Dieser hat wiederum Auswirkungen auf die Fähigkeit der jeweiligen Kultur, einheimische Technologien zu entwickeln, anstatt diese einfach anderswoher zu importieren, und hat damit auch Auswirkungen auf das jeweilige Verhältnis zwischen Technologie und Kultur. Der Grund, warum dieses Verhältnis von so ausschlaggebender Bedeutung ist, besteht darin, daß die Entstehungsgeschichte von Kulturen zu allen Zeiten auf den Bemühungen des Menschen beruhte, sich von seinen Bedürfnissen zu befreien, insbesondere von den Naturkräften. Genau an diesem Punkt kommt die Technik ins Spiel.

›Kultur‹ kann als die Gesamtheit dieser historischen Entwicklungen und Traditionen betrachtet werden, als Quintessenz aller materiellen, gesellschaftlichen, spirituellen und technologischen Wertvorstellungen, die der Mensch zu schaffen im Stande ist, um seine Bedürfnisse zu befriedigen, und die dem gegenübersteht, was er bereits in vollendeter Form in der Natur vorfindet. In diesem Licht gesehen ist Kultur das Produkt eines hochkomplexen, in kontinuierlicher Entwicklung befindlichen anthropogenetischen Prozesses, dessen Anfänge weit in die Tiefen der paläolithischen und prähistorischen Zeiten zurück reichen.

Isaiah Berlin bezeichnete den Menschen einmal als von Natur aus kulturelles Wesen. Die vom Menschen geschaffenen kulturellen Rahmenbedingungen bestimmen sowohl seine Technologiefähigkeit als auch die Kompatibilität von Technologie und Kultur. Der Mensch ist von seiner Natur her gezwungen, sich selbst und die Welt um ihn herum zu erschaffen, das heißt, Kultur zu erschaffen, die notwendige Voraussetzung für seine technologischen Fähigkeiten. Kultur kann sehr wohl praktisch und weltlich sein. Die Gestaltung unseres kulturell bestimmten Universums geht mit den von der Natur geschaffenen Tatsachen einher; unsere kulturellen Neigungen entstehen ohne Frage aus unseren biologischen Grenzen. Auf diese Grenzen hat Stephen Jay Gould in seiner Evolutionsdoktrin hingewiesen, in der er über die Antonyme ›Natur‹ und ›Kultur‹ theoretisierte. Gould sieht Kultur und Natur als sich gegenseitig bedingend, wobei die eine der anderen als äußerste Grenze dient. Beide Aussagen, auch wenn widersprüchlich, scheinen plausibel zu sein, denn alles ist Natur und alles ist Kultur. Alles ist Natur, weil selbst das, was wir als Kultur bezeichnen, aus der Natur erwächst, um zur Essenz menschlichen Handelns zu werden. Dennoch ist alles Kultur, da selbst das, was wir als Natur bezeichnen, darauf abzielt, vom Menschen in ein kulturelles Objekt verwandelt zu werden. So ist die Tatsache, daß wir der Natur einen Namen gegeben und sie so zu einem Objekt gemacht haben, in sich selbst eine kulturelle Errungenschaft.

Natur ist demnach ein einschränkendes Merkmal von Kultur; sie ist von Menschenhand neu zu formendes Rohmaterial, Material, dass ansonsten unfassbar bliebe, da jeglicher Versuch, es zu erfassen, kulturelles Handeln darstellt. Hierin liegt der anthropologische Aspekt des Konzepts von Kultur. In genau diesem Sinne sprechen wir von Kultur als dem Universum des Menschen. Doch ist dieses Universum nicht einfach eines von vielen. Denn was auch immer das Universum (oder die Realität) sein mag, der Moment, in dem wir darüber sprechen oder es zum Thema machen, wird es zu einem von Menschenhand geformten Universum. Daher ist jedes Universum, das für den menschlichen Geist vorstellbar ist, zwangsläufig ein kulturelles Universum.

Kulturelle Identität und die Pluralität menschlicher Kulturen

Kultur ist zu einer mehrdimensionalen Variablen geworden, genau wie ihre Grundlage, die Menschen, sich als mannigfaltig und vielförmig erwiesen hat. Die Vielzahl von Kulturen, die im Verlauf der menschlichen Evolutionsgeschichte entstanden sind, bezeugt diese Tatsache hinreichend. Hierin liegt nicht nur die kreative Kraft der Menschheitsgeschichte, sondern auch das Konfliktpotential, das den verschiedenen Kulturformen und ihrem unterschiedlichen Vermögen, sich wirtschaftlich und technologisch auszudrücken, innewohnt. Die Vielzahl von Universen, die kreative Kraft des menschlichen Verstandes, die Vielgestaltigkeit und Macht von Symbolen, sie alle sind wesentliche Bestandteile unseres Grundrechts auf Verschiedenartigkeit, d. h. unseres Rechts, zu verschiedenen Kulturen zu gehören. Gibt es nur ein einziges Universum, so umfasst es ein breites Spektrum kontrastierender Aspekte; gibt es viele Universen, so fügen sie sich zu einem zusammen. Das einzige Universum kann als viele und viele Universen können als eins gesehen werden. Die Pluralität von Kulturen in der Evolutionsgeschichte des Menschen ist ein Hinweis darauf, dass es viele verschiedene Versionen des Universums gibt. Dies wirft eine Frage auf, die nicht nur philosophischer sondern auch konkreter und empirischer Art ist: Wie viele Universen gibt es, und worin bestehen ihre technologischen Fähigkeiten? Denn die jeweilige Technologiefähigkeit hängt in nicht geringem Maße davon ab, inwiefern sich diese Universen hinsichtlich ihres religiösen und kulturellen Hintergrunds voneinander unterscheiden.

Es ist klar, dass man dieser Frage nur aus einer vergleichenden kulturanthropologischen Perspektive gerecht werden kann, die es uns ermöglicht, die Entwicklung von Mythos, Religion, Sprache, Kunst, Wissenschaft und nicht zuletzt von Ökonomie und Technologie von einem transkulturellen Standpunkt aus zu untersuchen. Sich auf eine Vielzahl von Kulturen zu beziehen ist heute weithin eine Selbstverständlichkeit; weniger selbstverständlich ist es jedoch, die Vielgestaltigkeit ihrer politischen, wirtschaftlichen und technologischen Gefüge anzuerkennen. Es wird immer schwieriger beispielsweise eine mythische oder sogar archaische Sicht auf die Welt, mit den daraus folgenden Lebens- und Verhaltensweisen, den entsprechenden Anschauungen und Institutionen, ihren Wahrnehmungsweisen und Errungenschaften zu erfassen.

In einer globalen Weltkultur kann die Vorstellung von der Identität und Bedeutung von Kultur nur um sich greifen, um den Herausforderungen der Technologie entgegenzuwirken. Diese Vorstellung birgt gleichzeitig die Forderung nach einem weltweiten sicherheitsstrategischen und politischen Konsens in sich. Die kulturelle Dimension des Menschen und ihre Stellung in Staat, Gesellschaft, Ökonomie und Technologie anzuerkennen bedeutet, ein besonderes konzeptionelles Modell zu postulieren, das nur insoweit Gültigkeit erlangt, wie es Kultur eine Vorrangstellung einräumt. So wie Menschen mit verschiedenen Haltungen, Meinungen und Werten miteinander auskommen und oftmals sogar in gegenseitigem Respekt miteinander arbeiten können, so kann eine Kultur in Dialog mit einer anderen treten, in einen Dialog, der aus dem Respekt für die andere Kultur und damit aus einer Loslösung von der eigenen Kultur entsteht. Dies bedeutet weder die eigene Kultur zu opfern, noch sie für eine übergeordnete kulturelle Einheitlichkeit aufzugeben.

Kulturelle Traditionen und Technologiefähigkeit

Kultur erschafft vielfältige Wahrnehmungs- und Gefühlswelten, von denen jede ihre eigenen Verständnishorizonte hat, innerhalb derer eigenen Leitlinien und Deutungsweisen zu entwickeln sind. Innerhalb einer Nation und ihren kulturellen Traditionen entsprechen diese Leitlinien bestimmten Werten und Idealen, die ausschlaggebend dafür sind, ob diese Nation fähig ist, eine einheimische Technologie zu entwickeln, oder ob sie auf importierte Technologien zurückzugreifen versucht. Die vergleichende Anthropologie betrachtet diese Leitlinien und Deutungsweisen als kulturelle Prozesse und erkundet die Strukturen unserer Wahrnehmungs- und Gefühlswelten als Außengrenzen von in der Geschichte tief verwurzelten kulturell-religiösen Traditionen.

Eins versteht sich von selbst: Die Beherrschung von Technik reicht nicht aus, um Kultur zu schaffen und umgekehrt. Der Punkt besteht darin, die lebendige Realität von kulturellen Prozessen zu erkunden, die bei der Erschaffung von neuen und bisher unbekannten Dingen, also auch bei technologischen Innovationen, zum Tragen kommen. Wir werden Kultur, mit ihrer inneren Arbeitsweise, daher als fortlaufenden Prozess beschreiben und begreifen, und nicht einfach nur als das Produkt ihrer eigenen Selbstdarstellung.

Ein Bestandteil aller Kulturen ist die Art, wie sie mit Grenzen umgehen, nicht nur im geographischen Sinne, sondern auch im transzendentalen, man kann sogar sagen philosophischen Sinne. Die räumlichen Grenzen erlebter Realität stimmen nicht immer mit den künstlich geschaffenen politischen Grenzen überein; es handelt sich dabei oftmals um geschichtlich gewachsene kulturelle und religiöse Grenzen. Diese Grenzen können heute zu politischen Konflikten führen: in Tibet, in den Staaten der ehemaligen Sowjetunion, im Georgien, in den baltischen Staaten, in der Grenzregion von Kaschmir, in vielen afrikanischen Staaten und vor allem in den islamischen Regionen. Die Konflikte zwischen Iran und Irak oder zwischen dem Irak und der westlichen Welt sind letztlich zehntausende von Jahren alt. Der Irak betrachtete seinen Feldzug von 1990 gegen Kuwait als von der arabischen Kultur geführten heiligen Krieg. Ähnliche Konflikte lassen sich auch in Lateinamerika und in Afrika finden, ob nun am Horn von Afrika oder in Mosambik, in Angola oder Liberia.

Kulturelle und religiöse Grenzen müssen daher zunächst politisch gemeistert werden. Viel zu oft besteht keine Übereinstimmung zwischen den politischen und den kulturellen Grenzen. Dann sind kulturelle Identitäten in Gefahr. Hinzu kommt, dass der Begriff Grenze im Verlauf der Geschichte eine Bedeutung erlangt hat, die nicht so sehr Trennung und Eingrenzung beinhaltet wie Ausgrenzung. Und darum ist dieses Konzept so konfliktträchtig. Nicht ohne Grund spricht Mircea Eliade von der Notwendigkeit einer ontologischen Veränderung unserer existentiellen Ordnung.

Hinterfragt werden müssen die vielen und verschiedenen Grenzsituationen, durch die deutlich wird, dass unsere Welt nicht nur von unbekanntem Neuland und den entsprechenden Grenzgebieten umgeben ist, sondern dass sie überhaupt erst entsteht, wenn das Bekannte eingeschlossen und das Unbekannte ausgeschlossen wird. Unser gesamtes existentielles Universum ist, um mit Edmund Husserl zu sprechen, in eine Heimwelt und eine Fremdwelt unterteilt. Doch das Unbekannte auszuschließen bedeutet auch, einen Teil von sich selbst auszuschließen. Unsere Identität ist also letztendlich nicht nur den uns fremden Dingen verbunden, sondern auch uns selbst. Die Vorstellung von ›Fremdwelt‹ beginnt, sich nach innen zu richten. Das Problem besteht darin, dass der einzige Weg, etwas ab- oder einzugrenzen, für uns darin besteht, uns selbst ab- oder einzugrenzen. Das Ergebnis ist eine nicht wiedergutzumachende Einseitigkeit. Vergleichende Anthropologen müssen die Unterscheidung, die sich aus dem ›Selbst‹ und dem ›Anderen‹ ergibt, aus dem, was wir als zu uns gehörig und dem, was wir als uns fremd betrachten, immer vor Augen haben.

Welche Bedeutung hat dieses Wort ›Fremd‹, das Kulturanthropologen so auf die Probe stellt? Fremd, als Gegensatz zu ›uns eigen‹, schließt Bereiche und Objekte der Erfahrung mit ein. Etwas ist fremd, wenn es außerhalb der Grenzen dessen liegt, was Max Scheler als »die eigene Sphäre« bezeichnete. Etwas als uns eigen zu bezeichnen umfasst also mehr als nur ein Gefühl von Bekanntheit oder Zugehörigkeit.

Die Leitmuster, die wir am Beispiel von Japan, Lateinamerika und Nordamerika aufzeigen werden, sind im Verlauf der Geschichte entstanden und nehmen daher, in einer globalen Sicht auf die Welt, eine aus dieser Geschichte resultierende Vielseitigkeit an. Nichtsdestotrotz gehören diese Muster, die wiederum grundlegende Ideale widerspiegeln, zu unserer unmittelbaren Wahrnehmungs- und Gefühlswelt und bestimmen das Verhalten einer Nation und folglich auch deren Wirtschaftsformen. Diese unmittelbaren Ideale und Leitprinzipien einer Kultur begründen ihre technologischen Fähigkeiten, ob Technologie selbst entwickelt oder importiert wird, und sind mit der jeweiligen Ideen-, Religions- und Kulturgeschichte verwurzelt.

Philosophische und religiöse Voraussetzungen der Technologiefähigkeit von Kulturen – Intellektuelle und kulturelle Verhaltensweisen als eine Voraussetzung für Technologie

Weltanschauungen, wie sie sich in Kultur, Philosophie und Religion manifestieren, eignen sich dazu, verstanden und erklärt zu werden. Sie entstehen unter nachvollziehbaren Bedingungen und ihre historische Entwicklung folgt einer logischen Struktur.

Wir haben es nicht einfach nur mit dem Menschen als biologischem Wesen zu tun, sondern auch mit seiner intellektuellen und kulturellen Daseinsweise, die in den Weltanschauungen seiner Philosophie, Religion, Literatur und Kunst wie auch in seiner Politik und Ökonomie zum Ausdruck kommt. Die Rolle des Menschen in der Natur zu verstehen heißt, seine intellektuelle und kulturelle Lebensweise und damit die Weltanschauung einer bestimmten Kultur zu einer bestimmten Zeit verstehen. Geschichte ist weniger eine Aneinanderreihung von unzähligen Ereignissen als die Erscheinung von Lebensformen, durch die sich der Mensch die Welt zugänglich macht und in die er seine Identität projiziert. Seit der Entstehung des menschlichen Individuums in paläolithischen und prähistorischen Zeiten ist Geschichte immer die Geschichte von der Selbsterschaffung und Selbstprojektion des Menschen in verschiedenen Kulturen.

Die Menschheitsgeschichte ist die Geschichte unserer intellektuellen und kulturellen Lebensweise. Die Einwirkung der Evolution erreichte mit dem Prozess einen Höhepunkt, mit dem diese Lebensweisen Gestalt annahmen. Es stimmt, Geschichte ist die Fortsetzung von Naturgeschichte in intellektuellen und kulturellen Lebensformen, jedoch erst nach einem Hiatus. Der Mensch hat die Geschichte in die Hand genommen. Eine Eigentümlichkeit der Moderne ist es, dass sie das Wissen verbreitet, welches den Menschen befähigt, seine Lebensbedingungen selbst zu bestimmen. Das ist es, was wir meinen, wenn wir von ›lebendigen Universen‹ sprechen, als Gegensatz zu der ›Umwelt‹ des Tierreichs. Lebendige Universen sind vom Menschen selbst geschaffene Formen, von der Macht der Umstände zu einer Einheit verschmolzen, die auf einer bestimmten Palette von gesellschaftlichen und geschichtlich gewachsenen Lebensweisen fußt. Innerhalb dieser selbstgeschaffenen Formen geht der Mensch seinen Geschäften nach.

Daraus folgt, dass intellektuelle und kulturelle Lebensformen erst durch die Intervention des Menschen entstehen. Dies hat methodologische Auswirkungen: Wenn wir herausfinden möchten, warum Menschen leben, wie sie leben, müssen wir die Wege rekonstruieren, auf denen sie ihre spezifische Lebensformen herausgearbeitet haben. Und was wir dann bemerken ist: ein Übergang von der Naturgeschichte zur Kulturgeschichte in jedem Bereich der menschlichen Existenz.

Bereits zu Beginn unserer langen Reise des Menschen in paläolithischen und prähistorischen Zeiten war unser lebendiges Universum, drastisch gesehen, ein Universum des Intellekts und der Kultur. Über die Rationalität des so genannten primitiven Denkens wurde zu Recht schon früh diskutiert, wie das Buch ›La mentalité primitive‹ (Die geistige Welt der Primitiven) von Lévy-Bruhl zeigt. Es geht hier um nicht weniger als die Frage, ob das lebendige Universum der Menschen überhaupt rational ist und ob seine historische Entwicklung einem logischen Weg folgt. Lévy-Bruhl behauptete ausdrücklich, dass der in primitiven Gesellschaften lebende Urmensch nicht nach den gleichen logischen Gesetzen wie wir gedacht habe, dass wir es bei ihm mit einer prälogischen Form von Denken zu tun hätten. Verschiedene Kulturstufen haben verschiedene Konzepte von Logik und systematischem Denken. Dies wird nicht zuletzt in den Kosmologien der mächtigen Inka-, Maya- und Aztekenkulturen mit ihren unterschiedlichen Erklärungsweisen des Universums und der menschlichen Erkenntnis deutlich. Erkenntnissysteme anderer Kulturen sind nachvollziehbar. Die Mitglieder dieser Kulturen handeln auf durch und durch rationale Weise, obgleich ihr Denken kulturell unterschiedliche Gestalt annimmt und unterschiedliche Schwerpunkte aufweist. Dasselbe kann von Japan wie auch von Nord- oder Lateinamerika gesagt werden. Letztendlich sind Religion und Philosophie Manifestationen des Intellekts.

Religion und Philosophie haben hinsichtlich der Existenz des Menschen eine immens wichtige Aufgabe: Sie ermöglichen es uns, die der

Realität zu Grunde liegende Struktur in Begriffe zu fassen und uns Fragen hinsichtlich der Folgen dieser Struktur für unser Leben zu stellen. Deshalb gibt es keine Religion, die nicht gleichzeitig auch eine Kosmologie begründet hätte. Und mit diesen Kosmologien kommt der Mensch bei dem Versuch, Realität als Ganzes zu begreifen, gleichzeitig zu einem Verständnis von sich selbst.

Religion und Philosophie sind demnach eng mit der Art und Weise verknüpft, wie wir unser tägliches Leben führen. Sie sind nicht das Ergebnis eines autonomen Wissensdrangs, auch nicht des Numinosen. Der Mensch muss die Realität, in die er hineingeboren wurde, für sich greifbar machen, auch die wirtschaftliche oder politische Realität. Um Politik und Ökonomie einer Nation zu begreifen, müssen wir zunächst ihre Werte verstehen, die in ihrer Philosophie und Religion zum Ausdruck kommen. Dasselbe gilt für jede erdenkliche Kompatibilität von Technologie und Kultur, da diese ebenfalls von den spezifischen kulturhistorischen Voraussetzungen abhängt. Der folgende Vergleich zwischen Japan, Nordamerika und Lateinamerika zeigt auf, wie sehr sich diese Voraussetzungen vor dem Hintergrund der Pluralität menschlicher Kulturen voneinander unterscheiden können.

Das japanische Modell: Empirismus, Praxisorientierung, Loyalität und Erfahrung als kulturelle Grundwerte

Philosophie spiegelt immer wie ein Brennglas die einer Kultur zu Grunde liegenden Prinzipien wider und vermittelt Einsichten in eine Kultur als Ganzes (denkt man nur an Ernst Cassirers große ›Cusanus‹-Arbeit). Bevor der Buddhismus im 6. Jahrhundert nach Japan kam, gab es in der japanischen Kultur eigentlich so gut wie keine Beschäftigung mit Philosophie. Die japanische Kultur wurde in dem für sie traditionellen Shintoismus erzogen und begriff die Natur als einfach und unmittelbar gegeben.

Sie führte ein sehr friedliches und naturnahes Leben: Die Schönheit wohnte der Einfachheit inne und das Leben war auf praktische Bestrebungen ausgerichtet. Der Kontakt mit dem asiatischen Festland, mit China und Korea, bestärkte sie in dieser Haltung. Auch der Buddhismus betonte die praktische Seite des Lebens, nun energischer als bis dahin. Kronprinz Shotoku, ein Zeitgenosse des Augustinus von Canterbury, kam 593 an die Macht, etwa ein halbes Jahrhundert nach der Einführung des Buddhismus in Japan. Zu dieser Zeit war der Buddhismus eine Religion der Immigranten und Flüchtlinge, der Kaufleute und der kaiserlichen Familie, die damals nach wirtschaftlicher, religiöser und politischer Herrschaft über die Clans und Feudalherren strebte. Japans Kaiserhaus musste zunächst kämpfen, um eine hegemoniale Vormachtstellung zu erreichen. Die buddhistischen Begriffe des Mahayana und Ekayana wurden zur Konsolidierung der Stellung der kaiserlichen Familie als uneingeschränkte Herrscher eingesetzt. Dies war sozusagen der erste Versuch, philosophisches Gedankengut praktisch anzuwenden.

Es war von Anfang an typisch für den japanischen Buddhismus, Buddha höher zu achten als Dharma (Recht und Gesetz) oder Sangha (die Mönchsgemeinde). Dies ging immer auch mit einer Verehrung des eigenen Herrschers und der eigenen Vorfahren einher. Der japanische Buddhismus war pietistischer und nationalistischer als seine chinesischen oder indischen Pendants. Prinz Shotoku bediente sich außerdem der konfuzianischen Vorstellungen von Himmel und Erde, um die zentrale Machtstellung des Hofes zu stärken, wie aus einem berühmten Artikel der ›Verfassung der siebzehn Artikel‹ ersichtlich wird. Historiker verweisen immer wieder gerne auf Prinz Shotoku als den Gründer der japanischen Zivilisation und schreiben ihm gar die Siebzehn Artikel zu. Tatsächlich erlebte Japan eine Zentralisierung nationaler Macht in einem bis dahin nicht dagewesenen Ausmaß.

Auf diese Weise avancierte der japanische Buddhismus zur Staatsreligion und zum Hüter des Glaubens. Man sollte dabei im Auge behalten, dass die erste Form des japanischen Buddhismus das Werk von Immigranten war. Seine Betonung lag in erster Linie auf dem säkularen Nutzen, der aus dem Lob Buddhas gezogen werden konnte. Es entstand der Glaube, dass durch die Lobpreisung Buddhas Unglück abgewendet und Glückseligkeit erreicht werden könne. Diese Einstellung ist bis heute erhalten geblieben: Sogar in der heutigen Industriekultur sind die Heilung von Krankheiten und der Schutz vor Armut typische Kennzeichen der japanischen Buddhaverehrung und symptomatisch für die säkularen Tendenzen des japanischen Buddhismus.

In ihren Anfängen war die japanische Gesellschaft von einer Ausrichtung auf die Aristokratie geprägt. Die herrschende Schicht agierte in Übereinstimmung mit dem Kaiserhof. Während der Kamakura-Zeit durchliefen Regierung und Gesellschaft in Japan einen drastischen Strukturwandel. Das Militär hatte enge Verbindungen zur Bauernschaft, die siebzig Prozent der Bevölkerung ausmachte. Krieger, Bauern und Kaufleute – allesamt nicht zur Aristokratie gehörend – taten sich zusammen. Der Kamakura-Buddhismus war eine Grenzkultur. Das Kaiserhaus und der Adel waren geschwächt. Trotz all ihrer Differenzen waren sich Honen (1133-1212), Shinren (1173-1262) und Nichiren (1222-1282) in einem Punkt einig: Sie legten Wert auf eine Religion der Einfachheit, des Pragmatismus und des bedingungslosen Glaubens. Die wichtigste Führungsfigur während der Kamakura-Zeit war Honen. Seine Denkweise betonte die Beziehung von Ursache und Wirkung (Karya-Karana), logisches Wissen (Upapatti-Saghand) und die ultimative Realität der Natürlichkeit (Dharmata-Yukti). Seine Ideen wurden im Laufe der Zeit mit den Abhidharma-Schriften festgeschrieben.

Der nationale Shinto-Kult hat eine besondere Bedeutung für die japanische Geschichte. Vor der Verbreitung des Buddhismus im 6. Jahrhundert waren metaphysische Mutmaßungen in der japanischen Kultur praktisch unbekannt. Es gab keine Vorstellung von der Natur als einer dem menschlichen Denken zugänglichen Einheit; der Mensch wurde als integraler Bestandteil eines größeren Ganzen gesehen. Zu Beginn des 6. Jahrhunderts gab man der einheimischen Religion Japans, in Abgrenzung zum facettenreichen Gedankengut des Buddhismus, die Bezeichnung Shinto, ›Weg der Götter‹, als Gegensatz zum Butsudo, dem ›Weg des Buddha‹. Der Shinto wurde zunehmend zum Ausdruck japanischer Ethnozentriertheit. Dies kann im Laufe der Geschichte Japans immer wieder festgestellt werden, so beispielsweise bei Motoori Norinaga (1730-1801) oder seinem Schüler Hirata Atsutane (1776-1843). Letzterer vertrat die Ansicht, das japanische Volk besäße Merkmale und göttliche Eigenschaften, die es anderen Völkern überlegen machten.

Im Januar 1868 wurde der Shinto von der neuen Regierung vereinnahmt. Der Begriff saisei itchi, Einheit von Religion und Regierung, erfuhr eine Wiederbelebung und der Shinto wurde zur Staatsreligion. 1872 wurden Shinto und Buddhismus zu einer Art dualen Staatsreligion verbunden. Doch nur kurze Zeit später zerbrach diese Verbindung auf Grund von Rivalitäten zwischen den beiden Religionen wieder. Die Verfassung von 1889 sicherte Religionsfreiheit zu. Dennoch, der Staats-Shinto wurde weniger als Religion denn als Kult betrachtet: Shinto-Tempel wurden zu nationalen Einrichtungen und der Shinto als Staatsreligion wurde zunehmend vom Sekten-Shinto getrennt. Der Staats-Shinto bewahrte seine mythologischen Wurzeln in Ritualen, die bis in prähistorische Zeiten zurückdatieren. Der Shinto wurde zu einem nationalen Akt, einer japanischen Ethiklehre. In diesem Sinne kann der Shinto, insbesondere in seiner Funktion als nationaler Ethik, als säkular betrachtet werden. Der Staats-

Shinto half dabei, die Aufmerksamkeit auf eine glorreiche, von einer ununterbrochenen, göttlichen Kaiserdynastie bestimmte Vergangenheit zu lenken. Dabei wurde nicht zwischen Mythologie und tatsächlicher Geschichte unterschieden. Im Dezember 1945 wurde der Staats-Shinto abgeschafft; Staat und Religion wurden getrennt und der Missbrauch von Religion für politische Ziele wurde verboten.

Zu Beginn eines neuen Technologiezeitalters stand auch Japan grundlegend neuen Aspekten der menschlichen Zivilisation gegenüber, wobei eine natürliche Tendenz zu Empirismus vorherrschte. Die Art und Weise, wie Menschen auf diese Situation reagieren, kann sehr unterschiedlich sein. Der westliche Ansatz zielt auf eine Auseinandersetzung mit der Außenwelt ab, der japanische Ansatz ist von einer Anpassung an die Welt geprägt. Die japanische Kultur reagiert auf ihre Weise auf die Herausforderungen von Technologie. Ihr Rationalismus mag zeitweise irrationale Formen annehmen, doch klingt dabei eine zuversichtliche Note an. Wo der Westen die Unterwerfung der Natur voraussetzt, damit er sie für seine Ziele nutzbar machen kann, strebt die japanische Kultur nicht nach dieser Form der Entfremdung des Menschen von der Natur. Auseinandersetzungen werden in Japan traditionell vermieden. Die Rationalität der japanischen Kultur verfügt über andere Traditionen.

In seinem Wesen ist das japanische Denken nicht abstrakt, sondern äußerst konkret und sehr an greifbaren Dingen interessiert. Dies ist sicherlich ein Grund für die technologischen Fähigkeiten Japans. Das abstrakte Denken wurde aus reiner Neugier von fremden religiösen und philosophischen Systemen übernommen. Ein Beispiel dafür ist die Übernahme des Buddhismus und Konfuzianismus. Dabei wurden nur solche Eigenschaften übernommen, die zur Festigung der bestehenden gesellschaftlichen und politischen Ordnung beitrugen. Ein kompromissloser Rationalismus, wie ihn Laotse und Zhuang Zhou vertraten, fand nur in kleinen intellektuellen Kreisen Beachtung. Die japanische Tradition basiert schon immer auf der Annahme, dass alle Dinge eine konkrete Neigung dazu haben, Anwendung im täglichen Leben zu finden. In der Wissenschaft wurde der Schwerpunkt auf die angewandten Wissenschaften gelegt. Wo die westliche Gedankenwelt durch die Auseinandersetzung mit der Außenwelt geprägt ist, geht die japanische Denkweise von der Idee der Anpassung aus.

Nach seiner Einführung in Japan im Jahr 538 benötigte der Buddhismus 300 Jahre, um das philosophische Gedankengut, sagen wir des Shingon oder Tendai, zu kodifizieren, und mehr als 600 Jahre, um

Buddhisten japanischen Ursprungs wie Honen, Shinren, Dogen oder Nichiren hervorzubringen. Die westliche Kultur lebt in einer Welt der Gegensätze: Subjekt und Objekt, Selbst und Nichtselbst, ja und nein, gut und böse, richtig und falsch. Basierend auf der Aristotelischen Logik ist das westliche Denken der Wissenschaft verbunden. Alles, was undeutlich, was nicht klar definiert und bestimmt ist, sondern Paradoxien zulässt, steht im Gegensatz zu dieser Denkweise. Die japanische Ratio hat, trotz all ihrer mystischen Anstriche, eine eigene Form der Logik entwickelt, die auch das scheinbar Unlogische umfasst. Dies erklärt, warum die westliche Unterscheidung zwischen Realistisch und Idealistisch in Japan nicht Fuß gefasst hat. Das japanische Denken erscheint vielleicht manchmal als idealistisch, weil es begrifflich oder nach innen gerichtet ist. Doch sollte beachtet werden, dass die japanische Kultur wenig mit formaler Logik und abstrakten Konzepten zu tun hat. Viele ihrer philosophischen Konzepte wurden in Indien oder China entwickelt und erst später übernommen. Die Entwicklung des japanischen Buddhismus als Religion war sehr von Zweckmäßigkeit geprägt, wie auch der japanische Konfuzianismus.

Das Interesse an unmittelbarer Erfahrung ist seit jeher kennzeichnend für die japanische Kultur. Man könnte in Japan sogar von einem ›empirischen Idealismus‹ sprechen. Die konkrete Erfahrung spielt im Leben der Japaner eine fundamentale Rolle, eine Rolle, die Anklänge an die amerikanische Pragmatik von William James oder John Dewey aufweist. Werden Gedanken zu abstrakt oder zu realitätsfern, so verliert die japanische Tradition bald das Interesse daran. Ihr Augenmerk ist auf das Konkrete und Realistische gerichtet, wobei realistisch hier nicht mit dem im Westen verbreiteten sachlichen Realismus verwechselt werden sollte, sondern den Realismus der unmittelbaren Erfahrung meint. Man kann von einer rationalen Neigung der japanischen Denkweise sprechen, die sich von den analytischen Fähigkeiten des westlichen Denkens unterscheidet. Diese rationale Neigung findet auch Ausdruck in der Philosophie.

In Japan gibt es eine Vielzahl von Religionen und Glaubensrichtungen: Shinto, Buddhismus und Christentum existieren Seite an Seite. Der Shinto, die älteste Religion der japanischen Kultur, hat seinen Ursprung in Japan und entwickelte sich parallel zur japanischen Geschichte. Der Buddhismus, der aus Indien über China nach Japan kam, hatte in der Mitte des 6. Jahrhunderts eine Blütezeit, als er in der japanischen Kultur Wurzeln schlug. Mit der christlichen Lehre kam Japan im 16. Jahrhundert in Kontakt; sie wurde kurz darauf unterdrückt, trat dann aber vor etwa hundert Jahren entschiedener wieder in Erscheinung. Hinzu kommt eine große Zahl von Sekten und Glaubensrichtungen. Trotz ihrer Vielfältigkeit sind alle diese Religionen, vielleicht mit Ausnahme des Christentums, für einen Hang zum Empirischen bekannt, durch den sich die japanische Kultur insgesamt von anderen Kulturen unterscheidet. Der Gegenstand dieser Glaubensrichtungen orientiert sich an den spezifisch menschlichen Schwierigkeiten. Was zählt ist die unmittelbare Erfahrung, ein Topos, der uns aus dem amerikanischen Pragmatismus bekannt ist. Dasselbe gilt für den Shinto, der eine polytheistische Religion ist. Das wichtigste Ziel des Buddhismus in Japan besteht in der Befreiung des Menschen von Elend – ein in hohem Maße pragmatisches Ziel, wie man anmerken könnte. Der Schlüssel liegt auch darin, wie der Mensch seine missliche Lage sieht und ob er Willens ist, sich zu ändern. Auch hier begegnet uns wieder die unmittelbare Erfahrung des Empirismus. Obwohl wir unseren Ursprung in vollkommen anderen kulturellen Traditionen haben, erkennen wir dieselbe handlungsbasierte anti-metaphysische Haltung wieder, die auch in Nordamerika einen so beachtlichen wirtschaftlichen Erfolg hervorgebracht hat.

Der japanische Buddhismus unterscheidet sich in wesentlichen Aspekten von seinen indischen Vorläufern. Die Existenz wird nicht verneint, sondern es besteht vielmehr eine positive und freudvolle Einstellung zum Leben. In der japanischen Kultur ist der Buddhismus ein bejahender Glaube, der von einer radikal-empirischen Ausrichtung genährt wird, die ihn von allen Formen des abstrakt-konzeptionellen Idealismus unterscheiden. Wie der Shinto wird er von dem Gedanken der unmittelbaren Erfahrung geleitet, die dazu dient, den Menschen darauf vorzubereiten, sich in die von der Außenwelt auferlegten Umstände zu fügen. Wie deutlich wird, ist diese Einstellung auch für ein effektives Wirtschaftsleben nützlich. Der radikal-empirische Zug der japanischen Kultur wird auch durch ihre Effizienz außerhalb von Religion vielfach belegt.

Der besondere Charakter der japanischen Religionen führte zu einer Trennung von Religion und Ethik, gleichzeitig jedoch zu einer engen Verbindung von Religion und Ästhetik. Die japanischen Religionen waren keinesfalls darauf erpicht, ethische Normen für das Sozialverhalten zu schaffen. Dies soll allerdings nicht heißen, dass die japanische Kultur keine gesellschaftlich verbindlichen ethischen Grundsätze hätte. Diese Aufgabe fiel dem chinesischen Konfuzianismus zu und führte zum ethischen Niedergang der japanischen Kultur, was besonders in der Tokugawa-Zeit offensichtlich wurde. Man kann sagen, dass sich eine Art der Arbeitsteilung durchsetzte: Fragen moralischer und ethischer Lebensführung wurden an den Konfuzianismus gestellt, während für seelische Probleme der Shinto und der Buddhismus zuständig waren. Der Konfuzianismus diente der Ethik, Shinto und Buddhismus der Religion. Es ist dieser Dualismus von Religion und Ethik, der im Westen so häufig falsch ausgelegt wird.

Auch in ihrer Ästhetik kennt die japanische Kultur eine empirische Wendung. Im Vordergrund stehen die Gleichmütigkeit und der Seelenfrieden des Künstlers. Diese Forderung nach Ausgewogenheit und Gelassenheit umfasst auch die Einstellung zum Tod. Dem Tod soll mit gleichmütiger Gelassenheit begegnet, er soll akzeptiert und nicht etwa gemieden werden. Dem Tod wird, wie man sagen könnte, eine positive Funktion im Leben zugewiesen. In der japanischen Kultur ist der Tod ein integraler Bestandteil des Lebens (und auch hier bemerken wir wieder die nicht-transzendentale Ausrichtung). Der rituelle Selbstmord, Seppuku, ist nur ein bekanntes Beispiel der Auswirkungen dieses Konzepts. Die japanische Kultur kennt von Kindesbeinen an die Tendenz, dem Tod mutig ins Auge zu schauen. Die Betonung der Gleichmütigkeit und Gelassenheit in der japanischen Kultur kann als Kehrseite ihres Empirismus betrachtet werden.

Seit der Meiji-Restauration im Jahr 1868 hat die japanische Kultur eine Vielzahl westlicher Elemente übernommen. Dies gilt für zwei Ebenen: für die westliche Kultur und für die moderne Kultur. Die erste führte zu einer Verwestlichung Japans, die zweite zu seiner Modernisierung. Englisch zu lernen ist eine Form der Verwestlichung; den Umgang mit Technologie zu lernen ist eine Form der Modernisierung. Beim Prozess der Verwestlichung sind große Schwierigkeiten aufgetreten: Buddhismus und Shinto konnten nicht über Nacht zu monotheistischen Religionen gemacht und der empirische Zug der japanischen Kultur konnte nicht einfach in einen dem westlichen Denken entsprechenden rationalen Zug umgewandelt werden. Auf diese Weise wurde die japanische Kultur im Wesentlichen modernisiert, ohne notwendigerweise auch verwestlicht zu werden.

Traditionell wurde der Mahayana-Buddhismus gefördert. Für diesen liegt die absolute Wahrheit in einem säkularen Leben. Ein historisches Beispiel dafür ist Kronprinz Shotoku, der Wert auf die Verwirklichung buddhistischer Ideale innerhalb eines pragmatisch-säkularen Kontexts legte. Dogen, ein Zen-Meister, auch bekannt unter dem Namen Suzuki Shosan, predigte den Kaufleuten, dass sie Profit machen, sich jedoch nicht an ihm erfreuen, sondern ihn stattdessen für das Gemeinwohl einsetzen sollten. In dieser Hinsicht erinnert er an die calvinistische Arbeitsethik mit ihren Pflichten des Berufslebens. Da das Diesseits immer mit der Vergangenheit in Verbindung steht, ist die Betonung von Arbeit erforderlich, um frühere Sünden zu sühnen.

Dieselben Tendenzen waren schon im vorbuddhistischen Japan offenkundig. So war beispielsweise die Bewegung Ninomiya Sontokus pragmatisch und atavistisch ausgerichtet. Auch der Sekten-Shintoismus hatte ähnliche Tendenzen. Hier lauteten die Regeln, ein reines Herz zu bewahren, seiner Profession nachzugehen und Gott mit Wahrhaftigkeit zu begegnen. Besonderer Wert wurde auf Arbeit und die Früchte der Arbeit gelegt. Selbst der Konfuzianismus in Japan unterstrich diese Tendenz. Ogyu Sorai (1666-1728), ein japanischer Gefolgsmann des Konfuzius, betonte den Aktivismus und lehnte die statische Haltung der chinesischen Konfuzianer der Sung-Dynastie (960-1279) ab. Dementsprechend forderte er die Aneignung von praktischem Wissen, das sich im täglichen Leben als nützlich erweisen konnte. Die Wirtschaftstheorie von Dazai Shundai (1680-1747) und die Rechtsphilosophie von Miura Chikkei (1688-1755) maßen dieser Haltung ebenfalls besondere Bedeutung bei. Der japanische Konfuzianismus war nicht metaphysischer Art, sondern wirkte auf Politik, Wirtschaft, Recht und die praktischen Aspekte des Lebens ein. Die Modernisierungsphase vor dem Zweiten Weltkrieg liefert ausreichend Belege für die Betonung, die auf der praktischen Seite der menschlichen Existenz gelegt wurde.

Natürlich war die Logik, mit der, sagen wir, das konfuzianische oder buddhistische Denken untermauert wurde, nicht aristotelischer Art. Dennoch muss man ihr den Status einer Logik zuerkennen, zumal sie dazu noch äußerst erfolgreich ist. Nakamura Hajime hat energisch darauf hingewiesen, dass die japanische Denkweise, anders als das streng logische Denken im westlichen Sinn, ästhetisch, intuitiv und konkret sei. Hinzu kommt, dass die japanische Kultur nicht das Individuum als das die Gesellschaft bestimmende Element verstehen, sondern es ist vielmehr die Gesamtheit der sozialen Gemeinschaft, die das gesellschaftliche Leben bestimmt. Individuen gibt es für sich gesehen nicht, sie existieren nur innerhalb eines sozialen Netzwerks. Der Einzelne sollte sich auf die konkrete Erfahrung stützen, nicht auf Abstraktes. In der japanischen Sprache gibt es keine Bezeichnungen für abstrakte Gegenstände, selbst das Relativpronomen ist ihr unbekannt. Die Grundhaltung, die in der japanischen Kultur zum Ausdruck kommt, ist zutiefst von Empirie geprägt.

Dies lässt sich auch in den Briefen von Rennyo (1415-1499) feststellen, einem direkten Nachfahren von Shinran, der die Shin-Sekte repräsentierte. Rennyo predigte die Werte des Konfuzianismus, Gehorsam gegenüber den Regierenden und die innere Hingabe an Buddha. Mit seinem Hauptwerk, Ofumi, entwarf er gewissermaßen eine Arbeitsethik, die durch und durch an die bekannte, von Max Weber für Amerika beschriebene protestantische Ethik erinnert. Diese Ethik fordert von den Menschen, im Diesseits Enthaltsamkeit zu üben und ihr Privatleben dem Arbeitsleben unterzuordnen.

Das Individuum wird aus einem unmittelbar empirischen Zusammenhang heraus betrachtet, in dem es weniger als unabhängiges Wesen denn als Teil einer gesellschaftlichen Ordnung fungiert, wobei diese Ordnung von gesellschaftlichen Verpflichtungen geprägt ist.

Diese Betonung der direkten, unvermittelten Erfahrung, gepaart mit einer sonderbaren Indirektheit im Denken, ist ein grundlegendes Merkmal der japanischen Kultur und wird im Westen häufig als Irrationalität missinterpretiert. Nakamura Hajime spricht von der Fähigkeit der japanischen Kultur, das Leben so zu akzeptieren, wie es ist, mit all seinen Wirren und Widersprüchen. Es gibt keine Absolutheit, aus der heraus sich das Universum erklären ließe. Erklärungen werden vielmehr in der Welt der Phänomene gesucht, eine weitere Erscheinung des radikalen japanischen Empirismus. Als Folge hieraus lässt sich eine gewisse Einfachheit im japanischen Denken und Handeln feststellen: Einfachheit, Reinheit und Rechtschaffenheit sind, ohne Frage, tragende Werte. Dem Absoluten, Universellen und Abstrakten wird wenig Beachtung geschenkt. Wert gelegt wird stattdessen auf Unmittelbarkeit im Leben, Handeln, Erfahren, Genießen, wozu als geistige Voraussetzung der innere Seelenfrieden dient. Sowohl Indien als auch China weisen eigene reiche philosophische Tradition auf. Durch ihren Synkretismus ist die japanische Kultur dennoch zu einer ganz eigenen Denkweise gelangt.

Dessen ungeachtet ist einer ihrer Züge urjapanisch geblieben: die pragmatische und der Welt zugewandte Einstellung. Es ist dieser Eklektizismus der japanischen Kultur, der so scheinbar unterschiedliche Traditionen wie den Konfuzianismus, Taoismus, Buddhismus und Schintoismus miteinander vereinbar macht. All diese Traditionen stellen auf ganz eigene Weise einen Bezug zum täglichen Leben her und liefern damit eine zusammenhängende Lebensphilosophie, ob nun logisch oder nicht. Dann ist noch die ästhetische Ausrichtung der japanischen Kultur zu berücksichtigen, mit ihrer Betonung der Intuition. Im Vergleich zu anderen Kulturen werden ästhetische Fragen als Ausdruck von Spiritualität betrachtet und nicht weniger wertgeschätzt als die Ethik in China, die Religion in Indien oder die Rationalität im Westen. Damit einher geht ein erdverbundener Realismus, eine Betonung der praktischen Dinge des Lebens, die ultimativen Leiden und Sorgen wenig Bedeutung beimisst. Um es einfach auszudrücken, Transzendentalismus oder Universalismus gibt es in der japanischen Religion, deren Hauptanliegen das Konzept der inneren Gelassenheit und Gleichmütigkeit ist, nicht in dieser Form. Der japanische Buddhismus unterscheidet sich von seiner ursprünglichen Form so sehr wie vom Buddhismus, der heute in Südostasien zu finden ist.

Selbst die Ansichten der japanischen Kultur zur Ethik sind einzigartig. Es wird nicht versucht, Ethik auf Metaphysik oder Religion zu gründen. Die japanische Ethik dient in erster Linie als Maßstab für das gesellschaftliche Leben: Die japanische Kultur ist realistisch, jedoch erhebt sie, einmal abgesehen von der Pflicht, der eigenen Gemeinschaft oder dem sozial Höhergestellten zu dienen und diesen gegenüber loyal zu sein, offensichtlich überhaupt keinen Anspruch auf Absolutheit oder universelle Gültigkeit. Konfuzius wäre zweifellos erstaunt gewesen, hätte er mit angesehen, wie der Konfuzianismus mit seinem Prinzip der Loyalität im Verlauf der japanischen Geschichte umgestaltet worden ist, um der Glorifizierung von Kriegern und Feudalherren zu dienen.

Das soziale Gefüge der japanischen Kultur ist von der Einbindung des Individuums in gesellschaftliche Gruppen geprägt, die von der Familie bis hin zum Staat reichen. Rechte werden Pflichten gegenübergestellt. Was am meisten ins Auge sticht, ist die historisch gewachsene Hierarchie der japanischen Gesellschaft, das Bewusstsein für soziale Stellungen, die Forderung nach Disziplin (sowohl nach innen als auch nach außen) und ein vom Konfuzianismus herrührender Respekt vor Autorität. Die Gruppe hat Vorrang vor dem Einzelnen. Von der Familie bis zum Staat werden Individuen in größeren Einheiten zusammengefasst und ihre persönliche Würde wird im traditionellen Sinn durch Schutz, Sicherheit und nicht zuletzt durch inneren Seelenfrieden gewahrt. Dadurch, dass die japanische Kultur diese scheinbar so gegensätzlichen Elemente miteinander vereinbart, erlangt sie einen rätselhaften Anstrich. Sie ist synkretisch und erdverbunden, empirisch und, in gewisser Hinsicht, hedonistisch, ästhetisch und äußerst sparsam zugleich. Letztendlich trägt sie, trotz ihrer Offenheit gegenüber Einflüssen von außen, auch ein klein wenig ethnozentrische Züge in sich.

Die Begriffe von Zeit und Raum haben in der japanischen Kultur eine unverkennbar eigene Tradition, die der wirtschaftlichen Entwicklung Japans später zugute kam. Die Hauptakteure der Wirtschaft waren jederzeit in der Lage, ihre Haltungen den gegebenen Umständen anzupassen. Die Vorstellung von Subjektivität ist in der japanischen Kultur nicht so klar definiert, wie dies im Westen der Fall ist. Dies wird nicht zuletzt in der japanischen Sprache offenkundig, in der das Subjekt so sehr vom gegebenen Kontext abhängig ist, dass es manchmal sogar ganz wegfällt. So kann beispielsweise das Wort hashiru ›ich renne‹ bedeuten, oder ›du rennst‹ oder ›er/sie rennt‹ oder gar ›sie rennen‹. Man kann das Japanische demnach als kontextabhängige oder logozentrische Sprache bezeichnen, während indoeuropäische Sprachen insofern egozentrisch sind, als der Kontext immer vom Subjekt bestimmt wird. In der japanischen Tradition ist die Wahrnehmung eines Logos oder Subjekts unabhängig von der Welt, die es umgibt, nicht möglich. Es gibt kein Prinzip, das die Wirklichkeit übersteigt. Die Wirklichkeit besteht aus der Welt der Erscheinungen und muss akzeptiert werden, wie sie ist, am vorgegebenen Ort und zur vorgegebenen Zeit. Der Philosoph Nishida Kitaro (1870-1945) verwendete dafür den Ausdruck basho. Für die Japaner ist es nicht Aufgabe des Subjekts, der Welt seine eigene Logik aufzuzwingen, im Gegenteil, es muss sich dieser Welt anpassen. Ein eindrucksvolles Beispiel für dieses Phänomen ist der japanische Prozess der Restauration. In dieser begegnen wir einer Form von wiederkehrender Temporalität, die nicht mit ›vergangen‹ im Sinne von etwas, das verloren und unwiederbringlich ist, verwechselt werden sollte. Diese Vorstellung spielt für die Bereitschaft der japanischen Kultur, Altes durch Neues zu ersetzen, ob nun in der Architektur oder in ihrer Wirtschaft, eine nicht unerhebliche Rolle. Die japanische Tradition denkt an Vergangenheit nicht auf die lineare, losgelöste Weise, die für den modernen Menschen im Westen charakteristisch ist. In Japan wird nicht kategorisch zwischen Vergangenheit und Gegenwart unterschieden. Dies ist ein Grund, warum die Japaner ein solch lebhaftes Interesse an ihrer Vergangenheit haben. Sie begreifen sie als Teil ihrer gegenwärtigen Identität.

Wenn Vergangenheit und Zukunft als der Gegenwart innewohnend begriffen werden, kann der Mensch Einfluss auf sie ausüben. Diese Ansicht steht vollkommen im Gegensatz zum Fatalismus, der, sagen wir, in der lateinamerikanischen Philosophie vorherrscht. Der Mensch ist fähig, die Last vergangener Ereignisse abzuwerfen und noch während seiner Anstrengungen in der Gegenwart die Früchte der Zukunft zu kosten. Dieser Ansatz wäre in unserem augustinischen Zeitbegriff, in dem die Vergangenheit für immer vorbei und die Zukunft im Hier und Jetzt unerreichbar ist, undenkbar. Sinn wird durch die Handlungen gestiftet, die man im gegenwärtigen Moment ausführt. Hinter dieser Betrachtungsweise verbirgt sich eine pragmatische Note, die jegliche Form von Transzendenz ausschließt.

Max Weber hat den Konfuzianismus einst mit dem Protestantismus verglichen und kam zu dem Schluss, dass beide grundlegend rational seien. Dennoch bemerkte er einen Unterschied: Der puritanische Rationalismus hat den Versuch unternommen, rationale Kontrolle über die Welt auszuüben, während der konfuzianische Rationalismus für den Versuch steht, sich der Welt auf rationale Weise anzupassen. Weber bezog sich in erster Linie auf China und sah in diesem Unterschied einen Hauptgrund dafür, dass der moderne Kapitalismus in China nicht in Erscheinung getreten ist. Der japanische Konfuzianismus unterscheidet sich im Wesen jedoch von seinem chinesischen Gegenstück. In der Verfassung Shotoku Taishis aus dem Jahr 604, die unter dem Einfluss des Konfuzianismus entstand, wurde der Loyalität als Eigenschaft der japanischen Kultur besonderer Wert beigemessen. Während in China Loyalität die Loyalität gegenüber dem eigenen Gewissen bedeutete, war in Japan damit die Unterwürfigkeit gegenüber dem eigenen Herrn gemeint, die bis zur Selbstopferung reichen konnte.

Die gesamte Geschichte Japans ist geprägt vom Primat der Loyalität gegenüber einer Gruppe; Individualismus und Liberalismus nach westlichem Modell waren unbekannt. Gelehrt wurde der Gehorsam gegenüber den Vorgesetzten, den Eltern, den Alten. Die besondere Betonung des japanischen Konfuzianismus liegt auf der Loyalität. Die Religion der kaiserlichen Familie mag der Shinto gewesen sein, doch die Ethik des Verwaltungsapparats war der Konfuzianismus. Dies galt insbesondere in der Tokugawa-Zeit. Während China ein Land des zivilen Konfuzianismus war, war Japan eine Nation des militärischen Konfuzianismus. Der gewöhnliche Krieger huldigte seinem unmittelbaren Vorgesetzten oder dem Daimyo; der Daimyo huldigte seinem Shogun; der Shogun wiederum schwor dem Kaiser Treue. So entsteht der Eindruck einer vielfach gestaffelten Hierarchie. In China hatte der Konfuzianismus eine humanistische Tendenz, in Japan war er jedoch eher nationalistisch. Und die japanische Kriegerkaste war an Waffenkunde interessiert, an Wissenschaft und Technologie.

Eine andere wichtige Entwicklung war die Säkularisierung des japanischen Konfuzianismus, die in der Tokugawa-Zeit ihren Anfang nahm und während der Meiji-Restauration im 19. Jahrhundert vorangetrieben wurde. Der Konfuzianismus arbeitete mit dem Schintoismus Hand in Hand, wobei der Erstgenannte sich für eine konstitutionelle Monarchie einsetzte, die sich auf einen streng strukturierten Verwaltungsapparat stützen sollte, während der Letztere ein starkes Bewusstsein für den Nationalstaat entwickelte. Dementsprechend waren die japanischen Vorstellungen von Regierung und Ökonomie nationalistisch, paternalistisch und anti-individualistisch geprägt. Der Konfuzianismus blieb auch bei der Ausformung des Rechtssystems, des Bildungssystems und der Arbeitsethik in Japan das dominierende Verhaltensmuster, so wie es schon bei der Niederlegung des Taiho-Kodex im Jahr 701, der bis zum 11. Jahrhundert Gültigkeit behielt und erst 1885 formal abgeschafft wurde, der Fall gewesen war. Es lässt sich sogar eine ausgeprägte Kontinuität feststellen, vergleicht man die Verfassung der Siebzehn Artikel, die 604 von Shotoku Taishi verkündet wurde, und die gegenwärtig gültige Nachkriegsverfassung aus dem Jahre 1946.

Obwohl die göttliche Abstammung des Kaisers inzwischen verneint wird, bleibt er das Symbol des Staates und der Einheit des japanischen Volkes. Der Konfuzianismus, der wie der Buddhismus im 6. Jahrhundert von Indien über China nach Japan kam, betonte die Wichtigkeit von Loyalität und Selbstaufopferung. Der Buddhismus war ebenfalls eine der staatstragenden Säulen, beispielsweise in der Nara-Zeit (710-794) und in der Kamakura-Zeit (1192-1333). Es war die herrschende Klasse, die den Buddhismus nach Japan brachte und er diente immer wieder als Mittel der Machtausübung über das Volk. Der japanische Buddhismus war demnach weniger mit dem Glück oder Leid des Einzelnen befasst als mit dem Wohlergehen des Staates.

Auch die Meiji-Restauration im Jahr 1868 änderte an dieser Situation nichts. Obwohl Wissenschaft, Technologie, Bildungssystem, Ökonomie und Rechtsprechung zum Teil aus dem Westen übernommen wurden, wurden die spirituellen Werte der westlichen Kultur nicht mit demselben Eifer aufgenommen. Der Konfuzianismus, der immer mehr Philosophie als Religion war, kam niemals ernsthaft mit dem Schintoismus oder Buddhismus in Konflikt. Daher waren Schintoisten, Buddhisten und sogar Christen stark vom Konfuzianismus beeinflusst. Dies galt insbesondere in den Jahrhunderten, in denen Japan gewissermaßen vom Rest der Welt abgeschnitten war, also ungefähr bis zum Ende der Tokugawa-Zeit. Der Konfuzianismus wies eine ausgeprägte Rationalität auf; er lehnte jede Art des Mystizismus, der Magie und des Aberglaubens ab. Bis dahin hatte

Japan bereits einen gut funktionierenden Verwaltungsapparat aufgebaut. Selbst während der Zeit der Meiji-Restauration und auch danach legte der japanische Konfuzianismus Wert auf die Loyalität zum Staat und die Ehrfurcht vor den Eltern und den Alten. Es war daher nur natürlich, dass sich in Japan ein nationalistisches, kapitalintensives Wirtschaftssystem durchsetzte, das auf dem Senioritätsprinzip und lebenslanger Beschäftigung basiert. Der Konfuzianismus zeigte keine Beachtung für den Einzelnen; er war intellektueller und rationaler Art und daher in hohem Maße mit moderner Wissenschaft und Technologie kompatibel.

Die Meiji-Revolution unterschied sich von den europäischen Revolutionen insofern, als dass sie keine Revolution des Bürgertums darstellte, sondern eine Revolution der niederen Samurai und der Intelligenz, deren Ziel es war, einen neuen Staat zu errichten. Der Staat übernahm die Rolle des Zahlmeisters, die Privatwirtschaft blieb zunächst noch schwach. Es herrschte eine konfuzianische Arbeitsethik vor und Arbeiter wurden zunächst aus der Kriegerklasse herangezogen. Demzufolge entwickelte sich die japanische Wirtschaft auf der Grundlage von Voraussetzungen, die sich grundlegend vom Individualismus und Liberalismus in England unterschieden. Zu dieser Zeit entstanden auch die ersten Zaibatsu, wörtlich übersetzt Finanzcliquen. Sie waren von Beginn an den Regierenden gegenüber loyal und erstarkten unter dem Schutz der Regierung schnell. Der konfuzianische Loyalitätsgeist wurde auf die Wirtschaft genauso übertragen, wie er auf den Staat übertragen worden war. Die Beschäftigten der großen Gesellschaften widmen ihr Leben auf dieselbe Weise einem wirtschaftlichen Unternehmen, wie ihre Väter sich ihrem Feudalherren, dem Daimyo hingegeben haben. Die Loyalität gegenüber dem Arbeitgeber ist stark ausgeprägt, die Gewerkschaftsbewegung ist entsprechend schwach. Ungleich dem chinesischen Konfuzianismus mit seinem Sinn für Wohltätigkeit und Freundlichkeit, war der japanische Konfuzianismus einzig von einem Verlangen nach Loyalität und Übereinstimmung geprägt.

In wenigen Worten: Die verschiedenen Religionen Japans – Konfuzianismus, Buddhismus und Shinto – dienten alle der Unterstützung des Staates. Dies war in der Tokugawa-Zeit mit ihrem Gehorsam gegenüber dem Herrscher genauso offenkundig wie in der Zeit der Meiji-Restauration, in der der Shinto zur Stützung der kaiserlichen Familie diente. Selbst der Buddhismus diente in Japan der Machtdemonstration des Staates. Was Metaphysik und Transzendentalismus betrifft, so kann die japanische Kultur als nichtreligiös, bis zu einem gewissen Punkt sogar als materialistisch bezeichnet werden, wobei sich im Verlauf der Geschichte eine zunehmend nationalistische Tendenz ausmachen lässt. Unter den Faktoren, die zum wirtschaftlichen Aufstieg Japans beigetragen haben, ist diese Konfiguration zweifellos von wesentlicher Bedeutung.

Mystische und individualistische Religionen sind der japanischen Kultur eher fremd. Anstatt ihrer treffen wir immer wieder auf eine rationale, empirische Einschätzung der realen Welt. Die wirtschaftliche Dynamik und politische Stabilität Japans sowie vor allem seine Fähigkeit zur Entwicklung endogener Technologien stechen auf dem Hintergrund dieser religiösen, intellektuellen und kulturellen Grundvoraussetzungen hervor. Die japanische Fähigkeit zur Entwicklung endogener Technologien hat ihre Wurzeln in dem empirisch-pragmatischen Charakter der japanischen Kultur. Damit lässt Japan eine Vergleichbarkeit mit der nordamerikanischen Kultur erkennen und steht gleichzeitig in scharfem Kontrast zu Lateinamerika, das bis zum heutigen Tage nur über geringe endogene Technologien verfügt und dessen Kultur ein gebrochenes Verhältnis zu Technologie und Moderne aufweist, was auf eine metaphysische und transzendentale Weltsicht zurückzuführen ist, ein Erbe der katholischen Scholastik des 16. Jahrhunderts. Doch kommen wir zunächst auf die Vergleichbarkeit mit Nordamerika zurück.

Die nordamerikanische Kultur: Pragmatismus, Utilitarismus, Empirismus

Ein Blick auf Nordamerika zeigt, dass auch dort, anders als in Lateinamerika, die Philosophie empirische, analytische, rationalistische, logische und zuweilen utilitaristische Züge annahm. Der ›possessive Individualism‹ im Sinne John Lockes hatte weite Auswirkungen. Das amerikanische Verständnis von Individualismus steht nicht für Singularität. Das Individuum ›muss sich anschließen‹, es muss ›dazugehören, dabeisein und mitspielen‹. Das geht mit dem festen Glauben einher, dass jede Situation verbessert werden kann und der Mensch, auch wenn er versagt, die Verantwortung dafür trägt und diese Verantwortung nicht auf eine transzendente Gottheit übertragen kann. In der amerikanischen Kultur existiert das Versprechen der Belohnung (›promise of reward‹); Amerikaner leben in einem ›Land der Versprechen‹ (›land of promise‹/promised land: Paradies, das Gelobte Land); das Leben wird für die ›Möglichkeiten‹ und ›Gelegenheiten‹ geschätzt, die es einem bietet. Die Vorstellung von Erfolg als Zusammenspiel von Umständen und Handlungen hat die Wirtschafts-, Sozial- und Kulturgeschichte Nordamerikas stark geprägt. Außerdem finden wir hier auch die Fähigkeit, Dinge zu quantifizieren und aufzuzeichnen, die es in der lateinamerikanischen Kultur nicht im gleichen Masse gibt.

Krankheit, Alter und Tod passen allerdings nicht in dieses Konzept. Unglück wird nicht als tragisches Schicksal akzeptiert; die Idee, ein Mensch verdiene durch tragische Begebenheiten mehr Achtung, ist nicht so offensichtlich wie in Lateinarmerika. Der Mensch ist weniger Subjekt eines blinden Schicksals, vielmehr nimmt er an der Gestaltung seines Lebens teil. Das überschneidet sich mir dem amerikanischen Konzept der ›Eigenverantwortlichkeit‹, das sogar bei einem Transzendentalisten wie Emerson und Thoreau in deren Konzept von Natur im Vordergrund steht. In Lateinamerika dagegen bezeichnet Transzendenz tatsächlich eher eine entrückte, sogar eskapistische Haltung. Die Nordamerikaner halten sich überwiegend für ein ›auserwähltes Volk‹, für die Erben der ›Stadt auf dem Hügel‹ und des puritanischen Vermächtnisses (Puritan Legacy). All das entfaltet sich unter der Ägide vom ›menschlichen Fortschritt‹ und resultiert in einem Kult um ›Größe‹ und ›Stärke‹, von dem amerikanische Legenden und die Folklore durchdrungen sind. Empirismus, Praktikabilität (practicality) und Logik bilden zusammen mit der ›Eigenverantwortlichkeit‹ offensichtlich die Grundvoraussetzung für Industrialisierung und eine technologische Entwicklung, die der metaphysischen und spirituellen Haltung der lateinamerikanischen Kultur in diesem Sinne der Effizienz überlegen sind.

Die Evolutionslehre und der fast öffentliche Beifall, den sie in Nordamerika erntete (weit mehr als in Lateinamerika), geht auf Herbert Spencer, seinen Sozialdarwinismus und seinen Schüler John Fiske zurück. Sie beruht auf der Annahme, dass sowohl die Natur als auch die Geschichte zum Aufstieg des Menschen beitragen. Die nordamerikanische Sicht der Geschichte verhält sich antithetisch zu der in Lateinamerika. In Nordamerika gelten die Naturwissenschaften als gleichgesinnte Gefährten der Politik und Wirtschaft; in Lateinamerika scheinen sie nicht kompatibel mit der Metaphysik der traditionellen Kultur. In Nordamerika hat man in der naturwissenschaftlichen Methode eine Technik entdeckt, die auf die physische Welt anwendbar ist. Der Wert, der im Calvinismus irdischem Erfolg beigemessen wird, traf sich mit dem Streben nach der Anhäufung von Wohlstand. Tugenden wie ›Sparsamkeit‹ und ›Arbeitseifer‹ waren stärker empirisch als transzendent. Der Mangel an transzendentaler Metaphysik in der nordamerikanischen Kultur erinnert an Japan und steht, wie auch das Gefühl eines sozialen Auftrags, in scharfem Gegensatz zu der katholischen auf Religion und Staat ausgerichteten Tradition in Lateinamerika. Der Calvinismus ließ eine theistische Weltsicht mit einer christlichen Betonung spiritueller Buße entstehen. Mit dem protestantisch-puritanischen Vermächtnis aus der Kolonialzeit war der Übergang zur Aufklärungsphilosophie des 18. Jahrhunderts alles andere als plötzlich. Wir finden hier denselben Moralismus, dieselbe Betonung des menschlichen Willens, das Konzept von Besitz, und das Recht des Menschen, die Früchte seiner Arbeit zu genießen, für das John Locke den Begriff des ›possessive individualism‹ prägte. Die puritanische Ethik stand in Einklang mit den ›Naturgesetzen‹, dem ›Streben nach Glück‹ und den ›bürgerlichen Freiheiten‹. Sie vertrug sich gut mit dem Deismus des 18. Jahrhunderts, ja, man kann sagen, Jonathan Edwards habe Tuchfühlung mit Thomas Paine aufgenommen. Sogar Benjamin Franklins Idee der ›Übung in Tugend‹ war schon von Cotton Mather vorweggenommen worden. Die von Thomas Jefferson und anderen formulierte Philosophie der Unabhängigkeitserklärung rundet das Bild ebenso ab wie das Züge des Gewohnheitsrechts tragende Common Law, die Lehren von Edward Coke, die politischen Schriften von Sidney und Milton, die Tradition der Magna Charta und die Reden der großartigen Prediger Charles Chauncy, John Wise und Samuel Davis. Das Ergebnis war eine beeindruckende Wechselwirkung zwischen Philosophie und Staatsverfassung unter dem Primat der Gemeinschaft, die ihren Niederschlag in der Verfassungs- und Rechtsgeschichte Amerikas fand.

Der nordamerikanische Transzendentalismus des 19. Jahrhunderts ist nur im Vergleich mit seinem Gegenstück in Lateinamerika zu verstehen. Unsere Sicht auf die nördliche Version darf sich nicht auf Strömungen der deutschen Romantik, Platon und die Orientalisten beschränken; auch ihre Besonderheiten müssen benannt werden, ihr Bestehen auf ›Eigenverantwortlichkeit‹, das es in Lateinamerika nie gab. Genau wie es nie ein derartiges soziales Engagement gab, wie es zu dieser Zeit in Amerika herrschte, wofür utopische Gemeinschaften wie die Brook Farm, der Philanthrop Robert Owen, die Abolitionisten oder die Suffragettenbewegung als Beispiele stehen, die sich alle auf Emerson und Thoreau als Transzendentalisten beriefen. Dieses empirisch-soziale Engagement fand sich nicht im lateinamerikanischen Transzendentalismus.

Die nordamerikanische Kultur akzeptiert keinen ›ewigen, absoluten, transzendentalen Willen‹, wie er die Postulate des spekulativen Mystizismus befriedigt. Sogar ein Denker wie Josiah Royce, der oft als Idealist bezeichnet wird, oder Santayana und Emerson lehnen jegliche Form von Fatalismus ab und ersetzen ihn durch die ›hoffnungsvolle Handlung‹ (›hopeful action‹). Dinge werden als das betrachtet und akzeptiert, was sie sind: Der Gedanke, dass sie ›verbessert‹ werden können – eine Haltung, die durchaus wirtschaftlichen Erfolg nach sich ziehen kann –, erinnert an die Unmittelbarkeit und Weltlichkeit von Japans empirischer Kultur. Im Gegensatz zu Lateinamerika war die nordamerikanische Philosophie den modernen Wissenschaften und hierbei besonders den Naturwissenschaften gegenüber immer aufgeschlossen.

Ein anderer äußerst wichtiger Faktor, der zum Entstehen des nordamerikanischen Staates beitrug, war die Erfahrung einer Grenze (Frontier), der Grenzlinie der weißen Bevölkerung, die sich über drei Jahrhunderte immer weiter nach Westen verschob. Das prägte das gesamte Gesellschafts-, Wirtschafts- und Rechtsgefüge des nordamerikanischen Lebens; in Lateinamerika findet sich nichts Vergleichbares. Aus dieser ›Bewegung nach Westen‹ heraus entwickelte sich schließlich die ›Jacksonian Democracy‹ und mit ihr der Aufstieg des ›einfachen Mannes‹ (common man), ein in Lateinamerika ebenfalls nicht vergleichbares Phänomen. Im 18. Jahrhundert war in Nordamerika eine charakteristische Mischung aus Empirismus und Rationalismus tonangebend. So auch im Denken von Jonathan Edwards, einem Theologen und Philosophen, der auf den Empirismus John Lockes zurückgriff und sich somit in seinen Ideen grundlegend von den in Lateinamerika existierenden religiösen und philosophischen Ansätzen unterschied. Sowohl Edwards als auch Emerson waren hochinteressiert an den Alltagsproblemen ihrer Mitmenschen und am Empirismus mit seinen vielen und weitreichenden Auswirkungen. Diese Phase ging als Zeitalter von Peirce und James sowie von Royce und Dewey in die Geschichte ein, dauerte vom Ende des Bürgerkriegs bis zur Mitte des 20. Jahrhunderts und ist als Zeit, in der sich eine eigenständige nordamerikanische Philosophie herausbildete, für den Vergleich mit der Gedankenwelt Japans und Lateinamerikas von großem Nutzen.

Das nordamerikanische Denken gilt vor allem als Antwort auf eine Situation, in der die geistige Tätigkeit auf Problemlösungen gerichtet ist. Das Denken muss richtungweisend sein (›cutting edge‹). Es muss das Verhalten von Menschen, die sich in einem Konflikt befinden, ändern können. Letzten Endes herrscht ein tief verankerter Glaube daran, dass die Welt tatsächlich verbessert werden kann, dass Hindernisse überwunden und Wissen umgesetzt werden kann. Das ist der Grundpfeiler des nordamerikanischen Pragmatismus, wie wir ihn bei Peirce, William James oder John Dewey finden. Denken als eine auf einen bestimmten Zweck oder Ziel ausgerichtete Problemlösungsmethode.

Diese Haltung ist besonders offensichtlich bei John Dewey, der den Anspruch an Philosophie hat, sie müsse das ›Böse in den Menschen‹ ausräumen. Schon für Jonathan Edward liegt der Schlüssel zur individuellen Existenz im Handeln. Das steht im scharfen Kontrast zur Haltung in Lateinamerika, wo alltägliches Philosophieren einer ästhetischen Erkenntnis und nicht-pragmatischen Metaphysik dient, ohne den vorrangigen Wunsch, Kontrolle über die äußere Welt zu gewinnen. Der Pragmatismus entstand aus dem nordamerikanischen Leben und ist wie geschaffen zur Lösung von Fragen der gesellschaftlichen Organisation, Politik, Erziehung und Wirtschaft. Die radikale Ausweitung der von Locke begründeten empirischen Tradition wurde von den Pragmatikern vollendet. So sind Pragmatismus, Instrumentalismus, Rechtsrealismus und wirtschaftlicher Determinismus eng miteinander verwoben.

Innerhalb der Gesellschaftsstruktur fiel dem Pragmatismus die Aufgabe zu, ein neues Verständnis der Möglichkeiten von Technik und wirtschaftlichem Wirken zu schaffen. Die beeindruckende Wechselwirkung von philosophischen Werten sowie der politischen und wirtschaftlichen Realität ist in Nordamerika nicht zu übersehen. Wie schon im Falle Japans festgestellt, hatte auch in Nordamerika das herrschende Klima von Empirismus und Logik, Unmittelbarkeit und Pragmatismus große Auswirkungen auf das wirtschaftliche Wachstum und die politische Stabilität. Das gilt für die großen Philosophen Nordamerikas, sowohl für die oben genannten Pragmatiker wie Peirce, James and Dewey als auch für andere wie Royce, Santayana, George Herbert Mead, C. I. Lewis und Emerson. Die empirische, pragmatische, utilitaristische Ausrichtung der nordamerikanischen Kultur, von Zeiten der Gründungsväter im 18. Jahrhundert bis zum heutigen Tag findet in den Werten der Philosophen und geistesgeschichtlichen wie kulturellen Werken ihren Ausdruck. Trotz aller unterschiedlichen historisch-kulturellen Voraussetzungen haben Japan und Amerika zumindest Folgendes gemeinsam: Die in beiden Ländern gleiche philosophische Tendenz erwies sich als im höchsten Grade nützliche Voraussetzung für die Entwicklung endogener Technologien, die eine notwendige Bedingung für eine industrielle Revolution darstellten.

In Nordamerika diente die Beziehung zwischen Technik und Kultur zur Untermauerung des Staates. Technik und Kultur waren nie so begrenzt kompatibel wie in Lateinamerika. Ganz im Gegenteil, in Nordamerika kam es in den ersten zwei Jahrhunderten nach der Staatengründung im 18. Jahrhundert zu einer schöpferischen Verbindung beider Ebenen. Trotzdem ist Nordamerika heute als eine moderne technologische Zivilisation den Konflikten zwischen Kultur und Technik, die später in diesem Essay thematisiert werden, ebenso konfrontiert.

Die lateinamerikanische Kultur: Transzendenz, Metaphysik, Magie, Mythos

Auch in Lateinamerika gab es beeindruckende Wechselwirkungen zwischen Philosophie, Religion, Staatsführung und Wirtschaft. Unsere zentrale These ist, dass ein hoher Grad an Metaphysik, Transzendenz und Spiritualität kein so starkes, dynamisches wirtschaftliches und politisches Leben oder Entwicklungen endogener Technologien hervorbringt, wenn er nicht von Empirismus begleitet wird und Erfahrungen sowie Logos einen hohen Stellenwert haben. Diese These lässt sich durch die gesamte Geschichte Lateinamerikas vom Ende des 15. Jahrhunderts bis heute belegen.

Unsere Geschichte beginnt mit der Scholastik von Molina, Vitoria und Suarez im Spanien des 16. Jahrhunderts. In Lateinamerika war Scholastik mehr als eine philosophische Lehre, sie war ein kognitives staats- und gesellschaftsimmanentes System, das das Leben in jeder Hinsicht regelte. In Lateinamerika müssen wir immer eine Identität von Glaube und Staatslenkung – in der von der katholischen Idee von Staat vorgeschriebenen Art – voraussetzen. Im 16. Jahrhundert erhielt Spanien und seine Monarchie als Anerkennung des Siegs über die Mauren das Recht zuerkannt, in Lateinamerika Vizekönige und andere hohe Amtsträger zu ernennen. Als offizielle Philosophie im Kirchenstaat garantierte die Scholastik die Unterwürfigkeit vor dem König, was gleichbedeutend war mit der Unterwürfigkeit vor Gott.

In Spanien verlieh Teresa von Avila der mittelalterlichen Mystik neuen Ausdruck. Derartige mystische und geistesgeschichtliche Bewegungen waren die Folge einer der intensivsten Perioden europäischer Religionsgeschichte. Spanien, schon geübt in der Verteidigung des Christentums gegen den Islam, verteidigte seine Stellung nun gegen die Reformation.

Die scholastische Ethik, die in Lateinamerika vorgeschrieben war, griff auf den Rationalismus bei Aristoteles und Thomas von Aquin zurück. In diesem System wird das Leben von dem Prinzip geleitet, das Hauptziel des

Menschen sei das ewige Glück, das nur in Gott und somit eher in der Transzendenz als in den empirischen wirtschaftlichen Leistungen gefunden werden kann, wie es der nordamerikanische Calvinismus lehrt. Im theologischen Dogma und alltäglichen Leben Lateinamerikas ist das ewige Glück gebunden an die Sakralität der Gnade, auf die allein die katholische Kirche Anrecht hat. Sich der kirchlichen Autorität zu unterstellen, sowohl in der Lehre als auch in Fragen der Moral, kann nicht angezweifelt werden. Auch nach dem Niedergang der reinen Scholastik in Lateinamerika, während der eklektischen Phase in den letzten Jahrzehnten der Kolonialzeit, kam es nicht zu einer Symbiose zwischen Scholastik und moderner Denkart. Benito Feijoo, ein spanischer Benediktiner, der für experimentelle Wissenschaften eintrat, konnte sich nicht durchsetzen. Genau wie die Philosophen Juan Benito, Diaz de Gamarra und Jose Augustin Caballero aus Kuba mit ihrem für die lateinamerikanische Kultur so typischen schismatischen Eklektizismus. Auch die jesuitische Tradition musste sich diesem gebrochenen Verhältnis zur Realität stellen, wie man es bei Vertretern des 18. Jahrhunderts wie Jose Rafael Campoy, Francisco Javier Clavijero, Augusto Castro und Diego Jose Abad beobachten kann. Gamarra geriet 1775 in Konflikte mit der Inquisition und musste seine Professur und seinen Rektorenposten niederlegen; allerdings gestattete Papst Clemens XII. die Lektüre seiner Bücher und Gamarra wurde fünf Jahre später wieder in seine Ämter eingesetzt.

Entscheidend ist, dass die Moderne, die Naturwissenschaften und die empirischen Experimentalwissenschaften, alles Grundvoraussetzungen für endogene technologische Entwicklungen, in der frühen Entwicklungsphase keine Möglichkeit hatten zu wachsen und sich zu entwickeln – verglichen mit dem geistesgeschichtlichen Hintergrund in der japanischen und nordamerikanischen Kultur, in denen es keine derartig starken Brüche gab. Die Arbeiten von Bacon, Descartes, Newton, Locke, Condillac, Malebranche, Leibniz und Gassendi konnten in Lateinamerika nicht eine derartig befreiende Wirkung haben wie in der nordamerikanischen, aber auch europäischen Kultur.

An dieser Stelle sollen nicht die Geschichte der lateinamerikanischen Philosophie, das kurze positivistische Zwischenspiel im 19. Jahrhundert oder die Entwicklungen zu Zeiten der Staatenbildung erörtert werden. Wichtig aber ist, dass die lateinamerikanische Philosophie im Laufe von vier Jahrhunderten denselben metaphysischen, spirituellen, transzendenten Tenor bewahrt hat, der auch die Ästhetik so stark prägte. Weit weniger widmete man sich Gegenständen, die auf Erfahrung, logischem Empirismus oder rationalem Pragmatismus gründeten, wie die Philosophen in Japan und Nordamerika es taten. Also konnten sich die Industrialisierung und der Durchbruch in die Moderne in Lateinamerika nicht auf ein derartiges geistesgeschichtliches Fundament gründen, wie wir es in Nordamerika oder Japan finden. Octavio Paz sprach noch im 20. Jahrhundert von dem gebrochenen Verhältnis Lateinamerikas mit seiner Moderne.

Schon früh beschrieb Alexander von Humboldt diese besondere Art des scholastischen Katholizismus, der den Bruch zwischen mittelalterlichem und modernem Geist, Glauben und Denken, Theologie und Philosophie nie in dem Maß erlebt hat wie das Deutschland der Reformation, England zur Zeit Cromwells oder Frankreich zu Zeiten Descartes und der Revolutionen.

Gebiete, die unter dem Einfluss spanischer und portugiesischer Kultur standen, haben über alle Jahrhunderte der Kolonialzeit, den Einheitsgedanken, die Identität von Glaube und Staatsführung, bewahrt. Noch heute hat sich Lateinamerika mit seinen gesellschaftlichen Strukturen nicht vollständig von dieser Idee befreit. Lateinamerika hatte schon immer ein schwieriges Verhältnis zu seiner Moderne und importierte lieber europäische Versionen, als eigene, die im Einklang mit dem eigenen kulturell-historischen Hintergrund stehen, zu definieren. Mariategui und Haye de la Torre bemerkten das schon in den 1930er Jahren in Peru.

Der spanische, von Thomas von Aquin übernommene Staatsbegriff gründet auf der aristotelischen Idee der Unvollkommenheit des aus der societas perfecta ausgeschlossenen Menschen und verlangt eine hierarchische Ordnung. Diese Grundidee hat in allen Ländern Lateinamerikas Spuren hinterlassen, von Mexiko und Kuba bis Argentinien, Chile und Peru. Auch auf Brasilien, dessen Geistesgeschichte parallel zum Rest Lateinamerikas verlief, hatte sie Auswirkungen. Die aus Lesegewohnheiten abgeleiteten Angaben über einflussreiche Literatur in Lateinamerika sind sehr aufschlussreich: Bergson mit seinem Intuitionsbegriff, Heideggers Existenzphilosophie, der Ästhetikbegriff in den Schriften von Ortega y Gasset oder ›Das tragische Lebensgefühl‹ von Unamunos stehen an der Spitze. Die Evolutionslehre und insbesondere der Sozialdarwinismus hingegen hatte in Lateinamerika, ganz anders als in den Vereinigten Staaten, keine nennenswerte Stellung. Die Nennung einiger Persönlichkeiten aus der lateinamerikanischen Geistesgeschichte soll hier genügen: Der Brasilianer Raimundo de Farias Brito mit seiner metaphysischen Mystik; Carlos Faz Ferreira aus Uruguay, Alejandro Korn und Francisco Romero aus Argentinien, die in der transzendental-idealistischen Tradition stehen; und natürlich die beiden Begründer der lateinamerikanischen Philosophie im 20. Jahrhundert, Antonio Caso and Jose Vasconcelos aus Mexiko, die in dem Literaturzirkel ›Ateneo de la Juventud‹ schließlich dem Positivismus eine Absage erteilten und sich auf einen Ästhetizismus und eine Spiritualität konzentrierten, mit der kreolischen-panamerikanischen Utopie des neuen lateinamerikanischen Menschen (›Ulysses Criolo‹). All diese Denker bekleideten hohe akademische Ämter; teilweise waren sie Präsidenten und Minister. Das verleiht ihren philosophischen Absätzen eine aktuelle politische und wirtschaftliche Relevanz, die für einen Vergleich mit Nordamerika und Japan äußerst wichtig ist.

Natürlich dürfen wir nicht die zersetzenden Kräfte der lateinamerikanischen Agrarstruktur übersehen, mit ihrer Monokultur der chronischen politischen Instabilität, der Kluft zwischen Verfassungsrecht und Verfassungswirklichkeit. Viele Staaten, darunter Bolivien und Venezuela, hatten seit den Befreiungskriegen im 19. Jahrhundert dreißig oder mehr Verfassungen. Das Nichtvorhandensein einer ›Frontier‹ in Lateinamerika wie der, die in Nordamerika Entwicklungen vorangetrieben hat; die isolierten Küstenbesiedlungen; das Fehlen einer großflächigen Besiedlung des Landesinnern; die Abwesenheit einer die demokratischen Initiativen unterstützenden Mittelschicht, die ständigen Interventionen der Militärs als angeblicher Träger der Staatsmacht, die niemals so stark in der Gesellschaft verankert war wie in Nordamerika und Japan – all das sind Symptome für die Entwicklung in Lateinamerika, Symptome, die verantwortlich sind für seine Abgrenzung zu Nordamerika und seine relative wirtschaftliche Zurückgebliebenheit.

Uns interessiert an dieser Stelle ein Vergleich von Lateinamerika mit Nordamerika und Japan bezüglich seiner Philosophie-, Religions- und Geistesgeschichte. Und dieser Vergleich zeigt deutlich, dass Lateinamerika mit seiner metaphysischen, transzendenten, spirituellen und ästhetischen Weltsicht nur auf wenige der logisch empirischen, rational pragmatischen und erfahrungsbasierten Traditionen zurückgreifen konnte, die Nordamerika und Japan charakterisierten. Es wird damit offensichtlich, dass Lateinamerika – jenseits aller sozial- und wirtschaftshistorischen Bedingungen – zu keiner Zeit die kulturellen Grundvoraussetzungen hatte, eine mit diesen beiden Regionen vergleichbaren Dynamik und Stabilität zu entwickeln.

Wenn es wahr ist, dass Kulturen mit einem pragmatischen und empirischen Zugang zum Menschen und zur Wirklichkeit politisch und wirtschaftlich viel erfolgreicher sind als metaphysisch und spirituell ausgerichtete Kulturen, dann wären nicht nur westliche Industriekulturen, sondern auch die Entwicklungsländer und die Länder der Dritten und Vierten Welt bedroht von einem universalen logisch-rationalen Imperativ, der früher oder später alle anderen kulturellen Traditionen verdrängen würde. Dieser Gedanke ist für die Zukunft von höchster Wichtigkeit.

Für Lateinamerika ebenso wichtig sind die Kulturen der vorkolumbianischen Epoche und ihr Verhältnis zur Technik noch vor dem retardierenden Einfluss der spanischen Kultur. Auch das Verhältnis von Theorie und Praxis ist in der Andenkultur und in den Kulturen auf dem Gebiet Brasiliens signifikant. Die vorkolumbianischen Kulturen hatten ihren eigenen Logikbegriff, der noch in der Gedankenwelt des Mythos, der die Wahrheiten einer Kultur widerspiegelte, verwurzelt war. Die Auffassung der andischen Kultur von Geschichte als ewiger Wiederkehr und zyklischer Wiederholung hatte unmittelbaren Einfluss auf die technische Entwicklung. Ein Beispiel hierfür ist die Kosmologie der Inkas mit ihrer Vorstellung von Raum und Zeit. Berichten von Chronikern aus der andinischen Kultur wie Titu Cusi, Felipe Guaman Poma de Ayala oder Garcilasco de la Vega zufolge offenbart die Kosmologie der Inkas eine mythische, ja sogar magische Betrachtungsweise der Existenz. Die betrifft auch das Verhältnis zur Natur und zu übernatürlichen Phänomenen, die beide einer heiligen Sphäre zugeordnet sind und sich so auf Konzepte wie Zeit und Raum auswirken. Diese Kosmologien unterscheiden sich grundlegend von denen der westlichen Tradition. Das Wissen um das ein physisches Universum prägende Magisch-Mythische wirkte sehr hemmend, als man sich nach der spanischen Eroberung im 16. Jahrhundert westliche Technologien aneignen wollte.

Die ursprüngliche indigene lateinamerikanische Weltsicht hatte eine kognitive Dimension, die nicht leicht mit dem westlichen Technikverständnis kompatibel war. Das beweisen einheimische Lehren zu Astronomie, Geometrie und Arithmetik beispielsweise von Jose de Acosta, der magische und spekulative Grundlagen aufdeckte, die sich mit dem Rationalismus, Instrumentalismus und Utilitarismus der westlichen Technologie kaum vereinbaren ließen. Die Fähigkeit abstrakten theoretischen Denkens, die eine Grundvoraussetzung des westlichen Technikverständnisses darstellt, war nicht in gleichem Maße entwickelt. Ein Beispiel hierfür ist die Vorstellung von Inkarri, einem Schöpfergott, der von den Q'uero-Indianern im peruanischen Hochland verehrt wird. Nach der Eroberung Perus wurde Inkarri in einem von Oscar Nunez de Prado minutiös beschriebenen Prozess synkretistisch in eine Retterfigur mit großen Ähnlichkeiten zu Jesus überführt.

In der Andenkultur tritt Empirismus nie in Reinform auf. Er konnte nie als Basis dienen, auf der sich eine rationale Technologie entfalten könnte. Vielmehr ist er durchdrungen von überirdischer Transzendenz und Magie, die sich auf Produktionsprozesse in Industrie und Technik nachteilig auswirkte. So sind zum Beispiel dem Adanava-Mythos der Vicos zufolge Himmel und Erde identisch. Transzendenz und Empirismus laufen zusammen. Der Bauer betrachtet seine landwirtschaftlichen Erträge als Reichtum, nicht weil er sie im Schweiße seines Angesichts erarbeitet, sondern weil jedes Produkt der Erde Leben symbolisiert. Der Quechua-Begriff ›*kawsay*‹ bedeutet gleichzeitig Leben und landwirtschaftliches Produkt. ›Pacha Mama‹ (die Mutter Erde) ist die fruchtbare Erde, die wahre Lebensquelle. Die Stellung des Mondes und die Bewegung der Sterne werden bei den Andenkulturen ebenfalls herangezogen, um technische Fragen zu entscheiden. Die ›Logik‹ im Denken der Andenvölker, die Organisation ihrer Gesellschaft und Kultur und ihre magisch-mythische Kosmologie hängen eng miteinander zusammen. Und es ist eben diese sich auch auf den Prozess wirtschaftlicher Innovation auswirkende ›Logik‹ der Andenkulturen, die sich so radikal von der rationalen Logik linear-aristotelischen Ursprungs unterscheidet, die ihrerseits das systematische Fundament des westlichen Technikdenkens bildet.

Das ist einer der offensichtlichen Gründe dafür, warum Lateinamerika auf Grund seiner vorkolumbianischen Kultur retardierende Momente aufweist, um einen eigenen Weg im Rahmen der Evolution westlicher Technologie zu entwickeln. Als Ergebnis sind die lateinamerikanischen Kulturen heute entscheidend auf den Import von exogenen Technologien aus Industrieländern angewiesen.

In der gleichzeitig mythischen und dogmatischen Logik der Andenkulturen wurde zwischen Dingen und Konzepten nicht unterschieden. Das erklärt auch das Fehlen von abstrakt-kognitiven Fähigkeiten, die für die westliche Technik essentiell sind und ein sine qua non für eine kreative Wechselwirkung von Technologie und Kultur darstellen. Die kosmologischen Vorstellungen der präkolumbianischen Andenkultur, die vorwiegend in die Vergangenheit ausgerichtet ist, müssen überwunden werden. Bei jedem Versuch, in Lateinamerika endogene Technologien zu entwickeln, muss berücksichtigt werden, dass in der ursprünglichen Andenkultur das mythische Denken gleichzeitig Theorie, angewandte Technologie und eine gesellschaftliche Organisationsform darstellte.

Gerade diese dreifache Bedeutung erschwerte den Umschwung hin zu westlichen Technologien.

Wie Octavio Paz überzeugend darlegte, ist das Verhältnis der drei Zeitformen Vergangenheit, Gegenwart und Zukunft zueinander in der lateinamerikanischen Kultur ein anderes als in Europa, Asien und Nordamerika. Das gilt nicht nur für die archaischen Kulturen Lateinamerikas, sondern auch für die der Kolonialzeit und Moderne. Für die archaischen Kulturen ist der Archetyp von Zeit die Vergangenheit, eine zeitlose Vergangenheit, die sich in regelmäßigen Abständen wiederholt. Die Vergangenheit wird als Archetyp betrachtet, ein unabänderliches Muster, dem die Gegenwart und Zukunft seine Richtung gibt. Außerdem ist die Vergangenheit allzeit präsent und unempfindlich gegen Änderungen. Ein solches Zeitkonzept verhält sich antithetisch zur westlichen Moderne, in der die Zeit die treibende Kraft der Veränderung und eine Grundvoraussetzung für die Entwicklung von Technologien ist. In der archaischen Kultur ist Zeit gerade der Faktor, der Änderung verhindert. Deswegen ist Lateinamerika so retardierend in dem Versuch, sich der technischen Zivilisation anzuschließen, die ein anderes Zeitkonzept voraussetzt.

In archaischen Kulturen herrscht zeitlichem Wandel gegenüber eine ablehnende Haltung, als handele es sich um etwas Unheilvolles, ja Schädliches. Das, was Menschen aus dem Westen Geschichte nennen, ist für sie eine Verirrung, ein Schritt in die falsche Richtung. Das gilt für die klassischen Mittelmeerkulturen nicht weniger als für den Orient und ganz besonders für das vorkolumbianische Amerika. Das ultimative Ideal archaischer Kultur ist die Vergangenheit, die Zeit vor der Zeit, die glückliche primordiale Zeit, als zwischen Himmel und Erde Eintracht herrschte. Das zeigt schon die Wiederkehr, die den Menschen am Ende des Kreislaufs erwartet. So ist die Vergangenheit gleichzeitig eine zukünftige Zeit. Die Zukunft wird allerdings degradiert, da sie gleichzeitig das Ende der Zeit und den Neubeginn darstellt. Am Ende des Zyklus setzt die originale Vergangenheit wieder ein. Hier sehen wir einen wichtigen Unterschied zum modernen Christentum, in dem die perfekte Zeit in die Ewigkeit gelegt wird und die Erfüllung sich nicht in der Vergangenheit, sondern in einer Zukunft findet, die weder der Vergangenheit noch der Gegenwart ähnlich ist. Für das Christentum ist die Zukunft eine Sphäre des Unvorhersehbaren; für archaische Kulturen wird sie einfach wieder zur Vergangenheit. Zyklische Zeit gleicht einer zeitlichen Progression und erstarrt, um Geschichte zu formen. Aber sie ist immer eine Art von Wiederkehr, die die Progression sowohl von Geschichte als auch von Zeit negiert.

Die christliche Vorstellung von Zeit, die die Grundlage der westlichen Technologie bildet, verdrängte diese zyklische Vorstellung, indem sie eine endliche, irreversible Zeit postulierte und ihre Heterogenität unterstrich. Zeit kann voranschreiten und dabei ungewöhnliche Nebenwege einschlagen. Auch Adams Fall stellt eine Zäsur in der ewigen Gegenwart des Paradieses dar, die uns von einem Beginn zeitlicher Progression sprechen lässt. Jeder Moment ist einmalig und unterschiedlich, eine Vorstellung von Endlichkeit wird vorausgesetzt. Das Ergebnis ist das lineare, irreversible Zeitverständnis des Christentums, das allen zyklischen Vorstellungen von Zeit widerspricht. Ganz zentral hierbei ist das westliche Konzept von Fortschritt, das im präkolumbianischen Lateinamerika in dieser Form nicht bekannt war und nur in einer stark modifizierten transzendenten Form in der katholischen Scholastik der Kolonialzeit zu finden war, sich aber nicht mit dem calvinistischen Konzept von Zeit und Arbeitsethik und seiner empirisch, pragmatischen und utilitaristischen Tendenz in Nordamerika vergleichen lässt. Octavio Paz wendet auf die nordamerikanische Kultur den Terminus ›reale Realität‹ an und stellt ihm die ›utopische Realität‹ der lateinamerikanischen gegenüber. Seiner Ansicht nach besteht das Problem darin, dass Lateinamerika, bevor es sein historisches Schicksal selbst in die Hand nehmen konnte, zur Vorhut im Universums europäischer Ideen geworden war und hierbei, man kann sagen, als ein Kapitel in der Geschichte europäischer Utopien diente. Alejo Carpentier spricht in seinem Werk ›Das Reich von dieser Welt‹ von einer speziellen ›wunderbaren Wirklichkeit‹ in Lateinamerika. Miguel Angel Asturias fügt dem das grundlegende Konzept des ›magischen Realismus‹ hinzu, das im Gegensatz zum ›rationalen‹ Verständnis der Alltagsrealität eine ›irrational erfahrbare Realität‹ voraussetzt. Diese Konzepte lassen sich aus der animistischen Weltsicht der großen präkolumbianischen Kulturen herleiten und sie finden sich auch in der Gegenwart, beispielsweise in der afro-brasilianischen Macumbakultur und der Melancholie und dem fatalistischen Irrationalismus der Andenkultur. Wie Carlos Fuentes zudem feststellte, ist es für Lateinamerika nicht so wichtig, die Moderne zu würdigen, als vielmehr seine eigenen, indigenen Traditionen als solche wahrzunehmen.

Es ist jetzt erkennbar, warum die Vorstellung von Moderne in Lateinamerika, vor dem Hintergrund der jahrhundertealten Traditionen der archaischen Kulturen, eine andere werden musste als in der mitteleuropäischen und nordamerikanischen Kultur. Prinzipien, die die heutigen Technologien untermauern, sind offensichtlich auf der ganzen Welt zu finden. Aber dasselbe kann man nicht von den kultur- und religionsgeschichten Voraussetzungen sagen, die für die Anwendung dieser Prinzipien notwendig sind.

Diese Beobachtung bildet den Ausgangspunkt für die Frage nach dem Vermögen, eine endogene genuin der eigenen Kultur entwickelte Technologie zu erschaffen, was die notwendige Grundvoraussetzung für eine dynamische und nachhaltige wirtschaftliche Stabilität ist. Ein weiterer Faktor ist, dass die Moderne vor allem ein Konzept des Okzidents ist, das als solches in anderen Kulturen nicht zwingend existieren muss. So auch in Lateinamerika. Andere Kulturen leben mit Bildern und Archetypen, die zu unserer westlichen Auffassung von Zeit im Widerspruch stehen. Die buddhistische Lehre, die hinduistische Vorstellung vom Leben ohne Eigentum und andere Attribute, das zyklische Zeitkonzept der Griechen und Chinesen nicht weniger als das der Azteken und Inkas – in all diesen Fällen sehen wir uns bezüglich der Zeit und somit auch der Moderne mit anderen Auffassungen konfrontiert. Diese differenzierten Auffassungen sind nun dem globalen Ansturm moderner Technologie ausgeliefert.

Es ist einleuchtend, dass das westliche Konzept der Moderne nur in einer christlichen Kultur entstehen konnte, die seit dem Mittelalter historische Zeit – als Gegengewicht des christlichen Konzepts der Ewigkeit – als ein finites, sukzessives und irreversibles Voranschreiten beschreibt. Diese Auffassung von historischer Zeit finden wir in dieser reinen Form in keiner anderen Kultur auf der Welt, auch nicht im Islam. Die Moderne lehnt eine zyklische Auffassung von Zeit mit demselben Nachdruck ab wie seinerzeit Augustinus: Alles geschieht einmal, nur ein einziges Mal und ist nicht wiederholbar. In den vielfältigen indigenen Kulturen und archaischen Traditionen Lateinamerikas hat jahrhundertelang ein Zeitkonzept gegolten, das der westlichen Moderne widersprach. Dessen sollten wir uns bei Ausführungen über eine mögliche wirtschaftliche Rückständigkeit Lateinamerikas im Vergleich mit Europa, Japan und Nordamerika immer bewusst sein.

Auch der Charakter der Revolutionen in Lateinamerika stärkt dieses Bild: Sie führten weder jemals zu fundamentalen gesellschaftlichen Veränderungen noch zu einer Befreiung Lateinamerikas von seinen Befreiern. Vielmehr befand sich sogar Spanien in einem Auflösungsprozess, sein Niedergang wurde nicht zuletzt durch die Invasion Napoleons und die Bemühungen der hispanoamerikanischen Revolutionäre um Autonomie offensichtlich. Als die Unabhängigkeit schließlich erreicht war, beschleunigte das jedoch nur den Zerfall des Reichs. Andererseits fand die Atomisierung Hispanoamerikas vor dem Hintergrund von Oligarchien und Militärkasten statt, die allesamt nicht in der Lage waren, der Bewegung Einhalt zu gebieten. Sarmiento bemerkte zu Recht die potemkinsche Fassade der lateinamerikanischen Republiken: Feudalismus im Gewand eines bourgeoisen Liberalismus, Absolutismus ohne Königshaus, aber mit Stammeshäuptlingen in Form von Präsidenten, die verlogene Tyranneien errichten. Auch durch die positivistischen Strömungen des 19. Jahrhunderts, deren Langlebigkeit und Wirkung in philosophischen Kreisen Lateinamerikas weit überschätzt wurden, konnten keine empirischen und pragmatischen Entwicklungen in Staat und Gesellschaft vorangetrieben werden, wie das Herbert Spencer mit dem Sozialdarwinismus oder John Dewey mit dem Pragmatismus oder Roosevelt mit dem New Deal in Nordamerika gelang. Ganz im Gegenteil verband sich in Lateinamerika der Glaube an die Wissenschaft mit der Transzendenz, dem Vermächtnis aus dem scholastischen Katholizismus des 16. Jahrhunderts, das über die Jahrhunderte überwältigend geworden war und immer noch vorherrschend war. Ein uraltes und doch neues Verlangen nach etablierten religiösen Wahrheiten kam auf. Ein Fortschrittsglaube, vergleichbar mit dem in Europa oder Nordamerika, oder ein entsprechendes, die Entwicklung endogener Technologie unterstützendes politisches Klima entstand nie.

Die Erfahrung von einer ›Frontier‹ in der nordamerikanischen Kultur fand ihr Pendant in der Vorstellung unbegrenzten Fortschritts, die Hobbes an der Schwelle der Menschheit zur Moderne als Erster beschrieb. Wie stark unterschied sich das von dem hierarchischen Gebaren eines Priesters, der die Tempelgrenzen weiht, ob nun in der vorkolumbianischen Inkakultur oder in der ewig starren spanischen Hierarchie im postkolumbianischen Lateinamerika.

Wir konnten sehen, wie stark das Verhältnis zwischen Technik und Kultur in Lateinamerika, genau wie in Japan und in Nordamerika, wenn auch gleichzeitig grundlegend anders, so doch überall von historischen, kulturellen und religiösen Grundvoraussetzungen bestimmt wird. Für die Zukunft Lateinamerikas ist es von entscheidender Wichtigkeit, die Elemente von Technologie ans Licht zu bringen, die mit der vor- und nachkolumbianischen Kultur kompatibel sind. Nur so wird Lateinamerika zu einer eigenen endogenen technologischen Entwicklung gelangen und wäre dann nicht auf den überstürzten Import ausländischer exogener, mit der eigenen Kultur unvereinbarer Technologien angewiesen.

Technologie und die Kultur der industriellen Welt

Technologie als Kultur

Technologie ist ein organischer Teil eines größeren Phänomens, der evolutiven Entwicklung der Kultur als Ganzes. Sie muss als eine Funktion der Kultur betrachtet werden. Es kann heute nur die Aufgabe sein, zwischen spirituellen und humanistischen Werten einerseits und einer leeren, rein materiellen und technologisch ausgerichteten Kultur andererseits zu vermitteln. Zu Beginn des 21. Jahrhunderts ruft die globale Zivilisation nach der Neudefinition einer technologischen Kultur, die frei von dieser Dialektik ist. Die innere Verbindung von Technologie und spiritueller Kultur ist verpflichtend. Die Struktur unserer Kultur steht vor der Notwendigkeit, ein ausgewogenes Ganzes zu bilden. Nur durch die Synthese aller Komponenten wird verhindert, dass ein Faktor vorherrschend wird, und dadurch wird möglich, dass autonome, frei schwebende Bereiche der Kultur in eine ausbaufähige Einheit, in ein lebendiges, vielschichtiges Ganzes integriert werden.

In den Ländern der so genannten Ersten Welt und zweifelsohne in den archaischeren und autochthonen Kulturen Afrikas, Lateinamerikas und Asiens ist eine organische und systematische Verbindung von Technologie und existierenden kulturellen Traditionen zu einer Überlebensfrage geworden. Bislang ist die Integration nur unzureichend erfolgt. Es stellt sich kein geringeres Thema als eine Neuorganisation des ›kulturellen Kapitals‹ in den Kulturen der Welt, eine neue auch das politische Handeln umfassende Gesellschaftsordnung, um schließlich den Königsweg zu finden, den eine Kultur nur als Ganzes finden kann. Diese ›Weltordnung‹ ist aber nicht nur eine Wirtschaftsordnung, sondern in erster Linie eine neue kulturelle Ordnung. Wir müssen den Menschen als Ganzen, mit all seinen geistigen Fähigkeiten und somit seiner Kultur, gegenübertreten. Wir müssen ihn anthropologisch ganzheitlich verstehen. Das gilt nicht nur für die peripheren Länder, sondern mindestens in gleichem Maß für die führenden Industrieländer. Die extreme technologische Entwicklung hat eine globale Menschheit entstehen lassen. Wir sind Zeugen massiver Gewichtsverlagerungen, die interagierend die existentiellen Pfeiler der Menschheit bedrohen – Religion, Politik, Wirtschaft und Kultur. Bisher haben wir dem nicht in vollem Umfang Rechnung getragen. Vor allem haben wir bisher noch nicht die entscheidende Rolle der Kultur als motivierende Kraft der technologischen Zivilisation begriffen. Das Ergebnis sind Fehleinschätzungen in Wirtschaft und Politik.

Der Mensch ist grundsätzlich ein Kulturwesen. Diese Einsicht ist eine grundlegende und unvermeidliche Voraussetzung, wenn wir in einem Jahrhundert überleben wollen, das von Kulminationen der Gewalt, nuklearer Bedrohung und internationalem Terror gekennzeichnet ist. Die zentrale Frage lautet: Kann es eine technologische Kultur geben oder schließen diese beiden Lebensbereiche – Kultur und Technologie – durch tatsächlich existierende Widersprüche einander aus? Letzteres wäre bedrohlich. Deshalb müssen wir ein neues holistisches Verständnis von Kultur anstreben, die Technologie mit einbezieht und umgekehrt. Sollte es sich zu Beginn des 21. Jahrhunderts als unmöglich erweisen, eine technologische Kultur zu gestalten, wäre jeder weitere Schritt der menschlichen Evolution gefährdet und fehlgeleitet.

Technokratie alleine

Technologie ist ein außergewöhnlich ›kulturelles Phänomen‹. Für eine kritische Einschätzung ihres Wesens müssen wir die Technologie zunächst selbstreflexiv betrachten. Unser Streben nach einer universalen Einschätzung ihrer Bedeutung muss auf dem Postulat gründen, dass es zu Beginn des 21. Jahrhunderts unsere Aufgabe ist, ein Bewusstsein dafür zu schaffen, dass Technologie neben ihrer grundlegenden Bedeutung, die sie für die Wirtschaft hat, auch ein Teil der Kultur ist.

Die Kulturen der heutigen Welt befinden sich gerade in einem Technokratisierungsprozess globalen Ausmaßes, darunter die verschiedensten, teilweise noch archaischen und sogar autochthonen Kulturen in Afrika, Lateinamerika und Asien. Weltweit entsteht eine Zivilisation, die sich auf Technologie und Wirtschaft stützt und sich zu einer uniformen globalen Kultur formt. Diese Zivilisation ist nicht weit davon entfernt, die gesamte Menschheit wissenschaftlich-technisch zu umfassen. Die Welt wird einer Belastungsprobe ausgesetzt, um die entstehende globale Kultur und ihre technologische Herausforderung in ein richtiges Verhältnis zu setzen.

Die Kernfrage ist auf das kulturelle Potential von Technologie gerichtet. Der technologische Blick auf die Welt ist gleichzeitig universal und vielschichtig. Die handelnden Menschen, die die Welt formen, werden letztendlich gleichzeitig auch von ihr geformt. So können wir die Bedeutung von Technologie nicht nur in dem von uns Hervorgebrachten beobachten, sondern auch in der Natur, die gleichermaßen erschafft und erschaffen wird. Es stellt sich die Frage nach Bedeutung und Stellenwert der Technologie als System und als im Prozess verstandenen Kultur insgesamt.

Historisch rückblickend ist es einfach, die große Bedeutung von Technologie für die gesamte kulturelle Entwicklung der menschlichen Spezies nachzuweisen. Andererseits existiert Technologie nicht in einem gesellschaftlichen Vakuum oder außerhalb der menschlichen Kultur. Wenn wir die Technologien der Zukunft betrachten – Gentechnik, Kernspaltung, die Satellitentechnologie, Mikroelektronik, Laserstrahlentechnik, Computertechnik, Informatik, Laserfusion, Laserchemie und Laserspektroskopie, ganz zu schweigen von Kybernetik und Biotechnologie –, ist deutlich zu erkennen, dass sich der Mensch an der Schwelle zu einem neuen Zeitalter befindet, nicht nur evolutionsgeschichtlich, sondern auch hinsichtlich der Geschichte seiner seelischen Disposition.

Die Wissenschaft hat sich tatsächlich in unser alltägliches Leben verankert, dass wir nur Auguste Comte und seiner historischen Abhandlung über den menschlichen Geist und sein Handeln zustimmen können. Comte erkannte drei Stadien im menschlichen Begreifen der Welt: das mythologische, das religiöse und schließlich das wissenschaftliche. Wir sind sogar noch einen Schritt weiter gegangen und haben aus den Naturwissenschaften die angewandten Wissenschaften – die Technologie – hergeleitet.

Aristoteles gelangte noch auf einem schlichteren und direkten Weg zur Technologie, die für ihn eine universale Theorie menschlichen Verhaltens darstellte. In seiner Einleitung zur Nicomachischen Ethik bezieht er sich auf eine Vielzahl von Techniken: Schiffbau, Medizin, Kriegswesen und Kapitalakkumulation. Heute ist die Frage nach der Bedeutung von Technologie für die menschliche Identität aber weit dringender als je zuvor. Edgar Morin hat richtig beobachtet, dass die Krise des modernen Menschen in erster Linie ein Problem des Bewusstseins, des Wissens und Nichtwissens ist. Durch die bis ins Absurde gesteigerte Spezialisierung haben die Naturwissenschaften in nicht geringem Maße zu dieser Krise beigetragen. Der tatsächliche Widerspruch zwischen Technologie und Kultur tritt hingegen deutlich zutage. Was wir Kultur nennen, ist einem ökonomischen Imperativ unterstellt worden, und wenn mit einem praktischen Zweck von Kultur die Rede ist, können wir sicher sein, dass diese Kultur niemals spirituell ist und es nicht sein kann.

Trotzdem muss eine wirklich auf Dauer angelegte Kultur die Wirtschaft mit berücksichtigen und gleichzeitig über sie hinausreichen. Kurz gesagt, Technologie verlangt nach einer neuen Kultur. Kultur kann nicht aus Fragmenten zusammengesetzt werden wie ein Taschenrechner; sie entsteht in Stufen, in einem schrittweisen Prozess einer als Akkulturation bezeichneten Anpassung, in anhaltenden Versuchen, den Menschen in die Natur und in das Übernatürliche zu integrieren. Dieser Prozess verläuft über Generationen hinweg vor dem Hintergrund einer zunehmenden Quantifizierung der Alltagskultur einer Algebraisierung durch die Technologie. Trotzdem muss dem einzigartig Menschlichen Priorität vor dem Mechanischen eingeräumt werden. Eine Kultur kann nicht überleben, wenn sie nicht die Frage nach dem Sinn des Lebens stellt. Technologie darf nicht zum Selbstzweck werden und einzig der eigenen Zufriedenheit dienen. Die Gefahr besteht darin, dass Kultur und Technologie eher zwei grundlegend unterschiedlichen Sphären angehören als dass sie partnerschaftlich zusammenarbeiten. Technologie ist weder in ihrem Wesen noch in ihrer Wirkung neutral. Three Mile Island und Tschernobyl haben hieran jeden Zweifel ausgeräumt. Stattdessen sind wir von einem jakobinischen Geist der Technokratie durchherrscht. Es stellt sich die alte Frage: Wer überwacht die Wächter? Technologie ist nur eine von vielen Prozessen. Technologie und Kultur dürfen nicht länger getrennt voneinander gesehen werden; sie gehören zusammen, sogar die den im Alltag zum Einsatz kommenden Technologien. Die radikale Trennung von Mensch und Technologie muss überwunden werden, um den Menschen als Sieger daraus hervorgehen zu lassen. Unser Ziel muß sein, Technologie in das Leben der Menschen zu integrieren, nicht umgekehrt.

Der Mensch verfügt nicht mehr über einen freien, von der Technologie losgelösten Bereich: Mondsonden und Molekulargenetik können nicht im Nachhinein rückgängig gemacht werden. Im Fehlen eines derartigen Bereichs liegt die Wurzel der berechtigten Hoffnungslosigkeit und Hilflosigkeit des modernen Menschen. Gerade durch die Technokratie, durch die Herrschaft von ›Spezialisten‹ und ›Experten‹ gehorchen wir dem Diktum einer vermeintlichen Objektivität von Wissenschaft und Technologie, einer falschen Vorstellung ihrer Neutralität. In den extremen Ausprägungen kreuzen sich die Wege von Technologie und der Philosophie des Absurden. Dann scheinen Weisheit und Technologie unvereinbar und schwenken um zu einem rationalen Nihilismus, der mit Vorstellungen von Exaktheit, Effektivität und Härte überhöht wird. Letztlich ist dies eine reduktive Denkart; Marcuse sprach zu Recht vom ›eindimensionalen Menschen‹. Der Mensch wird zurückgeworfen auf das angeblich Wahrnehmbare, auf Objekte, und verschließt sich dadurch vor dem

Mysterium des Menschen. Dadurch erleidet er das Schicksal eines Physikers, der nur zur Wahrnehmung dessen fähig ist, was seine Laborapparatur ihm festzustellen gestattet. Letztlich wird das wissenschaftliche Arbeiten in winzige Einheiten parzelliert. Das private und öffentliche Leben des modernen Menschen ist ähnlich gespalten, ja sogar entkoppelt. Technologie hat hybriden Charakter, der nicht in der Lage ist, die gestellten Probleme auf verantwortliche Weise zu lösen. Die Gegenwart ist von einer gefährlichen Dialektik beherrscht: einerseits dem ungeheuren Bestreben, ausnahmslos alles zu standardisieren und Ecken und Kanten zu schleifen; andererseits von der Obsession nach ständigem Wandel, auf der Spur des Mythos vom ewigen Fortschritt. Wir erliegen der Faszination von Wachstum als Selbstzweck. Wie es bei Paul Morand heißt: Wir haben die Maschinen gerufen, jetzt müssen wir ihnen folgen. Politischen Maßnahmen entbehrt immer stärker eine ethische Richtlinie. Der Mensch beherrscht die Kunst des Handelns nicht mehr im notwendigen Maß, die Politik wird durch rein propagandistische und oberflächliche Kosten-Nutzen-Analysen bestimmt, durch stark vereinfachende Regeln, die sich immer als die am wenigsten ethisch zu rechtfertigenden erweisen. Politik war nie frei von Eschatologien und Heilsversprechen, die falsche Erwartungen entfachten, ohne realistisch auf die echten Bedürfnisse der Menschen ausgerichtet zu sein. Das Wort ›realistisch‹ wendet sich an dieser Stelle in das Gegenteil: Die Politik und Wirtschaft selbst leiden an Realitätsverlust, da sie von der Vorstellung ausgehen, Technologie zu einer neuen Religion zu erheben. Das technisch nicht Machbare gleicht einer Ungeheuerlichkeit. Der französische Kulturphilosoph Castoriadis erkannte diesen technologischen Jakobinismus als bedrohlich für den modernen Menschen.

Hiernach wird Technologie zum Selbstzweck. Der Mensch erweist sich als moderner Mensch unfähig, ihr zu entkommen, sie gleicht seinem Schicksal, sie steuert all sein Handeln und alle Lebensbereiche. Hierin liegt die grenzenlose Angst des modernen Menschen vor der absoluten Macht der Technologie. Tatsächlich bleibt Technologie aber etwas Unvollendetes, im Prozess Befindliches. In diesem Lichte betrachtet, fallen Technologie und Kultur nicht mehr in strikt getrennte und unterschiedliche Sphären, sondern bilden eine Einheit. Schon vor dem Ersten Weltkrieg riefen Visionäre wie W. Rathenau und J. Goldstein zu einer ›Humanisierung der Technik‹ auf. Ihr Ruf blieb natürlich unbeachtet und erst heute sind wir gedanklich mehr als je zuvor damit befasst, Verbindungen zwischen Technologie und bestimmten Prinzipien der Metaphysik aufzudecken.

Ernst Cassirer, der die Auffassung von Technologie als einem Element von Kultur postulierte, sprach von der Notwendigkeit einer ethischen Dimension in der Technologie als einem der zentralen Probleme der Gegenwart bereits zu seiner Zeit. Von ähnlicher Kenntnis zeugend erkannte Max Weber die aufkommende und allumfassende Maschinerie von Planung und Verwaltung, Kontrolle und Berechnung. Wir leben nicht nur in dieser von Wissenschaft und Technologie geprägten Zivilisation, wir sind auch ihr Produkt. F.G. Jünger formulierte in seiner Kulturkritik bereits, dass es keinen Staat gebe, der dieser Prozesse Herr geworden sei, da sich technische Organisationsformen in alle Organisationsmethoden von Staaten eingeschlichen haben und den Staat von innen aushöhlen. Der Mensch ist nicht mehr Herr über die Gesetze der Mechanik, die er selbst in Gang gesetzt hat. Diese Gesetze beherrschen ihn. Jahrzehnte später beschrieb Ivan Illich in seiner politischen Kritik der Technologie, in der er für die Notwendigkeit der Selbstbegrenzung eintrat, denselben Zusammenhang und erkundete die Perspektiven menschlicher Identität im Rahmen einer Weltzivilisation. Denn diese Weltzivilisation zwingt die Nationen, sich in immer komplizierteren und längerfristig angelegten Absprachen aufeinander zu verlassen. Selbst beim Verfolgen eigener Interessen ist es unwahrscheinlicher, die Ziele im Wettbewerb zu erreichen als vielmehr in Kooperation miteinander. Letztendlich geht es um das Aufrechterhalten menschlicher Identität unter den Bedingungen der wissenschaftlich-technischen Evolution.

In der modernen Welt muss der Mensch als Kulturwesen sich mit instrumentellen Technologien und Materialtechnologien auseinandersetzen. Dies ist ein qualitativer und nicht nur ein quantitativer Unterschied zur Vergangenheit. Frühe Theoretiker wie Archimedes, Tartaglia und Regiomontanus wurden als Architekten und Techniker berühmt. In Nova Atlantis erdachte Francis Bacon eine Gemeinschaft von Menschen, die eine Akademie mit dem Namen ›Haus Salomon‹ gründen. Ihr Zweck war, die Grenzen des menschlichen Herrschaftsbereichs auszudehnen. Diese Haltung finden wir auch heute noch.

Die moderne Technologie ist die Zwillingsschwester der modernen Naturwissenschaften. Dafür gibt es viele Beispiele: die Begründung der modernen Mechanik durch Galilei und Newton, die Begründung der analytischen Mechanik durch Euler, MacLaurin und Lagrange, die Begründung der modernen Chemie durch Lavoisier, die Erforschung der Elektrizität durch Faraday und Ampere, die ersten theoretischen Ansätze auf dem Gebiet der Theorie der elektrischen Leitung durch Gauß. Das grundlegende Axiom der so genannten exakten Wissenschaften lautete in nuce: Das Universum ist eine zweckmäßige Schöpfung eines göttlichen Handwerkers, ein System von in einem Verhältnis zueinander stehenden Teilen, die, wie das Ganze, keine ›Seele‹ haben und nur durch die natureigenen Gesetze zusammengehalten werden. Dieser Vertreibung von Gott aus der Natur entspricht die Vertreibung des Menschen aus der Technologie. Technologie erzeugt auf künstliche Weise eine Welt, die nach den Formeln ausgerichtet ist, die von den Naturwissenschaften aufgestellt werden.

Die praktischen Konsequenzen sind für die Menschheit sehr wesentlich. Die Grenzen der organischen Natur zu überschreiten hat größte Bedeutung. Das verleiht der Technologie einen einzigartigen Rang: Sie wird ungeachtet der durch sie erzielten Ergebnisse um ihrer selbst willen geschätzt. Die Ergebnisse werden über der Betrachtung der eingesetzten Mittel vergessen. Der entscheidende Faktor sollte aber nicht sein, ob ein technisches Ziel einfach oder schwer zu erreichen ist, sondern ob es sinnvoll oder sinnlos, menschlich oder unmenschlich, das Leben verbessernd oder gar erfüllend oder lebensverachtend bzw. destruktiv ist. Aber die moderne Technik verlangt die Ablehnung lebendiger Natur und Arbeit, die im eigentlichen Sinn des Wortes ›sinnvoll‹ ist.

Aus demselben Blickwinkel hat Roger Caillois bereits Veränderungen beim Spielen von Kindern, das sich heute auf elektronische Geräte, sogar Kriegsspiele konzentriert, beobachten können. Der Mensch bleibt in Gesellschaft mit der Maschine allein. Aber mit einem nahen Freund Schach zu spielen, ist nicht dasselbe, wie allein für sich oder in innerer Distanziertheit ein Computerprogramm zu entwerfen. Wie Ortega y Gasset seinerzeit sagte: »Man lebt mittels der Technik, aber nicht von ihr.« Im konfuzianischen China und der klassischen Antike führte nur ein breites Allgemeinwissen zu gesellschaftlichem Ansehen und dem Recht zu regieren. Der nur auf dem Gebiet seiner Profession gebildete Spezialist wurde als engstirniger ›Philister‹ verachtet. Im Zeitalter der Technologie hat er jedoch das Welterbe angetreten, und wir werden Zeugen einer fatalen Flucht in die Spezialisierung. Das künstlich begrenzte ›Spezialisierungsgebiet‹ bietet einen sicheren Platz, an dem ein Nachdenken über grundlegende Verknüpfungen ausgeblendet wird. Berufe werden zum Asyl oder gar zur Festung, von der aus die Spezialisten ihre scharfen, engstirnigen Pfeile abschießen. Das daraus resultierende Gefühl von Sicherheit ist aber irreführend in unserer verwirrenden Welt, in welcher der Ruf nach interdisziplinären Denkweisen und einem breit angelegten

Überblick erstarkt. Im Pragmatismus der Alltagskultur ihrer Algebraisierung findet die Essenz des technischen Zeitalters einen angemessenen Ausdruck. Die einseitig praktische, ja utilitaristische und instrumentelle Ausrichtung des Menschen spiegelt sich in seinem abstrakten Denken wider. Nützlichkeit ist mittlerweile das einzige Kriterium für Wahrheit. Das zunehmende Ungleichgewicht zwischen materieller und immaterieller Kultur ist ein Grundproblem unserer Zeit. Gleichzeitig wird aber auch das Verlangen nach dem rein ›Menschlichen‹ als Gegensatz zum Mechanischen, nach Irrationalem mehr als Rationalem, nach Spontanem im Gegensatz zum verhärteten logischem Denken immer größer. Wenn diese Forderungen nicht gehört werden, wird die Technologie den Boden für ein falsches Verständnis von Ehrfurcht bilden, für eine besondere Form der technischen Bigotterie, die zum Substitut für Religion werden kann in ihrem millenanistischen Charakter.

Ein Ausweg kann nur darin bestehen, dass die weltweit herrschende Technologie in die Sphäre von Kultur Eingang findet. Um das zu erreichen, müssen wir einsehen, daß die menschliche Existenz nach etwas verlangt, das die ›Sinne‹, den ›Geist‹ und die ›Seele‹ befriedigt – ›den ganzen Menschen‹, nicht nur einfach seine unmittelbaren materiellen Bedürfnisse. Das Reale muß mit dem Ideellen eine konstruktive Verbindung eingehen.

Die Technologie ist kein System neutraler Mittel mit sich selbst rechtfertigenden Zielen. Sie ist eine hochpolitische Herausforderung, der man nur im Rahmen der gesamten Kultur begegnen kann. Die menschliche Evolutionsgeschichte kann als Ringen interpretiert werden, dass der menschlichen Existenz einen Sinn zu geben und Werte sowie Recht und Ordnung zu schaffen vermag. Diese höhere Ordnung, diesen umfassenden Sinn – ›meaning‹ nennen wir Kultur. Entscheidend ist, was wir in unserem Zeitalter als die Essenz unserer Kultur verstehen und ausdrücken wollen. Wie im individuellen Leben, so gibt es auch Elemente, die das Leben allgemein und das kulturelle Bewusstsein kennzeichnen. Die Kultur muss die Technologie integrieren können. Unsere Aufgabe besteht darin, einer technologischen Kultur die Tiefen unserer seelischen Disposition auszuloten.

Hilfreich dabei ist sicher die Methode der vergleichenden Kulturanthropologie. Diese Vorgehensweise entspricht der derzeitigen Weltzivilisation und erlaubt uns zwischen chinesischem Naturalismus und Konfuzianismus, japanischem Shintoismus, indischer Naturphilosophie und Hinduismus, der Kosmologie des Islam, lateinamerikanischem Katholizismus und der jüdisch christlichen Tradition Europas zu vermitteln. Unsere schwierige Aufgabe ist es, zu einem genauen Verständnis der

Denkarten dieser verschiedenen Kulturen zu gelangen, nicht zuletzt als ein Beitrag zum Weltfrieden. Grundfragen nach der Natur des Lebens wie auch durch Wissenschaft und Technologie aufgeworfene Fragen zu aktuellen ethischen, rechtlichen und politischen Programmen werden vor dem Hintergrund einer interkulturellen Anthropologie in einem anderen und klareren Licht erscheinen.

Francis Bacons Voraussage ist wahr geworden: Wissen ist Macht. Alles, was der Mensch weiß und somit tun kann, wird irgendwann von irgendjemandem umgesetzt werden. Pascal spottete noch leicht, wie Gott dem Universum einen Denkzettel verpasst habe und es dann seinen eigenen Erfindungen überließ. Heute betrachten auch Theologen entscheidende Bereiche und Möglichkeiten der Technologie kritisch, etwa die Erschaffung genmanipulierter menschlicher Lebewesen. Die Vorstellung von Existenz und den Sinn des Lebens, wie er in den Kulturen weitergegeben wurde, unterscheiden sich. Das hat wichtige Auswirkungen auf die Kompatibilität von Technik mit kulturellen und religiösen Traditionen. Jede Kultur muss selbst entscheiden, welchen Stellenwert Wissenschaft und Technologie für sie einnehmen – ob Wissenschaft ein größtmögliches Universalwissen verkörpert oder vielleicht nur eine Quelle für die menschliche Vorstellungskraft und Intuition, ohne die das Leben nicht zu begreifen wäre. In jeder Kultur muss die Stellung und Bedeutung von Technologie im größeren Zusammenhang der Natur entschieden werden.

Je stärker wir die Details technischer Prozesse beherrschen, desto mehr schwindet unsere Kontrolle über die Kultur als Ganze. Wir sehen uns mit einem Paradoxom konfrontiert: Was einst ein Mittel zum Zweck war, die technische Gestaltung des Lebens, ist zum Selbstzweck geworden. Im größeren Sinne ist Technologie eben ein Substitut für Religion geworden. Vieles, das früher göttlicher Vorsehung vorbehalten war, die Sicherheit von Leben, Hab und Gut ist, liegt nun in den Händen der Technologie und der staatlichen Fürsorge.

Die gegenwärtige Ontologie einer Weltindustriekultur: Logos, Homo cultus und die Kulturen der Peripherie

Der Widerspruch ist mittlerweile offenbar: Die eigene Kultur steht oft im Widerspruch zu der minimalistischen und reduktionistischen Logik, die der universale Rationalismus der technologischen Zivilisation verlangt.

Das zeigt sich etwa am Beispiel der lateinamerikanischen Kultur. Kulturelle Traditionen, die den Menschen in seiner Essenz definieren, sind bedroht. Traditionelle Werte, die vormals als Leitsterne einer Kultur dienten, lösen sich auf, ohne durch neue Orientierungen ersetzt zu werden. Die Vorstellung einer monolithischen Industriekultur globalen Ausmaßes hat den Charakter eines Imperativs angenommen. Heute sind wir nicht nur in der Ersten Welt, sondern auch in den Entwicklungsländern und Schwellenländern mit der existentiellen Notwendigkeit konfrontiert, unsere durch historische Traditionen überlieferte kulturelle Einzigartigkeit und Identität zu bewahren.

Auch von dem Standpunkt der Wahrung des Weltfriedens aus betrachtet, ist es wichtig, die Pluralität der Kulturen weltweit anzuerkennen. Es ist nicht die Frage, ob eine Kultur ›besser‹ ist als die andere, von Bedeutung sind vielmehr ihre Unterschiede, um die Logiken des Denkens und Handelns, die anderen Kulturen eigen sind, zu begreifen. Das gilt gleichermaßen für den Islam mit allen seinen Schattierungen, für den chinesischen Konfuzianismus, den asiatischen Hinduismus, den japanischen Shintoismus, für den Buddhismus, den lateinamerikanischen Katholizismus und für das jüdisch-christliche Erbe des Westens. Wir müssen die Vorstellung einer einzigen monolithischen Weltkultur, die gleichbedeutend mit einer monolithischen Art der Wahrnehmung wäre, fallen lassen. Die heutigen Naturwissenschaften, wie auch die auf ihnen basierenden Technologien, setzen ein ganz bestimmtes Verständnis von Zeit, Materie, Menschen, Natur, Übernatürlichem und Kausalität voraus, das in anderen Kulturen vielleicht gar nicht oder in völlig anderer Form existiert. Aber die Logiken des Denkens und Handelns sind keine untergeordneten Phänomene, die sich jede Kultur einfach aneignen kann. Im Gegenteil, sie haben eine hochspezifische Entstehung in den unterschiedlichen Kulturgeschichten durchlaufen. Der westliche Mensch verkörpert nur einen Teil der Menschheit, und der westliche Rationalismus erklärt und umfasst nicht alle Formen des rationalen Denkens – auch anderer Weltkulturen. Durch unseren Vergleich von Japan, Nordamerika und Lateinamerika konnten wir zeigen, wie unterschiedliche Kulturen entsprechend ihrem sehr verschiedenen kulturhistorischen Hintergrund recht ungleichmäßig auf dieselben Herausforderungen der technologischen Zivilisation reagieren.

Keine Kultur, keine Religion und keine Philosophietradition kann einen Alleinanspruch auf einen gültigen Begriff des ›Logos‹ oder die ›richtige‹ Weltsicht erheben. In der internationalen Politik muss vor dem

Hintergrund der derzeitig großen Zahl umstrittener Grenzen und nationaler Rivalitäten der Frage nach den Besonderheiten der Kulturen der Welt große Aufmerksamkeit geschenkt werden. Die extrem gefährliche Golfkrise im Jahr 1990, die mit der Annektierung Kuwaits durch den Irak begann, hat ebenso gezeigt wie der Irakkrieg, wie stark zehntausend Jahre zurückreichende kulturelle und religiöse Traditionen mit ihren Differenzierungen plötzlich wieder aufflammen und unmittelbare und weitreichende militärische und politische Auswirkungen haben können. Kultur wird zur politischen Realität, Kultur als Faktor der Realpolitik – wie überall, wo verschiedene Kulturen und Religionen innerhalb eines bestimmten Gebiets um ihre Identität und Daseinsberechtigung ringen. Dieses Phänomen finden wir auch dort, wo es multikulturelle Staaten gibt und die kulturelle und politische Isolation von Kulturen ein dringendes Problem darstellt, sei es in Lateinamerika, Asien, Afrika oder gar in den multikulturellen Staaten der USA und der ehemaligen Sowjetunion.

Eine Kultur verkörpert immer die Summe der Merkmale ihrer Kosmologien und Werte, welche die Realität des Menschen bestimmen. Deshalb kann es nie eine absolut gesetzte Weltkultur geben, sondern nur die Forderung nach Offenheit gegenüber den vielfältigen Kulturen, oder genauer, gegenüber dem Phänomen von Kulturalität, das eine grundlegende Gemeinsamkeit der menschlichen Existenz ist. Die Hybris des heutigen Menschen hat seine Wurzeln in dieser Kulturalität, da sie nur in begrenztem Rahmen vereinbar ist mit dem bestimmenden Einfluss der Naturwissenschaften und dem Primat der theoretischen, physikalischen und ›positivistischen‹ Wissenschaften. Wir befinden uns an einem verhängnisvollen Scheideweg – an einem archimedischen Punkt. Das logische Denken aus Physik und Mathematik, das, zusammen mit der Technologie, die Grundlagen für die Naturwissenschaften und die Weltwirtschaft liefert, steht sehr oft im Widerspruch zu der kulturellen Vernunft mit dem kulturellen Denken. In den Ländern der Dritten Welt sowie in den Entwicklungsländern beobachten wir eine zunehmende Inkompatibilität von Kultur und Technologie. Wissenschaft und Technologie können aber auf Dauer nur Erfolg haben, wenn sie mit der Kulturalität des Menschen im Einklang stehen und die Kulturtraditionen verantwortlich beachtet werden. Die japanische Kultur liefert Ansatzpunkte, wie das möglich sein könnte. Die Anerkennung der ›kulturell-anthropologischen Dimension‹ ist eine Grundvoraussetzung für jede gegenwärtige Ontologie in einer globalisierten Zivilisation, die dem kulturellen Pluralismus gerecht werden will. Dieser Pluralismus hat direkte Auswirkungen auf das Verhältnis von Technologie zu Kultur. Der post-sokratische Mensch ist nicht der gleiche wie der post-buddhistische, und keiner von beiden entspricht dem Homo oeconomicus der westlichen Welt. Die Q'uero-Indianer aus den Anden, die letzten Nachkommen der Inkas im Hochland von Peru, unterscheiden sich grundlegend von einem in einer Ölraffinerie in Algerien arbeitenden Araber in islamischen Traditionen. Die Übergewichtung der Naturwissenschaften in der Moderne ändert daran nichts und behindert nur die kulturelle Integration des Menschen in die technologische Zivilisation.

Insofern stellen die autochthonen und archaischen Kulturen ein großes Reservoir von unschätzbarem Wert für die gesamte Welt dar. Diese noch nicht in dem Maße wie die Industrienationen technokratisierten und rationalisierten Kulturen haben den Vorteil einer höhere Lebensqualität in einem metaphysischen und spirituellen Sinn, selbst wenn sie ökonomisch, auch im Sinne einer gelebten Sensibilität gesehen, möglicherweise sehr arm sind. Dieses Bewusstsein ist für das Verhältnis zwischen den Hemisphären und damit für eine mögliche neue Weltordnung grundsätzlich sehr wichtig.

Nur hierdurch kann die Bestimmung der relativen Stärken der beiden Hemisphären richtig gewichtet werden. Des Problem reicht jedoch weiter: Kann Technologie als Wirtschaftskraft kompatibel gemacht werden mit einem tiefen anthropologischen Verständnis von Kultur oder schließen kulturelle Identität und Technologie einander aus? Widerspricht die Kraft des bloßen Materialismus, Empirismus und der soziometrischen Statistiken einem der Kultur innewohnenden tieferen Sinn? Bleibt noch Raum für Phantasie und Intuition? Diese Fragen betreffen die Erste Welt nicht weniger als die peripheren Länder und führen zur Forderung nach einer Aussöhnung zwischen kreativem Schaffen und industrieller Logik.

Das Problem besteht darin, dass sich die kulturellen Werte autochthoner Kulturen nicht ohne weiteres zu dem utilitaristischen Rationalismus der Industrienationen angleichen, ›akkulturieren‹ lassen. Ein anderer Aspekt betrifft die Annäherung zwischen traditioneller kultureller Sicherheit und technischer Innovation, zwischen dem Primat der technologischen Zivilisation und der kulturellen Identität und dem Widerstand der Länder der Dritten Welt und der Schwellenländer. Der Triumph der Moderne fordert zweifellos die Zerstörung traditioneller Kulturen. Dieser Widerspruch scheint unauflösbar, und er bedeutet eine Befreiung und eine Tragik zugleich. Traditionelle Kulturen verfügen über einen sehr großen Reichtum an menschlicher Weisheit und Lebenskunst; sie bringen Kosmologien von unschätzbarem Wert hervor. François Perroux beschreibt den Konflikt zwischen lebendigem Bewahren kultureller Identität und der Forderung nach wirtschaftlicher Effizienz in den Industrienationen wie auch in peripheren Ländern zu Recht als unlösbar.

Die globalen Industriekulturen opfern den reichen Fundus von Symbolen in traditionellen Kulturen und gefährden die Authentizität des Menschen. Spirituell reiche Kulturen sind in ihrer Existenz bedroht, aber wir können auch etwas von ihrer Widerstandsfähigkeit, ihrer Fähigkeit zur Phantasie und Intuition, ihren Symbolen lernen. Fraglos spiegelt der gegenwärtige globale technologische Universalismus die Vorherrschaft der Wirtschaft und der staatlichen und militärischen Macht der Industrienationen wider. Aber diese Hierarchie wird brüchig werden, wenn sie nicht die kulturellen Grundlagen berücksichtigt. Keine politische und wirtschaftliche Macht kann auf lange Sicht ohne kulturelles Gegengewicht, das eine tief verankerte Quelle von Sicherheit darstellt, existieren. Eine Kultur verkörpert immer eine zeitlich vorwärts- oder rückwärtsgewandte Erinnerung. Das ist im Zeitalter des merkantilen Rationalismus nicht anders, ja sogar stärker ausgeprägt.

Eine technologisch geprägte Kultur wird immer von einer materiellen Logik und praktischem Vorteilsdenken als grundlegenden Konstruktionsprinzipien gelenkt werden. Die Weisheit, die sie sucht, wird sich aus dem Spannungsfeld zwischen pragmatisch rationalem Denken und kultureller Abfederung ergeben. Gerade diese Weisheit ist heute in Gefahr. Wir erleben die Konfrontation zwischen Technologie und Kultur. Die technologische Kultur, obwohl der Begriff scheinbar einen Widerspruch in sich darstellt, ist tatsächlich die entscheidende Herausforderung in Gegenwart und Zukunft. Welche Form sie auch annehmen mag, sie wird als unabdingbare Notwendigkeit entscheidend dazu beitragen, dass der Mensch in Würde überleben kann.

Man kann die Welt heute tatsächlich als ›Global Village‹ bezeichnen, wenngleich nicht unbedingt in dem Sinne, wie der Begriff im Westen verstanden wird. Unterschiedliche moralische und ethische Maximen und Rituale, die unsere Einstellung zum Tod, zur Natur und zum Übernatürlichen bereffen, unterschiedliche Rechtssysteme, Glaubensrichtungen, Wohntraditionen und Baustile, all das zeigt, was den Menschen individuell und persönlich macht. Und genau dies ist gefährdet. Die Arbeitsethik, die letztendliche Frage nach dem Sinn des Lebens unterscheidet die Mitglieder in der Pluralität der Kulturen der globalen Zivilisation auf der

Suche nach menschlicher Identität. Hier liegt die Wurzel des Problems. Die kulturelle Bedeutung von Technologie muss eine weit wichtigere Rolle in der politischen Arena spielen als bislang in der Außenpolitik und in der Politik der wirtschaftlichen Zusammenarbeit. Noch haben die Politiker dieser Frage kaum Aufmerksamkeit geschenkt. Entscheidungen werden in einem Vakuum getroffen, das durch Kultur- und Geisteswissenschaften nur dann verantwortlich gefüllt werden kann, wenn ihnen das Recht zugesprochen wird, die Naturwissenschaften und Technologien verantwortlich zu flankieren. Die Kulturwissenschaften könnten hierbei den Rang eines Korrektivs, vielleicht sogar einer Garantie einnehmen. Sie stehen der Modernisierung nicht im Wege, wie kurzsichtig behauptet wird; vielmehr ist nur mit ihrer Hilfe eine moderne Welt mit menschlichen Zügen denkbar. Die Bürger eines Staates sind in erster Linie die Träger kultureller und religiöser Traditionen. Der Mensch benötigt das Empfinden einer Eingebundenheit, einer eigenen Kultur und Geschichte, gleichzeitig muss er anderen Kulturen offen und aufmerksam begegnen, weniger aus Gründen eines philosophischen Altruismus als vielmehr aus einem politischem Gleichgewicht heraus, als Verantwortung für den Menschen in einer globalen Ordnung zu Beginn des 21. Jahrhunderts.

Die technologische Farce

Wir sind eingekeilt in eine Galaxie der Sterne, die nach Myriaden zu zählen sind, die Physik bestimmt uns als Wesen der Galaxien, zugleich sind wir auch biologische Wesen mit dem am weitesten entwickelten Gehirn in der Evolution des Lebens. Dort stehen wir im 50. Millenarium der Menschwerdung – zunehmend ratlos. Der Mensch hat die Gewissheit, die er zu haben glaubte, über seine grundlegende Lage verloren, über sein Schicksal. Welcher Metamorphose ist der Planet Erde in Zukunft ausgesetzt, kann der Mensch nach einer Evolutionsgeschichte von mehreren Jahrmillionen seiner Existenz einen Sinn abringen, weiß er heute besser, wer er ist, als zur Zeit eines Newton oder Galilei? Die Gegenwartslage berechtigt zu großen Zweifeln.

Ein Eindruck verdichtet sich auf der Welt: die Außenzonen der Staaten, gleichsam die Peripherie, gewinnen fulminant an Bedeutung. Dies ist ein empirischer Tatbestand. Man mag ihn mögen oder nicht, dies ist eine andere Frage, er lässt sich aber rein quantitativ, mit rasant ansteigender Tendenz, bestimmen und nicht von der Hand weisen, will man weltpolitisch Verantwortung bezeugen. Entscheidend ist: 82% der Kinder, die jeden Tag geboren werden, kommen in einem Staat der Peripherie, der Außenzonen, der Dritten Welt, wie wir dies so gerne nennen, zur Welt. Andererseits erlebte die Weltwirtschaft zwischen den Jahren 1945 und zur Jahrtausendwende einen steilen Aufstieg, sie planetarisierte sich und wurde endgültig zur Weltökonomie. Freilich ohne wirkliche Verantwortung zu übernehmen. Die industrielle Produktion stieg zwar um 5,6% pro Jahr, dennoch nahm die Verschuldung der Dritten Welt, um diesen Begriff mit großem Vorbehalt zu verwenden, zu, bereits Ende 1986 betrug sie die gigantische Summe von mehr als 1.000 Milliarden Dollar; dies entspricht 38% des Bruttosozialprodukts dieser Staaten und 140% ihrer Exporteinnahmen. Selbst der unvoreingenommenste Betrachter wird konstatieren müssen, dass die Welt gleichsam aus den Fugen gerät, auf einen globalen Abgrund zutreibt, schon bei rein wirtschaftlicher Betrachtung. Über 4 Milliarden Menschen von 6 Milliarden leben heute in den Staaten der südlichen Hemisphäre.

Diese *Weltordnung* ist aber nicht nur eine wirtschaftliche Weltordnung, sondern in erster Linie eine kulturelle Ordnung. Um sich der Arbeitskraft eines Menschen zu bedienen, um ihn, sagen wir es ruhig, instrumentalisieren zu können, bedarf es des ganzen Menschen; auch der mentalen Kapazität seines Geistes, eben seiner Kultur, verstanden in einem holistischen, anthropologischen Sinne. Dies betrifft die Staaten der Peripherie, mindestens aber im gleichen Maße die führenden Industrienationen. Die extreme Entwicklung der Technologie vollbringt eine Genese der planetaren Menschheit, ein neues Zeitalter und womöglich die Apokalypse. Wir werden Zeugen eines kolossalen Umbruchs, der die existentiellen Säulen des Menschen, Religion, Politik, Wirtschaft und Kultur, in einem sich bedingenden Wechselverhältnis zum Gegenstand hat. Dies wurde bislang nicht in der entscheidenden Tragweite gesehen, vor allem wurde die tragende Bedeutung der Kultur für die technische Zivilisation nicht in ihrer fundamentalen Wirkkraft erkannt. Dies führte zu wirtschaftlichen und politischen Fehleinschätzungen und Entscheidungen; die religiösen Fanatismen des Nahen Ostens, die alle westlichen Sicherheitsstrategien in wenigen Wochen ad absurdum führten, etwa im Iran, wo uralte religiöse Traditionen eruptiv aufbrachen, sind nur ein Beispiel; die Bürgerkriege in Sri Lanka, das Verhältnis Pakistan zu Indien, die terroristische Violenz Lateinamerikas, die Unruhen in den Vielkulturenstaaten der ehemaligen Sowjetunion mit den messianischen Glaubensinhalten, die nur politisch unterdrückt, aber nicht ausgeräumt werden konnten, können nur am Rand erwähnt werden. Der Mensch ist nicht auch, sondern in erster Linie ein Kulturwesen. Diese Einsicht erscheint als Voraussetzung des menschlichen Überlebens in einem Jahrhundert, das durch Höhepunkte der Gewalt gekennzeichnet war und durch den Megatod des Atoms und des Ausgleichs des Schreckens endgültig dem Fiasko entgegentrieb.

Begreifen wir heute vielleicht die »Animalität« unseres Menschseins, das Abgründige, die Brutalität und Barbarei anders und besser? Oder das Verhältnis zwischen Kultur und Natur? Weiß der *Homo sapiens* wirklich, was heute Vernunft ist, und nicht vielmehr Unvernunft vor dem Hintergrund des Tatbestandes, dass nach dem Zweiten Weltkrieg mehr Menschen weltweit durch die Exportation der Kriege gefallen sind als während des gesamten Zweiten Weltkriegs?

Politisches Handeln hat keine sichere Basis mehr, der Mensch beherrscht die Kunst des Handelns nicht mehr in der notwendigen Form, die Politik ist von rein pragmatischen und vordergründigen Kosten-Nutzen-Analysen bestimmt, von simplistischen Regeln, die immer auch die brutalsten sind, die ethisch am wenigsten begründeten. In der Politik verstecken sich immer auch Eschatologien, Heilsversprechen, die falsche

Hoffnungen wecken können, ohne dabei die Lebensbedürfnisse des menschlichen Raumes in realistischer Weise zu erschließen. Zukunft bedeutet nicht mehr den direkten Marsch nach vorne; der Mensch lebt durch und in der Hoffnung, gerade wenn sie unerwartet ist. Welcher Art aber könnte diese Hoffnung sein in einer Welt, die in den letzten Jahrzehnten durch eine wahre Explosion von Technologien gekennzeichnet war, durch eine technische Perfektionierung auf allen Gebieten, bei der Atomforschung und -nutzung, der Informatik, der Laser- und Gentechnologie, den Raumfahrttechniken? Es gibt heute eine Art Schock der Informatik, der Herzchirurgie, der Agrartechnologien, der chemischen Entdeckungen. Von der tierischen Industrie war man zur Kohle fortgeschritten, dann zum Öl, das Atomzeitalter wurde rasch vom Computerzeitalter abgelöst. Die physische Kraft wurde durch Maschinen ersetzt, es erfolgte eine weitere Etappe der Substituierung des Menschen, die konkrete menschliche Arbeit droht, überflüssig zu werden, die informatische Gesellschaft gleicht einem gefesselten Riesen in allen Lebensbereichen. Der Computer trifft politische, wirtschaftliche und militärische Entscheidungen, der Laser wird in der Chirurgie, aber auch in der Schwerindustrie, der digitalen Musik und der Kriegsvorbereitung eingesetzt.

Die Kernfrage lautet somit: Kann es eine technische Kultur geben oder schließen sich beide Lebensbereiche aus, was verhängnisvoll wäre wegen des genuinen Widerspruchs zwischen Technologie und Kultur. Wird die Kultur durch die Technologie marginalisiert oder aber dominiert? Das Ziel muss auf Verwirklichung eines neuen ganzheitlichen Verständnisses von Kultur gerichtet sein, das die Technologie zu integrieren versteht und vice versa. Ist eine technische Kultur zum Beginn des 21. Jahrhunderts nicht möglich, ist ein weiterer Schritt der menschlichen Evolution gefährdet und fehlgeleitet. Es darf heute von einer dritten industriellen Revolution gesprochen werden, auch von einer dritten ökonomischen Revolution. Vor über einem Jahrhundert waren die Textilien ein evolutiver Schub, dann die Metallurgie, später die Informatik. Angesichts der Automatisation, die einer Totalisation ohne Endlichkeit gleichkommt, stellt sich verstärkt das Problem der Angleichung des Menschen an die Maschine, das man bereits seit Charlie Chaplins *Modernen Zeiten* kennt, seit Friedrich Georg Jüngers und Martin Heideggers Kulturkritik, seit den Geniestreichen eines Jean Luc Godard in *Week End*, der Automobilapokalypse der Ausfahrtsstraßen und Jacques Tatis Warnung vor einer Entmenschlichung in *Traffic* oder *Mon Oncle* bis hin zu Andrej Tarkowskis prophetischer Warnung in »Opfer« noch vor der Katastrophe von Tschernobyl.

Das ungehemmte Wachstum der Technik tötet wesentliche Lebensbereiche des Menschen ab, die Imagination, die herzliche Spontaneität; sie trennt den Menschen von Werten, die ihn erst als Menschen auszeichnen, und gaukelt das Vorherrschen einer Rationalität vor, die längst in Irrationalität umgeschlagen ist.

Die Amerikaner bauten die erste Technopolis in Kalifornien bereits in den 30er Jahren; Silicon Valley entstand im Wesentlichen zwischen 1950 und 1960, heute ziehen die Japaner mit Technikparks außerhalb Tokios nach; die Technopolis wird zu einem Zentrum der Vitalität für jede Volkswirtschaft, z. B. der Technologiepark von Cambridge, Heriot Watt, das Haus der Innovation in Schweden, in Frankreich Rennes Atalante oder auch Sophia Antinolis in Südfrankreich.

Die Technologie ist aber nicht neutral, sie entbehrt jeglichen synthetischen Anspruchs, sie ist ambivalent, verstärkt die Unvorhersehbarkeit der Entwicklung durch die intimen Widersprüche. Kein Mensch vermag heute der Technologie zu entkommen. Sie wurde zu einem anthropologischen Grundtatbestand. Die tragenden Kräfte des Staates, die Ökonomen, Bankiers, Politiker und Vertreter der Verwaltung lassen sich unter dem Begriff der Technokraten rubrizieren, eine kleine Elite.

Die Serialisierung des Menschen, das technische Wachstum verstärkt das hypothetische Risiko, von dem Robert Spaemann spricht. Seveso oder Bhopal sind selbstredende Zeugnisse. Der Primat des Computers ist herausgefordert, etwa durch außereuropäische Kulturtraditionen, die wesentlich weniger kompatibel sind mit der Technologie und daher scheitern. Lokale Ereignisse gewinnen globale Kompetenz durch ihre Irreversibilität. Der Vorgriff auf die Zeit war in archaischen Kulturen noch anders ausgeprägt, der Bauer oder Fischer hatte nur das Bedürfnis, wenige Tage vorauszuahnen, etwa die Gestirne des Himmels und das Wetter; auch der Kunsthandwerker mit seiner gesicherten Kundschaft bedurfte nur sehr bedingt der Notwendigkeit der weiteren Voraussicht. Die Invasion der technischen Objekte verkehrte dieses Zeitempfinden in das Gegenteil: Heute besteht die Forderung nach langfristigen Voraussagen als Bedingung einer gesicherten Existenzgrundlage. Eine Unterbrechung des Wachstums scheint tödlich. Dennoch wird das Gigantische unkalkulierbar, der nukleare Befehlsstand operiert außerhalb der kulturellen und sozialen Kontrolle. Hieran ändert auch die Algebraisierung des Alltages nichts. Wir müssen uns damit abfinden, eine Zivilisation des Risikos begründet zu haben, zumal die Technologie für die Politik wegweisende Funktionen hat. Die Politik ist darauf stolz, mit dem Intercityzug den

Geschwindigkeitsrekord von über 400 Stundenkilometern gebrochen und damit den französischen TGV mit 380 Stundenkilometern »geschlagen« zu haben. Ja, wir haben auf der Strecke München-Frankfurt wenige Minuten »gewonnen«, wie dies im Technokratendeutsch heißt. Was aber vollbringt der Mensch in diesen wenigen »gewonnenen« Minuten tatsächlich? Für was hat er diese Zeit »gewonnen«? Die befreite Zeit bleibt leere Zeit ohne inhaltliche Signifikanz. Der Widerspruch bricht auf: Je exakter die Chronometer die Zeit zu messen verstehen, desto weniger kennt der Mensch die inhaltliche Bestimmung von Zeit, ja der Chronometer untersagt den Gebrauch und die weise Reflexion über Zeit im Leben. Aus der Rationalität soll Ordnung geboren werden, tatsächlich aber findet eine Umkehr statt, die Rationalität gebiert Irrationalität, der Mensch wird nicht »vernünftiger«. Zudem vergrößern die technischen Mittel die Distanz zwischen den Menschen, der Gebrauch des Telefons hat die Gewohnheit des Besuches eingeschränkt, die hohe Kunst des Briefeschreibens zerstört, das Gedächtnis unterdrückt. Die Liebenden schreiben sich nicht mehr Briefe, sondern lassen die Gefühle im Abstand des willkürlichen, rasch erledigten Telefonats erkalten oder noch einfacher: in einer E-Mail. Tatsächlich macht es den Abschied aber nicht leichter, freilich, der Mensch blutet im Verborgenen, in der Anonymität seines Zimmers, und vermag sich nicht mehr zu einem mitmenschlichen Wort aufzuraffen: Wieder entsteht ein gradueller Verlust von Menschlichkeit in der technischen Zivilisation.

Die Kernfrage muss lauten: Wird die Moderne durch die Technologie menschlicher? Denn nur dann wäre der Milliardenhaushalt für die Technik gerechtfertigt und keine infinite, inhaltsleere und gerade verhängnisvoll sich drehende Spirale des Selbstzwecks? Die Antwort muss eindeutig lauten: Nein. Die Selbstmordraten in den industrialisierten Staaten, die rapide emporschnellenden Scheidungsraten, der bedrohliche Drogenkonsum breiter Bevölkerungsschichten – dies betrifft Amerika wie Europa und Japan; eben das gesamte seelische Unwohlsein der führenden Staaten spricht dagegen. Die Technologie entwickelt durch ihre eigene Logik eine Verhärtung des Politischen, Wirtschaftlichen und Administrativen bis hin zur kosmischen Abtreibung durch das Atom im Sinne des Theologen Raimon Panikkars, die letztlich nicht der Verletzbarkeit, der Fragilität der menschlichen Konstitution entspricht.

Der Anthropologe Marshall Sahlins vermerkt für die archaischen Kulturen, dass bereits dort die stärkste Violenz auftrat, wo die Zeichen der Rationalität gesetzt waren. Wir stehen demnach vor einem vollkommenen Umsturz der menschlichen Existenz, von dem wir nur die ersten Symptome in unscharfen Schatten erahnen.

Roland Barthes forderte die Existenz eines imaginären Museums, in dem sich auch die Religion einrichten kann. Jeder Diskurs über die Technik muss letztlich immer ein Diskurs über den Menschen bleiben, will der Mensch nicht seine Existenz preisgeben, in der er nicht zum Objekt Mensch werden kann. Es geht um die Verwirklichung dessen, was der Mensch ist, der Mensch ist sich selbst die letzte Chance. Als der erste Mensch auf dem Mond landete, erfüllte sich ein Traum der Menschheit. Es wurde deutlich, dass jeder technische Fortschritt einem tiefen Interesse des Menschen entsprach, es erfüllte ihn mit Stolz. Immer wollte der Mensch fliegen können wie ein Vogel, wollte das Feuer beherrschen, die Tiefe der Ozeane erschließen. Er tat dies, weil er es wollte, und wollte es, weil er es tat. Der Mensch wuchs in Freiheit und wollte stets heute tun, was er gestern noch nicht tun konnte. Dies war Bestandteil seiner selbst gewählten Freiheit, um der biblischen Verdammnis zu entrinnen. Die Technik ist da, sie war immer da, sie ist nicht mehr durch einige zweckdienliche Objekte gekennzeichnet. Wir können nicht mehr von der Technik abstrahieren.

Es entsteht eine Wirtschaft, die immer stärker auf immateriellen Gütern aufgebaut ist, die doch lebensbewegend sind, eine Bewusstseinsindustrie der Informationen. Die technologische Kultur hat zwei Seiten, den Gebrauch der Maschinen und Apparate und den Zugang zum Wissen, der lebensnotwendig ist. Die Herausforderung der technischen Kultur erfordert die Schöpfung im täglichen Leben, bei der Bewältigung des Alltags, bei der Arbeit. Erinnern wir uns: Es gibt eine anthropologische Dimension der Technik, ja, der Mensch ist von seinen Ursprüngen her ein Techniker, die Technik ist der Spiegel des Menschen, der Mensch findet seine künstliche Natur wieder, der Mensch muss aber auch der Schlüssel zur Technik bleiben und nicht umgekehrt, er darf seine Verfügbarkeit nicht leichtfertig aus der Hand geben. In der Technik erfuhr der Mensch seine grundlegenden Bedürfnisse. In diesem Sinne muss es aus Überlebensgründen ein Zusammenwirken von Technologie und Kultur geben. Edgar Morin stellt zu Recht fest, die Krise des modernen Menschen sei zunächst eine Krise des Bewusstseins, des Wissens und Nichtwissens. Die Naturwissenschaften haben durch ihre ins Extrem getriebene Spezialisierung zu dieser Desintegration wesentlich beigetragen. Der genuine Widerspruch zwischen Technologie und Kultur bleibt bestehen. Das, was man Kultur nennt, ist einem wirtschaftlichen Imperativ unterworfen; es ist die Sprache von zweckdienlicher Kultur, die sicher keine spirituelle Kultur ist und sein kann. Die Kulturindustrie selbst gehorcht immer stärker der Logik des Wirtschaftlichen, große Serien, vorfabrizierte Standards, kommerzielle Vertriebsmethoden, weltweite Verteilung. Eine wirklich dauerhafte Kultur muss aber das Ökonomische integrieren und es zugleich transzendieren. Der universelle Charakter der Technik lässt sich nicht auf die Kultur übertragen, sie hat ihre speziellen Topoi. Letztlich erfordert Technologie die Entstehung einer neuen Kultur. Eine Kultur lässt sich nicht vorfabrizieren wie eine Rechenmaschine, Kultur entwickelt sich in Schritten, in langsamen Angleichungen, auch Akkulturationen genannt, Integrationsvorgängen von Generation zu Generation im Verhältnis des Menschen zur Natur, zum Übernatürlichen, zu den Objekten, und dies vor dem Hintergrund einer Algebraisierung der Alltagskultur durch die Technik. Es muss aber auch das einzigartig Menschliche jenseits des Mechanischen im Vordergrund stehen. Eine Kultur kann nur leben, wenn sie die Frage nach dem Sinn des Lebens stellt. Die Technik darf nicht nur einem Selbstzweck gehorchen, sich selbst genügen. Das Verhängnis besteht darin, dass die Lebensbereiche der Kultur und der Technologie radikal getrennt sind, anstelle integrativ zusammenzuwirken. Die Technik ist nicht neutral, Three Miles Island und Tschernobyl haben es deutlich bewiesen, weder in ihren Anlagen noch in ihren Auswirkungen, es herrscht ein jakobinischer Technokratismus. Es stellt sich die alte Frage: Quis custodiet custodem? Die Technologie ist ein Prozess unter anderen, es darf nicht mehr eine Seite der Technologie und eine der Kultur geben, beide gehören zusammen, dies trifft auch auf die Technologie des Täglichen zu. Die radikale Trennung zwischen Mensch und Technik muss aufgehoben werden, der Mensch muss obsiegen, das Ziel muss die Integration des Technischen in das Menschliche sein und nicht umgekehrt. Seit dem europäischen Mittelalter wird die Geistesgeschichte, die Philosophie, aber auch die Politik stärker von jener Rationalität bestimmt, die ein Übergewicht erlangte. Geschieht ein Zufall oder ein Ereignis, das die Ordnung des Rationalen sprengt, etwa ein Unfall im technischen System, wird er als *Fait négligeable* abgetan, selbst wenn sich diese Unfälle häufen. Wie etwa heute bei Autounfällen, die durch Statistiken rationalisiert werden, um den Tod salonfähig zu machen. Die Technik ist vielleicht verständlich, nicht aber beherrschbar. Weil das technische System rationell ist, muss es auch der Mensch sein. Die Arbeitsweise eines Computers ist freilich nicht die Funktionsweise eines menschlichen Gehirns. Wir sind heute auf dem

Wege einer Evakuierung des Menschen durch seine Schöpfung, die Maschine hat in den letzten Jahrhunderten den menschlichen Muskel ersetzt, nun soll das Gehirn neutralisiert werden. Nur die Algebra kennt das reine Denken, das faktische Leben kennt dies nicht. So bleibt der Übergang hin zur künstlichen Intelligenz: beim Krieg der Sterne, bei der Eroberung des Weltalls oder der Beherrschung der Energiequellen. Als künstliche Intelligenz dürfen wir alles betrachten, was sich vom Computer reproduzieren lässt. Der Computer führt bestimmte Kalkulationen wesentlich treffsicherer durch als der Mensch. Freilich herrscht hier eine Revolution in Grenzen, da er entscheidende menschliche Regungen und Empfindungen nicht auszudrücken vermag. Die menschliche Intelligenz ordnet sich der künstlichen nicht unter, etwa bei der Entstehung von Gefühlen oder dem Vermögen, einen Roman wie Joyce oder Proust zu schreiben; kein Computer vermag jemals eine Willensentscheidung kundzutun, zu bekennen, ja: jetzt schreibe ich einen Roman, diese Initialzündung bleibt dem Menschen vorbehalten. Intelligenz ist keine bloße Algebra, sie umschließt den ganzen Menschen, seine Gefühle, seine Leidenschaften, der Computer ist lediglich ein Simulator der Intelligenz. Im strengen Sinne kann es keine wirklich künstliche Intelligenz geben. Die menschliche Intelligenz ist immer die Erfahrung des Gelebten, seiner Einmaligkeit, der Imagination, des *Mythos*, der Intuition, all dies mündet in das menschliche Denken. Kurzum: Das Gehirn kann durch den Computer nicht ersetzt werden. Auch das Kreative in der Kunst ist dem Computer nicht gegeben, es sei denn, Kunst wäre purer Formalismus. Die perfekte Maschine ist rationell, nicht aber der Mensch, er beharrt auf seinen Utopien, auf den Gefühlen, selbst in einer Gesellschaft, die getragen ist von exzessiver Rationalität und die zu erkennen gibt, dass der Mensch ins Irrationale umschlägt, je weiter die Rationalität unvermindert voranschreitet. Die Welt gebärdet sich als Monster, von dem jedes Glied rational handelt, wir in der Summe aber vor einem Meisterwerk der Unvernunft stehen. Aussagen wie: die Wissenschaft entdeckt und vertritt die gesamte Wahrheit oder: die Wissenschaft täuscht sich nicht, sind letztlich absurd. Die technische Rationalität als Bestandteil des Reichs der irrationalen Mächte tritt in die Spuren der Religion. Angesichts der Entmenschlichung der Welt wirkt diese Technik operational und instrumental bis hin zu der Perfektion des Genozids an Armeniern oder der Maschinerie der Konzentrationslager von Auschwitz und Dachau. Die Verbindungen von Technologie und Wissenschaft sind somit sehr eng.

Gerade die Technokratie der Experten beugt sich dem Joch einer vermeintlichen Objektivität und der falschen Vorstellung der Neutralität von Wissenschaft und Technologie. Am Extrempunkt trifft sich die Technologie mit der Philosophie des Absurden. Weisheit und Technik scheinen unvereinbar und treiben durch verbohrte Vorstellungen von Exaktheit, Effizienz und Härte auf einen rationalen Nihilismus zu. Das wirtschaftliche Denken ist zu erratisch. Absurd ist etwa die Vorstellung vom unaufhörlichen wirtschaftlichen Wachstum. Eines der wichtigsten menschlichen Bemühen, die Suche nach Wahrheit etwa, hat überhaupt keinen ökonomischen Wert und ist doch eine tragende Säule menschlichen Lebens. Die Exzesse der Technologie liefern uns ebenso der Absurdität aus; bereits 1983 gaben die USA etwa 600 Milliarden Dollar für die Rüstung aus, fünfmal so viel wie für industrielle Investitionen. Der Begriff des Realisten verkehrt sich in sein Gegenteil: Die Politiker und Ökonomen sind in Wirklichkeit die Träumer, sie versteigen sich zu der Vorstellung, aus der Technik eine neue Religion machen zu können; gerade mit dieser Abart, diesem religiösen Bastard befinden wir uns aber auf der Zielgeraden hin zum Absurden – gerade wegen der sich ins Unendliche schraubenden Rasanz der Geschwindigkeit, der Unmittelbarkeit, der Plötzlichkeit. Der Mensch glaubte, verwirklichen zu müssen, was er sich erträumte. Trifft er auf ein technisches Hindernis, so empfindet er dies fast als skandalös, das Technisch-Nicht-Machbare gilt als nicht-normal. Der französische Kulturphilosoph Castoriadis sagt zu Recht: Der totale Mensch, das ist die Machtlosigkeit. Die Technologie ist causa sui, der Mensch vermag nicht, ihr zu entkommen, sie ist sein Fatum, sie umschließt alle Aktivitäten, alle Lebensbereiche, hierin liegt die unbegrenzte Angst des modernen Menschen. Gegen die absolut gesetzte Technik vermag er sich nicht aufzubäumen, sie ist unangreifbar und fordert strikten Gehorsam.

Der Mensch verfügt nicht mehr über einen der Technik entbundenen Freiraum, die Weltraumsonden und die Molekulargenetik sind nicht mehr rückgängig zu machen. Hierin wurzelt die genuine Verzweiflung, ja die Ohnmacht und Hilflosigkeit des modernen Menschen. Hand in Hand mit dem verstärkten Drogenkonsum (der in Amerika bereits mehr als 10% der Bevölkerung erfasste und der in Lateinamerika, Bolivien und Kolumbien etwa mehr Wirtschaftsvolumen hat als der gesamte volkswirtschaftliche Export eines Staates) ging die Hippiebewegung, die weltweit aus dem Boden schießenden spiritistischen Sekten und Erweckungsbewegungen, die alle den Verlust an Metaphysik in der zweckrationalen

Empirie der Moderne signalisieren, gleich einem fehlgeleiteten, aber verständlichen Aufbäumen des Menschen. Das technisch Mögliche wurde zur Notwendigkeit, hierin gipfelt die Absurdität, die zudem ziellos ist. Die Art des Denkens wird reduktiv, Marcuse sprach zu Recht vom *Eindimensionalen Menschen*, der Mensch wird zurückgeschraubt auf das vermeintlich Beobachtbare, auf das Objekt, so dass andere Aporien ausgeschlossen bleiben, ganz im Sinne Nils Bohrs, der in der Wirklichkeit nur zu erkennen vermochte, was seine physikalische Apparatur ihm zu registrieren erlaubte. Hierdurch ist das wissenschaftliche Leben parzelliert, das private und öffentliche Leben des modernen Menschen gleichermaßen gespalten, ja, zersprengt, die technische Kultur kann nur noch als Hybris begriffen werden. Sie ist aber unfähig, die sich ihr stellenden Probleme sachlich zu bewältigen. Eine gefährliche Dialektik durchherrscht die Gegenwart: auf der einen Seite dieses zwanghafte Bemühen, alles, aber auch wirklich alles zu normalisieren, zu nivellieren, andererseits die Obsession der ständigen Veränderung, eine gleichsam popularisierte Version des *Mythos* vom immerwährenden Fortschritt. Das Dauerhafte wird als das Gestrige zurückgestuft, man erliegt der Faszination des Wachstums, das sich selbst rechtfertigt. Paul Morand stellt richtig fest: Wir befehlen den Maschinen, jetzt müssen wir ihnen auch folgen. Wir haben die Vielzahl der Staaten der Peripherie, der Dritten und Vierten Welt durch unkontrollierte Waffenverkäufe – dies betrifft vor allem die ehemalige Sowjetunion, die USA, Frankreich, England und China – in die Lage versetzt, anhaltende und dauerhafte Kriege zu führen, ja, die Staaten der Außenzonen dazu befähigt, Krieg gegen die Erste Welt zu führen: ein Ausdruck der Unvernunft. Im Augenblick verschwinden – ein anderes Beispiel – drei Hektar Wald in Lateinamerika, Sibirien und Äquatorialafrika pro Sekunde, 288.000 Hektar pro Tag. Die Konsequenzen für die Ozonschicht, das ökologische Gleichgewicht sind fatal. Der Waldbestand droht in 50 Jahren erschöpft zu sein.

Zudem: seit der bedeutenden Studie *Homo Ludens* von Huizinga weiß man, dass der Mensch als eine seiner charakteristischsten Eigenschaften das Spiel kennt, kollektiv, wie es Mircea Eliade beschrieben hat, entzerrend und maskierend zugleich, in der griechischen Antike, bei den neolithischen Kulturen, bei den aristokratischen Hofspielen, den Jagden. Roger Caillois verweist darauf, dass selbst das Spiel heute zum Kriegsspiel wurde; elektronische Spiele lassen den Menschen allein mit der Maschine, stoßen ihn in die Einsamkeit. Es ist eben nicht das Gleiche, mit einem vertrauten Freund Schach zu spielen oder mit einem Computerelementarbaukasten zu hantieren. Es kann keinen menschlichen Einklang mit dem Computer geben. Die Technik ist exakt und absurd zugleich. Es ist unbestreitbar, dass die Gesellschaft des 21. Jahrhunderts eine vollkommen informatisierte Form der Hochtechnologie darstellen wird, die durch die Kolonialisierung des Weltraums bestimmt ist, durch die Robotage der Produktionsformen, durch künstliche Intelligenz, durch die wuchernde Gentechnologie, das Internet durch veränderte Bildwelten, Sprachverhalten, Gedankenwelten, durch eine besondere Kodierung des Lebens in Physik, Wirtschaft und Humanem, was ein bislang unbekanntes Maß an Beklemmung auslöst. Das Museum *des sciences, des techniques et de l'industrie* in Vilette vermittelt einen ersten Eindruck: ein Mensch ohne die Freiheit der Wahl, dem das Sein einprogrammiert ist.

Der Mensch ist nach Sokrates eben nicht der gleiche wie nach Buddha, und der wiederum ähnelt nicht dem *Homo oeconomicus* der westlichen Welt. Hieran ändert auch eine Vergottung der Wissenschaft nichts, die dem Ziel der Integration des Menschen in das technische System zuwiderläuft. Sonst herrscht ein Klima des kollektiven geistig-seelischen und spirituellen Selbstmords im Zustand allgemeiner Unverantwortlichkeit, der den Menschen eingekadert, blockiert, prometheisch gefesselt zurücklässt: Gerade in diesem Zustand sucht die Seele nach einer Referenz, nach einer kulturellen Verankerung, nach Bezugspunkten, einem Ort, um sich ausruhen zu können. Dieses Vordringen in Unbekanntes entbindet dennoch nicht von einem Gefühl der übergeordneten Gemeinsamkeit der Menschen jenseits geographischer, kultureller und nationalstaatlicher Grenzen. Saint John Perse, der Dichterfürst, Kind der Tropeninsel Guadeloupe, beschwört in seinen Versen die Stille der Nacht, in der solch Gefühl keimt, die Empfindung beim ersten sachten Strahl der Morgensonne in noch fahlem Licht zu dieser ungewissen Stunde, die die Luft erzittern lässt und in der sich der Mensch in der Stille einrichtet, nach dem eigenen Leben, meist vergeblich nach dem Sinn fragend. Dieser Ort der inneren Ruhe wird in den Industriekulturen immer seltener, er findet sich noch bei den Q'uero-Indianern der Hochanden in Südamerika in Peru, bei den Gemeinschaften Afrikas auf der ehemaligen englischen Insel Sansibar, im Nordosten Brasiliens, in Fortaleza und Recife, eben in den Kulturen der Peripherie. Ein geradezu paradoxaler Widerspruch tut sich auf: Dort ist man erdrückt von der Lebenskraft, der Vitalität, der Lebensfreude, ja, sagen wir es ruhig, der Lebenslust dieser Staaten und Kulturen der wirtschaftlichen Randzonen, der finanziellen Resignation. In den militärisch und industriell führenden Staaten hingegen scheint jene besondere Lebensqualität, die gewachsene Freude an der Existenz erschöpft zu sein, die diese Kulturen der Peripherie jenseits des materiellen Erfolges auszeichnet und mit größter künstlerischer Potenz versieht – in Literatur, bildender Kunst und Film. Woher kommt diese Kraft, diese Gewissheit von der Schönheit des Lebens trotz der Armut, woher diese Solidarität? Woher kommt die Frische der Lieder, das Gefühl der Musik, die Prallheit der Farbe im Leben, die nie endende Hoffnung in den Favellas von Rio de Janeiro, den Bidonvilles von Guatemala, den Calampas von Santiago de Chile, in der Dürre des Nordostens Brasiliens, jenen Vidas Sechas, die Glauber Rocha im Film eingefangen hat, vor dem Hintergrund eines Lebens voll materieller Entbehrungen. Ist es nicht seltsam, dass es in diesem Elend fast keinen Selbstmord gibt, im Gegensatz zu den Industriekulturen? Woher aber kommt dieser täglich errungene Sieg über die Verzweiflung und den Tod? Jener Caboclo, der Bewohner der Favella von Fortaleza, antwortet auf die Frage nach dem Befinden: »Tudo bem«, alles geht gut und lächelt sogar dabei. Der Garimpeiro, der Sucher nach Gold und Diamanten, der auf eigene Faust arbeitet in Regen, abgestandenem Wasser, Schlamm, Schmutz, erhält sich einen Respekt vor der Natur, vor dem Leben schlechthin, Leben im Bewusstsein der Konvivialität, auf das Glück zu lauern, stolz, ein Mensch genannt zu werden. Hier herrscht noch eine Kommunion mit den Toten und als Gegenstück die Freude jedes gelebten Augenblicks, der als Gnade empfunden wird. Die Würde des Lebens ist gekennzeichnet durch einen wertvollen Schatz an eigenen Symbolen, die dem Leben eine Erklärungsgrundlage bieten. In diesem entscheidenden Sinne stellen die noch eher autochthonen und archaischen Kulturen ein lebensnotwendiges Reservoir von größter Kostbarkeit für die gesamte Welt dar. Die Staaten der Peripherie sind in ihrer menschlichen Wärme, in der Geworfenheit ihrer Armut in gewissem Sinne der Lebensqualität der Industriestaaten überlegen, die von ihnen diese philosophische Einübung in die gemeinsame Sache des Menschseins, jene *compassion*, jene Loyalität lernen können, um vielleicht wieder zu einer wirklichen ethischen Erhabenheit vorzudringen, um eine gemeinsame Identität zu erzielen.

Max Horkheimer erkannte die Funktionalisierung, die bedrohliche Formalisierung der Ratio, die Verdinglichung der Industriekulturen, er spürte, dass die Maschine ihren Piloten längst abgeworfen hatte. Wer zurückkehrt in die technische Welt, trägt noch in sich die pulsierende menschliche Wärme der Kulturen der Peripherie, ihre Lebensfreude, ihre Konvivialität und irrt zunächst verloren durch die Straßen der industriellen Metropolen, ohne sich selbst zu finden, und vermag sich nicht anzupassen an die Welt des zweckrationalen Handelns, des übersteigerten Wettbewerbs, des wechselseitigen Unverständnisses.

Sehen wir den Tatbestand in klarem Licht: Es herrscht eine kulturelle Überlegenheit der traditionellen, der noch autochthonen Kulturen, sie verkörpern einen Vorteil an Lebensqualität in metaphysischer, spiritueller Hinsicht, obgleich sie wirtschaftlich schwach sind. Diese Einsicht ist für das Nord-Süd-Verhältnis von elementarer Wichtigkeit und somit für die Ordnung der Welt. Die kulturellen Werte der autochthonen Kulturen sind freilich nicht im Einklang mit der Instrumentalität der Industriestaaten. Zur Diskussion steht weiterhin die Konvergenz zwischen traditioneller kultureller Sicherheit und technologischer Erneuerung, zwischen dem Primat der technischen Zivilisation und der kulturellen Identität, ja der kulturellen Resistenz der Staaten der Peripherie. Der Triumph der Moderne bedeutet gleichzeitig die Zerstörung der traditionellen Kulturen, der Widerspruch ist unauflöslich, in ihm spiegelt sich Befreiung und Tragik zugleich. Die traditionellen Kulturen sind reich an humanem Wissen und Lebenskunst und fördern wertvolle Kosmologien zutage, zugleich sind sie aber kulturelle Gefängnisse, aus denen auszubrechen die Moderne nicht erlaubt. François Perroux sieht zu Recht diesen unauflösbaren Widerspruch zwischen der existentiell notwendigen Bewahrung der kulturellen Identität und dem Streben nach wirtschaftlicher Effizienz in einer industrialisierten Gesellschaft. Der einen afrikanischen Dialekt sprechende Bewohner von Sansibar in Tansania, der seinen insularen Ort Makunduchi verlässt, um seinem Stern zu folgen, und nach Europa oder in eine amerikanische Metropole geht, erlebt ein inneres und äußeres Exil zugleich, er erleidet eine gescheiterte Akkulturation, die einer seelischen Zerrissenheit gleichkommt.

Es wird offensichtlich: Die Kultur ist nicht trennbar von der sozialen und wirtschaftlichen Praxis, nicht vom Leben und somit auch nicht vom Tod. Sie sucht den grundlegend absurden Charakter unserer Existenz zu lindern, ihn gleichsam aufzufangen, ihn abzufedern: geborgen zu werden, leben, um zu sterben – ist das nicht bereits widersinnig, empörend, revolutionierend zugleich? Dennoch muss der Mensch die Kraft finden, das tägliche Glück zu meistern, um zu überleben, um der Existenz, gemessen am einzig wirklichen Maßstab, am Tod, dennoch einen Sinn zu verleihen, individuell, aber auch in der Gemeinschaft eines Staates. Die Kultur ist das verpflichtende, bindende Element, auch einer planetaren Weltzivilisation, sie ist ihre Legitimierung schlechthin. Kultur gibt der persönlichen

Erfahrung einen übergeordneten Sinnbezug und sorgt damit erst für eine staatliche Verankerung von Dauer. Deswegen kommt den neuen Gesellschaften, die gegenwärtig weltweit entstehen, im Besonderen aber ihren Kulturen, eine solch fulminante Bedeutung zu. Sie machen den Blick frei für neue Horizonte und projizieren das Abenteuer Mensch in das nächste Jahrtausend. Kultur ist zunächst immer: die Verweigerung gegenüber dem Nichts, die Revolte gegen den unabdingbaren Skandal des Todes, die Erlösung aus der brachialen Welt des Materiellen in ihren existentiellen Niederungen und Abhängigkeiten; im Glücksfall streift sie den Lichtkegel der Ewigkeit. Angesichts des Chaos des Alltäglichen vermag Kultur die Geborgenheit der Dauer zu vermitteln, sie schafft eine Welt der Kritik, aber zugleich der Schönheit, des übergeordneten Sinns, in Einzelfällen sogar der Vernunft. Die Werke der bildenden Kunst, das Wort des Dichters offenbaren die innere Stimme einer Kultur und damit letztlich eines Staates; ein Fresko von Diego Rivera oder Ovozco in Mexiko oder die Verse von Nazim Hikmet reißen die Demarkationslinie zwischen Staat, Wirtschaft und der wissenden Kultur auf; weit wichtiger aber ist: Sie wirken staatlich integrativ. Claude Lévi-Strauss hatte bereits in seinem epochalen Werk *Traurige Tropen* dem befreienden Denken der Amazonasindianer die analytische und instrumentelle Ratio der europäischen Industriestaaten entgegengesetzt. Kultur kann durchaus aus der materiellen Notwendigkeit geboren werden, sie hat aber auch die Fähigkeit zum Gemeinsinn, kennt das Mysterium der gegenseitigen Hilfestellung im menschlichen Raum, hebt die Segmentierung des technischen Lebens auf, erinnert man sich an die traditionellen Kulturen Afrikas oder des amerindianischen Reiches, die noch in homogenen Kosmologien Geborgenheit fanden. Heute kann in den Industriekulturen die Forderung nur gerichtet sein auf die Wiederherstellung einer authentischen Kultur, die der Plastikwelt und Robotage entgegenwirkt und zur gelebten, ja verinnerlichten Kultur und damit zur Wirklichkeit wird. Der reiche symbolische Haushalt der traditionellen Kulturen ist verloren, dies ist gewiss, dennoch können wir von den Kulturen der vermeintlich Besiegten, der wirtschaftlich Unterlegenen, den Kulturen der Resistenz, von ihren menschlichen Werten, ihren Symbolen, ihrer seelisch-kollektiven Kraft lernen. Der planetare Universalismus der Gegenwart verdeutlicht zwar die Suprematie der wirtschaftlichen, staatlichen und militärischen Macht der Industriestaaten. Doch wird diese Hierarchie porös, ja sie bricht in sich zusammen wie ein Kartenhaus, wenn sie nicht kulturell abgesichert ist: Es kann dauerhaft keine politische Macht geben ohne kulturelle Gegenkraft.

Raimon Panikkar formuliert richtig: Die Menschen bedürfen eines Sinns in der Geschichte wie die Zugvögel ihres instinktiven Richtungssinns. Der Mensch vermag nicht ohne Utopien zu leben, eine Kultur ist zunächst immer ein rückblickendes und vorausahnendes Gedächtnis, auch in den Zeiten einer merkantilen Rationalität.

Ansonsten droht leicht eine ethnozentrische Negation in den Staaten der Peripherie. Die Uneinsichtigen werden zu Opfern des IMF, der Weltbank, des GATT oder des Clubs von Paris.

Seien wir realistisch: Weltpolitik unter Einbeziehung der Staaten der Peripherie gleicht dem Tasten des Blinden nach einer Krücke, an der er sich festzuhalten hofft. Die Einübung in die gemeinsame Sache des Menschseins, die Freude am gelebten Augenblick, die philosophisch begründeten und verinnerlichten Formen menschlicher Würde in der Vielzahl ihrer kulturellen Ausprägungen erlauben den Schluss, dass in gewissem Sinne die Kulturen der Peripherie die Industriestaaten menschlich retten könnten. So könnten die Armen die Zukunft der Reichen sein.

Das menschliche Universum ist nicht außerhalb der Religion zu bestimmen, auch nicht bei der Grundbefindlichkeit einer überwiegend atheistischen Welt, die von Schlaglichtern des fehlgeleiteten und politisch destruktiven Fundamentalismus – etwa in Indonesien, Indien oder im Nahen Osten – durchzuckt wird. Das Kardinalproblem liegt in der Aufrechterhaltung der religiösen Struktur, bei der notwendigen und fortschreitenden Integration neuer Inhalte. Das Religiöse ist eine Unterabteilung der Funktion des Symbolischen, die unsere Beziehung zu der Wirklichkeit konstituiert und damit die menschliche Aktion selbst bestimmt. Dies gilt seit den Kulturen des Neolithikums, wo selbst der Ackerbau entsprechend den Gesetzen des Glaubens organisiert war. Auch die neue Ordnung des Religiösen wird an dem historischen Tatbestand nichts ändern, dass Staaten zunächst dem Imperativ der strategischen, wirtschaftlichen und militärischen Expansion gehorchen und einer tieferen metaphysischen Einbettung bedürfen, wollen sie nicht obsolet werden. Auch nach dem Verlassen des magisch-mythischen Universums in der Moderne leben wir nicht in einer Gesellschaft ohne Religion. Sie gewinnt lediglich ein anderes Gesicht, die imaginäre Seite des Wirklichen, die der religiösen Aktivität eigen war, verselbständigt sich, nachdem die Götter die Welt verlassen haben. Die Gesellschaft nach der Religion ist auch eine seelisch erschöpfte Gesellschaft, das Überleben in einer Welt nach der traditionellen Religion bedeutet immer einen weiteren Schritt in Richtung auf eine Neutralisation des Menschen. Er weiß wenig mit dem Leben anzufangen, nachdem er aufgefordert ist, selbst zu entscheiden, die Richtung der eigenen Gangart zu beschreiben. Die existentielle Angst, die bislang durch die Gnade der Götter abgewendet wurde, ist ihm aufgebürdet.

In einer solchen Religion könnte die grundsätzliche Ökonomie des menschlichen Lebens zum Ausdruck kommen. Die Loslösung von Gott verändert heute die Vorstellung des Menschen von sich selbst und auch die Struktur der politischen Macht. Die Desakralisation der politischen Welt, die Trivialisierung der Technokratie fordern ein neues internes Gleichgewicht, nicht zuletzt auch in der wuchernden Administration. Es geht um die Würde der politischen Verantwortung, die sich neu gestaltet. Verlässt Gott die Welt, scheint sie uns veräußert, fehlt ihr innere Tiefe, so wird die Wirklichkeit, die durch religiöse Dynamik belebt wurde, freischwebend, losgelöst von vergangenen Inhalten erfahren. Der Mensch wird sich selbst zum Problem. Warum freilich geboren werden, wenn niemand einen erwartet? Warum leben, wenn man keine Spuren hinterlässt, so als hätte man in den Augen der anderen gar nicht gelebt?

Eine Kultur wird immer von der Logik des materiellen Vorteils und des Praktischen als Grundlage ihrer Ordnung beherrscht. Die erstrebte materielle Weisheit resultiert aus der Spannung zwischen der praktischen Ratio und der kulturellen Vernunft. Eben diese Weisheit ist elementar bedroht, und dies, obgleich der Mensch seit seinen Ursprüngen als ein Techniker zu betrachten ist, ja in der Erfüllung der Technik durchlebt der Mensch anthropologische Grundbedürfnisse. So stehen wir heute oft fassungslos vor dem Widerstreit zwischen Technik und Kultur, die technische Kultur erscheint geradezu als unmöglich und ist doch dringend notwendig, ja sie wird zur entscheidenden *Conditio sine qua non* für das Überleben in Würde schlechthin.

Kein sakrales Opium erlaubt mehr zu vergessen, den unüberbrückbaren Widerspruch aufzulösen, der in der Zerrissenheit begründet liegt, Mensch zu sein. Das Sakrale gestaltet sich neu in der Gegenwart. Es ist aus der Natur entschwunden und findet sich versetzt wieder in den Objekten, im Computer, im Automobil, im Atom, im Fernsehen, im Cyberspace und nicht mehr im Baum, im Wind, in den Tieren. Dennoch gebraucht der Mensch diese Versatzstücke mit äußerster Bewunderung, mit Freude und Furcht, er opfert ihnen. Es lässt sich nur bedingt von einer wirklichen Entzauberung der Welt sprechen, vielmehr liegt eine neue Verzauberung auf empirischer Ebene, im Felde der Technologie vor; sie gewinnt ein neues Gesicht, dies reicht hin bis zur Mythenbildung des modernen

Alltags, auf die Roland Barthes verwiesen hat. Es muss demnach um die Wiederherstellung des menschlich-politischen und sozialen Universums außerhalb der herkömmlichen Religion gehen, freilich unter Beibehaltung der Logik des Religiösen, die aus den Ursprüngen des Menschlichen, aus dem anthropologischen Grund Kraft schöpft. Es geht um die Metamorphosen des Göttlichen nach dem sicheren Verlust der Transzendenz und Metaphysik in der Neuzeit seit dem europäischen Mittelalter. Nur hierdurch kann die Rückkehr zur politischen Aktion abgesichert, die Wechselbeziehung zwischen religiöser Dimension und sozialem Fakt wiederhergestellt und schließlich die notwendige Ordnung des Menschen zum Übernatürlichen begründet werden.

Weltzivilisation und Weltethos
Auf der Suche nach einer interkulturellen Identität

Zur politischen Bedeutung der Kultur
in der Weltzivilisation der Gegenwart

Es gibt heute eine kulturelle Agenda der Weltordnung. Sie hat eine tiefe historische Dimension, da die übergreifende Instanz der Entwicklung des Menschen die Kultur ist. Und Kultur nimmt in verschiedener Hinsicht immer stärker Einfluss auf die staatstragenden Fähigkeiten des Menschen.

Zunächst bestimmt die Kultur das Spektrum der Wahrnehmung und der kognitiven Erfahrung. Die Sicht der Welt – auch die politische – wird maßgeblich durch kulturelle Paradigmen geprägt. In der Pluralität der Kulturen gibt es qualitativ verschiedene Deutungen der politischen und wirtschaftlichen Perspektiven, die entsprechend dem historischen Verlauf des menschlichen Denkens als Merkmal der Evolution angesehen werden können.

Eine weitere Funktion der Kultur liegt darin, Motive für menschliches Verhalten zu begründen, Logiken des Denkens und Handelns zu bestimmen, auch im politischen und wirtschaftlichen Raum. Was einen Menschen in seinem Verhalten in besonderer Weise reagieren lässt, ist in seinem Ursprung kulturell. In diesem Sinne ist Kultur auch ein Kriterium der Evaluierung. Die Dialektik von Gut und Böse, moralisch und unmoralisch, gesellschaftlich wertvoll oder wertlos ist wesentlich von der Kultur beeinflusst.

Die entscheidende Aufgabe der Kultur ist es aber, die Grundlage für die Identität des Menschen zu stiften. Kultur ist eine Form der Kommunikation, deren feingliedrigster Ausdruck die Sprache selbst ist und mit ihr der weite Bereich der geistigen Ideen. Ebenso wichtig aber ist, dass Kultur die soziale Staffelung, den Rang, die Schichtung der Klassen in ihrer Besonderheit beeinflusst, ebenso wie die Art und Weise der Produktion und des Konsums auf breiter sozialer und volkswirtschaftlicher Ebene.

Es wird deutlich, dass diese Aufgaben der Kultur für eine neue weltpolitische Ordnung, die immer auch eine kulturelle Ordnung sein muss, von großer Bedeutung sind. Im Ost-West-Dialog und vor allem im Nord-Süd-Dialog und im Süd-Süd-Dialog zeigt sich, in welchem Maße die Dimension der Kultur im Prozess der Machtverteilung auf der Ebene der internationalen Beziehungen von herausragender Bedeutung ist. Das Gefälle im Nord-Süd-Dialog gründet sich nicht zuletzt auf kulturelle Unterschiede. Kultur hat folglich auch mit Macht zu tun. Aber die Macht der Kultur kann gleichermaßen ein Schutzschild der politischen Freiheit sein.

Was geschieht nun, wenn ein Individuum, das in einer bestimmten Kultur geboren und aufgewachsen ist, sich in einer anderen, einer neuen Kultur ansiedelt? Warum gleichen sich die einen erfolgreicher an die veränderten Lebensbedingungen an als die anderen? Es ist hier die Rede von Akkulturation, Assimilation und Integration. Im Zuge des technologisch-kulturellen Wandels muss man heute feststellen, dass immer mehr Menschen kulturelle Grenzen überschreiten, die bisher Lebensmuster voneinander trennten. Im jährlichen Durchschnitt siedeln sich Millionen Menschen freiwillig oder durch politischen Zwang in den unterschiedlichen Teilen der Weltzivilisation an, in Asien, Afrika und Lateinamerika. Es ergießt sich ein Strom von Migranten und Flüchtlingen über nationale und kulturelle Grenzen hinweg. Seit dem 19. und 20. Jahrhundert nehmen die Massenbewegungen, die kulturelle Grenzen überschreiten, im Zuge der geographischen Mobilität und Ubiquität der Weltbevölkerung stark zu. Zwischen 1800 und 1914 wanderten schätzungsweise 50 Millionen Menschen von Europa nach Amerika aus; allein etwa im Jahr 1984 kamen mehr als eine halbe Million legale Immigranten in die USA, die Mehrzahl aus Mexiko, den Philippinen und Vietnam. Aber auch die kurdische Vertreibung nach dem Golfkrieg von 1991 im Nahen Osten, die Tamilenfrage in Sri Lanka, die Menschenwanderungen in Afghanistan, der Exodus aus Osteuropa und der ehemaligen Sowjetunion – die Flucht der Albaner nach Italien gab nur einen kleinen Vorgeschmack – sind eindringliche Beispiele. Heute besteht etwa ein Viertel der Bevölkerung von New York, San Francisco und Los Angeles aus Immigranten; aber auch europäische Staaten, vor allem England, Frankreich und Deutschland, haben seit den sechziger Jahren einen hohen Bevölkerungsanteil an türkischen, portugiesischen und spanischen sowie griechischen und italienischen Gastarbeitern. In Frankreich leben über drei Millionen Nicht-Weiße – vor allem Muslime aus Nordafrika –, in England ungefähr die gleiche Anzahl. Der Islam wurde in Frankreich zu einem erheblichen Faktor der Innenpolitik mit parteipolitischen Konsequenzen. In den Jahren nach 1970 bewegte sich eine große Zahl an politischen und wirtschaftlichen Flüchtlingen aus Südostasien in eine Vielzahl der Staaten der Erde. Über 50.000 sowjetische Juden wanderten allein zwischen 1970 und 1979 aus der Sowjetunion nach Israel und in die USA aus. Millionen von Flüchtlingen aus Südostasien und aus der Sowjetunion, Kuba, Zentral- und Südamerika kamen so in die USA. In Afrika leben bis zu 150.000 Banyarwanda in Ruanda, Tansania und Uganda, und etwa vier Millionen Afghanen sind in den Iran und nach Pakistan geflüchtet. Ein Fünftel der afghanischen Bevölkerung lebt im Exil. Insgesamt waren bereits zwischen 1975 und 1983 fast zwei Millionen Flüchtlinge gezwungen, sich in einem Staat anzusiedeln, der sich von ihrem Heimatstaat unterschied (US Committee for Refugees 1984).

Es wird deutlich, in welchem Maße transkulturelle Bewegungen zu einem Haupttopos der gegenwärtigen Weltpolitik geworden sind.

Zum Phänomen der transkulturellen Akkulturation und zur Kompatibilität von Kultur und Technologie

Die Emigration ist eine existentielle und aktuelle Herausforderung, in der viele Emigranten notgedrungen neue Zeit- und Raumerfahrungen machen. Das Konzept der Akkulturation trägt diesem Aspekt der Migration Rechnung. Empfindungen der Inadäquatheit, der Desillusionierung in einer veränderten Umwelt gewinnen die Oberhand. Trotz spezifischer Unterschiede teilen alle Individuen in einer veränderten kulturellen Umwelt gemeinsame Akkulturationserfahrungen. Alle sind in der neuen Kultur zunächst fremd, müssen aber auf die Anforderungen der neuen Lebenswelt reagieren. Das Augenmerk muss sich somit auf die transkulturelle Akkulturation richten. Man spricht von Akkulturation, wenn Gruppen oder Individuen über verschiedene Kulturen verfügen, in unmittelbaren Kontakt zueinander treten und hieraus der Wandel des ursprünglichen Verhaltens einer oder beider Gruppen resultiert. Akkulturation ist ein Prozess, der in beide Richtungen gehen kann. Das Erlebnis des Kulturschocks bildet den Kern der transkulturellen Erfahrung, in ihm manifestiert sich die existentielle Erfahrung der physiologischen, psychologischen, sozialen und philosophischen Diskrepanzen zwischen der internalisierten kulturellen Disposition und den Werten der neuen kulturellen Umgebung. Transkulturelle Akkulturation ist der Wandel über längere Zeiträume, der sich bei Individuen vollzieht, die ihre primäre Sozialisation in einer Kultur abgeschlossen haben und dann in unmittelbaren Austausch mit einer anderen, neuen, zunächst noch unbekannten Kultur treten. Um einen transkulturellen Menschen zu beschreiben, wird der Begriff des Fremden angewandt. Fremde sind Individuen, die sich von der neuen kulturellen Umgebung unterscheiden und ihr zunächst unbekannt sind. Diese Ausgangslage ist dem Menschen archetypisch. Er wird in eine Welt geboren, ohne im Grunde zu wissen, was er benötigt, um überhaupt funktionsfähig zu sein. Durch Kultur lernt der Mensch, sich in Beziehung zu seiner Umwelt zu sehen, durch zahlreiche Erfahrungen und Begegnungen findet ein Austausch statt, in dem – unter Einbeziehung zahlreicher kulturell angenommener Konzepte, Haltungen und Aktionsmuster – das Individuum wächst. Kultur bestimmt die Muster des Denkens, Fühlens und Verhaltens im sozialen Umfeld.

Der Vorgang, bei dem Menschen die sie umgebenden kulturellen Werte in den Jahren der Sozialisation aufnehmen, wird als Enkulturation bezeichnet. Da wir vom Tage der Geburt an von Kultur umgeben und durchdrungen werden, sind wir uns in den seltensten Fällen der verborgenen kulturellen Paradigmen bewusst, in denen wir denken, uns bewegen und uns verbal und nonverbal ausdrücken.

Entscheidend für die politische Ebene ist, dass wir kaum wahrnehmen, dass diese kulturellen Einflüsse auch die Logiken des Handelns auf politischer und wirtschaftlicher Ebene bestimmen. So ist beispielsweise das Erstellen und Funktionieren von Systemen sowie auch das Lösen von Problemen von ihnen abhängig. Leopold Senghor glaubte etwa zu erkennen, dass die genuine Fähigkeit der afrikanischen Kultur weniger in der intellektuellen Abstraktion als auf dem Gebiet der emotionalen Sensibilität liegt. Er wollte damit zum Ausdruck bringen, dass die afrikanischen Kulturen stärker von einer intuitiven als von einer analytischen Denkweise geprägt sind und eine eigene kulturspezifische Epistemologie verwirklicht haben, die sich vom westlich-rationalen Erbe mit seiner aristotelischen Logik und dem Descartesschen Ratiobegriff unterscheidet. Ein Mitglied einer archaischen afrikanischen Kultur vergegenwärtigt sich nicht, dass er denkt; er fühlt vielmehr, dass er fühlt, er erspürt seine Existenz, er erfühlt sich selbst. Es ist offensichtlich, dass die zweckrationale, funktionale Technologie der industriellen Moderne mit dieser Kultur der Gefühlsemphase keine natürliche Kompatibilität entwickeln kann, wie es auch die empirische Wirklichkeit der Mehrzahl der afrikanischen Staaten des beginnenden 21. Jahrhunderts beweist. Macht ist nicht nur ein politisches, wirtschaftliches und militärisches Phänomen, sondern in erster Linie kulturelle Wirklichkeit.

Kultur und Modernisierung:
Beispiele wirtschaftlicher und kultureller Varianten

Die jüngste Geschichte hat verdeutlicht, dass die ideologische Zerrissenheit zwischen Ost und West trotz ihres jahrzehntelangen zementierten Charakters doch einen eher transitorischen Zustand beschrieb, während im Gegensatz dazu die technologische Kluft zwischen Nord und Süd weiter fortbesteht. Eine einzelne Leuchtfigur wie Michail Gorbatschow verstand es, die Atmosphäre und die Verteilung der Macht zwischen Ost und West grundlegend zu verändern und eine politische, aber auch kulturelle und ideologische Konvergenz herbeizuführen. Es wäre undenkbar, dass einem politischen Führer innerhalb von so kurzer Zeit ein ähnlicher Erfolg im Spannungsfeld der Nord-Süd-Beziehungen zuteil werden könnte, denn zwischen Nord und Süd liegen die Ungleichheiten tief in historisch gewachsenen Strukturen verankert und lassen sich daher nicht durch eine rein politische Machtverteilung lösen, sondern nur durch einen sorgfältig abgefederten Strukturwandel. Der kulturelle Wandel, der für den technologischen Fortschritt notwendig ist, fällt schwerer, ist vielschichtiger als der kulturelle Wandel für einen umfassenden ideologisch-politischen Revisionismus. Die kulturelle Spaltung zwischen Ost und West ist weit weniger einschneidend als der kulturelle Riss zwischen Nord und Süd.

Eine grundsätzliche Frage hinsichtlich der technologischen Kluft betrifft das Verhältnis von Kultur und technologischer Modernisierung. Ist es auf dem Weg zu einer industriellen Modernisierung unumgänglich, zugleich auch im Bereich der Kultur Schritte in Richtung einer Verwestlichung zu unternehmen? Japan traf in der Meiji-Restauration 1868 die Entscheidung, dass es sich auch dann industriell modernisieren könne, wenn es sich kulturell nicht verwestliche. Westliche Technologie und japanischer Shintoismus und Konfuzianismus gingen jene besondere synkretistische Verbindung ein, die wirtschaftlich so erfolgreich werden sollte.

Es lassen sich auch anders geartete Beispiele in der jüngeren Geschichte finden. Die Türkei unter Mustafa Kemal Atatürk entschied in den Jahren um 1920 und 1930, dass der Staat sich nur unter der Bedingung industriell modernisieren ließe, wenn er sich auch kulturell dem Westen angleiche. Die Türkei unternahm eine grundlegende Sprachreform, ersetzte das arabische durch das lateinische Alphabet und versuchte, Anschluss an die europäische Kultur zu bekommen. Ein Jahrhundert vor Atatürk verfolgte Ägypten unter Muhammad Ali eine vergleichbare Politik, mit dem Unterschied, dass eine technologische Modernisierung ohne wesentliche kulturelle Verwestlichung angestrebt wurde, denn der ägyptische Islam sollte grundsätzlich unangetastet bleiben. Muhammad Ali erkannte nicht, dass auch der Islam wieder belebt, gewissermaßen modernisiert werden musste, so dass eine Versöhnung mit der westlichen technologischen Überlegenheit im Nahen Osten bis heute problematisch geblieben ist. Muhammad Alis frühe Form eines Staatskapitalismus steigerte zwar die nationale Produktivität und erhöhte das Einkommen des Staates, doch waren in der Anfangsphase breitere Bevölkerungsschichten von diesen Entwicklungen ausgeschlossen. Der einsetzende europäische Imperialismus brachte Ägypten wie das übrige Afrika in eine abhängige Lage. Afrikas schmerzvoller Weg – der auch paradigmatisch für den der Staaten der Peripherie in anderen Kontinenten steht – zeichnete sich durch eine kulturelle Verwestlichung ohne technologische Modernisierung ab. Die Staaten der technologischen Peripherie übernahmen in verstärktem Maße die »falschen« Elemente des Westens, die »unrichtigen« Bestandteile der kapitalintensiven Marktwirtschaft. So wurde etwa der Profitgedanke übernommen, nicht aber zugleich der dafür notwendige Unternehmergeist oder das Vermögen der Risikoeinschätzung und -bereitschaft. Westliche Konsumgüter erfreuen sich dort einer hohen Beliebtheit, nicht jedoch westliche Arbeitsmethoden oder Produktionstechniken. Hinzu kamen eine Urbanisierung ohne Industrialisierung, eine Spracherziehung ohne Erfahrung in Produktionsprozessen, vor allem aber eine fortschreitende Säkularisierung ohne parallele Verwissenschaftlichung der Kultur, das heißt, die Religion als Lebensbegründung und Sinnstiftung verlor an Bedeutung, ohne dass sich entsprechendes sachliches Denken entwickelte. Es entstanden die archetypischen Abhängigkeitsmuster zwischen Norden und Süden: eine Abhängigkeit der Wirtschaft, des militärischen Bereichs sowie vor allem des umgreifenden kulturellen Lebensraums.

Ein grundsätzlicher Unterschied zwischen einer ökonomischen und einer kulturellen Abhängigkeit tat sich auf. Während die ökonomische Abhängigkeit immer auch eine Teilnahme des kolonialen Raums an den Interessen der Metropole bedeutete, da das Zentrum die Peripherie wirtschaftlich benötigte, stellte die kulturelle Abhängigkeit eher eine Einbahnstraße dar. Die imperialen Mächte überfluteten die Märkte der Peripherie. Heute trifft dies auch auf chinesische Investitionen in Afrika vom Sudan mit der Ölforderung bis Angola zu, wo große Bereiche der Infrastruktur bereits von chinesischen Finanzförderungen abhängig sind und immer weniger von der Weltbank und vom internationalen Währungsfonds. Die afrikanischen Staaten entziehen sich immer mehr dem Druck nach Demokratie und »good gouvernance«, wie es von den westlichen Institutionen wie Weltbank und IWF auferlegt wird. Die imperialen Mächte waren aber nicht im Mindesten daran interessiert, im Gegenzug archaische Kultur nach Europa zu bringen. Europa und Nordamerika verbreiteten, neben ihren Technologien, ihre Religionen, ihre Sprachen, ihre Kulturen in der aufstrebenden Weltzivilisation – freilich nur im Tausch gegen Arbeitsleistungen, Energiequellen und andere wirtschaftliche Reichtümer der Länder der Peripherie. Der gesamte kulturelle Lebensraum wurde gegen materielle Leistungen exportiert. So entstand schließlich eine kulturelle Abhängigkeit, die immer dringlicher wurde und nicht reziprok ist wie eine rein wirtschaftliche Abhängigkeit.

›Wir‹ und die ›Anderen‹: Zu den monotheistischen Ursprüngen der Bipolarität und den Gefahren in der Gegenwart

Der monotheistische Dualismus gewinnt gegenwärtig in der Welt einen immer größeren Einfluss und führt in vielen Fällen zu nichtfriedlichen Lösungen, wie die Problemkonstellationen des Nahen Ostens dramatisch zeigen.

Die Dichotomie zwischen dem Erleben des »Wir« und der Fremdbestimmung des »Anderen« erweist sich im historischen Verlauf bis zur gegenwärtigen Auffassung der Weltordnung als bestimmender Topos. Bis zu welchem Grad ist diese Dichotomie kulturell bedingt? Seien es Sicherheitsfragen, Wettbewerbsspannungen oder Verhandlungsstrategien auf weltpolitischer Ebene – sie alle sind in einem Gegensatz gefangen, der verschiedene Masken tragen kann: der Eingeborene der autochthonen Kultur versus dem Fremden, das Bekannt-Gewohnte versus dem Unbehausten, Orient versus Okzident, Osten versus Westen, Norden versus Süden, entwickelte versus unterentwickelte Staaten. Die Weltordnung hat als Muster in weiten Teilen der Welt eine Tendenz zum Dualismus, sie reicht von den Whigs und Tories bis zu den Konfuzianisten und Legalisten in der chinesischen politischen Tradition. Welches Ausmaß der Dualismus hat, ist freilich kulturell relativ. Es liegt auf der Hand, dass das monotheistische jüdisch-christlich-islamische Paradigma stärker dichotomisch geprägt ist als vergleichbare polytheistische Kulturen. Es ist hier also die Frage zu stellen, ob nicht ein Zusammenhang besteht zwischen einer monotheistischen Ausrichtung und der Tendenz, in Dichotomien zu denken. Gibt es eine Beziehung zwischen dem mächtigen Gedanken eines universalen Gottes einerseits und dem gefährlichen Dualismus zwischen dem »Wir« und den »Anderen« andererseits?

Auf die monotheistischen Ursprünge der Bipolarität in der Weltpolitik muss ein besonderes Augenmerk gelegt werden. Diese Dichotomisierung der Politik und der Einfluss des Monotheismus auf die Weltzivilisation lassen sich an den Spielarten des Judaismus, des Christentums und des Islam feststellen. Werfen wir einen Blick auf die historische Wurzel dieser Entwicklung. Die Säkularisierung der abendländischen Gesellschaften erfolgte seit dem Westfälischen Frieden 1648 eher im Sinne des Staates als der Kirche. Hier wurden die Grundsteine des modernen Staates gelegt und die Prinzipien der modernen Vorstellung von Souveränität festgesetzt. Eine Säkularisierung der Identität war die Folge; Nationen und Ethnien wurden bedeutender als bloße religiöse Gemeinschaften. Die verhängnisvolle, dualistische Vorstellung vom »Wir« und den »Anderen« erweist sich politisch immer wieder als fatal. Der militante Monotheismus bestimmter islamischer Gruppen in der Gegenwart sei als Beispiel einer zu bewältigenden Herausforderung genannt.

Das Fremde, transkulturelle Erfahrungen und die Notwendigkeit einer interkulturellen Identität

In der kulturellen Identität gehen kulturelle Muster und internalisierte Normen eine untrennbare Verbindung ein. Individuen verinnerlichen in ihrer eigenen Weltsicht die wesentliche Erfahrung von Wertesystemen, von Haltungen und Glaubensrichtungen und entwickeln so eine eigene kulturelle Identität im Sinne eines Zugehörigkeitsgefühls (»Wir-Gefühl«), einer Zuordnung des Selbst als Mitglied einer bestimmten kulturellen Gruppierung. Diese Art von Identität wird jedoch, wie zu zeigen sein wird, der Weltzivilisation des ausgehenden 20. Jahrhunderts nicht mehr gerecht.

Es wird immer deutlicher, dass es für die Sicherheitspolitik der Gegenwart notwendig ist, eine Identität zu entwickeln, die über die herkömmlichen Vorstellungen einer einfachen kulturellen Identität hinausreicht und von einem hohen Maß an Interkulturalität geprägt ist. Dies gilt für alle Segmente und Religionen der Weltzivilisation.

Das Konzept der Interkulturalität kann den Rahmen der kulturellen Identität eines Menschen überwinden helfen, so dass er kein Fremder in immer neuen Kulturräumen bleibt und eine neue Selbsteinschätzung im Verhältnis zu anderen kulturellen Gruppen finden kann. In dem Maße, in dem »Fremde« sich einer Akkulturation unterziehen, verlagert sich ihre Selbsteinschätzung immer stärker von einem ausschließlich kulturellen auf einen interkulturellen Zustand. Diese interkulturelle Identität ist flexibel und fließend, da sie nicht mehr auf der Zugehörigkeit zu einer ursprünglichen oder einer fremden Kultur allein beruht. Die Herausbildung einer solchen Identität ist für den Dialog der Weltreligionen und Weltkulturen ebenso von herausragender Bedeutung wie für die politische Sphäre und die Sicherheitsstrategien. Es muss auf eine interkulturelle Identität der Weltbevölkerung hingearbeitet werden, die eine kognitive, affektive und verhaltensbedingte Flexibilität kennt, um sich an immer wieder neue Kulturen anzugleichen und auf kreative Weise Konflikte aufzufangen, abzufedern und schließlich zu vermeiden, die aus dem Aufeinanderprall von sich rigide voneinander abgrenzenden Weltreligionen und Kulturen resultieren. Die transkulturellen Erfahrungen der Menschen tragen durch die fortdauernde und dynamische Dialektik von Umwandlung und Angleichung zur Erweiterung des Bewusstseins jenseits der Parameter der ursprünglichen Kultur bei, das ursprünglich Fremde verändert sich auf eine immer größere Interkulturalität hin.

Treten Fremde in eine neue Kultur ein, wird ein transkultureller Angleichungsprozess in Gang gesetzt. Die meisten Fremden begegnen Situationen, in denen die Symmetrie zwischen ihrer inneren und der neuen äußeren Wirklichkeit zerbrochen ist. Durch die Dekulturation und Akkulturation verändern sich alte kulturelle Merkmale und werden durch neue ersetzt. Die anwachsende kognitive Vielschichtigkeit erlaubt ihnen, zwischen der alten und der neuen Umgebung zu differenzieren, im Gegenzug entsteht eine breitere Perspektive im Umgang mit der neuen Kultur, die die kulturelle Einseitigkeit überwindet. Wie die kulturelle Identität muss auch die so entstehende interkulturelle Identität als ein Kontinuum begriffen werden, in dem Fremde sich lediglich im Ausmaß, in der Abstufung ihrer Interkulturalität unterscheiden. Wenn kulturelle Identität als Verbindung einer Person mit einer besonderen kulturellen Gruppe angesehen werden kann, dann muss interkulturelle Identität als eine Identität zwischen Gruppen begriffen werden. Sie hat somit auch eine politische Dimension im Sinne eines Selbstbewusstseins, das sich weder vollständig als Teil noch völlig außerhalb einer gegebenen Kultur versteht.

Interkulturelle Identität kann als eine dritte Kultur gesehen werden, die mehr als eine kulturelle Perspektive offenlegt, sowohl über die ursprüngliche als auch fremde Kultur hinausgeht. Interkulturelle Identität muss verschiedene gedankliche Konzeptionen integrieren können, um Raum zu schaffen für den multikulturellen Menschen der Weltzivilisation in der Gegenwart, der fähig ist, die Herausforderungen seiner Zeit zu verstehen und sich ihnen zu stellen.

Wir durchleben heute den Prozess eines interkulturellen Wachstums, der ein Maß an Angleichungsfähigkeit fordert, die in einem schöpferischen Vorgang auch augenscheinlich widersprüchliche kulturelle Charakteristika von Menschen miteinander versöhnt, indem sie in ein komplementäres, integrales Ganzes gefasst werden, dessen Teile in Verbindung miteinander stehen.

Eine interkulturelle Wirklichkeit ist mehr als die Kombination der ursprünglichen und der fremden Kultur, es entsteht eine neue Selbsteinschätzung, die zugleich geboren ist aus einem Bewusstsein für die relative Natur der Werte und der Universalität der menschlichen Kultur. Gefordert ist eine angleichende Umformung, die das kulturell Hybride der eigenen Persönlichkeit als Stärke und nicht als Schwäche begreift. Die Zugehörigkeit zu zwei oder mehreren Kulturen verflacht die Persönlichkeit nicht, im Gegenteil, sie bereichert sie um die Tradition der jeweils anderen Kultur(en). Bei der Akkulturation an die fremde Kultur geht die ursprüngliche Kultur fast immer in gewissem Maße verloren, zugleich werden aber neue kulturelle Merkmale hinzugewonnen. Der Mensch kann sich nicht erfolgreich an eine kulturelle Umwelt angleichen und zugleich ethnisch rigide bleiben. Er verfügt über die außerordentliche Fähigkeit, in sich verschiedene neue Elemente des Lebens zu vereinen. Menschliche Stärke kann heute nicht mehr darin bestehen, darauf zu beharren, so zu bleiben, wie man immer war; sie zeigt sich vielmehr darin, dass der Mensch versucht, an Herausforderungen durch Veränderungen seiner selbst zu wachsen.

Kultureller Unterschied und die Notwendigkeit des Vergleichbaren: Zur politischen Bedeutung transkultureller Universalien

Kein kultureller oder religiöser Wert hat universelle Gültigkeit. Trotz der Einsicht in den kulturellen Relativismus bedarf es dennoch der Suche nach menschlichen Werten, die eine Brücke schlagen können zwischen den Kulturen und Religionen und ihren politischen Antipoden.

In dieser Hinsicht ist die westliche Friedenspolitik der jüngsten Vergangenheit zu kurzsichtig. Bei globaler Betrachtung werden die kulturellen und damit die politischen Antagonismen von Pakistan bis Indien, von Äthiopien bis zum Vielvölkergemisch der ehemaligen Sowjetunion mit seinem religiös-kulturellen Pluralismus immer mächtiger. Eine universalistische Weltsicht wird sich sicherlich nicht ausschließlich friedlich gewinnen lassen. Hierbei sollte ein Missverständnis ausgeräumt werden: Die transkulturellen Werte gehorchen sicher keiner Strategie eines fehlverstandenen ›westlichen Kolonialismus‹ oder gar eines ›imperialistischen Duktus‹, wie ihn das 19. Jahrhundert kannte. Das Recht auf den kulturellen Unterschied muss gewahrt bleiben. Dies bedeutet aber auch, dass es notwendig ist, zu vermitteln zwischen den Ansprüchen auf kulturelle Besonderheit und der politisch dringlichen Notwendigkeit, Vergleichbares, d. h. Anknüpfungspunkte zwischen den Kulturen und Weltreligionen zu finden.

Jedoch darf »Universalität« nicht die Ausschließlichkeit und Dominanz eines besonderen Menschen bedeuten: des Europäers oder Amerikaners. Dies wäre kurzsichtig, da selbstverständlich alle besonderen Werte, die sich in der Weltzivilisation sammeln, respektiert sein müssen, will man zu einem Begriff von menschlicher Würde gelangen, der alle sittlichen Werte, alle ethnischen Besonderheiten mit einschließt. Wir dürfen Kulturen nicht absolut setzen, auch wenn partikulare Kulturen dies aus Überlebensgründen tun (man denke etwa an Nordirland oder an die Basken). Entscheidend ist, im Anderen das Selbst zu erkennen und umgekehrt. Der westliche Mensch lebt im Sinne von Alexis de Tocqueville im Zeitalter des Individuums, er muss sich aber in der Gemeinschaft beweisen, die ihn fordert, sich vom anderen zu unterscheiden. Es ist nicht das Universelle in einem überhöhten Sinne, das den Partikularismus verdrängen wird; es wird vielmehr eine neue Form des Partikularismus entstehen. Hier wird eine neue ontologische Ebene erreicht in der Weltzivilisation des beginnenden 21. Jahrhunderts. Der Blick muss sich auf die universellen Elemente richten, die in jeder Kultur verborgen sind, oftmals ohne dass man sich bewusst ist, dass es sich um keine spezifisch eigenen Werte handelt, sondern um transkulturelle Universalien, die in der Sphäre der Ideen ebenso zum Ausdruck kommen wie in der Sphäre der Fakten. Es ließe sich von elementaren und universellen Werten sprechen, die von der einen in die andere Kultur übersetzbar wären und damit von einem Teil der Weltzivilisation in den anderen. Der Mensch erlebt sich immer als Trias, als animal loquens, animal politicum und animal symbolicum. Er interpretiert das Fremde und zugleich sich selbst, er gibt sich selbst verschiedene Sinngehalte, ist selbstmächtig und fortdauernd schöpferisch. Die natura naturans betrachtet die Bewegungen der natura naturata.

Verschiedenartigkeit begründet einen Unterschied, legitimiert ihn aber nicht. Wichtig wird sein, auf die Suche nach Vergleichbarem innerhalb der Verschiedenartigkeit zu gehen. Gewiss, um in der Vielheit der Kulturen existieren zu können, muss der Mensch sich kulturell unterscheiden, es darf sich aber nicht um ein absolut Anderes handeln. Das Andere darf nicht als das völlig Verschiedene zu der eigenen Kultur begriffen werden. Die einzelnen Kulturen verkörpern ja gerade die Pluralität des Menschen, in der Musik würde man von Variationen eines Themas sprechen.

Die Aufgabe unserer Weltzivilisation heute ist es, gemeinsame Topoi innerhalb der Varianten zu ergründen und sie politisch umzusetzen. Das Andere ist hierbei immer auch ein Ich. Die Erkenntnis, dass die Menschen kulturell verschieden sind und sich dennoch gleichen, führt zur Bestimmung der ontologischen Nische des Menschen. Die Menschen unterscheiden sich aus anthropologischer Sicht in Bezug auf die Zeitauffassung, das Naturverständnis, die Haltung dem Übernatürlichen und schließlich dem Tod gegenüber, doch dies muss sie nicht notwendig voneinander scheiden. Michel Leiris, Claude Lévi-Strauss, sie waren sich der Verschiedenheit und der Vielheit der menschlichen Kulturen sehr bewusst. Gleichzeitig sahen sie aber auch, dass die entscheidende Ähnlichkeit sich in eben dieser Diversifikation offenbart.

Vor einem gedanklichen Fehlschluss möchte ich jedoch warnen: Gemeint sind hier nicht die Uniformierung und Vereinheitlichung der Welt unter dem Zeichen einer immer weiter vordringenden westlichen Zivilisation. Dies würde die Existenz des Menschen als solchen gefährden, des abendländischen Menschen wie auch der Angehörigen der Kulturen Asiens, Afrikas und Lateinamerikas. Es ließe sich sogar weiterführen, dass eine Kultur versucht, sich einer anderen aufzuoktroyieren, wenn sie ihr innerstes Geheimnis verloren hat. André Malraux sah frühzeitig, dass eine Kultur im Vollbesitz ihrer selbst selbstbewusst und relativ zugleich ist. Hieraus folgt, dass das Andere niemals ein Ich in seiner ganzen Reinheit werden kann. Orient und Okzident sind keineswegs identisch, der Okzident ist durch eine funktionale Rationalität gekennzeichnet, durch sein mathematisches und analytisches Vermögen gegenüber dem Orient, der den Tod, die Endlichkeit keineswegs tabuisiert und so eine besondere Würde besitzt. Zugleich aber ist der Orient, etwa im Konfuzianismus und Shintoismus, geprägt durch eine nichtaristotelische, kreisende Rationalität, die keinen abendländisch linearen Charakter hat.

Durch die Politik ist diese Vielheit einer Metamorphose ausgesetzt, sie ist aber zugleich auch Indiz für die übergeordnete Einheit des Menschen.

Die Vielheit bezeichnet die Einheit, wie auch die Variationen ein Thema beschreiben und zugleich enthüllen. Die Existenz des Verschiedenartigen ist Voraussetzung für die Ähnlichkeiten.

Jede Kultur interpretiert die biologischen und physikalischen Gegebenheiten auf ihre Weise. Wenn wir die Verschiedenheiten der Interpretationen, der Glaubenshaltungen und sittlichen Werte wahrnehmen, steht dem immer ein gemeinsamer Fundus gegenüber, der den transkulturellen Universalien entspricht; Henri Michaux hat in *Barbare en Asie* darauf verwiesen. Man sollte somit nicht nur von den menschlichen Unterschieden sprechen, sondern von der menschlichen Vielheit: Das Phänomen der Musik steht vor den kulturell geprägten Musiktraditionen, das Phänomen des Lachens vor den unterschiedlichen kulturellen Spielarten des Witzes, das Phänomen des menschlichen Lebens vor den kulturell geprägten Versionen der vielen Sinnlösungen von Lebensfragen. Die Gerechtigkeit als ethischer Imperativ ist letztlich wichtiger als die Vielheit der Rechtsprechungen gemäß den kulturhistorischen Traditionen nach positivem Recht. Ein anderes Beispiel ist der Schmerz, etwa angesichts des Todes eines geliebten Menschen; der Schmerz ist von Natur gegeben, die verschiedenen Reaktionen auf den Schmerz sind kulturell geprägt und äußern sich in den Religionen und Weltsichten. Das Vermögen zum Schmerz bestimmt aber wiederum den Menschen und ist insofern ein transkulturelles Element.

Dialog zwischen den Kulturen: Weltethos und multikulturelle Gesellschaft

Trotz kulturellen Pluralismus stellt sich heute mehr denn je die Frage nach einem universellen Ethos. Widersprüchliche oder sich gar antagonistisch gegenüberstehende Ethiken müssen überwunden werden. Eine Weltgesellschaft bedarf keinesfalls Einheitsregeln oder -kultur, sie braucht aber unabdingbar verbindliche und verbindende Werte, politische Ideale und Zielvorstellungen. Dies hat die Geschichte gezeigt.

Der eurozentrische Kosmos brach mit der traditionellen bürgerlichen Gesellschaft um die Zeit des Ersten Weltkriegs zusammen. Für Ost- und Mitteleuropa bedeutete dies das Ende des tausendjährigen Kaisertums und des Zarenreichs wie auch das Ende des vierhundertjährigen protestantischen Staatskirchentums. Neben dem Habsburgerreich zerfielen in dieser Zeitwende auch das Osmanische Reich und das chinesische Kaiserreich. Es kann also von einem globalen Epochenumbruch gesprochen werden, der welthistorisch von Bedeutung wurde. Das säkulare Rechts-, Staats- und Politikverständnis mündete in eine Moderne, die sich noch nicht zu definieren verstand. Die Weltherrschaft der europäischen Mächte war grundlegend erschüttert; die Eurozentrik wurde durch eine Polyzentrik aufgelöst, in die auch Nordamerika, Japan und Russland eintraten. Die heutige Krisis des abendländischen Fortschrittsdenkens entwickelte sich im Kern seit der damaligen Zeit als eine Krisis des modernen Vernunftverständnisses, das seit der aufklärerischen Vernunftkritik an Adel und Kirche, Staat und Religion vom 18. Jahrhundert aufwärts einsetzte. Immer deutlicher trat zutage, dass die sich selbst absolut wertende, alles zur Legitimation zwingende Vernunft im Verbund mit der Freiheit der in keine kosmische Ordnung eingebundenen Subjektivität, der gleichsam nichts heilig war, sich selbst zersetzte.

Heute befinden wir uns in einer nacheuropäischen Phase; die Weltherrschaft von fünf rivalisierenden europäischen Nationalstaaten, England, Frankreich, Österreich, Preußen/Deutschland und Russland, wandelte sich in eine poly-zentrische Konstellation verschiedener Weltreligionen und Kulturen. Für die Zukunft zeichnet sich eine nachkonfessionelle Welt ab, die immer stärker interreligiöse und damit interkulturelle Züge trägt. In Schritten entwickelt sich eine multikulturelle Weltgesellschaft vor dem Hintergrund eines epochalen Paradigmenwechsels, der Lebenswelt, Arbeitswelt, Kulturwelt und Staatenwelt umfasst. Die historische Analyse darf die religiöse Dimension des Menschen nicht außer Acht lassen, um nicht eine seiner wesentlichen Dimensionen auszuklammern. Religion ist sowohl diachronisch wie synchronisch als universales Phänomen zu sehen. Die Religionen der Welt sollten verstärkt ein zu entwickelndes Weltethos in den Dienst der Weltzivilisation stellen.

Brücken lassen sich schlagen, Anknüpfungspunkte für eine Gemeinsamkeit finden. Wesentlich ist die Überzeugung von der grundsätzlichen Bedeutung der menschlichen Familie, von der Gleichheit und Würde aller Menschen. Von Bedeutung ist weiterhin die Wertschätzung der Unantastbarkeit des Einzelnen und seines Gewissens sowie die Einsicht, dass Macht nicht mit Recht gleichzusetzen ist, dass menschliche Macht sich niemals selbst genügen kann und nicht absolut zu setzen ist.

Alle Weltreligionen sind in gewissem Sinne verstärkt durch Säkularisierungsbewegungen gekennzeichnet, auch auf ihrem Weg zu einem Weltethos. Es ist wesentlich, dass dieses zu einer pluralen Weltordnung wird, freilich unter dem Oberbegriff einer versöhnten Vielfalt der Kulturen und Religionstraditionen innerhalb und vor allem außerhalb Europas. Ausgrenzende Trennungen durch ethnische und kulturelle Missachtung müssen überwunden werden, ebenfalls die politische Marginalisierung der Staaten der Peripherie.

Ziel sollte, unter Berufung auf die Menschlichkeit, in den verschiedenen Kulturen und Religionen der Welt ein durchgehendes ethisches, ja ökumenisches Grundkriterium sein, das sich auf das Humanum, das wahrhaft Menschliche konzentriert, wie dies etwa in der Menschenwürde und den ihr zugeordneten Grundwerten zum Ausdruck kommt. Humanität kann immer aus der je eigenen Tradition begründet werden und vermag dennoch und gerade daher auch als Grundlage eines gemeinsamen Ethos der Weltreligionen und Kulturen zu dienen.

Der so verstandene interreligiöse und interkulturelle Dialog kann die Thora mit dem Koran, den achtfachen Weg des Buddha mit der christlichen Transzendenz verbinden. Es ließe sich ein Dialog nicht trotz, sondern wegen der Pluralität als identitätsstiftendes Merkmal führen, wobei Dialogfähigkeit Ausdruck der neuen Stärke wäre. Dies ist umso wichtiger, als in der Gegenwart die Vielfalt der Religionen, Kulturen, Konfessionen, Denominationen der religiösen Sekten, Gruppen und Bewegungen zuweilen verwirrende Züge annimmt. Es kann aber nicht um eine regionale Betrachtung gehen, sondern es geht um globale Perspektiven.

Die Kulturlandschaft der Erde kennt heute noch drei bedeutende überindividuelle, transkulturelle und internationale religiöse Systeme, die alle über ihre eigene Morphologie und Genesis verfügen. Dies sind zum einen die Religionen semitischen Ursprungs, die durch einen prophetischen Charakter gekennzeichnet sind und immer von einem Gegenüber von Gott und Mensch ausgehen. Sie kennen die religiöse Konfrontation. Dies trifft sowohl auf das Christentum als auch auf das Judentum und den Islam zu. Zu nennen sind weiterhin die aus Indien stammenden Religionen, die von einer mystischen, auf Einheit hin ausgelegten Grundstimmung durchherrscht werden und im Zeichen religiöser Einkehr stehen. Hierzu zählen die frühe Religion der Upanishaden, der Buddhismus und der Hinduismus. Die dritte Gruppe bilden schließlich die Religionen chinesischer Herkunft, die auf Weisheit und Harmonie ausgerichtet sind: der Konfuzianismus und der Taoismus.

Eine Weltzivilisation kann aber nur dann lebensfähig sein, wenn im kulturell-religiösen Feld eine kritisch-selbstkritische Differenzierung gesichert ist, die jede Kultur und Religion am eigenen Ursprung und am humanen Ethos misst. Auch jeder Synkretismus fordert auf dem Weg zum

Frieden Selbstkritik und Erneuerung, um zur Toleranz zu gelangen. Die Monopole auf Wahrheit müssen in Frage gestellt werden; dabei muss das Verbindende zwischen verschiedenen kulturellen und religiösen Bekenntnissen gesucht werden.

Es gibt durchaus historische Vorbilder, man denke etwa an die Vorgänger in der alten Kirche, die Apologeten und die Alexandriner Klemens und Origines in der Zeit, als sie die neuplatonisch-stoischen Wege beschritten und eine Theologie im altkirchlich ökumenischen Paradigma entwarfen. Waren Augustin und Thomas, als sie mit einer neuen römisch-germanischen Weltsicht konfrontiert waren, nicht von einem Drang nach Umformung geprägt, als sie für ein westliches lateinisches Paradigma den Weg in und durch das Mittelalter theologisch neu zu bestimmen hatten? Das Gleiche trifft auf Luther, Calvin und die Reformatoren zu, die sich ändern mussten, als in der wichtigen Krise der mittelalterlichen Theologie und Kirche eine Rückbesinnung auf das alte Evangelium anstand. Bereits damals war Dialogfähigkeit eine Tugend der Friedensfähigkeit, die gegen Unduldsamkeit und gegen den Dissens gerichtet war.

Hieraus lässt sich für die Gegenwart ableiten, dass das Fremde ein relativer Begriff ist; ein christlicher Theologe vermag fachlich ebenso über das Judentum und den Islam zu schreiben, wie ein gläubiger Jude oder Muslim sich über das Christentum äußern kann. Gerade die Perspektive einer tieferen, weil transkulturellen Sicht kann leichter Möglichkeiten und Brücken zwischen den Kulturen erkennen. Es kann somit weniger um eine Objektivität im Sinne eines Unbeteiligtseins als bloßer Beobachter gehen, aber auch nicht um willkürliche Unsachlichkeit durch religiösen Enthusiasmus. Vielmehr ist ein persönliches Engagement gefordert, in dem objektive Erkenntnis der religiösen und kulturellen Wirklichkeit und subjektive kulturelle Erfahrung sich ergänzen und bereichern. Der Blick ist gegen dogmatische Vorurteile gerichtet; wissenschaftliche Unvoreingenommenheit und objektive Beschreibung werden zur Voraussetzung für eine subjektiv empfundene Beurteilung. Dies ist politisch in einer polyzentrischen, transkulturellen und multireligiösen Zeit des beginnenden 21. Jahrhunderts von großer Wichtigkeit.

Das Kernproblem besteht darin, dass heute Menschen derselben Religion in verschiedenen Paradigmen leben. So etwa im Christentum: Noch heute gibt es Katholiken, die geistig im 13. Jahrhundert, gleichzeitig mit Thomas von Aquin, den mittelalterlichen Päpsten und der absolutistischen Kirchenordnung leben. Daneben existieren Repräsentanten östlicher Orthodoxie, die geistig im 4., 5. Jahrhundert verharren, zeitgleich mit den griechischen Kirchenvätern. Für den Protestantismus lässt sich ähnliches feststellen; dort ist in gewissen Kreisen immer noch die Konstellation des 16. Jahrhunderts mit den Reformatoren vor Kopernikus sowie auch die vor Darwin bestimmend. Nun ist diese Konkurrenz früherer religiöser und kultureller Paradigmen in der Gegenwart eine wesentliche Ursache für die heutigen Konflikte innerhalb der Kulturen und Religionen (etwa im Islam mit den heutigen politischen Folgen im Nahen Osten oder in Indien). Es bedarf einer historisch-systematischen Anamnese und Diagnose für die polyzentrische Welt der Gegenwart, die zugleich eine multireligiöse und transkulturelle Welt ist. Die kulturell-religiöse Verständigung geht den politischen Friedensmöglichkeiten immer voraus. Gefordert ist ein neues weltpolitisch ökumenisches Paradigma.

Die überwiegende Anzahl der Staaten auf der Erde verfügt über beachtliche religiöse Minderheiten: In der Bundesrepublik Deutschland leben Millionen von Muslime und in Großbritannien Millionen Hindus und Sikhs. Es bedarf einer neuen religiös-kulturellen Gesamtsicht, die eine interkulturelle Öffnung möglich macht, Begegnung und Verbindung zugleich ist. Die Perspektive der Wirtschaft, des Weltmarktes und der Militärs ist alleine unzureichend. Menschen dürfen nicht wirtschaftlich funktionalisiert werden; Bürger sind nicht nur Angehörige von Staaten, sondern vor allem Mitglieder von Kulturen. Quantitativ-statistisches Wissen ist unzureichend, es bedarf des ganzheitlichen kulturgeschichtlichen und ethischen Hintergrundwissens.

Die politische Weltzivilisation des beginnenden 21. Jahrhunderts darf keinen dogmatischen Charakter mehr haben, sondern muss dialogisch begriffen werden, nicht zentralistisch, sondern pluralistisch im Sinne friedensstiftender Kooperation, so dass in allen Lebensbereichen ein interkultureller und interreligiöser Dialog geführt werden kann; ein Dialog nicht nur als spiritueller Dialog, sondern als eine philosophisch-theologische Auseinandersetzung zwischen den Kulturen, die in konkrete politische Maßnahmen mündet.

Das menschliche Zusammenleben ist in einer Weltzivilisation nicht ohne ein Weltethos der Nationen denkbar; ebenso kann es keinen Frieden zwischen den Staaten und Nationen geben, ohne dass gleichzeitig ein Frieden zwischen den Religionen und Kulturen angestrebt wird. Ein dauerhafter Frieden kann aber ohne einen Dialog zwischen den einzelnen Traditionen nicht zustande kommen. Hierin liegt die außerordentliche Bedeutung der vergleichenden Kulturwissenschaft und ihre Hybris zugleich, sofern sie in ihrer politschen Dimension begriffen wird.

Die Erdkugel als Gebäude
Aufbruch zu einer neuen Weltliteratur

»Shall memory restore
The Steps and the shore
The face and the meeting place«
W. H. Auden

Die Literatur entgrenzt sich

Die französische Literatur kannte frühe Beispiele grenzüberschreitender Literatur, Vorläufer gewissermaßen, ob man an den weltreisenden Pierre Loti denkt, an den Arzt Victor Segalen, der China erforschte und mit ethnologischen Erkenntnissen nach Europa zurückkehrte, oder auch an den Freigeist Henry de Monfreid. Im 20. Jahrhundert könnte man an Schriftsteller wie Michel Leiris denken, der mit *Phantom Afrika* in den dreißiger Jahren ein epochales Zeugnis seiner Expedition von Dakar aus durch den gesamten afrikanischen Kontinent ablegte, oder auch an Joseph Kessel und Blaise Cendrars, die Abenteuer mit der Genauigkeit einer Beschreibung fremder, für die damalige Zeit exotischer Territorien paaren konnten und die Welt unablässig durchstreiften. Selbst der Mystiker Charles-Eugène de Foucauld wäre hier zu nennen, der Europa den Rücken kehrte und die Stille der endlosen Horizonte in der Wüste Nordafrikas wählte, um meditierend über eine neue Weltordnung nachzusinnen, in der eine Metaphysik noch Gültigkeit haben könnte.

Auch die englische Sprache kennt in unserem Jahrhundert herausragende Beispiele einer Literatur, die unter dem Stern einer gebrochenen nationalen Identität geschrieben wurde. Isaac Bashevis Singer veröffentlichte in den ersten Jahren seines New Yorker Exils nur im Jewish Daily Forward in jiddischer Sprache, bevor er später im New Yorker in englischer Übersetzung zu Weltruhm aufstieg. Vladimir Nabokov, jener Russe aus Sankt Petersburg, der als junger Schriftsteller in Berlin davon lebte, Tennisstunden zu geben, bevor er nach England und nach Amerika auswanderte, wo er dann an der Cornell University unterrichtete, erzielte seine größten literarischen Erfolge nicht in seiner Muttersprache. Zeit seines Lebens blieb er in einem inneren Exil, auch als er das Palace Hotel in Montreux in der Schweiz als Alterssitz wählte, um in den Weinbergen oberhalb des Genfer Sees Schmetterlinge zu jagen. Joseph Conrad ist ein weiteres Beispiel für einen Autor der Weltliteratur, der – ursprünglich aus Polen stammend – in der englischen Sprache neue Horizonte in Asien erschloß. Elias Canetti widmete sich – in deutscher Sprache – auf Reisen durch Marokko und im weiteren Verlauf seines Lebens im Schatten der Auswirkungen des Nationalsozialismus in verschiedenen Ländern und Kulturen einer Literatur, die nicht national begrenzbar ist.

Dennoch unterscheidet sich diese Literatur grundlegend von einem Phänomen, das sich als neue Weltliteratur bezeichnen lässt, als eine transkulturelle, nachkoloniale Literatur, die pointierte politische Züge trägt – anders als dies zum Beispiel noch bei Rudyard Kipling der Fall war – und in den letzten Jahrzehnten in den führenden Weltsprachen die bedeutendsten literarischen Preise zugesprochen bekam.

Von dieser neuen Weltliteratur soll hier die Rede sein, ihrer historischen Herleitung, ihrer anthropologischen Dimension und schließlich ihrer kulturphilosophischen Richtgröße. Wer sind ihre Protagonisten? Worin liegt ihr eigentliches inhaltliches Gewicht, ihre Besonderheit, die sie von allem Bisherigen abhebt? Worin verbirgt sich vor allem ihre weltpolitische Aktualität, die von den in Mythen ruhenden archaischen Kulturen bis in die Verästelungen der technischen Industriezivilisationen in der urbanisierten Metropole reicht?

Es können hier nur einige wenige Beispiele der vorwärts stürmenden literarischen Bastionen dieser neuen Weltliteratur genannt, nur einige Stimmen zitiert werden. 1981 ging der Booker Preis, die angesehenste literarische Auszeichnung Englands, an Salman Rushdies Parabel auf das moderne Indien: ›Midnight's Children‹. In den folgenden Jahren waren unter den Preisträgern zwei Australier, ein Südafrikaner, eine Schriftstellerin polnischen Ursprungs, ein Nigerianer und ein Autor mit japanischen Wurzeln. 1992 bekam Michael Ondaatje diesen Preis zugesprochen. Er stammt aus Sri Lanka und beruft sich auf indische, holländische und englische Vorfahren, er wurde in England erzogen und lebt heute in Kanada. Kurz zuvor erhielt Derek Walcott den Nobelpreis. Er, der auf St. Lucia in der Karibik geboren wurde, pendelt heute zwischen Boston und Trinidad und hat afrikanische, holländische und englische Wurzeln.

Es lässt sich bereits eine Entwicklung ablesen, die für diese neue Weltliteratur symptomatisch ist: Die Epizentren verlagern sich von den Industriestaaten auf Territorien, die den früheren Kolonien der Großmächte entsprechen. Die englischsprachige Literatur kennt diese Tendenz ebenso wie die der französischen und spanischen Sprache.

Kazuo Ishiguro ist japanischen Ursprungs und wurde 1989 mit dem Booker Preis ausgezeichnet. Hanif Kureishi, ein Kind pakistanischer Immigranten, erzielte in England mit seinem Roman *The Buddha of Suburbia* einen großen Erfolg. Ben Okri, der Nigerianer, der in Miami geboren wurde, gewann den Booker Preis 1991 mit *Famished Road*. Timothy Mo, ein aus Hongkong stammender Chinese, hat gleichermaßen Standbeine in mehreren Kulturen, was sich in seinem Erfolgsbuch *Sour Sweet* niederschlägt, in dem ein Bild von London entworfen wird, das sich auf Chinatown konzentriert und in dem kein einziger Weißer figuriert. Ein weiteres Beispiel liefert Keri Hulme mit ihrem Roman *The Bone People*, der in der Tradition der Maori angesiedelt ist und den Zusammenprall von autochthoner Kultur und Moderne widerspiegelt. In Michael Ondaatjes Büchern stehen ebenfalls entwurzelte Charaktere im Mittelpunkt, die in Kulturen leben, in denen sie nicht geboren wurden.

Eine neue Form der »planetaren« Fremde greift als Merkmal einer Epoche um sich. Vikram Seth reiht sich in diese Linie ein; er wurde vor vierzig Jahren in Kalkutta geboren, schrieb drei auf dem englischsprachigen Buchmarkt vielbeachtete Gedichtsammlungen und ein Reisebuch; gegenwärtig bereitet er einen umfangreichen Roman vor. Amitav Ghosh, ein indischer Schriftsteller der jungen Generation und zugleich Anthropologe, ist bereits mit seinen Romanen in alle Weltsprachen übersetzt. Sein Buch *Schattenlinien* hatte auch in deutscher Sprache Erfolg. Schnittpunkte der Kultur- und Religionstraditionen zwischen Hinduismus, Buddhismus und Islam finden ihren Ausdruck in den Charakteren, die zwischen Indien, Algerien und England wandern.

Wole Soyinka stellt die afrikanische Kultur im Widerspruch zwischen Aufbruch und traditioneller Verankerung dar. Neben ihn tritt immer deutlicher der somalische Schriftsteller Nuruddin Farah mit einem Werk von transkultureller und politischer Brisanz in die Weltöffentlichkeit. Er spricht außer Englisch auch Somali, Arabisch, Amhatisch und Italienisch. Seit über achtzehn Jahren lebt er im Londoner Exil. Nachdem sein satirisches Buch über die politischen Eliten Somalias *A Naked Needle* (1976) erschienen ist, steht sein Name weit oben auf den Fahndungslisten des somalischen Geheimdienstes. Nuruddin Farahs Werdegang ist bezeichnend für einen Schriftsteller der neuen Weltliteratur: Er wies ein vielversprechendes Stipendium an der University of Wisconsin zurück, um sich stattdessen für einen Studienplatz in Indien zu bewerben, wo er an der Universität die Vielzahl der Kulturen aus eigener Anschauung erfahren konnte. Bereits in Indien begann er über die Menschen seiner Heimat zu schreiben, und dies zu einem Zeitpunkt, als das Somali als Schriftsprache noch gar nicht existierte. Erst 1972, zwei Jahre nach dem Erscheinen seines Erstlingsromans, bildete sich diese Sprache zur Schriftsprache aus. Bereits Ende der achtziger Jahre begann Nuruddin Farah einen Roman über den somalischen Bürgerkrieg zu schreiben. Seine Fiktion war der politischen Wirklichkeit um Jahre vorausgeeilt, was einmal mehr die prognostische Kraft der neuen Weltliteratur beweist. Das betrifft etwa seine frühe Erkenntnis der totalitären Machtstrukturen des Regimes von Mohammed Siad Barre, vor allem aber die Einsicht in die kulturellen und religiösen Konflikte Afrikas, die heute die internationale Politik beeinflussen. Nuruddin Farah steht in der großen Tradition der oralen Literatur, die in Somalia Sprichwörter, Gedichte und Erzählungen über Generationen weiterreicht. In den Jahren 1979 und 1983 entstanden *Variation on the Theme of an African Dictatorship*, in denen die zentralen Themen der neuen Weltliteratur aufgegriffen werden: der Antagonismus zwischen Tradition und Moderne, zwischen westlicher und indigener Kultur, die Hilflosigkeit der Frauen in den aufbrechenden Familienstrukturen, die Kinder als Opfer, als Ware einer merkantilen Welt, die Leidensfähigkeit der bäuerlichen Bevölkerung – schlicht die condition humaine eines afrikanischen Staates, der für den Weltreisenden zum Paradigma eines Kontinents wird und dem Farah in seiner Kultur zu einem Echo verhelfen möchte.

In Frankreich feierte Milton Hatoum Triumphe mit seinem Roman *Redt d'un certain Orient*, der im Original 1989 unter dem Titel *Relato de um certo Oriente* in Brasilien erschien und dort bereits den begehrten Jabuti-Preis erhielt. Milton Hatoums Biographie entspricht den Lebensläufen der neuen Literaten: Er wurde 1952 in Manaus (Brasilien) als Kind libanesischer Einwanderer geboren. Ein Diplom der Universität von Paris ermöglicht ihm, an der Universität von Manaus französische Literatur zu unterrichten. Sein Roman wurde bereits in mehrere europäische Sprachen übersetzt. Die Handlung des Romans hat transkulturelle Züge: Nach langer Abwesenheit kehrt eine junge Frau nach Manaus zurück, wo sie vom Tod des Familienoberhaupts Emile erfährt. Er, der aus dem Libanon eingewandert war, verkörperte die Seele der Familie. Das Haus der Kindheit wirkt nun leer und verlassen. In der Endlosigkeit Amazoniens spannt sich ein Bogen zwischen Orient und Okzident, zwischen der Sinnlichkeit der brasilianischen und den tiefen Wurzeln einer weit vergangenen libanesischen Kultur.

Ein zweiter Schriftsteller, der nicht nur in Frankreich, sondern auch in der angelsächsischen Welt einen Platz in der ersten Reihe der Gegenwartsliteratur einnimmt, ist der Inder Shasi Tharoor, der 1956 in London geboren wurde, wo sein Vater der Leiter der indischen Zeitung *Statesman* war. Nachdem er in Indien von Jesuiten erzogen worden war, studierte er in den USA und schrieb seine Examensarbeit über die Außenpolitik Indira Gandhis. Er arbeitete bis 2007 für die UNO. 1989 legte er in Amerika seinen ersten Roman über das indische Sanskritepos *Mahabharata* vor, eine Aufarbeitung der indischen Geschichte, ihrer kulturellen Pluralität und ihrer Gründerfiguren Mahatma Gandhi und Nehru. Der Roman enthält feine Anspielungen auf E. M. Fester, jenen Indienkenner einer früheren Epoche. Shasi Tharoor sucht in seinem Buch nach den tiefen Spuren des genealogischen Baums, wie er in dem Epos *Mahabharata* seinen Ausdruck findet. Das breite Arsenal politischer Traditionen kommt zur Sprache, der Kampf gegen die Engländer, das Phänomen von Karnistan, jener islamischen Utopie, die in der Geschichte prägend werden sollte. Shasi Tharoor lässt die verschiedensten Gruppierungen, die Thakur, Marwari, Nair, Lingayat und Paria zu Wort kommen. Er skizziert das breite Spektrum der hinduistischen Rituale, spricht aber auch von den Angloindern, von indischen Anglikanern, von Juden, Parsen und Sikhs. Selbst der letzte Vizekönig der englischen Krone, Lord Mountbatten, taucht in verschlüsselter Form in dem Roman auf. Der Mikrokosmos der indischen Geschichte mündet in eine politische Gegenwart, deren eruptive Gewalt in den ethnisch-religiösen Konflikten mit bedrohlicher Aktualität vorausgesagt wird.

Die indische Schriftstellerin und Regisseurin Mira Nair, die heute in den USA arbeitet, hat dieses Thema in ihrem Straßenepos Salaam Bombay, das ein Welterfolg wurde, ebenfalls aufgegriffen. Ihr Film ist gleichermaßen Ausdruck einer internationalen Kultur wie das Werk des afrikanischen Schriftstellers Chinua Achebe. Es steht für eine dezentralisierte Welt mit einer transkulturellen Symmetrie, die ihren Niederschlag in der neuen Weltliteratur findet.

Die lateinamerikanische Literatur hat, um den Kreis der Beispiele zu schließen, eine längere Tradition kosmopolitischer Autoren. Octavio Paz, der als Schriftsteller und Diplomat viele Jahrzehnte in Japan, Indien, Amerika und Europa gelebt und gewirkt hat, ist hier ebenso zu nennen wie der Mexikaner Carlos Fuentes, der in Nordamerika an der Harvard University lehrte und immer wieder in Europa lebte, aber auf längeren Forschungsreisen auch Afrika und Asien besuchte. Der Peruaner Mario Vargas Llosa, Autor und ehemaliger Präsidentschaftskandidat, verfügt seit vielen Jahren über eine Wohnung in London, verbrachte ein Jahr am

Wissenschaftskolleg in Berlin und lehrt immer wieder an nordamerikanischen Universitäten. Paris war und ist immer noch ein Zentrum der lateinamerikanischen Literatur. Der argentinische Autor Julio Cortázar verbrachte dort sein Leben. Der Kubaner Alejo Carpentier verfasste sein bedeutendes literarisches und essayistisches Lebenswerk als Kulturattaché der kubanischen Botschaft in Paris. Der Kubaner Guillermo Cabrera Infame, der seit der Revolution Fidel Castros im Londoner Exil lebt und mit den *Drei traurigen Tigern* ein epochales Werk der lateinamerikanischen Literatur schuf, das in alle Weltsprachen übersetzt wurde, steht neben dem gerade in Paris verstorbenen Kubaner Severo Sarduy. Er lebte seit 1959 in Frankreich und war chinesisch-spanischer Abstammung. Auch Sarduys Werk ist in fünfundzwanzig Sprachen übersetzt. Sein Roman *Woher die Sänger sind* (1967) verbindet westafrikanische, spanische und asiatische Elemente. Er zitiert darin das berühmte kubanische Lied »Son de la loma«, das die musikalischen Ursprünge Kubas offenlegt. In seinem Roman *Kolibri* (1984) betont er die schillernde Stimmung der karibischen Halbwelt, glitzernd wie eine Straußenfeder. In seiner Pariser Zeit hatte er als verantwortlicher Lektor erst bei Seuil und später bei Gallimard, wo er die angesehene Reihe »Nouvelle Croix du Sud« herausgab, großen Einfluss auf die Verbreitung lateinamerikanischer Literatur.

Es sei noch Jorge Luis Borges genannt, jener Weltbürger, der einen Lehrstuhl für angelsächsische Literatur in Buenos Aires hatte. In seinem Werk schöpft er tief aus der europäischen, indischen und amerikanischen Mythologie. Ihm stand A. C. Swinburne ebenso nahe wie R. W. Emerson, Walt Whitman und die griechischen Heldensagen; zugleich aber war er in der argentinischen Mystik zu Hause. Er, ein Porteno par excellence, der die Welt unablässig bereiste, auch noch als er längst erblindet war, kehrte am Ende seines Lebens zu seinen Ursprüngen zurück nach Genf, wo er als Kind erzogen wurde und nun begraben liegt. Schließlich seien noch Gabriel García Márquez und Jorge Amado erwähnt, die seit vielen Jahren in Barcelona und Paris Zweitwohnsitze hatten.

Die Liste der Beispiele scheint unerschöpflich zu sein. Amerika kennt Peter Matthiesen mit seiner ökologisch-globalen Reiseliteratur; aber auch andere Sparten der Kunst öffnen sich einem erweiterten zivilisatorisch-politischen Bewusstsein; denken wir nur an den Welterfolg des Fotografen Sebastiaõ Salgado aus Brasilien, der heute im Palais de Toyo in Paris, morgen in New York ausstellt. In seiner visuellen Archäologie nimmt er stets Rücksicht auf den arbeitenden Menschen in seiner Kulturtradition und seiner besonderen Schaffensweise, sei sie handwerklich-vorindustriell wie in

Indien, Pakistan, Russland, bei den Minenarbeitern und Goldsuchern in Brasilien oder maschinell-technisch wie auf den weiten Ölfeldern Kuwaits nach dem Golfkrieg, dem er eine Reportage gewidmet hat.

Die politischen Voraussetzungen für die neue Weltliteratur

Das 20. Jahrhundert war von politisch verursachten Katastrophen, von Diktaturen, Kriegen, Kolonisation, Dekolonisation und einem rasant zunehmenden ökologischen Ungleichgewicht geprägt. Wir leben in einer Epoche der Flüchtlingsbewegung, die heute potentiell etwa 1,5 Milliarden Menschen erfasst, die von Extremismus, politischer und religiöser Verfolgung in allergrößtem Ausmaß bedroht sind. Nach offiziellen Schätzungen der UNO ist von 15 bis 17 Millionen Flüchtlingen in der Welt auszugehen, die der Gewalt weichend außerhalb der Grenzen ihrer Heimatstaaten leben. Dazu kommen die Menschen, die durch Binnenfluchtbewegungen als »displaced persons« bezeichnet werden dürfen; ihre Zahl wird auf über 20 Millionen geschätzt. Die herkömmlichen Flucht-, Exil- und Asyldefinitionen müssen deshalb in Frage gestellt werden. Durch diese jüngeren weltweiten Flüchtlingswellen wird das Fremdsein zum wesentlichen Bestandteil der menschlichen Existenz, und zwar für mehr Menschen als jemals zuvor.

Die begonnene Phase des 21. Jahrhunderts wird also von Migration bestimmt, wobei die Sesshaftigkeit vieler Millionen Menschen von einem verstärkten Nomadisieren durchkreuzt wird. Diese Tendenz betrifft das neue Europa nach der Auflösung der rigiden Ost-West-Konstellation, die Staaten der ehemaligen Sowjetunion, den Vielkulturenstaat Indien, Pakistan, Birma mit der Vertreibung der Moslems, aber auch die islamischen Kulturen des Nahen Ostens sowie die Staaten Afrikas, Äthiopien beispielsweise oder Somalia, Angola oder Mocambique, und natürlich Lateinamerika. In Afrika leben bis zu 100.000 Banyarwanda in Ruanda, Tansania und Uganda und circa 4 Millionen Afghanen sind bereits zu einem früheren Zeitpunkt in den Iran und nach Pakistan geflüchtet. Ein Fünftel der afghanischen Bevölkerung lebt im Exil. Über 50.000 ehemals sowjetische Juden wanderten allein zwischen 1970 und 1979 nach Israel und in die USA aus. Kurzum, es wird deutlich, in welchem Maße transkulturelle Bewegungen zu einem Hauptproblem der gegenwärtigen Weltpolitik geworden sind. Diese überwältigende politisch-zivilisatorische Entwicklung beeinflusst die Wahl der Themen in der Literatur weltweit, unabhängig davon, ob die Schriftsteller noch in ihren ursprünglichen Staaten leben oder in den Metropolen anderer Länder Zuflucht gesucht haben.

Das Fremdsein und das Anderssein in der veränderten Perspektive der Gegenwart

Heute erleben wir eine neue Form der Fremde, die geographisch entgrenzt ist. Sie wird zu unserer eigentlichen Heimat, getragen von einer übermächtigen Ubiquität. Diese fortschreitende Tendenz wird zu einem Wesenszug jener neuen Weltliteratur, die diese Fremde als neue Heimat annimmt und ihre Protagonisten in ein neues Zentrum rückt. Entsprechend erhalten Fremdsein und Anderssein eine neue Zuordnung, der Begriff der Heimat erscheint in neuem Licht. Die Bücher der erwähnten Schriftsteller haben eine Gemeinsamkeit darin, dass sie eine besondere Spurensuche, in konzentrischen Bewegungen auf diese neue Lebensmitte zu, unternehmen, um in die Randbezirke des äußeren und inneren Auslands vorzudringen, in dem ihre Figuren leben. Die neue Literatur schöpft aus der Ortsveränderung, aus dem Unterwegssein und dem Gefühl des Fremdseins eine besondere Kraft, oft sogar eine innere Ruhe.

Die neue Fremdheitsmitte einer Weltzivilisation ist der Ort, an dem sich die Schriftsteller der neuen Literatur thematisch treffen; von dort brechen sie auf, ihre Wege trennen sich, um schließlich wieder zurückzukehren; dort sammeln sie Kräfte, um zu einer Selbst- und Fremderfahrung zu gelangen, die immer wieder neu aufeinander bezogen werden. Der in Rumänien geborene jüdische Schriftsteller Elie Wiesel, der heute in New York lebt, erkannte frühzeitig: »Der Fremde vertritt all das, was wir nicht sind [...], er stellt unsere eigene Rolle in der Gesellschaft in Frage. Ich muss ihn nur ansehen, um zu begreifen, dass auch ich, in den Augen eines anderen, ein Fremder sein kann [...] Letztlich fürchte ich ihn nur, weil ich vor mir selbst erschrecke [...] Er gleicht mir.«

Die neue Weltliteratur strebt nach dem Ideal einer polykulturellen und somit auch vielfachvalenten Welt, die immer neue Spielarten des Synkretismus innerhalb ihres weiten Radius annehmen kann; die Positionen werden vertauscht und scheinbar Fremdes als Eigenes und Eigenes als Fremdes vorgestellt. Die Wechselwirkung von Selbst- und Fremdverständnis fordert die weltaufschließende Entwicklung der einzelnen Persönlichkeit in der Begegnung mit dem Fremden. Werner Sombart zeigte frühe Einsicht, als er formulierte: »Es wäre eine reizvolle Aufgabe, die gesamte Menschheitsgeschichte unter dem Gesichtspunkt des Fremden zu schreiben.« Hier stellte der Nationalökonom Sombart, der in seinem Gesamtwerk die Kraft der Kultur im Prozess der Zivilisation des Menschen hoch einschätzte, einen Leitgedanken in den Raum, der auch für die Literatur bestimmend werden sollte. Dies zumal in einer Welt, die sich in technologischer Hinsicht immer stärker vereinheitlicht, was dem Bedürfnis nach Wahrung der kulturellen Eigenständigkeit und Vielfalt, wie es in der neuen Literatur zum Ausdruck kommt, entgegensteht.

In Frankreich hatte Patrick Chamoiseau einen bahnbrechenden Erfolg mit seinem Roman *Texaco*, der diese Problematik aufgreift. Chamoiseau stammt aus Martinique, er kennt die Tradition der »negritude«, wie sie Aime Cesaire in die Literatur einbrachte, und wird zugleich in seinem Schreiben grenzüberschreitenden Ansprüchen gerecht. 1992 gewann er mit seinem Roman den Prix Goncourt, der ihm einen Verkaufserfolg mit einer Auflage von 300.000 Exemplaren sicherte. Das Fremde wird in seinen Schriften zum Ferment der Kulturentwicklung, Fremdverstehen und Selbstverstehen gehen ineinander über, kulturelle Überschneidungsmomente bestimmen die Logik des Denkens und Handelns seiner Figuren. Das Fremdsein wird metaphysisch hinterfragt, nämlich inwieweit das Empfinden der Fremde nicht zur existentiellen Grundbefindlichkeit des Menschen gehört. Eine solche Einsicht findet sich in der deutschsprachigen Literatur zum Beispiel bei dem weitgereisten Wolfgang Koeppen, dessen Werk von zahlreichen Begegnungen mit fremden Kulturen erzählt. Koeppen bevorzugt für sich die fremdkulturelle Lage des Ausländers: »[...], weil zwischen mir und allem eine Distanz ist, eine Barriere, und zwar nicht nur in der Sprache. [...] Es ist ein schöner Zustand.«

Es geht hier weniger darum zu reisen, um sich durch die Entdeckung des fremden Raums eine innere Einsamkeit zu schaffen, als darum, in einer Welt zu leben, die durch die Verschiedenartigkeit der Menschen geprägt ist und dadurch auch die Verpflichtung in sich trägt, Verschiedenheit und Ähnlichkeit anzuerkennen. Das Individuum formt sich durch Konflikte, die sich aus dem Ringen um seine Identität ergeben. Frantz Fanon hat dies aus anthropologischer Sicht in seiner Schrift von 1952 *Peau noire masques blancs* im arabisch-europäischen Dialog erkannt. In dieser Tradition eines Zorns, der von sich geschleudert wird, als wäre er heilig, stehen heute Schriftsteller wie der Ägypter Nagib Machfus oder der Inder R. K. Narayan, die in ihrem Lebenswerk die Fremdheit des nicht gänzlich Fremden zu überwinden suchen. Sie wissen nur allzugut, dass man mit der Heimat mehr verliert als einen Flecken umgrenzter Erde.

Und doch unterscheidet sich der neue Heimat- und Fremdheitsbegriff von dem traditionellen Heimat- und Fremdheitsbegriff, wie er etwa für die Exilanten, die durch die Nationalsozialisten außer Landes getrieben wurden, gegolten hat. Stefan Zweig, der in Brasilien Zuflucht fand, schrieb noch kurz vor seinem Freitod in *Die Welt von gestern*: »[...], dass seit dem Tag, da ich mit fremden Papieren oder Pässen leben musste, ich mich nie mehr ganz als mit mir zusammengehörig empfand. Etwas von der natürlichen Identität mit meinem ursprünglichen und eigentlichen Ich blieb für immer zerstört. Ich bin zurückhaltender geworden, als meiner Natur eigentlich gemäß wäre, und habe – ich, der einstige Kosmopolit – heute unablässig das Gefühl, als müsste ich jetzt für jeden Atemzug Luft besonders danken, den ich einem fremden Volk wegtrinke.«

Das Fremde als das Besondere der neuen Weltliteratur, ihr historischer Bezug und ihre Aktualität

Aus anthropologischer Sicht wird deutlich, dass Fremdsein in der Folge von politischen, rechtlichen und sozialen Spannungen keineswegs Begleiterscheinungen nur unseres Jahrhunderts sind. Kulturen aller Epochen und geographischer Territorien standen vor dem Problem, mit Fremden umzugehen, sie auszugrenzen oder zu integrieren. Und doch ist die heutige Weltzivilisation und damit auch ihre Literatur besonders davon betroffen. Es geht um neue Formen des Fremdseins in einer »planetaren«, weltumspannenden Zivilisation, um neue Rechtsdefinitionen, die den Begriff der menschlichen Würde neu bestimmen. Die Menschenrechtskonferenz der UNO im Juni 1993 legte in ihrer Zerrissenheit ein Beispiel dafür ab. Die Weltzivilisation – und mit ihr die Literatur – rückt die Notwendigkeit des interkulturellen und interreligiösen Dialogs in den Vordergrund, der graduell die Fremdheit im herkömmlichen Verständnis überwindet. Das Fremdartige des Anderen soll keine Angst mehr hervorrufen. Die gesamte neue Weltliteratur ist ein Plädoyer für diese Haltung. Im Gegenteil, die Faszination, die vom Fremden ausgeht, wird verstärkt und erinnert zuweilen an die Tradition des Heiligen, mit der das Unbekannte in vielen Kulturen verknüpft war und ist. Wir erinnern an die mesoamerikanischen Hochkulturen, an die Azteken, die, als sie zum ersten Mal Europäer zu Gesicht bekamen, glaubten, weißen Gottheiten gegenüberzutreten. Ebenso erging es den Babukusu Ostafrikas, die in den ersten Weißen die Verkörperung eines bösartigen Flussgeistes zu erkennen glaubten, zu dessen Besänftigung sie Fleischopfer darbrachten.

Der Begriff der Fremde, wie er heute in der Literatur erscheint, hat sich vom mythologischen Beispiel der Zyklopen entfernt, die als menschenfressende Riesen in Homers *Odyssee* vorkommen und bezeichnenderweise außerhalb der griechischen Welt und des Einflussbereichs der Götter auf Sizilien lebten. Die Zyklopen wurden als sittenlos, als der damalige Inbegriff des typisch Fremden gebrandmarkt. Wie groß der Unterschied zu der heutigen Auffassung des Fremdseins ist, liegt auf der Hand. Georg Simmel verdanken wir eine Soziologie des Fremden, in der es zum Prüfstein für den Gedanken der Gleichheit und des Rechts auf Freiheit wird, wie er die abendländische Geistesgeschichte verstärkt seit der Aufklärung prägt. Georg Simmel schreibt in seinem Exkurs über das Fremde 1908 wörtlich: »Es ist hier also der Fremde nicht in dem bisher vielfach berührten Sinne gemeint, als der Wandernde, der heute kommt und morgen geht, sondern der, der heute kommt und morgen bleibt – sozusagen der potentiell Wandernde [...] Denn das Fremdsein ist natürlich eine ganz positive Beziehung, eine besondere Wechselwirkungsform.« Diese Einsicht in die Moderne zu Beginn des Jahrhunderts, die auch für die Literatur verpflichtend werden sollte, erkennt das Vermögen des Menschen zur Vielfalt der Kulturen und sieht die Ambivalenz, die sich aus der Furcht vor dem Fremden und zugleich aus seiner Faszination ergibt. Karl Löwith, aber auch Martin Buber mit seinem Begriff des »Zwischenmenschlichen« als der Grundlage für das dialogische Prinzip, Franz Rosenzweig und Ernst Cassirer mit seinen Überlegungen zu Individuum und Gesellschaft in seinem Exilbuch *Essay on Man* haben die epistemologische Grundlage für das Fremdsein in der Moderne gelegt. Vor diesem Hintergrund kann heute die Erfahrung der »Anderheit« (ein Begriff von Alfred Schütz) der neuen Weltliteratur artikuliert werden, wobei der Fremde um seine immer nur vorläufige Identität ringt, da sie sich aus jeder kulturellen Begegnung neu konstituiert. Um diese Anderheit und das Fremdsein heute in ihrer Besonderheit begreifen zu können, müssen sie anthropologisch gegen die historischen Ausprägungen abgehoben werden.

In den archaischen Kulturen war der Fremde derjenige, der zu dem Stamm keine Verwandtschaftsbeziehungen nachweisen konnte. Ihm wurde die Anerkennung verweigert, was bedeutete, den Fremden zu ächten, ihn straflos zu plündern oder gar zu töten. Im Fremden wurde stets eine Bedrohung für die anerkannten Normen und die verbindliche Ordnung der Gesellschaft gesehen.

Die neue Weltliteratur, die sich um die Überwindung dieser archaischen Vorstellungswelt bemüht, scheint häufig auf eine Tradition der griechischen Mythologie, die sich mit der besonderen Rolle des Fremden auseinandersetzte, zurückzugreifen. Das eigenartige Verhältnis zwischen Zeus und einem Fremden zeigt sich darin, dass das Oberhaupt der Götter eine Verkleidung wählte, um das Allerheiligste mit der Figur des Außenseiters zu verknüpfen. Die Tatsache, dass Gott die Figur eines Bettlers oder Fremden wählte, sicherte die Gültigkeit des Gastrechts als moralische Verpflichtung. Für die heutige Kultur und Literatur gilt es, diese Würdigung des Fremden auf eine sozialpolitische Ebene zu übertragen. Es geht um die grundsätzliche Wertschätzung des Anderen und der fremden Kultur mit dem Ziel, einen interkulturellen und interreligiösen Dialog zu verstärken.

In der neuen Literatur wird immer wieder die Forderung artikuliert, die Fremden müssten herzlich empfangen werden, weil man selbst, ist man unterwegs, auch freundlich empfangen werden möchte. Gerade die arabischen Kulturen kennen eine heilige Pflicht des Gastrechts, die von der Heiligkeit der Frau im Haus abgeleitet wird. Die Gewährung der Gastfreundschaft sichert auch in der griechischen Welt die Ehre, die sich durch die Verbindung des Fremden mit dem Heiligen noch erhöht. Entsprechend stehen die Gottheit und das Unbekannte in einem Austausch. Es darf von einer Heiligkeit des Gastrechts gesprochen werden, die weniger den Folgen des Glaubens entspringt als der Tatsache, dass die Konfrontation mit dem Fremden das Zusammentreffen der bekannten Welt mit dem Reich des Geheimnisvollen markiert. So spricht zum Beispiel Mircea Eliade in seiner vergleichenden Religionsphilosophie dem Fremden ein hohes Maß an Heiligkeit zu, da es der außergewöhnlichen Welt angehört; das Geheimnis, das das Fremde umweht, setzt es mit dem Heiligen in Verbindung. Das Geheimnisvolle wird zu einem Medium für die Sichtbarwerdung Gottes. Aus anthropologischer Sicht lässt sich verstehen, dass der Fremde Gefährlichkeit wie Heiligkeit aus der Teilhabe an einer außergewöhnlichen Welt bezieht. Indem man dem Fremden Zutritt zur eigenen Welt gewährt, verwandelt er sich in ein gesellschaftliches Wesen; das zunächst Nicht-Fassbare wird auf die Ebene der bekannten Welt herabgestuft. Die Verkehrung bedeutet immer eine Umwandlung vom feindlichen Fremden – »hostis« – in einen Gast – »hospes« –, wie es die Autoren der Antike formulierten.

Der Rückgriff auf die antike Mythologie ist für die Erklärung des heutigen Bilds des Fremden in der neuen Weltliteratur sehr hilfreich. In ihr vollzieht sich eben diese Umschichtung vom Feind- zum Freundesbild. Das Bild des Fremden wird der gegenwärtigen Welt einverleibt und erhält deutlich positive Akzente.

Der planetare Charakter: Das neue Bewusstsein der Literatur

Im 19. Jahrhundert war die Geschichtsauffassung des Menschen nur teilweise planetarisch; es handelte sich vielmehr um die Geschichte verschiedener Territorien, die nicht alle in Beziehung zueinander standen. In der früheren Menschheitsgeschichte, die etwa vor 10.000 Jahren in Mesopotamien, vor etwa 4000 Jahren in Ägypten, vor 2000 Jahren im Industal und im Tal von Haung Po in China begann, war dies noch viel weniger der Fall. In einer einzigartigen Metamorphose entwickelten sich die kleinen Gesellschaften ohne Ackerbau, ohne staatliche Ordnung und ohne Städte zu Königtümern und Mächten mit Zehntausenden, dann Hunderttausenden und Millionen von Menschen, die den Ackerbau kannten sowie Arbeitsteilung, soziale Schichtung, kriegerische Auseinandersetzungen und Sklaverei. Sie entwickelten in ihren Religionen ein symbolisches Bewusstsein, das den gesamten zivilisatorischen Aufschwung begleitete. Hier lassen sich das Ägypten der Pharaonen, Assyrien, Babylonien, die etruskische Kultur, die Olmeken, Perser, Athener, Mayas, Zapoteken, Byzanz, die Azteken, Inkas, Ottomanen und später die Habsburger nennen.

In keinem dieser Reiche wäre eine Literatur von planetarem Zuschnitt möglich gewesen. Die Partikularinteressen waren stärker als das politische und symbolische Bewusstsein. Im 19. Jahrhundert vollzog sich eine entscheidende Wende mit dem Erstarken Latein- und Nordamerikas. Dieser Kontinent hatte einen anderen Charakter als das noch in sich abgeschlossene Europa des 15. Jahrhunderts oder das China der Ming-Zeit. Sie verkörperten die wichtigsten Zivilisationen ihrer Epoche und lebten voneinander getrennt, ohne planetares Bewusstsein.

Zu Beginn des 20. Jahrhunderts kontrollierte Großbritannien die Seewege der Welt und herrschte über Indien, Ceylon, Singapur, Hongkong, Polynesien, Nigeria, Rhodesien, Kenia, Uganda, Ägypten, den Sudan, Malta und Gibraltar, also über ein Fünftel der Erdoberfläche. Unter der englischen Krone lebten 428 Millionen Menschen, rund ein Viertel der Weltbevölkerung.

Diese weltumspannende Herrschaft schlug sich auch auf das symbolische Bewusstsein, auf das Feld der Ideen, nieder. Der Gedanke einer gesamten Menschheit blitzte auf. Auguste Comte sah in der Menschheit an sich die Matrix seines Denkens. Das Bewusstsein des abendländischen Fortschritts und der Rationalität wurde universalistisch. Vorsichtig lässt sich vom Eintritt in eine planetare Ära sprechen; jeder Teil der Welt versteht sich nicht nur immer stärker als Bestandteil des Ganzen, sondern die Welt ist als Ganzheit verstärkt gegenwärtig in den einzelnen Teilen. Dies trifft auf die Nationen ebenso zu wie auf den einzelnen Menschen. Es lässt sich von einer Weltvergesellschaftung sprechen, die allgegenwärtig wird.

Diese kosmopolitische Kultur, die in Zusammenhang mit der planetaren Ära steht, ist die Voraussetzung für die neue Weltliteratur. Der zivilisatorische Entwicklungsstand des Menschen ermöglicht diese Literatur, die ihren Rang dadurch erhält, dass sie die existentielle Grundbefindlichkeit des Menschen in ihren weltweiten kulturellen und religiösen Varianten, den Überschneidungen und Verschränkungen, reflektiert.

Das Hauptanliegen dieser neuen Literatur ist es, den Antagonismus zwischen einer drohenden Einebnung der kulturgeschichtlichen Traditionen durch die moderne westliche Technologie, die sich immer schneller über die gesamte Welt verbreitet, und den Möglichkeiten neuer Begegnungen zwischen den Kulturen, neuer Synthesen und neuer Verschiedenartigkeiten darzustellen. Die Identität des planetaren Menschen zu bestimmen, heißt, ein ausgewogenes Verhältnis für die Dialektik aus Einheit und Vielheit zu finden.

Das historische Bewusstsein der neuen Literatur beleuchtet, wie stark sich diese Dialektik verändert hat. Die ersten Nationalstaaten Frankreich, England und Spanien vereinten in sich die verschiedenen Ethnien in einem zivilisatorischen Raum, der zugleich eine nationale Einheit darstellte. Die polyethnischen Staaten, die sich im 20. Jahrhundert verstärkt bildeten, hatten historisch betrachtet zu wenig Zeit, um die nationale Integration auch ethnisch voranzutreiben, und so verloren sie ihre Einheit; das Beispiel von Ex-Jugoslawien spricht für sich. Weltweit haben sich viele Nationalstaaten formiert, nachdem sich die Ethnien von der Nation emanzipiert hatten, wodurch das Problem der Minoritäten entstand. Hier liegen die Quellen des Konflikts, die in der neuen Literatur immer wieder zur Sprache kommen; daneben treten nationalistische Tendenzen, die manchmal zu explodieren drohen. Die Vorstellung, Staaten zu begründen, die nur durch eine Ethnie getragen sind, rückt in der neuen Literatur immer stärker in den Hintergrund. Die Verankerung des Menschen in ethnischer und religiöser Hinsicht geht heute weit über die Grenzen des Nationalstaats hinaus, wobei der Staatsbegriff durchaus in seiner mythologischen Substanz erkannt wird. Die neue Literatur verstärkt die Einsicht, dass die heutigen Nationalstaaten polyethnischen Charakters sind. Die alten Nationalstaaten sind zu klein geworden für die Probleme transkultureller Art, und so tritt am Ende des Jahrtausends jene Zersplitterung ein, die wir in Osteuropa ebenso erkennen können wie in Indien, Pakistan oder dem Vorderen Orient.

Jeder vermeintliche historische Gewinn steht einem historischen Verlust gegenüber. So lautet eine wichtige Botschaft der neuen Literatur, vor allem vor dem Hintergrund des Widerstreits zwischen Modernität und Fundamentalismus in seinen religiösen Spielarten, zwischen Demokratie und Totalitarismus sowie Demokratie und Diktatur in den Staaten Afrikas, Asiens und Lateinamerikas. Der Widerspruch zwischen der Vielheit der Kulturen und Religionen auf der einen Seite und der Notwendigkeit einer planetaren Zivilisation auf der anderen bricht auf.

Die Eigengesetzlichkeit der Technologie und der kulturelle Widerstand

Die Staaten der Peripherie kennen in zunehmendem Maße eine Urbanisierung weiter Bevölkerungskreise. In der industrialisierten Welt nimmt die Atomisierung der einzelnen menschlichen Existenz und infolge hiervon die bedrohliche Anonymität des Menschen zu.

Die neue Literatur setzt sich mit dem Verhältnis von Technologie und Kultur, vor allem mit den Auswirkungen jener Algebraisierung der Alltagskultur in den Industriestaaten, verstärkt auseinander. Der Verlust an Transzendenz für eine zunehmende Zahl von Kulturen, der durch die Logik der Maschine und der Informatik, die für den Menschen in seiner zweckgebundenen, sachorientierten und empirisch begründeten Existenz immer bestimmender werden, ausgelöst wird, ist ein unumkehrbarer Prozess. Diese Schickung und diese Tragik zugleich spiegeln sich in den Protagonisten der neuen Literatur wider. Jene Vorstellung einer Rationalisierung, die mit strikter Funktionalität, mit übersteigerter Spezialisierung der Arbeitswelt und letztlich mit einer Chronometrisierung des Zeitempfindens des Menschen gleichgesetzt wird, wird als verhängnisvolle existentielle Bedrohung empfunden. Besonders aufschlussreich ist der Vergleich zwischen archaischeren Kulturen und der industrialisierten Welt, wie er in der Literatur zum Ausdruck kommt. Jener Gehorsam gegenüber der Maschine, die das Kommando übernimmt, wird unterlaufen. Die Literatur ruft den Menschen zum Widerstand gegen eine überwuchernde bürokratische Organisation auf, die ihre Leitsterne in übersteigerter Effizienz, dem blinden Vertrauen auf Vorhersehbarkeit, Kalkulierbarkeit, schlicht Beherrschbarkeit und Selbstmächtigkeit des Menschen sieht. Der sinnentleerten Eigenlogik der Rationalisierung wird die Forderung nach einer kritischen Rationalität entgegengehalten. Hier klingt ein besonderer holistischer Grundton an, der sich immer wieder in der neuen Literatur findet. Alle Lebensbereiche sind miteinander verbunden, so auch die Natur mit dem Übernatürlichen; die irdische Existenz des Menschen ist in eine kosmische Ordnung eingegliedert – je nach der kulturell-religiösen Tradition des jeweiligen Schriftstellers. Den Autoren ist bewusst, dass ihre Einstellung sich nicht immer mit der politischen und theologischen Wirklichkeit deckt, wie sie für weite Teile der Weltzivilisation Gültigkeit hat.

Ein wiederkehrendes Paradoxon fesselt die Protagonisten der neuen Literatur: Einerseits soll die universelle Einheit des Menschen in einer planetaren Zivilisation verstanden, bewahrt und weiterentwickelt werden, andererseits soll mit gleichem Recht auch die Vielfalt erhalten und sogar ausgebaut werden.

Die Kulturen müssen sich also bewahren und gleichzeitig öffnen. Die neue Weltliteratur führt die Möglichkeit der Begegnung im Sinne eines Synkretismus an vielen Stellen ein. Jene vermischende Universalität in der technischen Weltzivilisation soll einem kosmopolitischen Menschen die Türen öffnen, der tatsächlich die Bezeichnung verdient, Bürger dieser Welt zu sein. Es geht weniger um den Verlust an kultureller und religiöser Substanz durch den Austausch einer Zivilisation durch eine andere als um eine immer wieder neu zu bewirkende Synthese. Auf diese Weise entsteht bei der Skizzierung der Charaktere das Bild eines Weltbürgers, der sich auf konzentrische Identitäten stützt, die die familiäre Identität ebenso berücksichtigen wie die lokale, regionale und letztlich auch die nationale. Aus dem Raum, in dem sich die Menschheit einrichtet, soll ein Haus konstruiert werden, das dem Planeten entspricht, ausgestattet mit der Möglichkeit, die Diversität der menschlichen Existenz auszuleben. Die Lebenswelt kann eben weder ohne Leben noch ohne Welt auskommen. Die verantwortliche, maßvolle Rationalität, die gefordert wird, kennt die Grenzen der Logik, der Empirie, des Determinismus, der mechanischen Weltsicht und die breit gefächerten Mythologien der Kulturen, vor allem die Subjektivität und Individualität des Menschen, samt seiner Affekte, die sich bis zur Bejahung des Irrationalen steigern können. So werden auch Elemente, die sich der Ratio widersetzen, durchaus als lebenswert anerkannt.

Die neue Weltliteratur kehrt sich gegen die Tendenz der schnell fortschreitenden Technisierung, die die prosaische und die poetische Lebensdimension getrennt hat.

In den archaischen Kulturen gab es eine Wechselwirkung zwischen beiden Ebenen in den verschiedenen Bereichen der Alltagskultur, wobei die Fertigkeit der täglichen Arbeit und die übergeordnete metaphysische Bedeutung noch aus einem Guss waren. In der archaischen Kultur gehorchte zum Beispiel das Singen der Lieder einem vorgeschriebenen Versmaß, das vom Rhythmus des Gesangs bestimmt war, der wiederum in einem übergeordneten Zusammenhang mit den Gesetzen der Kultur stand. Auch die mimetischen Riten der Tänze vereinten das Prosaische und das Poetische, wie es bereits René Girard erkannte. Das Poetische scheint nicht nur in der Kunst, im Fest, im Ritus, im Tanz, in der Liebe auf, sondern ebenso in den zweckbezogenen Praktiken. In der technischen Zivilisation hat das Poetische seinen Platz verloren. Die rationalen Aktivitäten und die gelebte Empirie verlassen nicht den prosaischen Raum. Die alte Polarität ist zerbrochen. Das Prosaische in Gestalt der Funktionalität, der Rentabilität und des merkantilen Treibens drängt die poetische Dimension in die reine Kunst oder in das Privatleben zurück. Das Poetische wird zu einem Freizeiterlebnis ohne übergeordnete Einbindung in lebensnotwendige Strukturen der Kultur. An dieser Stelle setzt die Kritik der neuen Weltliteratur an, da eine Versöhnung beider Ebenen auch für die technische Weltzivilisation gefordert wird, die zu stark von einer Hyperthrophie der bürokratischen Welt gekennzeichnet ist. Die neue Weltliteratur bemängelt den Verrat am Poetischen in allen Lebensbereichen und verkündet die kühne Vision, nach der in den Ruinen der Moderne das Versprechen auf eine Wiederbelebung der poetischen Dimension aufleuchtet. Das Ruder wird im Religiösen und Politischen herumgeworfen, um eine Regeneration voranzutreiben, die auch in der technischen Welt die Poesie in der Alltagskultur zulässt. In der neuen Weltliteratur wird offenkundig, dass ohne eine geistig-spirituelle Dimension die Existenz des Menschen im nächsten Jahrtausend nicht vorstellbar ist. Eine immer größer werdende Zahl von Lesern folgt mit wachsamem Interesse dieser Forderung und der Einsicht, dass sich globale Politik nicht mit der prosaischen Ebene begnügen darf, sondern die poetischen Möglichkeiten der menschlichen Existenz gerade heute voll ausschöpfen muss – entgegen allem Widerstand.

In den entstehenden interkulturellen und interreligiösen Dialogen erlebt der Mensch mit planetarem Bewusstsein einen poetischen Zustand, wie er in der Geschichte bislang noch nicht möglich war. Diese Komplementarität ist zukunftsweisend und sucht den Ausgleich zwischen den bisherigen Alternativen, zwischen dem Prosaischen und dem Poetischen. Die Botschaft der neuen Weltliteratur ist eindeutig: »Poetisch leben« heißt, sich auf die kulturellen und religiösen Identitäten zurückzubesinnen ohne jeden verhärteten Fundamentalismus, sondern im Bewusstsein der Interkulturalität und der planetaren Verantwortung.

Für eine Weltgemeinschaft, die heute in millionenfacher Weise durch Überbevölkerung, ökologische Katastrophen und Flüchtlingsbewegungen gebrandmarkt ist, liegt hier eine große Verantwortung, um dem Leiden und den Signien des Todes ein Bewusstsein der planetaren Gegenwart entgegenzustellen. In der neuen Literatur wird das Leben nicht lediglich als global empfunden; die Erde wandelt sich vielmehr vom Objekt, das teilnahmslos wie eine sterbende Fliege seziert wird, zum Subjekt, zu einer Biosphäre, die ihren Ort in einer kosmischen Ordnung finden muss. Die Menschen tragen die Entstehungsgeschichte ihrer irdischen Existenz und die daraus erwachsende Verantwortung in sich. Die neue Literatur ist somit von einem anthropologischen Bewusstsein durchdrungen, das die Dialektik aus Einheit und Vielheit ebenso erfasst wie die ethischen Varianten der Weltkulturen, die voneinander abweichenden inhaltlichen Vorstellungen von Humanismus, Romantik und Stellung der Wissenschaften. Der Mensch muss sich in seiner evolutionären Entwicklung auch mit den übernatürlichen Mythen in einem heute geographisch entgrenzten Raum auseinandersetzen. Aus dem Konzept des Planeten als Heimat lässt sich die tatsächliche Stellung des Menschen im Kosmos ableiten, und dabei wird deutlich, dass hier ein völlig neuer Heimatbegriff in der Literatur auftaucht, der auf die Beherbergung des Menschen auf dieser Erde durch ein verantwortungsbewusstes Umgehen mit den Vorgaben der Natur gerichtet ist. Bereits 1912 formulierte der Philosoph Hermann Cohen: »Und der Fremdling bleibt nicht der Gastfreund, für den auch Zeus sein besonderes Ressort hatte, sondern er wird zum Vertreter des Menschen unter den Völkern.«

Die transkulturellen Universalien
Auf dem Wege zu einer interkulturellen Identität

Die Dichotomie zwischen dem »Wir« und dem »Anderen« strebt in der neuen Literatur immer stärker einer Aufhebung entgegen, da sie sich im historischen Verlauf als immer weniger stimmig und ausreichend erwiesen hat.

Da die neue Literatur ihre poetische Dichte durch die Rückbesinnung auf die kulturellen und religiösen Identitäten erfährt, verdient diese neue Akzentuierung besondere Aufmerksamkeit. Alte Gegensätze, die sich hinter verschiedenen Masken tarnen, verlieren an Gewicht. Der Dualismus zwischen dem »Wir« und dem »Anderen« gewinnt eine neue Dimension: Das Fremde verbindet sich mit den transkulturellen Erfahrungen der Schriftsteller, die stellvertretend für viele Millionen Menschen stehen, mit denen sie diese Erfahrung teilen, und mündet in der Forderung nach interkulturellen Identitäten.

In der bloßen kulturellen Identität, wie sie die zurückliegenden Jahrhunderte und ihre Literatur kennzeichnete, war noch die Rede von einem begrenzten Wir-Gefühl als einer Zuordnung des Selbst zu einer bestimmten kulturellen Gruppe. In der neuen Literatur hingegen wird eine Identität entwickelt, die über die Grenzen einer einfachen kulturellen Identität weit hinausgeht. Diese Interkulturalität als Merkmal und Voraussetzung für den poetischen Rang der neuen Literatur hilft dem Menschen, eine neue Selbsteinschätzung im Verhältnis zu anderen kulturellen Gruppen zu finden. In dem Maße, in dem »Fremde« in der Akkulturation einem Wandel ausgesetzt sind, verlagert sich ihre Selbsteinschätzung verstärkt von einem ausschließlich kulturellen Zustand in eine interkulturelle Dynamik. Die Herausbildung solch neuer Identitäten ist für den Dialog der Weltkulturen und -religionen ebenso von Bedeutung wie für die politische Sphäre.

Die transkulturellen Erfahrungen der Menschen der Gegenwart spiegeln sich in der neuen Literatur wider; sie werden getragen von der fortdauernden und dynamischen Dialektik aus Umwandlung und Angleichung hin zu einer Erweiterung des Bewusstseins jenseits der Parameter der ursprünglichen Kultur. Die meisten der in der neuen Literatur geschilderten Figuren geraten in Situationen, in denen die Symmetrie zwischen ihrer inneren und der neuen äußeren Wirklichkeit zerbrochen ist und erst wieder errichtet werden muss. Die interkulturelle Identität wird als ein Kontinuum begriffen, in dem Fremde sich lediglich im Ausmaß ihrer Interkulturalität unterscheiden. Die interkulturellen Identitäten können als eine dritte Kraft begriffen werden, die mehr als eine Perspektive offenlegen und sowohl über die ursprünglichen als auch über die fremden Kulturen hinausragen. Interkulturelle Identitäten vermögen es, verschiedene gedankliche Konstrukte zu integrieren, um Raum zu schaffen für den polykulturellen Menschen der gegenwärtigen Weltzivilisation, der fähig ist, die Herausforderungen seiner Zeit zu verstehen und sich ihnen zu stellen.

In der neuen Literatur findet dieser ungeheure Prozess eines interkulturellen Wachstums Eingang, den wir heute durchleben und der ein Maß an Angleichungsfähigkeit fordert, die in einem schöpferischen Vorgang auch augenscheinlich widersprüchliche kulturelle Charakteristika von Menschen unterschiedlicher Religionen und Kulturen miteinander versöhnt, indem sie in ein komplementäres, integrales Ganzes gefasst werden. Es entsteht jene neue Selbsteinschätzung, die von der Einsicht in die Relativität der Werte und zugleich der Universalität der menschlichen Kultur getragen ist. Gefordert ist eine angleichende Umformung, die das kulturell Hybride der eigenen Persönlichkeit als Stärke und nicht als Schwäche begreift. Entscheidend ist, dass die Zugehörigkeit zu zwei oder mehreren Kulturen die Persönlichkeit nicht verflacht, sondern, im Gegenteil, sie um die Traditionen der jeweils anderen Kulturen bereichert. Bei der Akkulturation geht die ursprüngliche Kultur zwar verloren, zugleich aber werden neue kulturelle Merkmale hinzugewonnen. Der Mensch der Gegenwart kann nicht mehr kulturell unflexibel bleiben. Seine Stärke kann nur darin bestehen, an den Herausforderungen durch Veränderung seiner selbst zu wachsen. Bei diesem Prozess hat kein kultureller oder religiöser Wert universelle Gültigkeit, diese zentrale Thematik findet überall in der neuen Literatur Beachtung. Trotz der Einsicht in den kulturellen Relativismus wird die Suche nach menschlichen Werten angestrebt, die eine Brücke schlagen können zwischen den Kulturen und Religionen und ihren politischen Antipoden. Hier liegt nicht zuletzt die globale Bedeutung der neuen Literatur. Die transkulturellen Werte gehorchen sicher keiner Tradition eines falschverstandenen Kolonialismus oder gar eines imperialistischen Diktats, sondern entscheidend ist, im Anderen das Selbst zu erkennen und umgekehrt. Der Blick der Literatur muss auf die universalen Elemente gerichtet sein, die in jeder Kultur vorhanden sind, in der Sphäre der Ideen ebenso wie in dem Reich der Fakten. Die Literatur geht auf die Suche nach Vergleichbarem innerhalb der Verschiedenartigkeit der Kulturen; in der Musik würde man von Variationen eines Themas sprechen. Das Andere ist immer auch ein Ich.

Die Menschen unterscheiden sich aus anthropologischer Sicht hinsichtlich ihrer Zeitauffassung, ihres Naturverständnisses, ihrer Haltung zum Übernatürlichen und zum Tod. Bereits Claude Lévi-Strauss sprach von den verschiedenen Auffassungen der Würde in Orient und Okzident, in Afrika und Lateinamerika. André Malraux erkannte die verschiedenen Formen der Rationalität, die funktionale des Westens, die auf mathematisches und analytisches Vermögen gründet, gegenüber der des Orients, die den Tod als Merkmal der Endlichkeit keineswegs tabuisiert und so eine besondere Würde kennt. Zugleich kennt aber der Orient, etwa im Konfuzianismus und Shintoismus, eine nichtaristotelische, kreisende Rationalität, die nicht über den abendländischen linearen Charakter verfügt. Der entstehende interkulturelle und interreligiöse Dialog vermag die Thora mit dem Koran, den achtfachen Weg des Buddha mit der christlichen Transzendenz zu verbinden. Der Dialog entsteht nicht trotz, sondern wegen der Pluralität als identitätsstiftendes Merkmal.

In gewisser Weise führt die neue Weltliteratur diese Tradition der Fähigkeit zum Dialog fort. Das Fremde wird zu einem relativen Begriff. Gerade die tiefere, weil transkulturelle Sicht erlaubt, Brücken zu schlagen. Ein persönliches Engagement ist gefordert, das objektive Erkenntnis der religiösen und kulturellen Wirklichkeit und subjektive kulturelle Erfahrungen paart, wobei sich beide Ebenen ergänzen und bereichern. Dies ist für die polyzentrische Gegenwart von großer Bedeutung. Die Ansicht setzt sich in der neuen Literatur durch, dass die kulturell-religiöse Verständigung den politischen Friedensmöglichkeiten vorauseilt. In diesem weltpolitischen Rahmen liegt die ethische Richtgröße der neuen Literatur.

In Essays und Prosa wird zum Ausdruck gebracht, dass die Weltzivilisation der Gegenwart keinen dogmatischen Charakter haben darf, dass sie nicht zentralistisch, sondern pluralistisch aufgefasst werden muss, friedensstiftend durch Kooperation, dialogisch in allen Lebensbereichen.

Dieser Dialog soll nicht allein ein spiritueller Dialog sein, sondern eine philosophisch-theologisch-praktische Auseinandersetzung zwischen den Kulturen, wobei die Forderung nach politischen Maßnahmen explizit geäußert wird. Schließlich geht es um nichts Geringeres als um die Errichtung eines Weltethos, das sich in weiter Ferne am Horizont abzeichnet. Hierin liegt die Chance der neuen Weltliteratur, aber auch ihre Weitsicht, ihr *Kairos* und ihre poetische Signifikanz.

Gibt es ein Weltdorf? Die Globalisierung ist nur die Oberfläche der Wirklichkeit

Seit fünf Jahrhunderten verbreiten sich die ursprünglich in Europa entstandenen Normen in der Welt. Durch die multimediale Vernetzung der Welt beschleunigt sich dieser Prozess dramatisch. Man kann von einer Universalisierung des westlich-abendländischen Zivilisationsmodells sprechen.

Die internationalen Finanzmärkte weisen heute dieselben vier Qualitäten der modernen Technologie auf, die auch den virtuellen Multimedia-Realitäten eigen sind: Planetarität, Permanenz, Immaterialität und Unmittelbarkeit. Hier gleichen die Finanzmärkte von Hongkong bis London, von New York bis Tokio, die 24 Stunden am Tag operieren, dem »Information Highway« mit CNN, MTV, Microsoft, Time-Warner und Disney.

Es gibt auf der einen Seite eine faktische Vereinheitlichung der Welt, etwa durch das Bild, durch die Satelliten, durch das expandierende Internet und die virtuellen Realitäten, kurzum, durch das Multimedia, durch die modernste Kommunikationstechnologie, die in das entlegenste Dorf des brasilianischen Nordostens vordringt. Bilder aus Afrika, aus dem Hochland Burmas oder aus Bhutan werden in Bruchteilen von Sekunden übermittelt. So könnte man auf den ersten Blick meinen, dass sich überall auf der Welt universelles Bewusstsein herausbilden müsste, verbunden mit Beigaben wie dem Verständnis für den anderen, für das »Fremde« schlechthin, der Kenntnis des Unterschieds, ja vielleicht sogar einer gewissen Solidarität mit dem anderen. Tatsächlich erleben wir das Gegenteil. Die Weltreligionen werden fundamentalistischer. Radikalisierungen und Konfrontationen nehmen zu.

Je stärker sich die Welt technisch und medial homogenisiert, desto stärker balkanisiert sie sich ethnisch-religiös und politisch. So behält McLuhan mit seiner Vision der Welt als »global village« nur bedingt Recht. Zweifelsfrei gibt es eine vereinheitlichende Zirkulation von Bildern und Objekten. Aber es handelt sich letztlich um eine falsche, vermeintliche Globalisierung, die unter dem Vorzeichen einiger großer Medienmächte vollzogen wird und nicht wirklichen Austausch hervorruft und folglich ohne wirkliche Reziprozität verläuft. Hier ergibt sich ein Paradox:

Einerseits sind sich die Menschen medial immer näher, zugleich entfernen sie sich geistig-kulturell immer stärker voneinander. Die Vereinheitlichung der Welt vollzieht sich lediglich im Sinne einer Rationalität des Marktes und keineswegs durch Schaffung einer kollektiven Weltidentität, die wirklich vermittelnd und verbindend zwischen den Kulturen und Religionen wirken könnte. Diese Rationalität des Marktes, die sich der Welt mit ihren gewachsenen historische und religiöse Traditionen einebnenden Bildern vehement aufdrängt, fordert den lokalen Widerstand heraus, der seine tiefen archaischen Wurzeln spürt.

In der jüngsten Geschichte hat mit wenigen Ausnahmen der Krieg zwischen Nationalstaaten eine geringere Rolle gespielt als die Bürgerkriege, Guerillakriege, zwischenreligiöse und ethnische Kriege, welche die Oberhand gewinnen. Es handelt sich um vorstaatliche Kriege zwischen Gebilden, die sich auf der Schwelle zum Nationalstaat befinden und sich im Windschatten einer imperialen wirtschaftlichen und militärischen Weltordnung gebildet haben. Es ist hierbei bedeutsam, dass der Begriff der kulturellen und religiösen Identität nicht mehr alleine anthropologischen Charakter hat, sondern immer stärker politisch ausgedeutet wird.

Wir erleben heute eine Moderne im Sinne des Westens, die von allen Seiten von archaischen Traditionen eingekesselt wird. Wollten uns die Historiker und die Soziologen seit einem Jahrhundert nicht weismachen, dass der wissenschaftliche Fortschritt, die industrielle Entwicklung und die steigende multimediale Kommunikation die nationalistischen Überhöhungen und die religiöse Intoleranz einebnen werden? Das Gegenteil ist eingetreten. Die großen metropolitanen Zentren, die in ihrem eigenen Verständnis nach Weltherrschaft streben, stoßen auf indigenen Widerstand, der sich in Form von Nativismus, Regionalismus, säkularem und religiösem Nationalismus und Separatismus äußert. Der westliche Metropolitanismus und der Nationalismus der Staaten der Peripherie nähren sich gegenseitig. Der Konflikt liegt auf der Hand: Auf der Welt gibt es rund 190 Nationalstaaten, zugleich aber mehrere tausend Kulturen mit ihren unterschiedlichen Religionstraditionen. Der Nationalismus, den wir heute erleben, im weiten Raum der ehemaligen Sowjetunion wie in den arabischen Staaten oder in Asien, ist wesentlich der Versuch einer Wiederherstellung von Gemeinschaft, Bekräftigung der Identität, ja es lässt sich von einer Mobilisierung zum politischen Kampf gegen eine westliche Herrschaft sprechen, in Lateinamerika, Afrika, natürlich in China, Burma, Indonesien und Malaysia.

Eine Vielzahl bürgerkriegsähnlicher Unruhen resultiert aus der Nichtanerkennung der kulturellen und religiösen Vielschichtigkeit. In Jugoslawien, Transkaukasien, Ruanda und Burundi, in Pakistan, Indien und Sri Lanka, um nur wenige Beispiele zu nennen, stoßen wir auf dieses Phänomen. Religion und Ethnizität sind als Ursache von Konflikten immer in Verbindung mit dem Bewusstsein einer nationalen Identität zu betrachten. Hier kommen die Verbindungen zwischen Minderheiten und Mehrheiten ins Spiel. Beispiele gibt es viele: etwa der Konflikt zwischen Hindus und Muslimen in Indien, zwischen Schiiten und Sunniten im Irak und in Pakistan, zwischen Protestanten und Katholiken in Nordirland.

Heute herrscht eine Spannung zwischen der technischen Homogenisierung der Welt und der Bewahrung der kulturellen und religiösen Unterschiede, zwischen den wirtschaftlichen Imperativen und dem geistig-kulturell-spirituellen Aufbegehren. Es gibt ein wirkungsvolles Wechselspiel zwischen dem Aufstieg der religiösen Gründungsmythen und der Tatsache, dass die Industrialisierung antireligiös ist, weil sie den spirituellen Raum verwehrt. Die Monopolstellung der Wirtschaft und ihre zentrifugale Kraft rufen archaische Traditionen im geistig-religiösen Raum hervor. Wirtschaftlich wächst der Planet zusammen, politisch fällt er auseinander. Das Weltdorf durchlebt Nationalismen und Trennungen. Die Zersplitterung erfasst zunächst die großen multikulturellen Staaten, sie macht aber auch vor den ältesten Zivilisationen in Zentral- und Osteuropa und Russland nicht halt. Die kulturell-politische Integration folgt der wirtschaftlichen Integration nicht auf dem Fuße, nirgendwo. Die Geschichte kultureller Unterschiede ermöglicht es nicht nur, zu verstehen, wie bestimmte Völker sich unterscheiden, sondern auch der Frage auf den Grund zu gehen, wie die Kultur insgesamt die wirtschaftliche und soziale Entwicklung beeinflusst. Die Geschichte, die niedergeschrieben wurde, ist die Geschichte von Völkern und Nationen, aber die Prägemerkmale, die dabei entstehen, sind die von Kulturen.

Selbst in einem technologischen Zeitalter ist die Technologie als solche nicht so wichtig wie die kulturelle Aufnahmebereitschaft der verschiedenen Nationen. Das Bedürfnis und das Vermögen, sich Technologie zu eigen zu machen, sie entsprechend den kulturellen Voraussetzungen umzuformen, sind von Kultur zu Kultur verschieden.

Die Wirtschaft muss im Zusammenhang mit der umfassenden Frage nach der Selbstorganisation moderner Gesellschaften gesehen werden. Es ist eine starke Konvergenz der ökonomischen und der politischen Welten spürbar. Die Konvergenz der Institutionen seit dem Ende des Kalten

Krieges 1989 hat bezeichnenderweise das Bewusstsein der verschiedenen Völker für ihre kulturelle Ausdifferenzierung geschärft. Heute müssen wir verstehen, worin sich Kulturen unterscheiden. Der internationale Wettbewerb wird künftig, sei es auf wirtschaftlicher oder auf politischer Ebene, immer stärker von kulturellen Faktoren bestimmt sein.

Wirtschaftswissenschaftliche oder politische Diskussionen, die kulturelle Faktoren weitgehend ignorieren, sind fruchtlos. Kulturen sind immer auch ererbte ethnische Gewohnheiten. Clifford Geertz spricht von Kulturen als einem »geschichtlich überlieferten Muster von in Symbolen verkörperten Bedeutungen«, sie seien »ein System ererbter Vorstellungen, ausgedrückt in symbolischer Formensprache, vermittels deren Menschen ihr Wissen über und ihre Einstellung zum Leben entwickeln, mitteilen und festschreiben«. Wir verstehen hier eine Kultur als die Gesamtheit der typischen Lebensformen einer Bevölkerung, inklusive der sie tragenden Geistesverfassung und Werteinstellung. Kultur ist folglich immer auch ein Begriff der politischen und wirtschaftlichen Ordnung. Wirtschaftliche Kriterien können nicht alleine Maßstab für menschliche Würde und Wohlergehen sein. Im Vordergrund muss die Erarbeitung eines Begriffs einer nachhaltig menschlichen Entwicklung stehen.

Wirtschaftliche Entwicklung darf nur als Teil eines größeren Zusammenhangs einer Kultur begriffen werden, sonst hat die wirtschaftliche Entwicklung gleichsam keine Seele. Die Kultur ist folglich nicht in der Rolle einer Dienerin der Wirtschaft, sie dient nicht den Zielen der Wirtschaft, sondern birgt die Grundlage der Ziele selbst in sich.

Kultur ist folglich immer auch Ursprung einer Entwicklung und der Schöpfungskraft des Menschen, sei sie wirtschaftlich, politisch oder geistig. Regierungen können eine Kultur nicht bestimmen, sie sind vielmehr durch sie bestimmt. Die kulturellen Werte, Symbole, Rituale und Institutionen einer Gesellschaft beeinflussen elementar die wirtschaftliche Effizienz und die Aktivität. Eine wirtschaftlich- technologische Entwicklung gegen die kulturellen Werte und Traditionen durchzusetzen, muss zu Fehlschlägen führen.

Kulturen sind keine statischen Einheiten, sondern interaktiv. Sie entwickeln sich gegenseitig weiter. Die Vielheit der Kulturen ist immer auch ein schöpferischer Reichtum. Wie können Technologie und Modernisierung auf der einen sowie Bewahrung von kulturellen Werten und Traditionen auf der anderen Seite in Einklang gebracht werden? Welche Politik fördert nachhaltige Entwicklung, die wiederum Voraussetzung für die Vielheit der verschiedenen Kulturen ist?

Man kann nicht von der Beziehung zwischen Kultur und Wirtschaft sprechen, da die Wirtschaft Teil einer Kultur ist. So sieht es auch die Weltkommission für Kultur und Entwicklung der UNESCO. Kultur ist kein spezieller Aspekt der Entwicklung, wie Marshall Sahlins formuliert, sondern ein Mittel zur Entwicklung schlechthin. Kultur vermag in der Entwicklung ein instrumentelles Element sein, von der Arbeitsethik des Calvinismus bis zum Konfuzianismus Chinas oder zum Shintoismus Japans. Aber es gibt auch noch einen anderen Sinn von Kultur, die Aufgabe der Kultur nämlich als Ziel in sich selbst, als Instanz, die dem Leben einen Sinn verleiht. Kultur hat folglich eine doppelte Aufgabe. Kultur ist keine Dienerin der Ziele, sondern die soziale Grundlage der Ziele selbst. Die Kultur bestimmt, wie Menschen sich zur Natur und zum Übernatürlichen stellen sowie zu ihrer physikalischen Umgebung, zu der Erde und zum Kosmos, zu den Mythologien, zum Tod. Man kann folglich nicht von einer Beziehung zwischen Kultur und Entwicklung sprechen, als lägen hier getrennte Welten vor. Kultur ist nicht nur ein Mittel zum materiellen Erfolg, sie weist vielmehr Ziel und Richtung von Entwicklung in einem politischen wie in einem individuellen Sinn. Sie verbürgt eine menschliche Form.

Die Visionen der Weltpolitik gingen bislang von großen, integrativen, totalisierenden Konstruktionen aus. Nun wird immer offensichtlicher, dass sich die Affinitäten und Unterschiede zwischen Völkern, Staaten und Kulturen mit herkömmlichen Vorstellungen von Tradition, Religion, Identität, Nation, aber auch Gesellschaft und Staat nur allzu unscharf skizzieren lassen. Es kann letztlich in der großen Frage von Universalität und Relativität der Werte nur darum gehen, die Besonderheiten, Individualitäten, Eigenheiten zu berücksichtigen, ohne dabei Zugehörigkeiten und Empfindungen von Verbundenheit aufs Spiel zu setzen. Die mit den Oberbegriffen des »global village« und der schrankenlosen Marktwirtschaft gekennzeichneten Entwicklungen leiteten nicht zu einer Verminderung der Abgrenzung über, sondern, im Gegenteil, zu ihrer Verstärkung. Es muss folglich zwischen konkurrierenden Weltbildern der Gründerreligionen und der Kulturen vermittelt werden. Auch darf auf kulturellem Sektor nicht auf einem fadenscheinigen, falschen Konsensus vertraut werden. Die politische Diskussion und Theorie steht heute vor der Aufgabe, Merkmale des Unterschieds zu beobachten und eine Politik der kulturellen Aussöhnung, des wirklich interkulturellen und interreligiösen Dialogs, ja des intrakulturellen Dialogs voranzutreiben.

Wir stehen heute doch vor einem eigentümlichen Paradoxon: Die Ärmsten der Armen im Süden Madagaskars oder im Nordosten Brasiliens, die jeder sicheren materiellen Grundlage des Lebens beraubt sind, verfügen über eine Lebenskraft, ja eine Fröhlichkeit, ein imaginatives Vermögen und eine Lebensfreude, wie sie die Menschen der Industriekulturen längst verlernt haben. Sie tanzen, wir nicht. In ihrer Kosmologie sind die Toten im Leben anwesend, nicht ausgegrenzt, die Menschen fürchten den Tod nicht, sie spielen mit ihm fast zärtlich, wie Octavio Paz in seinem Werk vom »Labyrinth der Einsamkeit« für die mexikanische Kultur so trefflich beschreibt. Die ärmsten Menschen dieser Welt verfügen über den größten spirituellen Reichtum, sinnliche Erfindungskraft, intuitive Intelligenz, existentielle Größe. Die Weigerung, den anderen zur Kenntnis zu nehmen, sich mit dem Fremden zu versöhnen, ist der schleichende Tod der Industriekulturen. Es kann im strengen Sinne keine Weltzivilisation geben, sondern nur eine Koalition der Kulturen, von denen eine jede ihr eigenes Stimmrecht haben muss. Keine Kultur ist hierbei hermetisch abgeschlossen. Die Vielheit der Kulturen ist vergleichbar der Vielheit in der Biosphäre. Jede Kultur vermag zu gewinnen durch den Vergleich mit anderen Kulturen, gerade wenn sie die eigenen Idiosynkrasien und Besonderheiten feststellt.

Es kann nur darum gehen, wie Wolf Lepenies festhält, den diskursiven Umgang unterschiedlicher Kulturen untereinander zu fördern, um schließlich die Stärkung der Fähigkeit zur Übersetzung fremder Kulturen mit »komparativer Kompetenz« zu erreichen. Dies sollte bereits als Wappnung gegen jene oft beschriebenen Kulturkriege geschehen, die mit den üblichen außen- und sicherheitspolitischen sowie juristischen Ränkespielen und Strategien nicht gelingen kann. Es muss um jene »tiefgreifende mentale Umorientierung« gehen in weiten Kreisen der Weltbevölkerung. Konfliktmanagement und Konfliktdiagnose müssen um die kulturelle Dimension erweitert werden. Kulturelle Differenz muss bejaht werden. Diplomatie und Politik müssen dafür Formen finden. Das wäre eine Perspektive der Friedensstiftung, die gegen die Voraussage eines Konfliktes der Zivilisationen gesetzt werden kann.

Kultur als Faktor der Realpolitik

Die kulturelle Dimension der Globalisierung

Das Ende der starren Umklammerung im Ost-West-Konflikt markiert keineswegs den Neubeginn einer vielleicht gar stabilen Weltordnung, sondern gibt lediglich den Blick frei auf eine grundsätzlich andere Unübersichtlichkeit der Welt. Der Begriff der Modernität zählt hierbei zu der Familie der Theorien, die universelle Anwendbarkeit sowohl erklärt als auch anstrebt.

Einerseits erleben wir die Globalisierung auf dem Feld der digitalen Kommunikation, der Medientechnologien und der Finanzen, andererseits erleben wir – einem anthropologischen Thermostat gleich – eine Fragmentalisierung und Balkanisierung im politischen Bereich durch die ethnisch-religiösen Konflikte weltweit, durch die säkularen und religiösen Nationalismen und die fundamentalistischen Prägungen aller religiösen Schattierungen, die Staaten vom Zerfall bedrohen. Wir begegnen neuen Feindbildern in der Geopolitik und der Geokultur: Es lässt sich gleichsam von einer Ethnisierung der internationalen politischen und wirtschaftlichen Beziehungen sprechen. Die Nationalstaaten verlieren noch im Vergleich zum 19. Jh. an faktischer Souveränität durch die weltweite Virtualisierung der Wirtschaft; der wachsende Strukturwandel schafft gleichsam eine Wirtschaft ohne Standort. Carl Friederich von Weizsäcker prägte bereits den Begriff der ›Weltinnenpolitik‹.

Zugleich sind wir Zeuge der Verelendung und wirtschaftlichen Marginalisierung weiter Teile der Welt, in Afrika südlich der Sahara, aber auch in Teilen Lateinamerikas, etwa gegenwärtig in Ecuador, und in Teilen Asiens und des Vorderen Orients. Die Weltpolitik kreist zunehmend um einen archimedischen Punkt: das Verhältnis zum Anderen, die Verknüpfung von Fremd- und Selbstbildern, wobei moderne Identitäten dezentrierter, schließlich disparater werden. Zum Ausgang des Jahrhunderts sehen wir ein Aufflammen von kollektiven Identitäten und Konflikten weltweit, die verstärkt kulturell-religiöse Merkmale aufweisen,nachdem das identitätsstiftende Feindbild des Ost-West-Dualismus verschwunden ist. Die Tagespolitik beweist, wie widerspruchsvoll die Vorgänge der Globalisierung sind. Die Vorstellung von einer Kultur als identitätsstiftendem Ganzem, als konsensuale Einheit, geht in der Weltpolitik zunehmend verloren. Kulturelle Globalisierung ist heute in den widersprüchlichen Kontext nationalstaatlicher Abgrenzungen und daneben nationalübergreifender politischer, technologischer und wirtschaftlicher Prozesse eingebettet. Es stellt sich heraus, dass Homogenisierung und Differenzierung gleichzeitig stattfinden. Es stellt sich die Frage, wie eine Konvergenz zwischen traditioneller kultureller Erinnerung und technologischer Erneuerung, zwischen traditioneller Kultur und Modernisierung aussehen kann. An der Schwelle zum nächsten Jahrhundert erfahren Milliarden von Menschen kulturelle Identität in einer multipolaren Welt nicht als gesichert, sondern als widersprüchlich und prozesshaft.

Die Großakteure der internationalen Politik und Wirtschaft üben auf die außereuropäisch-amerikanische Welt einen vehementen exogenen Modernisierungsdruck aus. Das Phänomen der Modernisierung ist deswegen ein solch konfliktträchtiger Begriff, weil die herkömmlichen wirtschaftlichen Grundlagen und Werte in Frage gestellt werden. Kulturen und Gesellschaften, die den Modernisierungsschüben ausgesetzt sind, geraten verstärkt mit sich in Konflikt. Dies betrifft besonders die traditionellen Kulturen im Kaukasus, in den islamischen Kulturen, in den noch archaischen afrikanischen Kulturen und in Teilen Lateinamerikas und Asiens. Mentale Brüche steigen eruptiv auf und fordern gleichsam das Menschenrecht auf kulturelle Entwicklung. An der Schwelle zum 21 Jh. sind Kulturkämpfe als virulente politische und wirtschaftliche Auseinandersetzungen über die Frage öffentlicher Ordnung eine weltzivilisatorische Realität. Dies führt zu einer Mobilisierung der Identitätspolitik in allen Gründerreligionen und Kulturen. Das Aufbegehren gegen eine westliche Modernität und die politische Instrumentalisierung der Identität führen zu fundamentalistischen Konflikten, zu den Schreckensbildern von Algier bis Afghanistan, vom Sudan bis Indien. Die wachsende kulturelle Vielschichtigkeit wirft die Frage auf, wie die Welt mit der Vielfalt der Identitäten auskommen soll. Kultur ist verstärkt ein kontroverser ordnungspolitischer Faktor – von Tschetschenien bis zum Kosovo. Auf der anderen Seite führt die Wahrnehmung der Unterschiede zwischen Kulturen erst zu jener Forderung nach der Errichtung jenes interkulturellen Dialogs, der einer staatlich-politischen Regelung vorausgehen muss und folglich weltpolitisch so dringlich ist – vor allem seit das große Schisma aus der Welt zunehmend verschwindet. Die Welt gleicht einem Feld disparater Kräfte, die ihre Kreise ziehen und eine plötzliche, kaum zu bremsende Schubkraft entwickeln. Die Totalität ist außer Kontrolle geraten. Die Globalisierung führte nicht zu einer ›kulturellen Vereinigung‹, wohl aber zu einer technischen Vereinheitlichung, einer Einheitlichkeit ohne wirkliche Einheit. Es entstand keine globale Sicherheitskultur, sondern eine Ansammlung von Möglichkeiten, die verschiedenartige Identitäten erlauben. Es lässt sich der Begriff der ›absoluten Gegenwart‹ prägen: Die heutige Kultur ist nicht mehr die Kultur eines Ortes, sie ist die Kultur einer Zeit. Die fundamentalistischen Tendenzen resultieren wesentlich als Formen eines Antimodernismus. Wir stehen vor einer Politisierung des kulturellen Unterschiedes. Die Kultur des beginnenden 21. Jh. ist in Essenz eine Kultur des Umgangs mit Unterschieden, freilich nicht immer nach dem Diktum des Westens. Kulturelles Selbstbewusstsein wird zum Sprungbrett für politische Feindbilder um der Macht der Identität willen. In den verschiedensten Weltkulturen wird ein Selbstbewusstsein radikalisierender Strömungen entfacht, wobei sich die Suche nach neuen Quellen der Identitäten als universell kennzeichnen lässt. Identität, hier liegt die Gefahr, entsteht immer nur in der Abgrenzung zum Anderen. Die fundamentalistischen Tendenzen sind hierbei die Extremform der Politisierung des kulturellen Unterschieds. Jeder Modernisierungsdynamik entspricht eine eigene Modernisierungslogik. Der Pol der einheitlichen Universalität ist in der Weltzivilisation verloren gegangen, er wurde ersetzt durch die Vielheit der Universalitäten, die miteinander konkurrieren.

Zur kulturgeschichtlichen Voraussetzung der Weltwirtschaft

Solange sich die Weltbörsen nach den Krisen wieder sprunghaft erholen und sich auf hohem Niveau einpendeln, herrscht eine trügerische Ruhe in einem wirtschaftlich gleichsam aseptischen Raum. Die jüngsten Wirtschaftskrisen der letzten Jahre, vor allem 1997 und 1998 in Asien, Russland und Brasilien, die nach Einschätzung führender Ökonomen das internationale Finanzsystem an den Rand einer Weltkrise brachten, führte bei den ›global players‹ zu keiner wirklich tiefen Selbstkritik und einer tiefen Strukturanalyse der hintergründigen Faktoren. Eines wurde freilich deutlich: das zentrale Credo, der Liberalismus der weltweiten Wirtschaftsentwicklung in seiner puren positivistischen Form, war kein unfehlbares Dogma, er konnte in Unkenntnis der kultur- und religionsgeschichtlichen Voraussetzungen nicht in alle Volkswirtschaften der Welt bedenkenlos implantiert werden. Die Werte der Kultur wurden auch für den Fluxus des internationalen Finanzkapitals zur primordialen Voraussetzung. Eine wirklich realistische Einschätzung würde folglich bedeuten, dass alle auf Wirtschaft und Politik einwirkenden Faktoren – somit auch Kultur und Religion – in das Kalkül der Sicherheitsstrategien und Risikofaktoren mit einfließen. Es ist die Rede von einem ›Frühwarnsystem‹ und Roman Herzog sprach sogar von der Kultur als einem ›sicherheitspolitischen Imperativ‹.

Wo liegen die Fehlleistungen, die Versäumnisse der Wirtschaftsgroßakteure, die an die reine Quantifizierung des Menschen in Gestalt der Kapitalströme glauben? Wenige Beispiele mögen für sich sprechen: Lateinamerika etwa hat eine eigene, tiefe Kulturgeschichte, kennt eine starke Metaphysik und Transzendenz seit der katholischen Scholastik des 16. Jh., Brasilien weist zudem afrobrasilianische Kulte wie Macumba und Condomble auf, die Millionen von Menschen in den Bann ziehen, welche die Arbeitsethik, die Logiken des Denkens und Handelns faktisch anders gestalten als die empirische und pragmatische sowie diesseitige Kultur des Kalvinistischen Nordamerikas mit dem Gedanken der Gnadenwahl seit dem 17. Jh. und dem Erbe des Naturrechts John Lockes mit seiner Begründung des individuellen Eigentumsrechtes. Es liegt auf der Hand, dass dort ganz andere Voraussetzungen für die Akzeptanz moderner, analytischer Technologien liegen.

Wir müssen uns doch die ebenso einfache wie elementare Frage stellen: Warum ist eine Entwicklung in Europa oder Nordamerika möglich, die in Kenia, in Saudi-Arabien oder in Brasilien so nicht oder nur anders möglich ist? Es geht darum, alle denkbaren Faktoren, die staats- und wirtschaftstragende Bedeutung haben, wirklich zu verstehen, auch für die Finanzanalysen. Die Dimension der Kulturgeschichte erweist sich als realpolitisch unterschätzt und zugleich unverzichtbar, um dem tatsächlichen inneren Movens einer Gesellschaft und ihrer Wirtschaft näher zu kommen. Die Probleme der Weltfinanzen von 1997 und 1998 sind keineswegs geregelt, im Gegenteil, sie wurden nur verdeckt, verdrängt bis zur nächsten Krise, die – hier sind sich die Analysten einig – weit schwerwiegender ausfallen wird. Es ist erstaunlich und bedrohlich zugleich, wie wenig die ›global players‹ aus den Krisen lernen. Die präventiven Kreditlinien, die durch die Weltbank und den IWF gewährt wurden, treffen die Auswirkungen, nicht aber die Ursachen der Probleme. Es wurde Maniküre am System geübt, ohne dass man Strukturmaßnahmen ergriff, um die vor allem langfristig wirksamen, hintergründigen kultur- und religionsgeschichtlichen Voraussetzungen mit ins Kalkül zu ziehen, wodurch das Unvermögen zur Selbstkritik seitens der finanziellen Großakteure zutage trat, ganzheitliche Perspektiven zu berücksichtigen. Von einem geopolitischen Standpunkt bietet die Welt heute das Bild einer großen Unordnung. Auf der einen Seite steht der Anstieg der wirtschaftspolitischen Einheiten auf regionaler Ebene, vom Mercosur bis zur Europäischen Union, von der APEC bis zur NAFTA. Auf der anderen Seite streben die Minoritäten nach politischer Macht und verlangen ihre Unabhängigkeit. Die Mehrheit der Konflikte zu Ende des Jahrhunderts von Algerien bis Albanien, Tschetschenien bis Bosnien, Kurdistan bis Afghanistan, vom Sudan bis Ruanda oder Ost-Timor sind innerstaatliche Auseinandersetzungen. Zudem wächst die wirtschaftliche Ungleichheit zwischen Nord und Süd, wobei 20% der Weltbevölkerung 80% des Einkommens auf der Welt auf sich vereinen.

Die Finanzmärkte spannen ein unsichtbares virtuelles Netz über den Planeten. Kein Staat kann sich mehr vom Rest des Planeten isolieren. Es ist nicht mehr zu ignorieren, dass wir eine Periode der Brechungen, der Neuzusammensetzung der geostrategischen Macht erleben, der ökonomischen und politischen Akteure, vor allem der kulturellen Kräfte. Immer stärker machen sich Alarmzeichen an Stelle der großen Hoffnung auf eine neue Weltordnung bemerkbar. Sie war eine Totgeburt, wie man heute weiß. Die Volkswirtschaften bewegen sich an der Grenze der Unberechenbarkeit. Auf dem Wege ins nächste Jahrhundert kann jeder nur feststellen, dass die Unsicherheit die einzige Gewissheit geworden ist. Die tiefe Strukturkrise der Entwicklungsgesellschaften offenbart, wie schmerzhaft der Übergang zur Moderne ist. Im Namen des totalen Weltmarkts erfassen Gesetze den gesamten Planeten. Die pulsierenden virtuellen Geldströme gehorchen einzig dem Imperativ einer ökonomischen Rationalität, einem Organismus ohne Herz- und Körper, wobei das Volumen der finanziellen Transaktionen zehnfach höher ist als der reale Handelsaustausch. Es ist äußerst bedrohlich, in welchem Maße die Finanzökonomie die reale Ökonomie überragt und sich von der demokratisch legitimierten Macht und Verantwortung abgelöst hat. Zwei Parameter der Weltmacht verkörpern die Pfeiler, auf denen die Welt gegenwärtig ruht: der Markt und die Kommunikation. Planetarität, Permanenz, Unmittelbarkeit und Immaterialität sind die bestimmenden Phänomene der digitalen und globalen Epoche. Wir erleben eine Eklipse der Vernunft und eine Flucht in immer unfassbarere politische und wirtschaftliche Unwägbarkeiten, denen eine Implosion droht, weil die großen historischen Bifurkationen sich nicht in die Zukunft extrapolieren lassen. In Anlehnung an Alexis de Tocquevilles Begriff von der Tyrannei der Mehrheit lässt sich heute von einer Tyrannei des Marktes und der Kommunikation sprechen.

Die anthropologische Perspektive und die kulturelle Dimension der Entwicklung

Warum ist ein Paradigmenwechsel bei der Beobachtung von Politik und Wirtschaft unter dem Gesichtspunkt der Realpolitik also unverzichtbar? Welche Einsichten gewinnen wir durch eine Öffnung auf die kulturell-anthropologische Dimension von Wirtschaft und Politik?

Eines der auffallendsten Merkmale menschlichen Lebens ist die außerordentliche Diversität der Lebensformen. In der Anthropologie herrscht die Übereinkunft, diese Vielheit mit dem Begriff der ›Kultur‹ zu erfassen. Fragen der Kultur haben folglich damit zu tun, wie und warum Menschen sich in den Lebensformen unterscheiden, was in den Versuch einer Bestimmung der Humanität der Spezies mündet. Die anthropologische Perspektive erfasst in einer holistischen Weise die Lebensbereiche der Gesellschaft, Politik und Ökonomie unter dem Oberbegriff der Kultur und knüpft Verbindungen zwischen der biologischen Verfassung des Menschen und seiner historischen und kulturellen Dimension. Unter Kultur ist immer die Gesamtheit der materiellen und ideellen Lebensformen einer Gesellschaft zu verstehen. Im Hinblick auf die notwendige Tiefendurchdringung einer langfristig erfolgreichen Wirtschafts- und Entwicklungspolitik gilt es, jene kulturellen Dominanten herauszuarbeiten und daraus operationale ›Planungselemente‹ abzuleiten. Immer häufiger wird von den Großakteuren der Politik und Wirtschaft die Erfahrung gemacht, dass technisch ›korrekt‹ geplante Vorhaben der Entwicklungspolitik ihr Ziel nicht oder kaum erreichen, dass mangelhafte Effizienz den Entwicklungserfolg vereitelt. Dies legt den Schluss nahe, dass bei den bisherigen Planungen besondere Bedingungen, die technisch nicht leicht erfassbar sind, aber entscheidende Auswirkungen haben, vernachlässigt werden. Hier treten die kulturellen Faktoren auf den Plan, die weniger eine statistische Reihe als ein flexibles symbolisches System bilden, das jeweils entwicklungsfördernd oder hemmend wirken kann. Nur durch gezielte Analysen des kulturellen Umfelds ist die Nachhaltigkeit von Projektmaßnahmen der Entwicklungs- und der Wirtschaftspolitik gesichert. Kulturen können nur aus sich selbst heraus begriffen werden, es gilt, sie auf Grund ihrer eigenen Wertmaßstäbe zu verstehen. Kultur ist weniger ein Produkt des Menschen und seiner geistigen Aktivitäten, vielmehr ist der Mensch ein Produkt seiner Kultur. Auch die Ökonomie hat davon auszugehen, dass jede bekannte Realität kulturelle Realität ist in den prägenden Werten, wie sie in den Logiken des Denkens und Handelns zum Ausdruck kommen, ebenso in der Wahrnehmung, der menschlichen Erfahrung und folglich in den Aktionen, auch den wirtschaftlichen. In welchem Maße diese jahrhundertealten Traditionen Einfluss ausübten, mussten westliche Ökonomen etwa in Russland nach dem Zusammenbruch der Sowjetunion feststellen, als sie nach Jahren der Implantierung ›kapitalistischer Marktwirtschaft‹ jäh erkennen mussten, dass die endogenen Strukturen keineswegs bereit waren für eine solche Schocktherapie. Zwischen der kulturellen Verschiedenheit und dem unterschiedlichen Entwicklungsstand von Volkswirtschaften besteht ein reziprokes Verhältnis, eben auf Grund der kulturspezifischen Entwicklungsprozesse und Ziele. Kultur erscheint als virtuell unendliches Archiv von Unterschieden. Zu Beginn des 21. Jh. stehen wir vor dem Phänomen des Hervortretens einer postnationalen politischen Ordnung, zugleich von Valorisierungen kultureller Unterschiede, oder besser: von dem Phänomen des Unterschiedes schlechthin. Möglicherweise entstehen keine homogenen Einheiten mehr, wie sie das System der Nationalstaaten hervorbrachte. Heterogene Einheiten werden an Macht gewinnen, kulturelle Gruppierungen wie die Latinos in Amerika oder die Chinesen in Singapur, auch Interessengruppen wie die wachsende Anzahl der NGO's und anderer Rechtskörperschaften, und es wird nicht leicht sein, angesichts der Heterogenität ein verbindliches Maß an Konventionen und Gesetzen zu schaffen.

Ökonomie ist folglich das Ergebnis der kultur- und religionsgeschichtlichen Traditionen; es kann keine losgelöste universelle Rationalität geben, auch nicht für die Anwendbarkeit der Ökonomie. Hier liegt der Nexus zur Anthropologie. Wenige Beispiele mögen genügen. Warum ist die Sparrate in Singapur 50%, in Mexiko hingegen nur 9%? Inwieweit hat die konfuzianisch-asiatische Tradition einen Einfluss gegenüber einer überwiegend katholischen Kultur? Die Logiken des Denkens und Handelns sind raum- und zeitspezifisch. So wäre auch für internationale Investment- und Standortentscheidungen sowie für die Einstufung der führenden ›Rating‹ Organisationen und die Länderrisiken (Country Risk) ein geokultureller Weltatlas wünschenswert, um Risiken wirklich dauerhaft und genau erfassen zu können. Kulturen können vergangenheits- oder zukunftsorientiert sein, wovon Investitionsfreudigkeit und Risikobereitschaft hintergründig abhängen, sie können auf den ›Seins‹-Zustand des Hier und Jetzt konzentriert sein, gleichsam selbstgenügsam in der Kontemplation, oder stark handlungsbetont. Hiervon hängen Erfindungskraft, unternehmerische Dynamik, das Vermögen zur Technologie und zur Organisation und das Investmentverhalten ab. Vor allem die

Kompatibilität von Technologie und Kultur und Religion ist entscheidend. Es ist ein wesentlicher Unterschied, ob Technologie in Lateinamerika akkulturiert werden soll mit einer starken transzendentalen Kultur seit der katholischen Scholastik des 16. Jh. mit ihrer Arbeitsethik, in Indien mit dem Gedanken des Karma und der Wiedergeburt und seinen Auswirkungen auf die Organisation von Arbeit, in Japan mit der Tradition des Shintoismus und dem Konsensus-Prinzip der Entscheidungsfindung oder in der nordamerikanisch-calvinistischen Kultur des puritanischen Erbes einer ›city upon a hill‹, des ›manifest destiny‹ und der Vorstellung des diesseitigen materiellen Erfolges mit jenseitiger Gratifikation. Es ist evident, dass die stets emprisch-analytisch-logische Technologie westlicher Prägung sich zu einer synergetischen Kraft verbündete mit dem Pragmatismus der amerikanischen Geistesgeschichte von William James bis John Dewey oder zum Sozialdarwinismus eines Herbert Spencer im 19. Jh. Einen solchen kennt etwa die Geistesgeschichte Lateinamerikas nicht, die über vier Jahrhunderte metaphysisch-jenseitig ausgerichtet war, noch im 20. Jh. von Jose Vasconcelos in Mexiko bis Faz Britto in Brasilien. Warum ist dies für die Ökonomie von Wichtigkeit? Weil sich in der Geistesgeschichte wie in einem Brennspiegel die Wertstruktur einer Kultur konzentriert und gesamtgesellschaftlich bedeutsam wird. Jede Volkswirtschaft hat ihr eigenes ›kulturelles Kapital‹. Wirtschafts- und Entwicklungspolitik sind mehr als ein bloßer technologischer Transfer. Die unkritische Übernahme der Entwicklungskriterien von den industriellen Gesellschaften führt in den ›emerging countries‹ oft zu konkreten Fehlleistungen. Verschiedene kulturelle Faktoren sind entscheidend: die religiösen Grundstrukturen, das Gottesbild, die Mythen, in Afrika etwa der Ahnenkult, von Madagaskar bis Nigeria, das Verhältnis des Menschen zur Natur, zum Übernatürlichen und zum Tod,die Einstellung zur Umwelt als Voraussetzung eines ökologischen Selbstverständnisses, das Verhältnis zur Zeit, zu Grund und Boden, zum Eigentum, zur Anerkennung von Autorität und Herrschaft, zu Gewinnstreben, Wachstum und Leistung, zum Neuen schlechthin, was auf die technische Innovationsbereitschaft schließen lässt, der Sinn für die Zukunft, das Vermögen zur Elitebildung, die Formen der Entscheidungsfindung.

Bei all diesen Faktoren muss die Frage geklärt werden, inwieweit sie für die Entwicklung eines Staates und seiner Volkswirtschaft hinderlich oder förderlich sind. Entwicklung ist nur in der Gesamtheit eines kulturellen Erneuerungsprozesses möglich und dauerhaft, sonst bleibt sie von den entscheidenden Lebenslinien des Menschen abgesondert, ist sie nicht integriert, sondern fragmentalisiert und kann fundamentalistische und antimodernistische Tendenzen hervorrufen wie seit Jahren etwa in Algerien oder im Iran. Wirtschafts- und Entwicklungspolitik können nur gelingen, wenn auf operativer Ebene die kulturellen Faktoren herauskristallisiert werden. Nicht immer sind die Kulturen der ›emerging countries‹ mit einem linearen Verständnis von Geschichte und Fortschritt kompatibel, wie es die Entstehungsgeschichte des Westens prägte, von Herodot bis Thykidides, von Vico bis Herder, von der Renaissance, der Aufklärung bis hin zur Geschichtsphilosophie Hegels. Es geht nicht um Wertung, sondern den Versuch des Verstehens, auch eines zyklischen Geschichtsverständnisses.

Kultur ist nicht ornamental für die Entwicklung, Kultur ist mehr als bloße Folklore: Sie ist eine entscheidende vektorielle Kraft. Es kann nur um eine integrierte und integrale Entwicklung gehen; Technologie ist nicht neutral und muss im Einklang mit Kulturtraditionen angeglichen werden, soll sie nicht die kulturelle Identität und letztlich die staatstragenden Institutionen zerstören. Technische Homogenisierung bedroht die historisch gewachsene Vielheit der Kulturen, verursacht Standardisierung und Uniformierung aller Lebensbereiche, welche die gesamte Menschheit in ihrem Bestand herausfordern. Ernest Gellner hat zu Anlass des 150. Geburtstags des ›Royal Anthropological Institutes‹ in London trefflich formuliert: Wo Politologen und Ökonomen in der Analyse nicht mehr weiterkommen, sind die Anthropologen aufgerufen, Antworten auf die drängenden Probleme zu finden. Dies setzt freilich voraus, dass sich die Anthropologie zum Studium der gesamten Menschheit bekennt und nicht nur der ›anderen Kulturen‹. Heute ist Modernität ein globales Phänomen, es gibt keine Nischen mehr, folglich dürfen sich Anthropologen nicht mehr auf das Exotische der ›rückständigen Kulturen der Dritten und Vierten Welt‹ zurückziehen.

Interkulturalität als realpolitische Friedenssicherung

Was folgt aus dieser Besinnung auf den Begriff der Kultur für die Politik in der Weltzivilisation der Zukunft? Was können wir aus den Erkenntnissen der Evolutionslehre, die den Menschen als Kulturwesen begreift, für die Politik und Wirtschaft lernen? Der Mensch kann nach heutigem Kenntnisstand nur durch eine Gen-Kultur-Coevolution begriffen werden, die ein Paradoxon zutage fördert: Zur gleichen Zeit, in der Kultur entsteht aus der menschlichen Aktion, entsteht menschliche Aktion aus der Kultur. Gene schreiben epigenetische Regeln vor, welche die Wahrnehmung für mentales Vermögen sind und ihrerseits den Erwerb von Kultur kanalisieren. Im Vergleich zu rein biologischen Mutationen reicht die Kulturgeschichte des Menschen als Ausdruck des symbolischen Verhaltens, der ausgeprägten Sprache, der technischen Erfindungskraft und dem Austausch von Beziehungen zwischen Gemeinschaften in der Evolution als beschleunigter Wandel verstärkt 20.000 bis 25.000 zurück, als die Verluste und Gewinne des höheren Paläolithikums konsolidiert waren. Dies war eine Zeit der raschen Diffusion, der schnellen Erfindungskraft, der großen künstlerischen Leistung, durch den Faktor der Kultur erhielt die rein genetische Evolution eine neue Schubkraft.

Welche Schlüsse lassen sich aus dieser Tiefenperspektive für die Neubestimmung des Verhältnisses der Kulturen in der Weltzivilisation des 21. Jh. ziehen? Vor allem eine Folgerung: Den politischen Allianzen und wirtschaftlichen Kooperationen muss der Dialog der Kulturen und Religionen vorausgehen. Dies haben weitsichtige Analytiker von Georges Dumézil und Claude Lévi-Strauss bis zu dem Ökonomen Amartya Sen als friedensstiftende Verpflichtung bereits prognostiziert.

Freilich, dieser Dialog ist heute gefährdeter denn je, auch der Westen wird in ihn eintreten müssen, das Alleinbestimmungsrecht lässt sich nicht mehr aufrechterhalten.

Der interkulturelle, besser, der intrakulturelle Dialog wird zur Existenzmetapher einer künftigen Realpolitik. Man sollte deshalb heute und in Zukunft von einem Multiversum der Kulturen sprechen. Es ist unerlässlich, über das Verhältnis der Kulturen neu nachzudenken, auch mit Blick auf eine neue politische Weltordnung, soll sie tief- und langfristig eingebettet sein und nicht nur im artifiziellen Raum strategisch-militärischer Konstruktion von zweifelhafter Rechtfertigung verharren. Dies erfordert eine gleichberechtigte Erweiterung des Rationalitätskonzeptes und des Bewusstseinsbegriffs. Eine Balance, die sich einzig auf militärische Strategie begründet, wird nicht für eine dauerhafte Friedenssicherung ausreichen. Der Mensch ist nicht nur Mitglied von Staaten, sondern vor allem von Kulturen und Religionen auf der langen Reise seiner Evolutionsgeschichte, hier liegen die Tiefenstrukturen für jede langfristige Lösung.

Eines zeichnet sich bereits ab: Die rigide, materiell-wirtschaftliche Globalisierung führte keineswegs zu einer friedlichen Vereinigung der Menschheit, wie man uns glauben machen wollte, sondern nur zu einer bedrohlichen Vereinheitlichung. Wir müssen andere Wege einschlagen. Eine Kultur ist universal nicht im Sinne eines Absolutheitsanspruches, sondern im Sinne der Offenheit zur Welt. Die eigene Kultur gestaltet sich immer in der Auseinandersetzung mit anderen Kulturen, der Andere ist immer auch ein Ich.

Wir erleben heute eine gleichzeitige Vergegenwärtigung aller Kulturen und Staaten der Welt – zum ersten Mal in diesem Ausmaß in der menschlichen Geschichte. Dem muss in der globalen Ordnung Rechnung getragen werden. Die Welt ist gekennzeichnet in nie bekannter Weise von einem interkulturellen Wachstum, das ein hohes Maß an Angleichungsfähigkeit fordert. Auch widersprüchliche kulturell-religiöse Charakteristika müssen vereint werden, um Konfrontationen zu vermeiden, stets auf der Suche nach jenem komplementären Element, welches das integrale Ganze umfasst. Zwischen den Weltkulturen und Religionen müssen vergleichende Elemente herausgearbeitet werden, die zu vermitteln helfen. Die Weltzivilisation des 21. Jh. darf keinen dogmatischen Charakter haben, sie muss dialogisch begriffen werden, nicht zentralistisch, sondern interkulturell in allen Lebensbereichen.

In letzter Konsequenz stellt sich die Frage nach dem Verhältnis von Einheit und Vielfalt in der planetaren Weltzivilisation der Zukunft. Sie besteht aus einem geordneten Ganzen verschiedener Teile: das Ergebnis einer historischen Diversifikation, die durch Integration im Gleichgewicht gehalten werden muss. Dieses Gleichgewicht ist heute in Gefahr, da wir über 190 Nationalstaaten in den Vereinten Nationen haben, aber mehrere Tausende von Kultur- und Religionstraditionen, die folglich keineswegs kongruent mit den Staaten sein müssen. Es stellt sich an der Schwelle zum 21. Jh. die Herausforderung des weltgeschichtlich neuartigen Verhältnisses globaler Interkulturalität. Der Internationalismus der Weltwirtschaft kann auf Dauer nur Erfolg haben, wenn wir uns vertieft mit der Pluralität der Weltkulturen auseinandersetzten und der geschichtlichen Welten in jener ›absoluten Gegenwart‹, die sich nicht mehr auf einen Ort konzentriert, sondern auf eine Zeit, die uns alle verschlingt.

Das 21. Jahrhundert muss erweisen, ob wir diese Aufgabe politisch bewältigen, ob wir die Einsicht umsetzen können, dass Kulturen ihre Individualität erst durch die Begegnung mit anderen Kulturen entfalten und gestalten können. So könnte sich eine Vorskizze einer Interkulturalität als realpolitische Friedenssicherung abzeichnen, letztlich Voraussetzung des Überlebens des Menschen schlechthin. Die Begegnung von Religionen und Kulturen ist im universalhistorischen Prozess kein neues Phänomen, auch nicht das Verhältnis von Technologie und Kultur. Dennoch schärfen sich beide in der Weltzivilisation des neuen Jahrhunderts zu und stellen sich mit einer unabdingbaren politischen Dringlichkeit dar – in jedem geostrategisch wichtigen Teil der Welt.

Die Evolutionsgeschichte erlaubt den Ausblick auf eine Künftigkeit, da sich hinter allen Religionen und Kulturen letztlich eine menschliche Einheit verbirgt.

Der kosmische Krieg

Ein Rückblick auf die letzten Jahrzehnte des 20. Jahrhunderts und ein Vorausblick auf das beginnende Jahrhundert lassen keinen Zweifel aufkommen: Das Phänomen der Religion entflammt immer mehr Staaten und Kulturen der Welt. Kriege zwischen Nationalstaaten spielen eine immer geringere Rolle im Vergleich zu Bürgerkriegen, Guerillakriegen, ethnischen wie zwischenreligiösen Kriegen, welche die Übermacht gewinnen. Wir erleben gleichsam balkanisierte Konflikte vorstaatlicher Gebilde, die auf dem Wege zum Nationalstaat sind und sich im Windschatten einer globalen wirtschaftlichen und militärischen Weltordnung herauskristallisiert haben. Das Phänomen der Religion verdeutlicht, dass kulturelle und religiöse Identität nicht mehr nur anthropologische Begriffe sind, sondern in der Realpolitik des kommenden Jahrhunderts stärker sicherheitspolitisch verstanden werden müssen.

Die Verschwisterung von Glaube und Nationalstaat

Es soll hier nicht erörtert werden, welcher Begriff das Phänomen am trefflichsten umreißt. Man mag es Fundamentalismus nennen oder religiösen Nationalismus, Extremismus, Ultraorthodoxie oder Neotraditionalismus. Die Resultate bleiben gleich. Der Begriff des Fundamentalismus hat seinen Ursprung in den Konflikten der Baptisten um das Jahr 1920 in den USA. Er wurde im heutigen Diskurs zu einem Schlagwort, die politische Auswirkung freilich kehrt in Gestalt religiöser Gewalt immer zurück. Es kann nur um ein tiefes Verstehen dieses Glaubens- und Verhaltensmusters gehen, das heute weltweit zum Ausdruck kommt. Manifestationen finden sich in den USA, in Israel, Ägypten oder in China. Militante Aktionen gibt es unter den Buddhisten in Sri Lanka, wo der Fundamentalismus eine andere Gestalt annimmt als bei den Abtreibungsgegnern der ›Operation Rescue‹ in Wichita, Kansas. Augenscheinlich gibt es auch keine Zusammenhang zwischen den religiösen Guerillakämpfern der Taliban in Afghanistan und den religiösen Zionisten der Gusch Emunim in den Siedlungen der West Bank. Auch Hindu-Nationalisten sind im Kampf mit den moslemischen Nachbarn in Pakistan. Religiöse Gewalt kann sehr verschiedene Formen annehmen. Die Bomben der Selbstmörder in der Ben

Yehuda Shopning Mall in Jerusalem im September 1997 sind nur ein Zeichen etwa im Vergleich zu den ethnischen Schießereien in Kalifornien und Illinois 1999, den Angriffen auf die amerikanischen Botschaften 1998, die Bombardierung von Abtreibungskliniken in Alabama und Georgia 1997, die Bombenexplosion während der Olympiade in Atlanta, die Zerstörung des Militärkomplexes in Dharain, Saudi-Arabien 1996, die tragische Zerstörung des ›Federal Building‹ in Oklahoma City 1993. Auch Europa ist erfasst, in Frankreich explodierten Bomben algerischer islamischer Aktivisten in der Metro, in England sprengten katholische irische Nationalisten Lastwagen und Busse in die Luft. In Japan tötete die Hindu-buddhistische Sekte Aum Shinrikyo mit ausströmendem Nervengas Fahrgäste einer U-Bahn. In Indien erfahren wir einen Bombenanschlag sowohl der Kashmiri-Separatisten als auch der Sikhs, in Colombo werden – wie in anderen Teilen Sri Lankas – ganze Stadtteile von Tamilen und singhalesischen militanten Gruppen zerstört, in Ägypten hatten wir militante islamische Angriffe auf Kreuzfahrtschiffe auf dem Nil, in Algerien werden ganze Dörfer ausgerottet von der islamischen Heilsfront, israelische und palästinensische Gruppen haben sich den jüdischen und muslimischen Extremisten angeschlossen, religiöse Gewalt treibt die Motive im Irak und in der theokratisch anmutenden Staatsform im Iran.

All diese Angriffe vereint zweierlei: Sie sind gewalttätig und durch Religion angetrieben. Es soll hier um den gemeinsamen Nenner gehen, der diese religiösen politischen Aktionen vereint. Es ist bezeichnend, dass sich Fundamentalisten von Nicht-Fundamentalisten selbst innerhalb einer Gruppe sehr unterscheiden. Auch moslemische Fundamentalisten sind eine Minderheit innerhalb des Islam wie auch im Christentum, Hinduismus und Buddhismus. Es vereint sie aber, dass sie von charismatischen Führern geleitet werden, die mit der Verheißung locken, den wahren Glauben nicht zu verlieren und den grundlegenden religiösen Lehren Rechnung zu tragen. In allen Fällen geht es um den Anspruch nach ›authentischem‹ Denken als Form eines Antimodernismus innerhalb verschiedener religiöser Traditionen. Fundamentalismus wie religiöser Nationalismus sind immer – hier liegt eine Gemeinsamkeit – eine Reaktion auf die Moderne der technisch-wissenschaftlichen Welt. Die Abkehr von der Religion, das Voranschreiten der Naturwissenschaft in einer säkularen Welt, der Gipfelgang der algebraischen Vernunft in allen Bereichen auch der Alltagskultur und die Vorstellung, dass die Religion zur Neige geht, stärkt eine antimodernistische Haltung. Es lässt sich der Eindruck gewinnen, dass diejenigen Religionen den größten Zuspruch finden, deren Aussagen und Botschaften am wenigsten säkularisiert sind. Wir erleben einen Widerspruch: Viele Fundamentalisten lehnen die Moderne ab, sie bevorzugen aber viele ihrer Erzeugnisse, die Telekommunikation, die digitalen Techniken, das Internet, den raschen Transport durch die Flugzeuge, die medizinische Versorgung, die Elektrizität. Gleichzeitig – und hier liegt ein Widerspruch – werden die geistesgeschichtlichen Voraussetzungen der technischen Entwicklungen abgelehnt. Die Grundlagen heiliger Schriften und Traditionen sind für Gesellschaft und Staat verpflichtend als Ursprung der Identität. Man gewinnt nicht selten den Eindruck, dass Fundamentalisten ihre Arbeit als Restauration begreifen, wobei Religion oft als Vorwand dient, die eigene Macht zu stärken, was mehr Mittel zum Zweck ist, vor allem beim Zugewinn von Privilegien zum eigenen Vorteil. So wird jene ›authentische‹ Selbstverwirklichung des Menschen im Gehorsam gegenüber dem Willen Gottes gerechtfertigt. Es verbindet alle fundamentalistischen Strömungen, dass sie in ihrem Ringen gegen die Moderne niemals in liberalen Welten entstehen, wenn sie gegenüber der technischen Moderne ihre soziale und persönliche Identität bedroht sehen. Es ist bezeichnend, dass Fundamentalisten stets jene Lehren und Praktiken aus der Erinnerung abrufen, die nicht zur ›aufgeklärten‹ oder gar ›hoch entwickelten‹ Moderne zählen. Fundamentalisten beklagen die Säkularisierung von Handlungen und Orten, die sie in ihrem Kern als heilig empfinden. Für Fundamentalisten ist Religion immer ein außergewöhnlicher Akt, der nicht mit der Moderne in Einklang zu bringen ist, die keine Wunder, Prophetien, Figuren des Himmels und der Hölle sowie spirituelle Erfahrungen zulässt, die jenseits des Alltäglichen liegen. Fundamentalisten handeln, wenn sie den Glauben unterminiert erkennen. Sie beharren auf der Jungfrauengeburt und auf der Wiederkunft Christi oder das Ende dieser Welt und den Anfang einer jahrtausendealten Herrschaft. Entscheidend ist, dass der Gläubige nicht rational denkt, Entscheidungen werden von Menschen gefällt, die sich jenseits einer säkularen Wirklichkeit befinden. Fundamentalisten aller Religionen begreifen die Vorstellung als gescheitert, dass die Welt durch säkulare Rationalität verstanden werden kann, um eine gerechte Gesellschaft aufzubauen. An die Stelle tritt das ›Skandolon‹, das sie willentlich provozieren, eine andere Form der Erkenntnis, die sich der Notwendigkeit einer absoluten Autorität unterordnet. In diesem Sinne sind Fundamentalisten Träger von Protestbewegungen, ja Widerstandsbewegungen, die gegen eine liberale Gesellschaft gerichtet sind. Gleichwertige religiöse Ausdrucksformen werden widerrufen. Die Bejahung der

Vielheit der Religionen widerstrebt jedem Fundamentalismus. Es lassen sich endzeitliche Vorstellungen einer dualistischen Weltsicht erkennen, die eine scharfe Trennung zwischen der Welt Gottes und des Satans, des Guten und des Bösen vorsehen. Diese dualistische Sicht ermächtigt sie, ihren Feindbildern unerschrocken entgegenzutreten. Wir erkennen den Kontrast von schwarz-weißen Bildern, Grautöne sind nicht zugelassen zwischen Gut und Böse, Differenzierungen würden die Feindbilder nur verklären. Das Böse kann verschiedene Gestalten annehmen, es kann der Westen an sich sein oder die Speerspitze, die USA im Besonderen oder – bei den christlichen Fundamentalisten – die darwinistische Evolutionslehre in Amerika. Ein Spielraum für Verhandlungen muss ausgeschlossen werden, da er die Wachsamkeit mildern würde. Die Resultate der Geschichte spiegeln sich immer im Hier und Jetzt. Die hebräische Geschichte kennt etwa den Gedanken des Messias, den die Fundamentalisten entlehnten und ihn oft mit dem Gedanken an ein Millennium verknüpfen. Die Geschichte, oder besser, ihr Sinn verkörpert sich in einer Person oder Tendenz. Der schiitische Islam kennt den verborgenen Imman als messianische Figur, das Judentum wiederum ruft den Gedanken des Messias durch das Wort des Propheten aus und deutet es in vielerlei Hinsicht. Folglich können christliche Fundamentalisten von Jesus Christus sprechen als dem Heiland, der seine Nachfolger auffordert, sich kraftvoll in den Gang der Geschichte einzumischen. Die ideologische Betonung der dualistischen Perspektive wird sichtbar, die niemals vermittelt, sondern immer Mauern zieht. Der Glaube soll nicht zum Konsumgut degradiert werden. Fundamentalismus ist folglich eine religiöse Form der Existenz mit der Maßgabe, Gläubigen eine unverwechselbare Identität als Großgruppe zu verleihen vor dem Hintergrund der Bedrohung dieser Identität durch eine ›technische Rationalität‹, von der bereits Paul Tillich sprach. Es erfolgt der Rückgriff auf Glaubensvorstellungen und Praktiken aus der Zeit einer heiligen und vermeintlich intakten Vergangenheit. Die neue Weltordnung ist absolut und steigt aus Prophezeihungen hervor, bevor sie dem wachsamen Auge Gottes überantwortet wird.

Die religiösen Nationalismen und Fundamentalismen erklären viel über die Welt, in der wir uns gegenwärtig befinden. Fundamentalistische Bewegungen entstehen vor allem in Zeiten wirtschaftlicher und sozialer Umbrüche sowie politischer Instabilität. Die politische Situation Ägyptens etwa in den 70er und 80er Jahren des 20 Jh. darf als Beispiel gelten, das stellvertretend für die sunnitisch-arabische Welt steht. Die Moslem-Bruderschaft mit ihren radikalen Splittergruppen erwies sich für die

Jugend als verführerisch, die in der Bürokratie verendete. Es herrschte die Empfindung, dass ein tragendes Element des Menschlichen verletzt und der religiöse Impuls trivialisiert wurde, wodurch der Mensch auf die tiefsten Quellen des Heiligen zurückgeworfen war, um seine Identität zu verteidigen. Der Fundamentalismus gewinnt seine Stärke stets aus einer Wiederbelebung religiöser Observanz. Die Niederlage Israels im Yom-Kippur-Krieg etwa war ein Stimulus für Gusch Emunim ebenso wie die moralische und kulturelle Krise in den USA in den 60er Jahren, die zum Antrieb für den christlichen Fundamentalismus wurde. Fundamentalisten handeln reaktiv, sind antimodernistisch und antisäkular vor allen Dingen in Zeiten, die sie mit entwurzelten Teilen der Tradition konfrontieren, wodurch sie ihren missionarischen Furor entfalten können. Folglich entsteht eine Verschmelzung von Passagen heiliger Schriften mit politischen Ideologien. Gleichzeitig werden säkulare bürokratische Organisationsstrukturen übernommen mit dem Ziel, neuste militärisch-technologische Innovationen mit uralten religiösen Traditionen und Forderungen zu koppeln. Der Widerspruch tritt zutage, Sicherheit wird nicht durch rationales Wissen angestrebt, sondern durch die Gewissheit religiöser Traditionen und dem radikalen Zweifel am Prinzip der Moderne, wodurch Wissen für Fundamentalisten mehr ist als bloße Hypothesen und sich der Autorität heiliger Schriften unterstellt. Gott wird zur gemeinschaftsbildenden Kraft und weist Wege und Handlungen, der Fundamentalismus gewinnt den Rang eines sozialpolitischen Phänomens, betrachtet man etwa die Hindus im Kampf um Ayodhya gegen die Moslems. Nur wenn die Akte der Gewalt eingebettet werden in den globalen politischen und sozialen Wandel, können sie verständlich werden.

Moderne und archaische Traditionen
Zum Ursprung religiöser Gewalt

Wir wollen für den Fundamentalismus und religiösen Nationalismus den Begriff des kosmischen Krieges prägen. Immer erfolgt eine Dämonisierung des vermeintlichen Feindes bei dem globalen Aufstieg religiöser Gewalt und ihrer Konflikte. Der Rückgriff auf das Sakrale kann Merkmal zivilisationsbildender Kraft sein – denkt man an das religiöse Element bei den Bürgerrechts- und den Friedensbewegungen zu allen Zeiten –, es kann aber auch destruktiv als eine neue Form des Kalten Krieges wirken, wo religiöser Nationalismus den säkularen Staat bedroht. Dann tritt Religion im Zusammenhang mit öffentlicher Gewalt auf, mit der sich die globale Welt täglich verstärkt auseinandersetzen muss. Die öffentliche religiöse Gewalt – auch in Gestalt des Terrorismus – ist ein Akt der Zerstörung, der ohne klar umrissenes militärisches Ziel vollzogen wird und weit verbreitete Furcht auslöst, die sich häufig in Zorn wandelt, denkt man an die Gewalt zwischen den Hutu und Tutsi in Zentralafrika und die ethnischen Gewalttaten in Bosnien und im Kosovo.

In den letzten zwei Jahrzehnten vollzog sich ein starker Anstieg religiöser Gewalt. Noch 1900 hat das amerikanische Außenministerium eine Übersicht des internationalen Terrorismus veröffentlicht, in der sich kaum eine religiöse Organisation befand. 1990 waren 30 der gefährlichsten Terrorgruppen der Welt religiösen Ursprungs, was einen Anstieg auf die Hälfte der Gesamtzahl entspricht – seien sie jüdisch, islamisch, christlich, buddhistisch oder hinduistisch. Nicht zu Unrecht spricht das amerikanische Außenministerium vom religiösen Terrorismus als der größten Herausforderung der Weltsicherheit nach dem Kalten Krieg. Bereits Duerkheim und Marcel Mauss fragten, warum aus historischer Sicht seit den biblischen Kriegen, den Kreuzzügen, seit dem Märtyrertum sich Gewalt im Schatten der Religion entwickeln konnte. Warum scheint Religion Gewalt zu suchen und Gewalt die Religion, warum wird ein göttliches Mandat angenommen? Diese Fragen gewannen in den letzten Jahren an Brisanz und geopolitischer Dringlichkeit. Wir müssen die Frage stellen, warum viele Gewaltakte religiöse Ursachen haben und warum sie sich in solch kurzer Frequenz in der jüngsten Geschichte vollzogen haben. Es ist umso erstaunlicher, als diese Gewaltakte von frommen Menschen verübt werden, die eine moralische Sicht der Welt propagieren. Haben Akte der Gewalt, die von der Hamas verursacht werden, einen anderen Charakter als die der säkularen Bewegungen wie der Kurden? Ein Unterschied liegt sicher in dem transzendenten Moralismus der religiösen Gewalt und der rituellen Intensität, mit der sie ausgeführt wird. Das Ringen um die Transformation des Menschen vor dem Hintergrund religiöser Bilder prägt den kosmischen Krieg, der sich in irdischer Gewalt niederschlägt. In vielen Staaten hat Religion die Aufgabe und Rolle einer Ideologie der öffentlichen Ordnung übernommen, vor allem bei den Strömungen des religiösen Nationalismus als einer Verknüpfung von religiöser und politischer Ideologie. Religion verliert mit dieser Verschwisterung ihre Unschuld. Wann immer Religion in Verbindung tritt mit sozialem und politischem Anspruchsdenken, ist der religiöse Terrorismus kein solitärer Akt, sondern von einer Gemeinschaft getragen, ebenso von moralischer Anmaßung. Hinter der Ermordung von Yitzhak Rabin stand nicht nur sein Mörder Yigal Amir, sondern die Bewegung des messianischen Zionismus in Israel. Hinter dem Bombenanschlag von Timothy McVeigh oder den Gewalttaten des jüdischen Tageszentrums stand die Subkultur militanter christlicher Gruppierungen, hinter dem Unabomber Theodore Kaczynski verbarg sich die Aktivistenkultur der 60er Jahre in Amerika. Immer behaupten die Gewalttäter, nur auf Gewalt zu reagieren, deren sich ihre Gemeinschaft ausgesetzt sieht. Dies betrifft die palästinensischen Muslime ebenso wie die militanten Sikhs in Indien, die muslimischen Politiker in Algerien oder die Militanten der protestantischen und katholischen Gruppierungen in Nordirland und die Siedler der West Bank.

Der anthropologisch-kulturelle Ansatz erlaubt, in einer komparativen Analyse von der religiösen Gewalt der spanischen Inquisition des 15. Jh. bis zur islamischen Gewalt bei dem Versuch der Sprengung des World Trade Center die Logiken des Denkens und Handelns bei der Wechselseitigkeit von Religion und Gewalt zu begreifen. Religiöse Gewalt wird nicht nur mit einem strategischen Ziel ausgeübt, sondern um einem symbolischen Ziel zu genügen. So treten Bilder eines kosmischen Krieges, einer kosmischen Konfrontation auf den Plan, transzendente Ziele kreuzen sich mit politischen Schlachten, wir erleben eine Satanisierung und symbolische Ermächtigung des religiösen Terrorismus in allen Stadien. Gewalt spielt eine Rolle in der religiösen Imagination, folglich entsteht Terror gleichsam im Auftrag Gottes. Die Verringerung der säkularen Autorität hat die Unruhe der Religion angestachelt und für die politische Erstarkung gesorgt als einer alternativen Ideologie der öffentlichen Ordnung. Es ist immer wieder die Sprache von dem ›gerechten Krieg‹, bereits bei den Kreuzzügen. Die anthropologische Sicht des Phänomens der religiösen Gewalt hat den Vorteil, die besondere Weltsicht herauszukristallisieren, um die moralische Rechtfertigung jeder Gruppierung zu begreifen. Michel Foucault sprach von der ›episteme‹ als einer Weltsicht, einem Paradigma des Denkens, das den Nexus jenseitiger Autorität und die sozialen und politischen Auswirkungen bedachte. Pierre Bourdieu spricht vom ›Habitus‹ und meint das Wechselspiel der gesellschaftlich konstituierenden Elemente von kognitiver und motivierender Kraft. Der Anthropologe Clifford Geertz schließlich spricht von den Mustern des Denkens, der Weltsicht und der Sinngebung, der ›meaning‹ in einer bestimmten Gesellschaft, die säkulare Ideologien ebenso einschließt wie Religion.

Alle Akte des religiösen Terrorismus zeigen, dass wir in einer Welt leben, die zunehmend die soziale Kontrolle verliert, wodurch Gewaltakte überhaupt erst ermöglicht werden. Religiöser Terrorismus ist nicht nur symbolisch, sondern auch dramatisch und nicht selten theatralisch; es lässt sich von einer ›darstellenden Gewalt‹ sprechen. Religiöse Gewalt gebiert häufig ›darstellende Ereignisse‹, gleichsam eine Form der Gewalt mit ›event Charakter‹, wodurch die Wahrnehmung der Menschen verändert werden sollte. Als Yigal Amir die Pistole auf Premierminister Yitzhak Rabin richtete oder die Sikh-Aktivisten eine Autobombe für den Staatsminister von Punjab zündeten, erhofften sie sich mehr als nur Aufmerksamkeit, vielmehr den öffentlichen Skandal. Die Opfer religiöser Gewalt werden zum Ziel weniger deshalb, weil sie für die Aktivisten bedrohlich sind, sondern weil sie als Werkzeuge, als Symbole begriffen werden, weil sie ein bestimmtes Bild der Welt vermitteln, ein besonderes Bewusstsein. Der ausführende Gewalttäter erhält den Status der Berühmtheit und die Chimäre der Bedeutung. So sprach Osama bin Laden 1990 eine Fatwa aus, Monate vor dem Bombenanschlag auf die amerikanischen Botschaften in Kenia und Tanzania und Jahre vor dem Anschlag auf das World Trade Center in New York und forderte Krieg im Namen Gottes und seiner Botschafter auf Erden, der Muslime. Seine eigenen Handlungen der Gewalt begriff er lediglich als Antworten im Verlauf eines großen weiterlaufenden kosmischen Krieges. Kosmisch deshalb, weil dieser Krieg weiter reicht als nur bis zum irdischen Leben, weil er letztlich einen metaphysischen Konflikt zwischen Gut und Böse verkörpert und die menschliche Erfahrung transzendiert, bevor er in den politischen Kampf übersetzt wird. Der kosmische Krieg bedient sich religiöser, ja göttlicher Bilder und macht sie zu Merkmalen einer größeren spirituellen Konfrontation. Aktivisten etwa, die Rabbi Meir Kahane folgten, deuteten die Schriftzeichen des kosmischen Krieges für sich und glaubten, dass die Gewalt göttlich autorisiert war in ihrer Kriegsführung, ihre Gewalt war gleichsam göttlich sanktioniert. Auf der anderen Seite ist die Vorstellung des Krieges bei den Muslimen – jihad – seit Jahrhunderten sowohl Merkmal der persönlichen als auch der politischen Erlösung. Für Irans Ayatollah Khomeini war das Leben ›Glaube und Krieg‹ in doppelter Funktion. Die ›Jihad‹ kommt in der Rhetorik der gewaltsamen religiösen Aktivisten als Konzept des Kampfes sowohl in der abrahamischen als auch der nicht abrahamischen Glaubensrichtung zum Ausdruck. Die Bharatiya-Janata-Partei in Indien griff in ihrem kosmischen Krieg auf Bilder der großen Hindu-Epen wie der Mahabharata und Ramayana zurück.

Der palästinensische Konflikt zwischen Arabern und Juden ist schließlich ein kosmischer Krieg von manichäischen Ausmaß. Scheich Yassin etwa beschreibt den Konflikt als eschatologisch, als Kampf um die letzte Wahrheit. Eine Botschaft der Hamas sprach bei einer Invasion der Amerikaner in Kuwait 1990 von einem hasserfüllten Verrat der Christen an der islamischen Religion und Zivilisation. Wir erleben einen Absolutismus des kosmischen Krieges, der tief in die Geschichte reicht: die islamische Eroberung Spaniens über sieben Jahrhunderte, die Religionskriege in der Geschichte Frankreichs im 16 Jh., die Gewalt in den Kriegen des Mahavamsa, in der hebräischen Bibel, den Hindu-Epen, im Epos Ramayana und in der Botschaft der Bhagavadgita in den Szenen der mythischen Kriegsführung.

Die Trennlinie zwischen symbolischer und wirklicher Gewalt ist dünn und führt in den Kern der religiösen Imagination. Der kosmische Krieg ist immer auch ein heiliger Krieg und dient der Verteidigung der Identität und der Erhaltung der Würde. Eine Niederlage ist folglich undenkbar und unannehmbar, der kosmische Krieg kann nicht in der Gegenwart einer realen Zeit gewonnen werden; der Gebrauch der Gewalt ist legitimiert bei der leichtesten Provokation.

Aus einfachen Gegenparteien werden kosmische Krieger. Wir erleben immer stärker eine Satanisierung der Konflikte: Aus einem weltlichen Konflikt wird ein Krieg zwischen Märtyrern und Dämonen. Die Feindseligkeiten sind nicht beendet, solange nicht die Entzweiung über die Mythologie geregelt ist und die eine oder andere Partei völlig zerstört wurde. Dies macht die Auseinandersetzung so unerbittlich, so grausam. Maurice Bloch und Rene Girard haben über die Universalität der Gewalt in religiösen Bildern und Ideen Zeugnis abgelegt. Das kriegerische Ritual wird zur Purifikation der Gewalt im Spannungsfeld des Profanen und des Sakralen. Seit 1968 stehen entsprechend dem ›Rand Chronicle of international terrorism‹ die USA an der Spitze der Liste, deren Staatsbürger angegriffen werden. Das Außenministerium der USA stellte fest, dass während der 90er Jahre 40% aller Terrorakte weltweit gegen amerikanische Einrichtungen und Personen erfolgte. Warum wird Amerika zum Feindbild?

Wohl, weil Amerika zum eigentlichen Ausdruck der technologischen Moderne wurde mit der digitalen Revolution und dem Cyberspace, der Weltraumforschung als millenaristischem Ausdruck seiner Kultur, stets auf der Suche nach einer neuen ›Frontier‹, mit der Genomforschung und der Biotechnologie, mit Hollywood, MTV und weltweiten Fernsehserien, mit dem Internet als der technologischen Form Gottes. Amerika ist noch die führende Wirtschaftsmacht der Welt. Amerikanische multinationale Gesellschaften haben sich planetarisiert und werden als Agenten eines neuen Kolonialismus betrachtet. Gleichzeitig wird Amerika die moralische und spirituelle Berechtigung abgesprochen, mit seiner säkularen Kultur die Welt zu beherrschen.

Wir erleben heute eine Satanisierung des Feindbildes von Amerika in jenem kosmischen Krieg, den religiöse Nationalismen weltweit gegen den Westen führen. Der Absolutismus der religiösen Gewalt ist so massiv, weil ein satanischer Feind nicht befriedet, sondern nur zerstört werden kann, was bei der militärischen Überlegenheit Amerikas nicht möglich ist.

Den religiösen Nationalismen ist gemein, dass sie sich allen liberalen Kräften verweigern und die Grenzen nicht beachten, die ihnen eine säkulare Gesellschaft mit ihren politischen Institutionen aufzeigt, die Religion auf das private Feld begrenzen und nicht in den öffentlichen Raum erweitern möchten. Seit der Zeit des modernen säkularen Staats im 10. Jh. als Resultat der europäischen Aufklärung verkörpern religiöse Nationalismen einen Widersacher gegenüber dem antiklerikalen Staat. Die Gedanken John Lockes über den Ursprung der ›civil community‹ und der ›contrat social‹ von Jean-Jacques Rousseau hatten nur wenig Gemeinsamkeit mit dem Bekenntnis zur Religion als staatstragendes Element. Ein säkularer Nationalismus war nun gleichsam als Naturrecht anerkannt und verfügte den Verlust der institutionellen Autorität für die Religion in den westlichen Staaten. Wissenschaftliches Denken und der moralische Anspruch des säkularen ›contrat social‹ ersetzten Theologie und Kirche als Grundlage der Suche nach Wahrheit und humaner Identität, wodurch eine Krise des religiösen Glaubens ausgelöst wurde. Religiöse Nationalisten und Fundamentalisten fordern eben die moralische Führungskraft des säkularen Staates heraus – vor allem in den letzten Jahrzehnten des 20. Jh., nach dem Ende des Kalten Krieges und dem Aufstieg einer globalen Ökonomie. Es hat den Anschein, als wäre auch der religiöse Terrorismus nur im Zusammenhang dieses globalen Wandels zu verstehen. Die Verwaisung des öffentlichen metaphysischen Bedürfnisses führte zu einem Erwachen der Unsicherheit, die antimodernistische religiöse Gruppierungen mit ihrer politischen Agenda für sich nutzen. Die Moderne in ihrem heutigen Aggregatzustand mit ihren säkularen Ideologien verleiht der religiösen Alternative ein hohes Maß an Anziehungskraft weltweit. Es sei nicht vergessen, dass die Ungewissheit darüber, was eine gültige Grundlage für die nationale Identität ist, zum Merkmal des politischen Diskurses in der Moderne wurde. Im Iran etwa führte dies zu einer frontalen Zurückweisung der westlichen Denkform und zur Errichtung eines religiösen Staates. Religiöse Nationalisten fordern mit dem Absolutismus der Religion wieder in das Zentrum der öffentlichen Aufmerksamkeit und Autorität zu rücken, und der religiöse Terrorismus ist nur die gewalttätige Seite dieses Versuches der Rückgewinnung.

Es bleibt die Frage der Zukunft, wie eine Balance zu finden ist zwischen dem Anspruch auf kulturelle – und damit letztlich auf humane – Identität innerhalb der Vielheit der Kulturen in der Welt und der Moderne der technisch-wissenschaftlichen Zivilisation. Der Ruf nach der Legitimität des Religiösen muss mit einer demokratischen Moderne im politischen Raum versöhnt werden. Zur Disposition steht eine neue Synthese zwischen Religion und dem säkularen Staat in den verschiedenen Kulturen der Welt. Es wird ein Ausgleich gesucht zwischen dem Absolutismus der Religionen und dem Potential gegenwärtiger militärischer Sicherheitspolitik, die nur verankert und dauerhaft sein kann, wenn eine gelebte Interkulturalität und Interreligiosität erreicht wird im globalen Feld, ein Polylog der Kulturen als Form der Realpolitik. Der Begriff des kosmischen Krieges verdeutlicht, dass militärisch-politische Abrüstung nur langfristig wirken kann, wenn sie von gleichsam kultureller Abrüstung begleitet wird. Friedenspolitik muss immer auch die kosmische Ordnung berücksichtigen. Dies kann nur gelingen mit einer Form der metapolitischen Weisheit, die jenseits bloßer Machtpragmatik auf das historisch begründete Verständnis des Dialogs nicht nur zwischen Staaten, sondern auch ihrer Kulturen und Religionen zurückgreift. Der Idee der Menschheit, sei sie religiös oder säkular-humanistisch, kann nur mit der Maßgabe zu einer Gesamtverantwortung in einer globalen Welt entsprochen werden. Ihr müssen wir uns auch im 21. Jh. stellen.

Multiple Modernitäten
Zu den kultur- und religionsgeschichtlichen Voraussetzungen der Moderne

Die Kardinalaussage einer Vielfalt der ›multiplen Modernitäten‹ liegt in der Annahme von besonderen kulturellen Ausprägungen der Modernität, wie sie die kultur- und religionsgeschichtlichen Voraussetzungen fordern. Besondere Ausgestaltungen der Modernität vermitteln unterschiedliche Sichtweisen darüber, was die Modernität eigentlich ausmacht. In anderen Worten, selbst bei durchwegs modernen Strukturen, Werthaltungen der Kulturen und Institutionen wird deutlich, dass sich die Modernität in unterschiedlichen Formen manifestiert.

Der Gedanke, dass wir in einer Welt der verschiedenen Modernitäten leben, seien sie westlich oder nicht, begründet eine Herausforderung für den Primat der Ökonomie, der stets homogenisierend ausgreift durch die Annahme weltweit akzeptierter Gesetze und Regularien, die universelle Gültigkeit beanspruchen und nicht ökonomische Faktoren der Entwicklung schlichtweg ignorieren, wenngleich immer offensichtlicher wird, in welchem Maße gerade Kultur ein entscheidender Faktor der Realpolitik ist und gerade ökonomische Fragen wie Arbeitsethik, Organisationsvermögen, Einstellungen zur Zeit-, Gegenwarts-, Vergangenheits- oder Zukunftsorientiertheit und die Auswirkungen auf das Innovationsvermögen und Investitionsentscheidungen beeinflussen.

Der Begriff der ›multiplen Modernitäten‹ bricht mit der herkömmlichen Sichtweise, dass in der Moderne alle Staaten und Kulturen eine gleiche Modernisierung homogen in der Welt entfalten. Neue Perspektiven der Deutung der Zivilisationen reichen heute in der Globalisierung weit über den Westen hinaus, über Europa und die USA, wo sich das kulturelle Programm der Moderne ursprünglich entwickelte bis nach Asien, Afrika und Lateinamerika.

Nur durch die multiplen Modernitäten lässt sich die gegenwärtige Welt tatsächlich empirisch begreifen als Ausdruck der widerstreitenden und oft konfliktbeladenen Modernitäten. Die Vorstellung des ›Endes der Geschichte‹, wie sie die geistige Landschaft nach dem Ende des Kalten Krieges bevölkerte, ging von einer ahistorischen Homogenisierung der Welt aus, die entgegengesetzte Perspektive war der Clash of Civilizations, der die Welt als einen Rückzug auf antimoderne, fundamentalistische und antiwestliche Feindbilder konzentrierte, gegen die sich die westliche Zivilisation als das Epitom der Moderne konfrontiert sah, vor allem angesichts der muslimischen und konfuzianischen Modernität. Aber die politische Weltzivilisation entwickelte sich empirisch in einer weit vielschichtigeren Form, als es noch Durkheim oder Max Weber vermuteten. Die Industriegesellschaften konvergierten nicht in diesem Sinne einer Verwestlichung, die sich ungebrochen über die ganze Welt verteilen sollte. Wir erleben eine große Vielschichtigkeit der modernen Welt, die sich über eine hegemoniale Entfaltung des ursprünglichen kulturellen Programms der Moderne mit ihren institutionellen Mustern, wie sie aus Europa bekannt waren, hinausentwickelte.

Die besonderen historischen Erfahrungen, Traditionen und kulturellen Prämissen entfalteten eine eigene Dynamik, die außer Kontrolle zu geraten droht, so dass antiwestliche und antimoderne, auch säkulare und religiöse nationalistische Strömungen gleichermaßen Bestandteil der Moderne wurden und Wege herausfordern, die Moderne wirklich zu verstehen und zu deuten.

Der Begriff der Weltgeschichte geht heute als globale Geschichte wesentlich über westlich-zentrierte Begrenzungen hinaus durch transkulturelle Erweiterungen – weit jenseits bloßer westlicher Homogenisierungen. Mit dem Erstarken der Globalisierung entstanden neue Formen der Konvergenz zwischen dem globalen und lokalen, den universalen und den partikularen Kräften, die wechselseitig abhängig sind. Globalisierung soll hier nicht als reine Vereinheitlichung ohne wirkliche Einheit begriffen werden, sondern als binäre Beziehung, zwischen den einzelnen Teilen der Weltzivilisation, wobei die Teile gestärkt werden sollen. Die Vielheit der Kulturen, die der Globalisierung ausgesetzt ist, entwickelt ungleiche Reaktionen auf die Modernisierung. Wir erleben eine Ambivalenz, wobei der Anstieg der fundamentalistischen religiösen Bewegungen in allen Weltkulturen verdeutlicht, dass wir es mit transnationalen Strukturen zu tun haben, die mobilisiert werden als anti-westliche Strömungen auf dem Wege zu einer internationalen Zivilgesellschaft. Es lässt sich in gewissem Sinne von einer Art des Gegenuniversalismus beim Studium des Antimodernismus als einem weltweiten Phänomen religiöser Verkleidung sprechen. In religiöser Verkleidung stehen heute gewalttätige politische Bewegungen gegen den Westen. Vor allem die USA werden satanisiert als Vertreter der säkularen Werte, welche das kulturelle Reservoir der Menschheit in seiner Vielheit ausdünnt. Die Angriffe auf das World Trade Center waren nicht nur ein Angriff auf die amerikanische Hegemonie in der Welt, sondern der Versuch, Religion wieder öffentliche Signifikanz zuzusprechen, was sich bis zu theokratischen Varianten im radikalen Islamismus steigern kann. Es ist aber auch der Versuch, kulturelle und letztlich humane Identität zurückzugewinnen, um das Zugehörigkeitsgefühl für weite Teile der Weltbevölkerung mit Ordnung zu stärken, das verloren zu gehen droht.

In jedem Fall ist die Pluralisierung der Modernität als strukturelle Bewegung und als geistig-politischer Diskurs zu begrüßen, der eurozentrische Begrenzungen überschreitet. In einer Welt der multiplen Modernitäten können Staaten und Kulturen auf ihre indigenen Wurzeln zurückgreifen, eine wechselseitige Anerkennung der Andersheit des Anderen wird möglich, ein geteiltes Verstehen, gegenseitige Wertschätzung. Westliche Kulturen müssen andere kulturelle Erfahrungen eingliedern und sich öffnen. Die gegenwärtige Dominanz könnte durch interkulturellen und religiösen Austausch ersetzt werden. Das chinesische Beispiel zeigt, dass es heute ein fortgesetztes Streben nach Modernisierung gibt, das aber nicht zwingend mit Verwestlichung gleichgesetzt werden darf, um die gegenwärtige Welt besser zu begreifen, ja die Geschichte der Modernität tatsächlich deuten zu können als Vielheit der kulturellen Traditionen. Eine wesentliche Einsicht ist hierbei, dass Moderne und Verwestlichung nicht identisch sind. Westliche Traditionen der Moderne sind nicht die einzig gültige Verkörperung einer authentischen Moderne. Vielmehr kristallisieren sich in der Weltzivilisation Formen der Modernität heraus, die radikal verschieden sind von der ursprünglich europäisch-amerikanisch-westlichen Modernität. Dies betrifft die islamische Kultur ebenso wie indische buddhistische, konfuzianistische Traditionen in eigener Abkehr.

Auch Lateinamerika erlebt heute noch seit den Staatsgründungen des 19. Jh. eine, wie Octavio Paz sagte, erborgte Modernität, die geistes- und kulturgeschichtlich andere Fragmente kennt als Nordamerika oder Europa. Der hispanisch-lusitanische Kulturraum kannte weniger den Bruch des mittelalterlichen Denkens mit der Moderne, wo er wesentlich weniger radikal gebrochen ist als im Vergleich zum Deutschland der Reformation, dem England John Lockes oder Frankreichs eines Descartes. Das universelle Denken der Kirche der Renaissance war nicht so weit entfernt von der mystischen und magischen Kosmologie der Azteken, Mayas und Inkas. Die Priester hatten, wie die indianische Hochkultur, eher einen spekulativen und sensitiven als streng rationalen Zugang zur Welt, wie ihn der ›matter of fact‹ Protestantismus der Pilgerväter in der nordamerikanischen Kultur prägte.

Es wird hier deutlich, wie wichtig der Begriff einer kulturellen ›imaginaire‹ von Cornelius Castoriadis ist, einer ontologischen Vision einer bestimmten kulturellen Tradition, die ihren Niederschlag in den politisch-zivilisatorischen Institutionen findet. Moderne Staaten und ihre Kulturen haben gewiss viel gemein, aber die existentiellen Herausforderungen werden doch verschieden beantwortet in den Mentalitäten und im Selbstverständnis der Identitäten.

Auch die Weltbank und der IWF müssen begreifen, dass man keine ökonomischen Sicherheitsanalysen mehr machen kann, ohne nicht die kulturellen Werte mitzuberücksichtigen. So sind ebenso die religiösen Fundamentalismen in ihrer Rhetorik hochgradig modern. Sie betrachten Globalisierung und Modernisierung als eine satanische Herausforderung, die alle kulturelle Divergenz zu zersetzen droht, und fordern eine Entwestlichung und Pluralisierung der Weltordnung des 21. Jahrhunderts. Letztlich steht zur Disposition das Verhältnis von Tradition und Modernität, die Kompatibilität von Technologie und Kultur und die Bedrohung des Verlustes des indigenen Erbes und der Selbstbestimmung der Kulturen. Die Modernisierung droht, die Kultur zur Folklore zu degradieren, Modernisierung als Verwestlichung war immer janusköpfig als Entwurzelung von indigenen Quellen des Lebens, als Verlust der humanen Identität und persönlichen Würde als Ambivalenz von Hoffnung und Verzweiflung, Demütigung und Rettung. Gewinn und Verlust auf dem Wege zu einem modernen kollektiven Selbst. Seit dem 11. September waren antiwestliche Stimmen wieder im Anstieg, vor allem die islamischen Traditionen stellten sich gegen die Logik jeder westlichen Hegemonie und nahm zuweilen jakobinisch-totalitären Charakter an. Der Anstieg der religiösen Fundamentalismen ist die dunkle Seite des Wandels der Identitätsmuster, die vielfach ethnische und religiöse Gewalt und Eruption auslösen, in vielen Teilen Indiens, des ehemaligen Jugoslawiens und im Kaukasus. Es entstanden transnationale Identitäten mit dem Ziel, die Weltpolitik zu pluralisieren als Identitäten jenseits des Nationalstaates. Es sei kurz angemerkt, dass nur in zwei Dutzend Staaten auf der Welt die linguistischen Gemeinschaften den nationalen Grenzen entsprechen, in mehr als der Hälfte der Staaten der ungefähr 190 Staaten in der Welt sprechen weniger als 70%der Bevölkerung die gleiche Sprache. Hieraus folgt, dass die Frage der Nationalstaaten weiter gefasst werden muss.

Zu oft waren in der Vergangenheit die Spannungen zwischen Tradition und Moderne ebenso die Kompatibilität von Technologie und Kultur zersetzend für die indigenen Kulturen und die humane Identität der Bevölkerung. Das Paradigma der multiplen Modernitäten stellt eine Alternative zu einer strikt homogenisierenden Entwicklung, ein *Kairos* einer neuen Weltzivilisation, das die Antinomien und den Konflikt entschärfen könnte, der bislang herrschte zwischen dem Projekt der Moderne und der Erhaltung der Authentizität, der indigenen Wurzeln der Kulturen. Der Wunsch, ein voll anerkanntes Mitglied der Weltgemeinschaft zu werden, darf nicht mehr inkompatibel sein mit der Behauptung des historischen und kulturellen Erbes, die indigenen Quellen dürfen nicht mehr in einer Frontstellung – einer Speerspitze gleich – zur Modernität in Stellung gebracht werden. Die Dichotomie, die Benjamin Barber einmal mit dem Begriff ›Globalismus versus Tribalismus‹ gekennzeichnet hat, muss überwunden werden zu Gunsten einer Selbstwahrnehmung und fruchtbaren Begegnung mit jeder Art von Andersheit. Pluralisierung der Modernitäten führt zu einer gemeinsamen Verantwortung der Weltgemeinschaft und zugleich zu einer wachsenden Offenheit von Identitäten als zusätzlichen Referenzpunkt von nationalen Grenzen. Multiple Modernitäten sind Ausdruck der Wertschätzung der kulturellen Unterschiede auch in einer globalen Welt und Merkmal der Toleranz zwischen den Identitäten; die Modernität gewinnt die Figur eines interkulturellen und religiösen Kollektivs auf dem Wege zu einer internationalen Zivilgesellschaft – in Asien ebenso wie in Afrika, in Lateinamerika wie in Europa und Nordamerika.

Die kulturell besonderen Antworten in der Vielheit der Modernitäten – entsprechend der kultur- und religionsgeschichtlichen Voraussetzungen – führen nicht an der Tatsache vorbei, dass die Menschheit zu Beginn des 21. Jh. vor gleichen existentiellen Risiken steht. Die fortschreitende Selbstentfremdung angesichts einer Technokratie, einem Primat der Technologie und einer Erkaltung des Lebens angesichts einer Algebraisierung der Alltagskultur, einem Verlust des Sakralen in einer rein profanen Welt eines Technopaganismus bedroht die Menschheit in den Industriestaaten. Es gilt Abschied zu nehmen von der Vorstellung eines privilegierten Zugangs zur Modernität in den westlichen Staaten, der einem Unilateralismus gleichen würde. Es kann nur um wechselseitiges Verstehen und die Vielheit der Stimmen und Beiträge in gemeinsamer Verantwortung für die Weltzivilisation gehen, entsprechend der unterschiedlichen kulturellen Erfahrungen. Modern sein muss bedeuten, kreativ im Austausch zu stehen als Teil eines größeren Ganzen.

Hierzu ist noch ein weiter Weg zurückzulegen. Noch herrscht eine Spannung zwischen einer technischen Homogenisierung der Welt und der Aufrechterhaltung der kulturellen und religiösen Unterschiede, zwischen den wirtschaftlichen Imperativen und einem geistig-spirituellen Aufbegehren.

Angesichts dieser historischen Tatbestände stellt sich folglich heute immer mehr die Forderung nach multiplen Modernitäten, wie S. N. Eisenstadt sagte, nach der Möglichkeit, dass verschiedene Kulturen ihren eigenen Weg der Modernität verfolgen, indem sie ihre Kulturen bejahen und nicht zu einer bloß schalen Imitation des Westens und seiner Modernisierung werden. Der letzte Zustand der Moderne, die Globalisierung, offenbart in den antimodernen Bewegungen in der Weltpolitik Reaktionen auf die steigende Hegemonie der westlichen Kultur, die übernationalstaatliche Bedeutung erlangen. Künftig werden folglich bestimmte Formen des Antimodernismus globalen Charakter annehmen. Einige der intensivsten Strömungen für ethnischen und religiösen Nationalismus entstanden in Nationen, in denen lokale Kräfte durch die globale Ökonomie in ihrem Bestand bedroht waren – etwa im Iran oder in Ägypten – oder sie fürchteten, von den Vorzügen der Globalisierung ausgeschlossen zu werden.

Es lässt sich heute von einer globalen Agenda des Antimodernismus sprechen mit einer Satanisierung Amerikas als der Verkörperung der technologischen Moderne, der digitalen Revolution, des Cyberspace, der ortsunabhängig, instantiell, nicht materiell, als reiner Geist, nicht sterblich, als ›ludus globi‹ begriffen wird, eben als technische Form Gottes durch ubiquitäre Gegenwart in der Form abwesender Anwesenheit. Hinzu tritt MTV, Hollywood, Wall Street als der Hort des transnationalen Säkularismus und Feind der Religion in ihrem kosmischen Krieg gegen falsche Götter.

Das Wechselverhältnis zwischen Modernität, humaner Identität, ökonomischer Macht und Globalisierung steht zur Erörterung. Wir erleben das Paradoxon, dass die Globalisierung der Kultur und der Wirtschaft das Bedürfnis nach lokalen Identitäten erweitert, ebenso nach regionalen Formen von Autorität und politischer Verantwortung. Der Verlust eines Zugehörigkeitsgefühls führt zu einem Empfinden der Machtlosigkeit, das unmittelbar die Tore öffnet für gewalttätige Ausbrüche von Antimodernismus in Gestalt des ethnischen und religiösen Terrorismus am Scheideweg des neuen Jahrhunderts. Der Verlust an humaner Identität in der globalen Welt erhebt die ethnisch-religiösen Visionen in den Rang einer moralisch-politischen Ordnung und attraktiven Alternative.

Es ist die Frage zu stellen, welche islamischen oder ostasiatischen Begriffe und Paradigmen heute einen vergleichbaren universellen Anspruch bei der Verortung der globalen Welt spielen in einer neuen Ordnung. Sicher erscheint, dass seit dem 18. Jh. sich ein asymmetrisches Bild zu Gunsten des Westens abzeichnet. Sollten wir hier nicht versuchen, zu Beginn des 21. Jh. eine neue Balance zu finden im Sinne einer Vielheit der Kulturen? Muss das Globale das Lokale wirklich immer unterdrücken? Ist keine Amalgamierung denkbar in einer fruchtbaren Form? Ist die westliche Hegemonie wirklich eine Art der historischen Unabdingbarkeit, muss die Dichotomie: der Westen und der Rest der Welt als gesetzmäßig zutreffen? Kann Globalisierung nicht auch Lokalisierung beinhalten und Rücksicht auf indigene Traditionen und Authentizität und Identität? Milliarden von Menschen scheinen zu Beginn des neuen Jahrhunderts nach der Möglichkeit zu streben, modern zu sein, aber nicht unbedingt westlich – von China bis Indien oder Indonesien, vom Konfuzianismus zu hinduistischen oder islamischen Traditionen. Rein homogenisierende und hegemoniale Annahmen einer westlichen Moderne können sich nicht bewahrheiten. Was ist wirklich ›modern‹?

In welchem Sinne kann es eine spezifische islamische Moderne geben oder eine konfuzianistische oder lateinamerikanische? Lässt sich die Vorstellung eines linearen Fortschritts in der Evolutionsgeschichte und Entwicklungspolitik, wie die Behauptung der individuellen Emanzipation in der Zivilgesellschaft seit der europäischen Aufklärung und der Reformation für alle Kulturen gleichermaßen annehmen? Wie würden sich die ›anderen‹ Modernitäten unterscheiden von der abendländischen? Steht der Islam in seiner Vielschichtigkeit wirklich vor der Alternative: Mekka oder Mechanisierung? Können beide nicht miteinander verknüpft werden? Wie sieht Indien die Modernität, die nicht zwangsläufig europäisch oder amerikanisch sein muss in der Vielheit seiner kulturellen Kosmologien? Es gilt, die sich ausschließenden Dichotomien von traditionell / modern, dem Westen / dem Rest der Welt oder global / lokal zu überwinden als oberflächliche Evidenzen der Moderne auf dem Weg zu einer Dynamik der Vielfalt.

Die Geschichte der Modernität ist die fortgesetzte Konstitution und Rekonstitution der Pluralität der kulturellen Programme mit ihren abweichenden Sichtweisen, wobei die westliche Modernität historisch eine Vorzugsstellung als Referenzpunkt markiert, der weiter reinterpretiert und neuformuliert wird in der Weltzivilisation des 21. Jh. mit ihren Innovationen und Institutionen – unterwegs zu neuen kollektiven Identitäten. Ein Monopol der Moderne kann es nicht mehr geben angesichts ihrer Antinomien. Die monozivilisatorischen Narrative erfahren heute eine Dezentralisation der westlichen Moderne, weniger als Annäherung an den Westen als durch ein Pochen auf eigenes Recht und Authentizität in einer steten Oszillation zwischen humaner Identität und der Globalisierung von Modernität.

Es stellt sich die Grundsatzfrage, ob es eine schöpferische Spannung geben kann zwischen der Bejahung der kulturellen Besonderheit und den universalen Prinzipien der Moderne, ohne sich wechselseitig auszuschließen, dies gilt für Japan wie für Afrika, für China wie für Lateinamerikas, für Russland wie für Indien, die wesentliche Teile der Weltbevölkerung stellen und mehr sein wollen als asymmetrische Reproduktionen der Moderne oder gar des ›American Exceptionalism‹, des ›Manifest Destiny‹ im 19. Jh. und der Gnadenwahl in einer ›city upon a hill‹.

Die Angriffe auf das World Trade Center vom 11. September zeigten nicht zuletzt, welch ungeheures Gewaltpotential in der Globalisierung verborgen liegt, wie Stanley Hoffmann richtig vermerkte. Der Terrorismus ist das violente Bindegleid, das die globalisierte Welt miteinander verbindet. Trägt die entstehende globale Zivilgesellschaft aber tatsächlich zu einer neuen Weltordnung bei? Gibt es heute wirklich den Keim eines neuen planetaren Bewusstseins? Die Logiken des Denkens und Handelns der Globalisierung sind nicht immer zwingend die Logiken des Friedens, sondern zu oft nur die Maske des westlichen Machtstrebens. Die Globalisierung ist weder unwiderstehlich noch unausweichlich, sie fordert Gegenbewegungen heraus, die gegen die amöbenhaft ausgreifende Vereinheitlichung der Welt durch die Technologien ohne wirkliche politische Einheit aufbegehren. Die internationale Zivilgesellschaft bleibt rudimentär. Was die Staaten nicht leisten können, kann auch der globale Weltmarkt nicht leisten, vor allem nicht die Gestaltung eines weltbürgerlichen Bewusstseins und der humanen Solidarität. Statt Frieden zu fördern, scheint die Globalisierung Konflikte und zivilisatorische Brechungen zu verschärfen und das Gewaltpotential zu vergrößern. Der Anstieg der medialen Welt, des Internet, der Vernetzung der Kommunikation, stellt uns vor ein Paradoxon: Tatsächlich kommen sich die Menschen nicht wirklich näher, das Fremde, das Andere wird nicht besser verstanden und geschätzt. Die verelendeten Menschen weiter Weltregionen der Peripherie suchen Hilfe bei anderen – bei der gleichen ethnischen Gruppierung oder Religion angesichts des Verlustes ihrer humanen Identität.

Die Entwurzelten neigen zum Terrorismus und suchen eine neue Identität und ein Selbstbewusstsein, auch die Möglichkeit, Vergeltung zu üben – von Kaschmir bis zu den palästinensischen Gebieten. Amerika mag eine Hegemonialmacht sein, aber jede übersteigerte Rhetorik, jeder Versuch zum Unilateralismus fordert weltweiten Widerstand heraus, selbst der Weltmarkt alleine steigert auf Dauer nicht eine wirklich begründete eigene Souveränität.

Militärische Abrüstung alleine wird nicht mehr ausreichen. Es bedarf auch der kulturellen Abrüstung, sie muß zum Faktor der Realpolitik werden. Die Moderne wird durch eine Vielzahl der kulturellen Formen repräsentiert und der Begriff der ›multiplen Modernität‹ bildet einen friedenspolitischen Ausgleich und Ausweg. Es kann keinen Frieden zwischen den Staaten geben ohne einen vorausgehenden Frieden zwischen den Kulturen und Zivilisationen. Folglich bleibt – so schwierig auch immer er sich gestaltet – der Dialog zwischen den Kulturen und Zivilisationen Voraussetzung für eine friedliche Weltordnung. Kulturelle Andersheit will verstanden sein – auch politisch und wirtschaftlich.

Dies war zur Zeit der ersten axialen Zivilisationen im ersten vorchristlichen Jahrtausend auf dem Felde der Geistesgeschichte und der institutionellen Grundlagen nicht anders als heute. Damals wie heute erleben wir für die Menschheitsgeschichte unauslöschbare Auswirkungen für die Einheit in der Vielfalt, der Erdball wurde zur gemeinsamen Heimat der Menschheit. Die Geschichte der ›condition humaine‹ konnte sich nicht mehr ab diesem Zeitpunkt in getrennten Nationen und Kulturen abspielen, es gab erstmals ein universales Subjekt namens Menschheit, wobei die Staaten und Kulturen nicht mehr nach einem einzigen Rationalitätsmaßstab zu bewerten waren.

In dieser ersten Achsenzeit im Zeitraum von 800 bis 200 vor Christus entstand nahezu alles, was die Menschheit prägen sollte: die verschiedensten Formen der Philosophie, die ersten exakten und historischen Wissenschaften, die großen Dichtungen in Epik, Dramatik und Lyrik und die Anfänge der Demokratie. All dies war nicht die Errungenschaft des Abendlandes, besonders Griechenlands und Roms, sondern gleichzeitig und gleichwertig auch Chinas und Indiens und ihrer Zivilisationen. In dieser Zeit drängte sich das Außerordentliche stärker zusammen, Konfuzius und Laotse wirkten in China, die wesentlichen Richtungen der chinesischen Philosophie erstarkten, Mo-Ti, Tschuang-Tse, Lie-Tse und ungezählte weitere, in Indien traten die Upanischaden auf den geistigen Plan, Buddha lebte, im Iran verbreitete Zarathustra seine Lehren, in Palästina tauchten die Propheten auf von Elias über Jesaja und Jeremias bis zu Deuterojesaia, in Griechenland lebte Homer auf, ebenso die Philosophen Parmenides, Heraklit, Plato sowie die Tragiker Thukydides und

Archimedes. Hier können Namen nur als ›pars pro toto‹ für tiefes Denken stehen, was sich annähernd gleichzeitig und unabhängig in diesen wenigen Jahrhunderten in China, Indien und dem Abendland entfaltete.

Das Neue war, und hier gleicht die Zeit der axialen Zivilisationen der Gegenwart, dass in allen drei Welten sich der Mensch des Seins im Ganzen, seiner selbst, aber auch seiner Grenzen bewusst wurde und die Fruchtbarkeit der Welt ebenso erfuhr wie die eigene Ohnmacht angesichts der Herausforderungen für ein planetares Bewusstsein. So bedarf es heute mehr denn je jener metapolitischen Weisheit, eine lehrende in eine lernende Zivilisation zu verwandeln, Selbsterkenntnis als Vorstufe zu Weltverständnis in einem Polylog der Zivilisationen im 21. Jahrhundert.

Caliban und Prospero – Zur humanen Identität des amerikanischen Doppelkontinents in Vergangenheit und Zukunft der Weltzivilisation

Vom Fehlverstehen über die Jahrhunderte
Die kulturgeschichtlichen Voraussetzungen

Es kann nicht um die Frage gehen, welche Kulturen ›besser‹ sind, sondern schlicht darum, Kulturen zu verstehen. Dies betrifft nicht nur den Islam, sondern auch andere Territorien der Welt, etwa den amerikanischen Doppelkontinent, Nord- und Lateinamerika, die seit dem Beginn der weißen Zivilisation im 16. bzw. im 17. Jh. bis zum heutigen Tag letztlich ein von wechselseitigem Fehlverstehen oder gar Argwohn gekennzeichnetes Verhältnis zueinander haben. Hier half auch keine Monroe-Doktrin 1832, keine Berufung auf republikanische Tugenden des neuen Amerika gegenüber dem imperialen alten Europa; das wechselseitige Verstehen zwischen Latein- und Nordamerika war über die Jahrhunderte nicht gegeben und ist es auch heute nicht, weder auf staatspolitischer noch auf der Ebene der Begegnung der Kulturen. Worin mag das liegen, trotz all der wirtschaftlichen und politischen Bemühungen?

Ein Blick auf die Kulturgeschichte des Doppelkontinents vermittelt Antworten. Weltbilder, wie sie in der Geistesgeschichte und Religion zutage treten, entwickeln sich aus der Geschichte und spiegeln sie zugleich, sie erlauben auch Einblicke in die Realgeschichte, in Wirtschaft und Politik. Mit den geistig-kulturellen Lebensformen setzt sich der Mensch selbst ins Werk bei seiner Daseinsgestaltung. Das Zusammenwirken von Geistesgeschichte, Religions- und Staats- sowie Wirtschaftsverfassung erlaubt Einblick in die tragenden Werte einer Kultur in einem grundsätzlich holistischen anthropologischen Sinne, die Logiken des Denkens und Handelns menschlichen Lebens stellen einen kulturgeschichtlichen Atlas in der Pluralität der Kulturen als Merkmal menschlicher Evolutionsgeschichte beim Übergang von der Natur- zur Kulturgeschichte dar. Auch die Moderne – wo auch immer – ist ohne die kultur- und religionsgeschichtlichen Voraussetzungen nicht zu verstehen. Wir erleben nicht eine Moderne, sondern eine Vielzahl von Modernitäten – der amerikanische Doppelkontinent ist nur ein Beispiel – freilich ein sehr wichtiges und ausdrucksstarkes.

Von besonderem Erinnerungswert im kollektiven Gedächtnis Amerikas ist das Schlüsselwerk *Ariel* von Jose Enrique Rodo aus dem Jahre 1900 in Uruguay, welches das scherenartige Auseinaderschreiten, die Dialektik des amerikanischen Doppelkontinents auf den Punkt bringt, eine Dichterinsel höherer Differenzierung, ein Wurf von prophetischer Visionskraft. Heroen und Urahnen des amerikanischen Menschen treten auf und sichern sich Kontinuität über Zeiten. Die Wurzeln werden in dem mythischen Urgrund der Geschichte gesucht, nicht zuletzt in den Inkatraditionen, weiter des kulturellen Gedächtnisses in Palenque und Utitlan. Rodo spricht hier die mitreißende Sprache des Tribunen, vergleichbar nur mit Rüben Darios *Ode auf Theodore Roosevelt* 1903, die eine Okkupation Panamas geißelt. *Ariel* ist eine Zäsur im Geschehensverlauf, die Schrift ist im Zentrum des amerikanischen Kosmos lokalisiert, sie ist ein ästhetisches, aber zu gleich kulturpolitisches Credo, ein Mahnmal des Kontinents, wo die Ahnen der Zukunft sprechen mit Rückbindung an das Schöpfungsgeschehen. Der Essay ist an die Jugend gerichtet, die vor einer Verführung durch Nordamerika gewarnt wird. Das Ende der Schöpfungszeit wird angekündigt und vor einer hoch technisierten materiellen Welt von nordamerikanischem Zuschnitt gewarnt. *Ariel* schildert die letzte Vorlesung Prosperos, des Hochschullehrers, der sich wie Plato von der Jugend Athens am Ende des Jahres verabschiedet. Seine Vorbilder hat Rodo den Metaphern Renans und Guyaus entlehnt, die Symbolik aber entstammt Shakespeares Alterswerk *The Tempest*. *Ariel* ist die Verkörperung des Idealismus, der mit der lateinamerikanischen Kultur gleichgesetzt wird und Prospero Caliban gegenübersteht, dem Sinnbild des Materialismus, der für die nordamerikanische Kultur steht. Im Kern steht für Rodo das naturzeitliche Individuum und sein Anspruch auf persönliche Freiheit als Gnadenerweis. An die Spitze der Wertpyramide in Lateinamerika rückt bei Rodo die Kunst, die Anerkennung des Schönen als Sakralgerät, der zweckfreie Diskurs, das Ideal der Wahrheit – wie in der Vorzeit verankert –, das intuitiv-gefühlsbetonte Weltbild, das sich der praktischen Nutzbarmachung und der Anwendung widersetzt, auch in Wissenschaft und Technologie. Es wird erkenntlich, wie diese nachurzeitliche Topoi der nordamerikanischen Kultur widersprechen.

Die Dialektik des Doppelkontinents Amerika hält dieser literarischen Vorlage in empirischer Weise stand an allen kulturgeschichtlichen, politischen und wirtschaftlichen Schnittstellen. Zunächst ein Blick auf Nordamerika. Geistes- und Religionsgeschichte offenbaren seit Beginn der weißen Zivilisation im 17. Jahrhundert einen empirischen, analytischen, rationalen, logischen und streckenweise utilitaristischen sowie pragmatischen Grundton in allen Facetten. Das pragmatische Denken eines William James oder John Dewey geht von der Vorstellung aus, dass die jeweilige Situation verbessert werden kann, wobei der Mensch auch bei einem Fehlschlag selbst verantwortlich bleibt und nicht die Verantwortung einer transzendentalen Gottheit als mythenträchtiger Weihebezirk überantworten kann wie in der traditionellen lateinamerikanischen Kultur. Die nordamerikanische Kultur kennt ein *promise of reward*, ja man lebt in einem *land of promise*, das Leben glänzt als Vorstellung der *opportunity* und des *opening*. Erfolg als der Verbindung von Umstand und Aktion bevölkert die Wirtschafts-, Sozial- und Kulturgeschichte Nordamerikas. Im 19. Jahrhundert wurde der Begriff des *Manifest Destiny* geprägt, das puritanische Erbe sprach von der *city upon a hill*. Als Quelle lebenspendender Kraft kommt das Vermögen zur Quantifizierung, zum Rekord, der hohen Zahl zum Ausdruck, das es in der lateinamerikanischen Kultur nicht in gleichem Maße gibt. Krankheit, Alter und Tod fügen sich in dieses Konzept freilich nur schwer ein. Unglück wird nicht als tragische Schickung akzeptiert, die Vision der Nobilitierung des Menschen durch Tragik trifft auf Lateinamerika wesentlich stärker zu als auf die nordamerikanische Kultur. Dort kennt der Mensch weniger die Fatalität, als dass er selbst an der Gestaltung des Lebens teilnimmt. Hierzu tritt die nordamerikanische Vorstellung der *self reliance*, die selbst in den utopischen Gemeinden der Brooks Farm und bei Robert Owen, bei den ›Transzendentalisten‹ Emerson und Thoreau in ihrem Naturbegriff durchschlägt, sehr im Unterschied zu Lateinamerika, wo ›Transzendenz‹ tatsächlich das Jenseitige, das Weltabgewandte umreißt. Das erwählte Volk Nordamerikas ist dem Erlebnis des *human progress* verpflichtet, es entsteht der Kult der Größe, der *magnitude*, wie er die nordamerikanische Folklore und Legende bevölkert. Mit Blick auf die Wirtschaft und ihre dynamische Entwicklung in Nordamerika wird bereits ersichtlich, dass die pragmatische Sachlogik der Geistesgeschichte wesentlich bessere Voraussetzungen für die Industrialisierung im 19. Jahrhundert und die technologische Schubkraft entfaltete als die metaphysisch-transzendentale Grundhaltung der lateinamerikanischen Kultur seit der katholischen Scholastik des 16. Jahrhunderts.

Die geradezu öffentliche Popularität des Sozialdarwinismus in Nordamerika, die keine Entsprechung in Lateinamerika kennt seit den Schriften eines Herbert Spencer und seinem Schüler John Fiske im 19. Jahrhundert, beruhte auf der Absprache, dass sowohl die Natur als auch die Geschichte zum menschlichen Aufstieg beitrugen als Inseln der Ordnung. In Lateinamerika wurde der Eingriff in die Natur als Verletzung der Schöpfung betrachtet. Es lässt sich ein grundsätzlich anderes Geschichtsverständnis zwischen Nord- und Lateinamerika erkennen. In Nordamerika verkörperte von Beginn der Universitätsgründungen in Harvard und Princeton und Yale ab dem 17. Jahrhundert die Naturwissenschaft ein kongeniales Phänomen für die Industrialisierung und Technologie. In Lateinamerika waren die Universitätsgründungen im 16. Jahrhundert in Lima, Mexiko und Santo Domingo hingegen auf Theologie und Philosophie konzentriert. Nordamerika entdeckte in der Methode der Wissenschaft eine Technik zum Gebrauch, zur Nutzbarmachung der physikalischen Natur. Die Tugenden der *frugality* entsprachen der calvinistischen Wertschätzung des diesseitigen wirtschaftlichen Erfolges mit dem Ziele der Akkumulation von Wohlstand bei jenseitiger Gratifikation. Dabei führte der Calvinismus eine theistische Sicht der Welt bei der Betonung der Erlösung der Seele mit sich.

Wieder taucht ein wesentlicher Unterschied zwischen Nord- und Lateinamerika auf: Durch die Formung des calvinistischen Erbes in der Kolonialzeit war der Übergang auf das *Enlightenment* im 18. Jahrhundert nicht so plötzlich und abrupt wie in Lateinamerika.

Die Betonung des menschlichen Willens und der Vorstellung des Eigentums und das Anrecht des Menschen auf die Früchte seiner Arbeit sprach John Locke mit seiner Sicht des *possessive individualism*. Die puritanischen Moralvorstellungen fanden sich im Einklang mit den *Laws of Nature*, dem *Pursuit of Happiness* und den *Civil rights*. Es begegneten sich gleichsam Jonathan Edwards mit Thomas Paine. Benjamin Franklins Vorstellungen der *practical wisdom* und der *exercise in virtue* wurden durch den Theologen Cotton Mather antizpiert. Die Philosophie der *Declaration of Indipendence*, wie sie bei Thomas Jefferson formuliert wird, rundet das Bild ebenso ab wie das *Common Law*, die Lehren von Edward Cooke, die politischen Schriften Sidneys und Miltons sowie die Tradition der *Magna Carta* und die großen Reden des Predigers Charles Chauncy. Es ergibt sich ein eindrucksvolles Wechselspiel zwischen Philosophie und Staatsverfassung, der Primat der Gemeinschaft kommt in der amerikanischen Verfassungs- und Rechtsgeschichte zum Ausdruck, sehr im Unterschied zu Lateinamerika. Auch der Transzendentalismus des 19. Jahrhunderts in Nordamerika war von empirischen Zügen geleitet, von sozialem Engagement und der Philanthropie, von der Antisklavenbewegung, der Frauenrechtsfrage – sehr im Unterschied zu der weltabgewandten spekulativen Transzendenz Lateinamerikas zur gleichen Zeit. Selbst nordamerikanische Denker wie Josiah Royce oder Santayana, die gerne als Idealisten bezeichnet werden, konzentrierten sich tatsächlich auf die *Hopeful Action*.

Von elementarer Bedeutung für die Entwicklung Nordamerikas war das kollektive Erlebnis der *Frontier*, die sich über drei Jahrhunderte als Grenze der weißen Zivilisation über den Kontinent erstreckte und das gesamte soziale, wirtschaftliche wie rechtliche Leben Nordamerikas erfasste. Dies hat keinen Vergleich in Lateinamerika, wo wir über Jahrhunderte überwiegend eine Punktbesiedelung an den Küsten und keine Flächenbesiedelung vorfinden. Nordamerika war geprägt vom *Westward Movement*, das die *Jacksonian Democracy* nach sich zog sowie den Aufstieg des *Common Man*, den es in dieser Form in Lateinamerika auch nicht gab. So erklärt sich auch das Nichtvorhandensein breiter Mittelschichten in Lateinamerika bis zum heutigen Tag mit den fatalen Auswirkungen auf Wirtschaft, Staat und Gesellschaft. Das 18. Jahrhundert war in Nordamerika geprägt von einer eigentümlichen Verknüpfung von Empirismus und Rationalismus – wieder im Unterschied zu Lateinamerika –, wie dies etwa im Denken des Theologen Jonathen Edwards zum Ausdruck kommt. Es erweist sich, dass jede Rationalität kulturgebunden ist und unterschieden werden muss von der reinen Logik.

Die eindrucksvolle Wechselwirkung zwischen den Werten der Kultur, der Geistesgeschichte und der politischen und wirtschaftlichen Verfassung wird in der Verschiedenheit des amerikanischen Doppelkontinents ersichtlich. Auch die Philosophie und Geistesgeschichte des 19./20. Jahrhunderts, Denker wie William James, Peirce oder John Dewey begründeten als originelle Stimmen der nordamerikanischen Philosophie den Pragmatismus, wo gefordert wird, das Denken müsse ein *cutting edge* haben, also empirisch feststellbare Unterschiede im Verhalten bewirken, zur Lösung einer konkreten Situation und Problemstellung beitragen, wie das in der Wirtschaftspolitik des *New Deal* und den Erziehungsprogrammen seinen Niederschlag fand – sehr im Unterschied zu den metaphysischen Positionen der lateinamerikanischen Philosophie. Im nordamerikanischen Denken wurde Aktion zum Schlüssel der Existenz des

Einzelnen, Wissen sucht nach Anwendung, das Denken ist auf Ziele und Zwecke gerichtet, Hindernisse sollen beseitigt werden. Der Pragmatismus vollzog bei der sozialen Konstruktion die Aufgabe, den Weg zu bereiten für industrielle und technologische Möglichkeiten zu einem wirtschaftlichen Gipfelgang, der seine geistesgeschichtliche Wurzeln hatte.

Das Beispiel der lateinamerikanischen Kulturgeschichte

Die traditionelle lateinamerikanische Kultur geht von einer theozentrischen Weltsicht aus, die überempirischen Charakter hat, sie kreist um den Gedanken des Übernatürlichen, aus dem der Mensch seine Rechtfertigung erfährt im Gegensatz zu Nordamerika, wo die Kultur von einem analytisch-logischen, rational-empirischen Grundton geprägt ist. Vor allem aber ist die nordamerikanische Kultur wesentlich anthropozentrisch bestimmt, erkennt folglich im Menschen selbst die letzte Rechtfertigung und kennt weniger die tiefreichende Urzeit als die Gegenwart.

Theozentrische Werthaltungen sind auf transzendentale Ziele ausgerichtet als Quelle lebenspendender Kraft. Der Eingriff in die Natur wird als Verletzung der Schöpfung begriffen. Die theozentrische Sicht kennt Sakrallandschaften und die Akzeptanz eines Absoluten, die vielfältige Verwurzelung des Menschen im mythischen Grund der eigenen Kultur, die anthropozentrische Sicht hingegen ist auf das Erreichen instrumenteller Erfolge gerichtet im Rahmen einer funktionalen Weltsicht. Die theozentrische Perspektive fragt weniger danach, was ein Mensch irdisch erreicht oder darstellt, sondern was er fühlt und was er *ist*. Hier erleben wir eine Abkehr vom nordamerikanischen Gedanken des *achievement*, von der durch den Menschen beherrschten Natur. Zweifelsfrei hat diese theozentrische Werthaltung auch aus Mangel an instrumenteller Sicht hemmenden Einfluss auf die Entfaltung der Wirtschaft in Lateinamerika.

Die spanischen religiösen Werte und die mythischen, nachurzeitlichen Werte der Inkahochkulturen und der mesoamerikanischen Hochkulturen zeigen ein hohes Maß an Verwandtschaft. Arbeit bedeutete für die traditionelle indigene Kultur eine religiöse Haltung, war Ausdruck kulturschöpfender Akte göttlicher Heroen, die zelebriert wurden. Sie entbehrte jenes säkular-pragmatischen Grundtons wie in der nordamerikanischen Kultur. Wir erleben das Ausbleiben einer Emphase des Erreichens, die traditionelle lateinamerikanische Kultur führte einen Fehlschlag nicht auf eigenes Versagen zurück, sondern auf eine Fügung Gottes. Nicht nur das

Resultat einer Aktion wird bewertet, sondern bereits der Versuch gewürdigt. Es wird ersichtlich, dass diese Haltung nur sehr schwer mit dem empirischen Pragmatismus der aufstrebenden Industrienation vereinbar ist wie in Nordamerika. Die traditionelle lateinamerikanische Kultur kennt den Primat der Seinsbetonung vor der Aktion in vorindustrieller Zeit. Die geistesgeschichtlichen Voraussetzungen für die Modernisierung waren nicht in gleichem Maße gegeben.

Alexander von Humboldt beschrieb jenen Katholizismus der Scholastik, der den Bruch zwischen Mittelalter und Neuzeitdenken, Glaube und Ratio nicht so stark erlebte wie das Deutschland der Reformationen, das England Cromwells oder das Frankreich Descartes und der Revolutionen. Stets schwingt im spanisch-portugiesischen Kulturraum etwas von dem mittelalterlichen Einheitsgedanken mit, jener Identität von Glaube und Staatslenkung in der Jahrhunderte überdauernden Kolonialzeit, von der sich Lateinamerika bis heute nicht wirklich befreit hat.

Die Beschreibung Amerikas durch Amerigo Vespucci hatte im Gegenzug wesentlichen Einfluss auf den utopischen Staatsentwurf von Thomas Morus, da Vespucci in einem geistigen Umfeld lebte, dem auch der Humanismus eines Marsilio Ficino bekannt war. Es scheint eine Affinität vorzuliegen zwischen der Utopie bei Thomas Morus und der Beschreibung des Inkastaates durch den Inka Garcilaso. Eine Vielzahl an Stimmen erhob sich, von Bartolome de las Casas, Vasco de Quiroga, der Karl V. den Vorschlag machte, Amerika von der europäischen Zivilisation abzuspalten, um dort Morus' *Utopia* zu verwirklichen. Miguel de Unamuno sprach rückwirkend von einem verhüllten Wirklichkeitsverständnis Lateinamerikas, das später Auswirkungen auf die lateinamerikanische Politik und Wirtschaft haben sollte.

In der nordamerikanischen Sicht wird die Zukunft teleologisch aufgefasst, sie erscheint folglich zwangsläufig besser, da sie einer Erlösung durch Gott näher steht als die Gegenwart. Für die nordamerikanische Modernität ist die Zeit das Agens der Veränderung als Voraussetzung für den Aufbau von Technologie und Industrie, in der primordialen Kultur ist Zeit der Faktor, der die Veränderung unterdrückt. Das Urbild der primordialen Kultur ist die Vergangenheit vor aller Zeit – fossilen Zeugen gleich – das glückliche Zeitalter des Urbeginns, wo zwischen Himmel und Erde Gleichklang herrschte als Herzstück der Raum-Zeit-Struktur. Der Schöpfer – identisch mit dem Hochgott des eigenen Ethnos. Die *reale Realität* der calvinistisch geprägten nordamerikanischen Kultur steht der *utopischen Realität* Lateinamerikas gegenüber.

Bevor Lateinamerika eine eigene historische Existenz besaß, war es bereits Vorhut der europäischen Ideenwelt, Lateinamerika gewann den Rang eines Kapitels der europäischen Utopien. Alejo Carpentier spricht in seiner Schrift *Das Reich von dieser Welt* von einer sehr besonderen wunderbaren Wirklichkeit Lateinamerikas, Angel Asturias ergänzt dies durch seinen Begriff des *magischen Realismus.* Er geht von einer »irrational erfahrenen Wirklichkeit« aus, die im Widerspruch zum »rationalen Verständnis« der umgebenden Wirklichkeit steht. Eine Umwelt lebt aber aus der Vergangenheit und Geschichte der Menschen, die sie bewohnen, sie ist Teil ihrer Kultur und prägte ihre Identität in tiefgreifender Urzeit und Gegenwart.

Über die Natur, Religion und die Verschiedenheit der Modernitäten

Die lateinamerikanische Kolonisation vollzog sich unter dem Vorzeichen der katholischen Universalmonarchie. Der kontemplative Grundton des Zeitempfindens suchte nach einer Ewigkeit, die noch im Augenblick eintreten konnte. Ein auf Vollständigkeit ausgerichtetes pantheistisches Gefühl lag dem zu Grunde. Es ist die Sprache von der Zeit ohne Ziel, die mit der Betonung der Individualität eine eigenständige Ontologie der traditionellen lateinamerikanischen Kultur erwirkt hat, der tellurischer Charakter zukommt. Carlos Fuentes formuliert zutreffend, dass die lateinamerikanische Kultur zwischen den Polen der Nostalgie für den »edlen Wilden« und der eschatologischen Sehnsucht nach der Revolte, zwischen extremem Individualismus und einer Form des apokalyptischen Kollektivismus gespalten ist. Die Eliten hatten zudem wenig Bereitschaft zur sozialen Verantwortung, was bis heute zu einem unüberwindbaren Hindernis für eine breit gefächerte soziale Mobilität wurde. Die Maximalisierung der Effizienz pro Zeiteinheit, wie es die nordamerikanische Kultur prägte, war ebenso wenig gegeben wie das Vermögen zur abgewogenen Risikobereitschaft für unternehmerische Initiative. Der brasilianische Sozialanthropologe Gilberto Freyre erkannte bereits in der Kolonialzeit ein Vorurteil gegen das vermeintlich »unaristokratische Geschäftsleben« in der Bevölkerung, soziales Prestige schien in der Hierarchie der Werte höher eingestuft zu sein als rein materieller Erfolg. Das Empfinden war auf die Flüchtigkeit der irdischen Existenz gerichtet, auch auf die mangelnde Fähigkeit des Menschen, sein Schicksal selbst zu bestimmen, im Gegensatz zum Calvinismus nordamerikanischer Gestalt, der von der Selbstmächtigkeit des Einzelnen ausging und der Vorstellung, dass nur der wohlhabende Mensch Gottes Gefallen finden könnte in einem übergeordneten Heilsplan. Octavio Paz erkannte richtig, dass Lateinamerika bis heute ein gebrochenes Verhältnis zur Wirklichkeit der Moderne hat, ebenso zur Technologie, die nie staatstragend akkulturiert werden konnte. Bereits die präkolumbianischen Kulturen waren gezeichnet von einer Vorstellung der mythischen Urzeit, von der Vision der Natur, die grundsätzlich im Widerspruch stand zu nordamerikanischen Technologiebestrebungen. Der Mensch war mit der Natur verbunden, weil er sich als Teil von ihr verstand. Das sakrale Reich der *Pacha Mama* in ihrem magisch-universellen Weltanspruch war bezeichnend. Der Mensch war begnadet mit dem Geschenk der eigenen Natur, sie sollte nicht unterworfen, ausgebeutet werden, vielmehr wurden die Früchte der Arbeit als ein großzügiges Geschenk der Ernte betrachtet, das die verdammten Seelen in ihrer Daseinsgestaltung schlechthin erlösen sollte seit Urbeginn der Erschaffung der Erde. Die Natur gleichsam als Urahn des eigenen Volkes, das Heimatland als heiliger Boden. Entsprechend waren die Nachfahren der andinischen Kulturen nicht im gleichen Maße wie in Nordamerika an einer wissenschaftlichen Erschließung der Natur interessiert. Die Erde blieb seit mythischer Urzeit letzte Instanz, Herzstück der Raum-Zeit-Struktur gottgewollt, die Welt entsprach nur dem kosmischen Mittelbereich, den Gott alleine vollendet schuf. Folglich erlebte die indianische Bevölkerung Industrialisierung, Urbanisierung und Technologie wesentlich schwieriger und als Gefahr der Preisgabe der eigenen kulturellen Identität – bis heute. Auch die Zeit war in der indianischen Kosmologie sakral und gründete als kristallener Kern auf einem heiligen Universum, das Gott dem Chaos abrang. Zwangsläufig waren Perfektionierungsvisionen und eine Verdinglichung wie in der nordamerikanischen Kultur und Wirtschaft in der indianischen Kosmologie als primordialer Inselwelt nicht gegeben. Eine eindimensionale, lineare Sicht des Fortschritts im westlichen Sinne war in den traditionellen Kulturen Lateinamerikas nicht vorauszusetzen. Die technologische Rückständigkeit Lateinamerikas ist nicht zuletzt auf das Ausbleiben einer genuinen naturwissenschaftlichen Tradition als Voraussetzung einer endogenen Technologie zurückzuführen. Begriffe wie Fortschritt, Zukunft und Effizienz sollten in Lateinamerika wesentlich anderen Charakter annehmen als in Nordamerika, wo die ›innerweltliche Askese‹ des Calvinismus prägend war. Dies hatte noch Auswirkungen auf das 20. Jahrhundert, als die große wirtschaftliche Initiative der *Alliance for Progress* niemals den gleichen Erfolg erzielte wie etwa der *Marshallplan* in Europa nach 1945. Bis in die Gegenwart ringt Lateinamerika mit der Moderne. Kultur, Wirtschaft und politisch demokratische Ordnung haben kein synergetisches Wechselspiel, es lässt sich überwiegend von einer *erborgten* Moderne sprechen. Der *Patrimonialismus*, der *Caudillismo* prägen die politische Kultur Lateinamerikas auch nach den Revolutionen des 19. Jahrhunderts, die niemals demokratische Revolutionen des Bürgertums waren wie in Europa oder Nordamerika, auch weil die Wirtschaft zu lange in merkantilistischer Ordnung verharrte. Das philosophische Denken Montesquieus oder die *Federalist Papers* Thomas Jeffersons als Grundlagen der europäischen und nordamerikanischen Revolutionen wurden zwar in Lateinamerika sorgfältig gelesen, sie behielten aber den Charakter potemkinscher Fassaden ohne wirklichen Bezug zur historischen Wirklichkeit Lateinamerikas. Auch nach den Revolutionen im 19. Jahrhundert in Lateinamerika verblieb die wirtschaftliche und politische Macht in den Händen lokaler Oligarchien und der militärischen Eliten. Zudem litt Lateinamerika auch unter dem Zerfallsprozess des spanischen Weltreiches, in dem das Gedankengebäude des Mittelalters seine letzte Verwirklichung fand. Noch in der Blütezeit der Renaissance rang Spanien voller Eifer um die Fortdauer des Mittelalters, im Gegensatz zum Rest Europas, wo das Zeitalter der Aufklärung bereits Keime für die späteren Umwälzungen der Naturwissenschaften anklingen ließ und die industrielle Revolution ankündigte. Der autozentrische Individualismus, der *Personalismo* reichte zudem in Lateinamerika bis an die Grenze der sozialen Anarchie.

Der explorative Charakter der Wissenschaft, wie er die Renaissance prägte und auch auf Nordamerika einwirkte, sollte im Gedächtnisspeicher Lateinamerikas keinen vergleichbaren Rang einnehmen. Hinzu trat die zentralistische Kontrolle in rigider Form durch Spanien während der gesamten Kolonialzeit.

Auch der *Positivismus* des 19. Jahrhunderts in Lateinamerika blieb ein vorübergehendes Phänomen von Feuerland bis Mexiko, das in der faktischen Geschichte keine dauerhaften Wurzeln schlagen konnte – trotz aller Versuche in der Erziehung und Politik, er vermochte keine staatstragende Bedeutung zu erhalten und verschwand zu Ende des 19. Jahrhunderts wieder als Insel einer vermeintlichen Ordnung.

Lateinamerika stand über Jahrhunderte in der scholastischen Tradition von Denkern wie Molina, Vitorio oder Suarez im Spanien. Die Scholastik war in Lateinamerika nicht nur eine Philosophie, sondern wesentlich ein System des Denkens innerhalb von Staat und Gesellschaft, das die entferntesten Verästelungen aller Aspekte des Lebens durchherrschte.

Es wird verständlich, dass die ideengeschichtlichen Voraussetzungen für Lateinamerika bis ins 20. Jh. eine andere Modernität als für Nordamerika aufscheinen ließen. Durch das scholastische Denken als der offiziellen Philosophie des Kirchenstaates war eine Unterwerfung unter den König gegeben, die einer Unterwerfung unter Gott glich. Als Anerkennung für den Kampf gegen die Mauren erhielt Spanien und seine Krone das Recht auf Ernennung von Vizekönigen und weiteren hohen Ämtern.

Im scholastischen Denken, das Lateinamerika vom 16. bis zum 19. Jahrhundert wesentlich formte, liegt – wie in der Vorzeit verankert – die Wurzel des metaphysisch-transzendentalen Grundtons, der die Ästhetik einschloss, zu keinem Zeitpunkt aber eine Nordamerika vergleichbare erfahrungsbetonte, logische, empirische, zweckrationale oder gar pragmatische Philosophie und Geistesgeschichte. Industrialisierung und Technologie konnten in Lateinamerika niemals auf eine Nordamerika vergleichbare Ideenwelt zurückgreifen. José Vasconcelos oder Antonio Caso aus Mexiko, Raimundo de Farias Brito aus Brasilien, Carlos Faz Ferreira aus Uruguay sowie Francisco Romero, Alejandro Korn aus Argentinien waren im 20. Jahrhundert alle führende Denker in ihren Staaten. Sie stehen als Beispiele für die idealistisch-transzendentale Tradition lateinamerikanischer Geistesgeschichte. Es lässt sich bündeln: die kulturellen Voraussetzungen für wirtschaftliche Dynamik und politische Stabilität waren in Lateinamerika niemals wie in Nordamerika gegeben, Die Versuche, sich dem logisch-rationalen Weltimperativ zu entziehen, wurden mit chronischer wirtschaftlicher und politischer Instabilität – bis heute – bezahlt. Der wissensstolze Mensch nordamerikanischer Färbung übernahm die Pregorative des Schöpfers, um die Grundsteine für die moderne Naturwissenschaft zu legen. Der Mensch war nicht mehr die Kreatur Gottes, nicht mehr Mündel seines Willens und Träger seines Bildes, er war gewiss kleiner als Gott und doch größer als jede andere Kreatur und begann seinen unaufhaltsamen technologischen Gipfelgang. Die Natur wurde zum Objekt der Nützlichkeit und der Zweckmäßigkeit, der Naturbegriff entsakralisierte sich, die magisch-mythischen Gewalten wurden liquidiert und das technisch Außerordentliche trat gewöhnlich ein.

In den traditionellen lateinamerikanischen Kulturen herrschte die Vorstellung, dass in der Kosmologie die Ordnung zerstört wurde durch den Eindringling ›Mensch‹, etwa bei Machado de Assis in seinem epochalen Werk *Quincas Borba* für die lusitanisch-brasilianische Kultur. Die unmittelbare Nähe zum Tod ruft nach dem Außergewöhnlichen und begünstigt eine Art der hoffnungsvollen Verzweiflung (etwa bei Juan Carlos Onetti). Das Leben heißt Geworfensein, der Glanz des Siegers paart sich mit dem Mut zum Missgeschick, die mexikanische Fiesta ist nicht nur Ausschweifung, sondern auch Revolte, einem urplötzlichen Eintauchen in das Formlose gleich, eine Rückkehr in archaischen Grund, in eine von Wildheit umdrohte friedliche Oase blühenden Daseins, wo die Überenergie jener Urzeitwesen aufbricht als Metapher absoluter Freiheit.

Hat nicht bereits in der spanischen Kultur Don Quichotte dem Weltbild der Selbstmächtigkeit des Menschen abgeschworen, zeigte er nicht gerade als Geschlagener Würde und rang mit der Bitte um Gnade in der Vorstellung, die Welt müsse erlöst werden? Der Unterschied zu Nordamerika tritt eklatant zutage.

In der traditionellen lateinamerikanischen Kultur empfindet sich der Mensch als Schössling der besiegten Kulturen, herausgelöst aus archaischen Mythen, hineingestoßen in eine entgötterte Welt, in einen Ozean ohne Licht, in Nacht verloren, die als seelenlos empfunden wird.

In den Köpfen der Konquistadoren spuckten die Träume vom Eldorado nach der Irrfahrt über den Atlantik, nicht vom wüsten Ödland, sondern vom Land des funkelnden Goldschatzes,versteckt hinter geheimen und bemoosten Grotten, vom Kipango, der sagenumwobenen reichen Insel in glitzerndem Prunk, oder vom unermesslichen Reichtum der Amazonen sowie vom Reichtum über Nacht. Die Wirklichkeit fiel mit brachialer Gewalt ein. Eine gewisse Ortlosigkeit, geographisch wie im Geiste, waren die Folge, ja eine gewisse Heimatlosigkeit, ein Unbehaustsein, ein sich fehl am Platze Fühlens *fuera de lugar*. Auf das Planquadrat der Weltgeschichte übertragen, bestand in Lateinamerika die Furcht vor einer ›Herodianisierung‹ (Toynbee), also von einer Entfremdung gegenüber den eigenen Ursprungskulturen, wie dies auch Herodes erlebte, der zwar physisch in Palästina lebte, kulturell aber an Rom gefesselt war. Im magischen Weltbild, wie es die Maya-, Azteken- und Inkahochkulturen auszeichnete, hängt jeder Teilvorgang von einem leitenden Prinzip des Weltverlaufs ab. Auch in der spanischen Mystik des Entdeckungszeitalters scheint der Gedanke der Integration des Individuums in das Göttliche und Universale, des Diesseitigen in das Jenseitige. Alexander von Humboldt beschreibt eindrucksvoll, wie die Kirche, etwa in Cuzco, Peru, am Wegesrand neben indianischen Steinzeichen als Symbole heidnischer Herkunft ihre Kreuze als Beispiel des übersinnlichen Waltens setzte, als wollte sie einen magischen Kreis ausmessen.

Auch hier liegt ein diametraler Unterschied zu Nordamerika vor, wo es zwischen den protestantischen Denominationen und den Indianerkulturen ausschließlich zu kriegerischen Handlungen und Ausrottungen kam, freilich zu keiner kulturellen Verständigung und Synkretismus wie in Lateinamerika. Dem meditierenden Mönch wurde bewusst, dass das Universaldenken des spanischen Katholizismus gar nicht so weit entfernt war vom magischen Allbegriff der indianischen Hochkulturen. Sowohl Mönch wie Indianer hatten einen eher gefühlsmäßigen und spekulativen als streng rationalen Zugang zur Welt, der im klaren Unterschied zum »matter of fact« Protestantismus der Pilgerväter in Nordamerika von Virginia bis nach Neuengland stand. Das Leben war weniger Sprungbrett zur Aktion als bloße Möglichkeit des Seins. Es lässt sich festhalten, dass die tragenden anthropologischen Konstanten zwischen Latein- und Nordamerika wesentlich auseinanderklaffen: die Einstellung zum Tod, zur Natur, zum Übernatürlichen, zur Mann-Frau-Beziehung sowie zur Arbeitsethik, um nur wenige Beispiele zu nennen.

Das faktische Leben ist in der lateinamerikanischen Kultur mehr als bloße Sachlichkeit, es ist immer auch ein Bekenntnis zum Nichtrationalen, zu Lebensbereichen, die sich der Ratio verschließen, es ist nicht nur die reine Macht des Besitzes, sondern auch die Verfeinerung des Seins, jenseits des Materiellen, das weniger Selbstzweck als Mittel zum Zweck ist. Leiden und Tragik sind nicht ausgeklammert, sie werden, wie der Tod, als Bestandteile der *conditio humana* bejaht, vielleicht liegen hierfür Gründe, warum die lateinamerikanische Literatur im 20. Jahrhundert von solch herausragender Bedeutung war. Julio Cortázar nannte die Trias beim Namen: Leidenschaft, Leben, Schicksal.

Lateinamerika ist bis heute von einem »gebrochenen Verhältnis von Traditionen und Moderne« gekennzeichnet, wie dies bereits Octavio Paz feststellte. Die historische Kultur scheint sich der Moderne zu widersetzen. Der kosmologische Einklang zwischen den indigenen, zum Teil noch autochthonen Kulturen und der wachsenden Industriekultur ist nicht immer geglückt, eine Integration von Kultur, Wirtschaft und Politik ist nicht ausreichend gegeben. Lateinamerika kennt bis heute keine friedvolle Konvergenz von Tradition und Moderne als Voraussetzung der politischen Stabilität. Die Kompatibilität von Technologie und Kultur ist auf Grund der anderen historischen Voraussetzungen nicht im gleichen Maße gegeben wie in der calvinistischen Kultur Nordamerikas mit dem »matter of fact« Protestantismus und der Idee einer »city upon a hill« und der Gnadenwahl des puritanischen Erbes. Wir erleben in Lateinamerika gleichsam eine künstlich auferlegte Modernität, die kein »Manifest Destiny« kennt wie in Nordamerika bereits im 19. Jh. Technologie kann aber nie ohne die kulturhistorischen Voraussetzungen auferlegt werden, sonst geht die humane Identität verloren. Hier fürchtet sich Lateinamerika mit seinem immer wieder nativistisch-indigenen Nationalismus.

Aus globaler Sicht wird deutlich, dass rein exogene Technologie die Welt vereinheitlicht, ohne sie wirklich zu vereinen. Lateinamerika ist von einem Dualismus geprägt, der behauptet, Lateinamerika wäre in politischen Äußerungen modern, die soziale und wirtschaftliche Verfassung wäre aber bis in die Gegenwart vormodern. Zudem erleben wir immer seit den Revolutionen des 19. Jh., dass die Identität zwischen Verfassung und Verfassungswirklichkeit nicht immer gegeben ist. Staaten wie Ecuador und Bolivien erlebten dutzende von Verfassungen und wechselnde Präsidenten, kaum einer vollendete seine Amtszeit. Die präkolumbianischen Kulturen widersprechen zudem in ihrer transzendentalen Kosmologie der modernen westlichen Technologie und sind nur sehr schwer zu »akkulturieren«. Technische Rationalität und Wissenschaft sind auch kulturgebunden. Die abendländische Entwicklung kannte ein säkulares Geschichtsverständnis seit der Renaissance, es entstand eine neue Kosmologie, die sich auf ein physikalisch-naturwissenschaftliches Weltbild berief, das mechanistisch begründet war und in der traditionellen Kultur Lateinamerikas wie im präkolumbianischen Erbe keine Entsprechung fand. Tatsächlich ist jede Rationalität auch kulturgebunden und muss unterschieden werden von der reinen Logik. Hier liegt ein grundsätzliches Problem für Lateinamerika in der Anpassung von Wissenschaft, Technologie und Wirtschaft. Aus andinischer Sicht ruft dies eine Auflehnung gegen eine rein westliche Monopolisierung des Rationalitätsbegriffes hervor in seinem universellen Anspruch, der die kulturelle Identität Lateinamerikas bedroht. Technologie wird zum organisierten Wissen der Produktion und uniformiert die kulturgeschichtlichen Traditionen sowie die Authentizität. Hierfür muss heute Sorge getragen werden, da Technologiepolitik immer letzter Ausdruck der Entwicklungspolitik ist. Technologie wird zum säkularen Arm der Wissenschaft. Die magisch-mythischen und spekulativen Traditionen der lateinamerikanischen Kultur gerieten in Konflikt mit dem empirisch-logisch-analytischen Denken der westlichen Wissenschaft und Technologie.

In Europa erstarkten im 17. Jh. die experimentellen Wissenschaften, es entwickelte sich die Theorie der induktiven Logik, ausgearbeitet von Francis Bacon und in die Praxis umgesetzt von John Stuart Mill mit seiner utilitaristischen Methode, die in dieser Form in der Ideengeschichte Lateinamerikas keine Entsprechung hatte. Denkt man an spanische Denker der Epoche wie Ramon Suibida oder Juan Luis Vives in seiner Schrift »Las

Disciplinas«, ist vom »vorwissenschaftlichen« Denken, ja in der Minderwertigkeit der indigenen Kulturen Lateinamerikas die Sprache, in ihren Kosmologien, die in Europa von der Reformation und der Gegenreformation geleugnet wurden.

So unterscheid sich etwa der Naturbegriff in der magisch-mythischen andinen Kultur von der hereinbrechenden Neuzeit. Der indigene Mensch wollte die Natur (Pacha Mama) nicht beherrschen, sondern ihr dienen in Ehrfurcht. Er verstand die Natur als Beschützer und Quelle des Lebens zugleich in einer sakralen Theogonie, ohne sie dabei analytisch auszuhorchen, wie die Anthropologen Roger Bastide, Alfred Métraux und Marcel Mauss immer wieder betonen. Die andinische Sensibilität kannte ein tellurisches Element der Lebensgemeinschaft von Erde, Tieren und Pflanzen in einem sakralen Universum.

Nur vor diesem Hintergrund sind heute die Konflikte von Evo Morales und Rafael Correa in Bolivien und Ecuador zu erklären, die beide einen sehr hohen Anteil an indigener-indianischer Bevölkerung aufweisen, auch in Peru. Die Kosmologie der Inkas fasste Zeit nicht teleologisch auf, wie die westliche Kultur, wobei die Zeit das Agens der Veränderung bedeutet und auf die Zukunft ausgerichtet ist. In der indianischen Kosmologie verkörpert die Vergangenheit das Urbild, das heroische, die glorreiche Vergangenheit, die Zukunft wird mit der Apokalypse eines Weltzusammenbruchs in Verbindung gebracht, sehr im Gegensatz zum glücklichen Zeitalter des Urbeginns, wo zwischen Himmel und Erde Gleichklang herrschten. Am Ende des Zyklus steht die Wiederherstellung der ursprünglichen Vergangenheit. Hier liegt ein elementarer Unterschied zur christlichen Teleologie, wo die Vollkommenheit und Ewigkeit in der Zukunft liegen.

Es ist evident, dass der Fortschrittsbegriff in der traditionellen lateinamerikanischen Kultur seit der präkolumbianischen Zeit und der katholischen Scholastik der 16. Jh. völlig anders geprägt ist als etwa in der nordamerikanischen Kultur. Beispielhaft können hier die Q'uero Indianer in den peruanischen Anden zitiert werden, die letzten Nachfahren der Inkas, welche die Inkarri-Figur noch heute verehren. Ihr Name erklärt sich durch das Zusammenziehen von »Inka« und »Rey« (König). Inkarri war der Sohn der Sonne und einer wilden Frau, wieder ragt das Jenseitige in das Diesseitige und die Alltagskultur wird magisch-mythisch erlebt. Es ist offensichtlich, dass in der andinischen Kultur nicht die westlichen Zeitvorstellungen von aristotelisch-linearem Charakter zum Ausdruck kommen (als Voraussetzung für westliche Technologie).

Ortega y Gasset erkannte auf seinen Reisen durch Lateinamerika jenes Element der »kollektiven Hoffnung und Utopie«, wobei das spanische Wort »esparer« Hoffen und Warten zugleich umschreibt. Jose Mariategui und Haye dela Torre aus Peru haben dies im 20. Jh. als Theoretiker unterstrichen, ebenso der brasilianische Anthropologe Darcey Ribeiro, der Lateinamerika unter das Zeichen der Utopie stellte.

Der Historiker Fernand Braudel sprach von einer Flucht Lateinamerikas vor einem »materiellen« Dasein bei dem Versuch, eine originäre Zivilisation aufzubauen, der kubanische Schriftsteller Alejo Carpantier formulierte, Lateinamerika »leide« an der Modernität, erlebe eine »geborgte Modernität« mit potemkinschen Fassaden, wobei die Verfassungen der jungen Republiken vom frühen 19. Jh. oft überwiegend Rhetorik blieben. Die politische Unabhängigkeit stellte für Lateinamerika weniger das Ereignis des Sieges des liberalen Gedankenguts dar, als sie vielmehr der Ausdruck der politischen Desintegration des spanischen Reiches war. Die Neuscholastik verteidigte hierarchische Prinzipien der lateinamerikanischen Politik und Gesellschaft, breite Bevölkerungskreise blieben von den Revolutionen ausgeschlossen. Die wirtschaftliche Macht fiel in die Hände der Oligarchen, die militärische in die Hände der militärischen Eliten. Eine fortschreitende wirtschaftlich-merkantilistische Statik blieb nach den Revolutionen des 19. Jh. für Generationen erhalten. In dieser übersteigerten Form des autozentrischen Individualismus, der militärisch untermauert wurde, im »Personalismo«, wurzelt auch der besondere »Caudillismo« Lateinamerikas, den wir heute noch erkennen in Figuren wie Hugo Chavez, Rafael Correa, Daniel Ortega oder Evo Morales. Das Autoritätsprinzip des »Paternalismo« ist für Lateinamerika prägend – bis in die Gegenwart. Die moderne Rationalität hat sich folglich in der traditionellen lateinamerikanischen Kultur nicht materialisiert. Lateinamerika sieht sich als Opfer der Modernisierung, die den Hegemonialmächten in Europa und den USA zugeschrieben wird. Wir erlebten lange in Lateinamerika jenen Feudalismus, weit über die Revolutionen des 19. Jh. hinaus, der sich als bürgerlicher Liberalismus tarnte in seinem maskenhaften Charakter, jenen Absolutismus ohne Monarchien, aber gleichsam mit Volkstribunen, Caudillos und in der Form von autokratischen Präsidenten als ontologische Wirklichkeit Lateinamerikas. Es ist bis heute von einer »peripheren« Modernität geprägt.

Auf der anderen Seite brach Lateinamerika immer wieder in neue Konstellationen, in politisch Unvorhergesehenes auf. Mit seiner »kreolischen Wirklichkeit«, die sich seit fünf Jahrhunderten herauskristallisiert hat, verkörpert es im Sinne des Sozialanthropologen Gilberto Freyre eine Einheit in der ethnischen Vielfalt. Die Geschichte Lateinamerikas lässt sich immer auch als Metamorphosen des utopischen Denkens deuten, die getragen werden von einem gleichsam »messianischen Überschuss«, und dies gleich dreifach: als kreolische, indigene sowie panamerikanische Utopie. Mit seiner »prophetischen Vergangenheit« kannte Lateinamerika bereits 1516, also in dem Jahr, als Thomas Morus' »Utopia« erschien, die Schriften von Bartoloe de las Casas, von seinem Wort des »genus Angelicum«, einer Neuschöpfung bei den Indigenen, in Unschuld und ohne Habgier, wie dies noch das Europa der Renaissance kennzeichnete. Simon Bolivar schrieb diesen Traum fort mit dem harmonischen Zusammenleben von Indios, Schwarzen, Mestizen und Weißen unter kreolischer Obhut. Hier erschien erstmals die »messianische Prophetie«, die Hugo Chavez oder Lula da Silva heute beispielsweise fortschreiben mit ihren Wirtschaftsreisen nach Afrika, nach Asien, Chavez in seiner Verbrüderung mit dem Iran als anti-amerikanischen Block, Evo Morales mit seiner Antrittsreise als Präsident nach China zum Export des Gases, nicht mehr wie früher nach Washington, Lula da Silva in seiner dezidierten Erweiterung des Süd-Süd-Dialogs weltweit.

Bereits im frühen 20. Jh. haben Denker wie Jose Mariategui (1894-1930) oder der peruanische Schriftsteller Jose Maria Arguedas (1911-1969) eine indigene andinische Utopie entwickelt und mit marxistischem Gedankengut verknüpft. Quechua sprechende Indios sollten mit einem sozialrevolutionären andinischen Messianismus die ganze Welt prägen. Nicht Lenin sollte das Vorbild sein, sondern Tupac Amaru II., dessen Reinkarnation in den wechselnden Bauernführern erlebt wurde. Die APRA, die politische Partei von Alan Garcia in Peru, lebt heute immer noch in dieser Tradition.

Der mexikanische Schriftsteller, Philosoph und Minister José Vasconcelos (1881-1959) entwarf in seiner weitverbreiteten Schrift ›La raza cosmica. Mision de la raza iberoamericana‹ 1925 bereits diese Sonderstellung Lateinamerikas in der Welt mit seinem panamerikanischen Anspruch einer universalen Befreiungsethik. Er wollte eine Synthese für die Menschheit errichten, eine ethnische Demokratie vorleben, ein Friedenszeitalter von Lateinamerika für die Menschheit in planetarer Weite sichern, die »Bekehrung aller Völker am Ende der Zeiten«. Das gleiche messianische Bild formulierte Henrique Urena aus Santo Domingo auch 1925 in seiner Schrift ›La Utopia de America‹, wobei die Speerspitze gegen Nordamerika gerichtet blieb, das als Land des schieren

Materialismus, der Habgier und letztlich der Unfreiheit galt. Urena trat für einen »neuen lateinamerikanischen« Menschen ein, der zugleich universal in planetarer Weite sein müsste, eines Menschen, der wirklich »zum Menschen« wird und der Staatsutopie Nordamerikas abschwor. Diese Tradition führten in der Befreiungstheologie später Geistliche wie der Armenbischof Gustavo Gutierrez in Peru oder Leonardo Boff gegen Widerstand des Vatikans in Brasilien weiter.

Lateinamerika wurde 1492 bei seiner Geburtsstunde – wie auch andere Teile Asiens oder Afrikas – zur ersten Peripherie des modernen Europa. Hier war lange vom Europäischen Hochmut die Sprache, der von Kierkegaard folglich so ironisierten Hegelschen »Vermessenheit« mit einem eurozentrischen Ratiobegriff als Monopol. Der eigenständige ontologische Prozess, den Edmundo O'Gorman später im 20. Jh. entdeckte, unterschied hingegen zwischen Entdeckung, Erfindung, Eroberung und Kolonialisierung Lateinamerikas als existentielle, vielleicht noch besser, als ontologische Erfahrungen. Die Welt von Christoph Kolumbus war noch das »Mare nostrum« der Römer, wo immer noch das Zentrum, umgeben von Asien, Afrika und Lateinamerika. Heute stehen wir vor der Aufgabe, den ontologischen Horizont der europäischen Lebenswelt auf ein neues Verständnis der Weltgeschichte als planetarisches Ereignis zu öffnen. Diese Forderung wurde unabdingbar spätestens 1520, als Fernando Magellan seine Entdeckungen machte und der pazifische und der indische Ozean in der Meerenge sich zu schließen begannen. Die Erde war gleichsam entdeckt als Ort der Weltgeschichte.

Die »geistige« Eroberung Lateinamerikas vermochte aber nicht das Gleiche zu leisten wie das mediterrane Christentum der Antike, dem es über drei Jahrhunderte gelang, die eigene griechisch-römische Weltsicht zu verändern und zu erneuern, nicht zuletzt durch die Traditionen der armenischen, byzantinischen, koptischen, russischen und lateinischen Christenheit. Zu keiner Zeit gab es in Lateinamerika eine »argumentative Gemeinschaft«, worum sich die Staatschefs heute in den politischen Bündnissen, vom MERCOSUR bis ALBA und CAN so sehr bemühen. Nicht zuletzt resultiert hieraus auch die Ablehnung der Freihandelszone mit den USA in vielen Staaten. Der mexikanische Philosoph Leopold Zea sieht Lateinamerika als lange Zeit gleichsam von der Geschichte ausgeschlossen. Der Indio müsse seinen Platz in der Geschichte noch finden. Auch die »Ratio« des »Anderen«, wie es Bartolome de la Casas in der Debatte von Valladolid 1590 äußerte, soll zu Wort kommen – unter Beachtung seines Andersseins, seiner Andersheit.

In diesem Sinne könnte Lateinamerika federführend werden in einer planetaren Weltzivilisation des 21. Jh., in seinem Versuch, eine rein abstrakte Rationalität als Universalität zu überwinden und einen Beitrag zu einer Welt zu liefern, in der »multiple Modernitäten« möglich werden, in der sich der plurale Reichtum aller Kulturen der Welt entfalten könnte. Heute könnte Lateinamerika eine Umkehr wagen gegen den Eurozentrismus, einen eigenen Begriff der »Ratio« formulieren, der auch intuitive Intelligenz und Empathie zulässt und die Abstraktion des rationalen Universalismus überwindet. Die große Literatur Lateinamerikas hat hier bereits einen Meilenstein gesetzt, von Jorge Luis Borges bis M. Asturias, Pablo Neruda, bis Ernesto Sabato, Octavio Paz oder Carlos Fuentes, Juan Rulfo oder Carlos Drummond de Andrade –. um nur wenige Beispiele zu zitieren.

Ratio und technische Weltzivilisation und die Suche nach Balance: der Beitrag der Amerikas zur humaneren Identität

Zu Beginn fragten wir nach der Dialektik des amerikanischen Doppelkontinents, nach der scherenartigen Verschiedenheit der Werte in den Kulturen. Mit Blick auf die Weltzivilisation des 21. Jahrhunderts kann daraus nur die Forderung nach einer Anerkennung des Pluralismus der Kulturen, nach einem Polylog der Kulturen erwachsen. Nur wenn man – auch aus friedenstechnischer Sicht – andere Kulturen wirklich versteht, können auch die Logiken des Denkens und Handelns jeweils anderer Staaten begriffen werden. Menschen sind nicht nur Mitglieder von Staaten, sondern auch Angehörige von Kulturen und Religionen.

Das Problem entsteht, weil oft eine Kultur nicht im Einklang mit der Letztlogik einer universalen Rationalität steht, wie sie die technische Zivilisation fordert. Oft ist die eigene kulturelle und damit humane Identität bedroht durch die technische Homogenisierung der Welt. Der Reichtum der menschlichen Evolution liegt aber in der Vielheit der Kulturen und nicht im Monomorphismus der industriellen Weltzivilisation, der immer auch einem Denkmorphismus gleicht.

Keine Kultur, keine Religion verfügt aber über einen ausschließlichen Anspruch auf den Begriff des Logos oder der ›richtigen‹ Weltsicht. Nur die Offenheit gegenüber der Vielheit der Kulturen, oder deutlicher, gegenüber dem Phänomen der Kulturalität als dem Fundamentalen, dem Gemeinsamen des menschlichen Seins erlaubt eine tragfähige Ontologie der Gegenwart. Sie liegt in der Hybris der Kulturalität verborgen, die jede

›absolute‹ Weltkultur verbietet. Als Überlebensfrage muss Technologie mit der geistigen Kultur in einen neuen inneren Zusammenhang gesetzt werden. Das Problem ist eingekreist: die Stellung der Technologie im Kulturprozess als Ganzem in der Pluralität der Weltkulturen.

Blickt man schließlich auf den amerikanischen Doppelkontinent zurück in seiner Verschiedenheit, muss man sich auch die Frage stellen, wo das Wunderbare, das Erstaunliche, auch das Mythische in der Bilderwelt der technischen Welt bleibt. Vielleicht sucht Lateinamerika eine andere Antwort als Nordamerika. Dort erlebt der technische Mensch als gefesselter Riese erfahrbare Wirklichkeit.

Stellt man abschließend die Frage, wie Lateinamerika die Weltzivilisation des beginnenden 21. Jh. bereichern könnte, so sticht wesentlich jene »Kreolisierung« ins Auge, die bezeichnend ist für Lateinamerika, die aber auch – übertragen auf das Planquadrat des »Welt-Ganzen« – immer mehr an Gewicht gewinnt als das *Kairos* der Stunde. Lateinamerika könnte mitgestalten bei einer neuen »Totalität« der Erde, auch wenn die westliche Welt hier eine schmerzhafte Mutation erlebt, da keine Kultur »besser« ist als eine andere. Tatsächlich erleben wir in den ethnisch-religiösen Konflikten in Indien, China, der islamischen Welt, in Afrika einen weltweiten Prozess der »Kreolisierung«. Hier könnte Lateinamerika nur der Beginn gewesen sein. Bisher war der Westen geprägt von einem »kontinentalen Denken« bei der Bestimmung des Ganzen dieser Welt. Tatsächlich mutiert die Welt aber immer stärker zu Archipelen, die Vielschichtigkeit unserer Kulturen erleben ihre Identitäten aber nicht mehr aus einer Wurzel, sondern aus einem »Wurzelgeflecht« in einem Polylog der Kulturen, einem Multiversum. Bei der Genesis des Ganzen zu Anfang des 21. Jh. könnte Lateinamerika das imaginäre Vermögen der Welt beleben, die »gelebte Metaphysik und Spiritualität«, auch in der Kunst, im Film, in der Literatur, überhaupt die poetische Kraft fördern vor der Übermacht der technologischen Homogenisierung und Uniformierung. Die abgeschlossenen Systeme eines monolithischen Denkens müssen überwunden haben, wie sie durch die Überspezialisierung in den Industriekulturen gegeben sind und sich amöbenhaft über die Welt verteilen.

So wie die Kreolisierung das Merkmal der Entstehungsgeschichte Lateinamerikas ist, könnte sie sich auch im »Welt-Ganzen« fortschreiben, in jenem Dialog der Kulturen und Zivilisationen der Gegenwart, der friedenstechnisch so unabdingbar ist. Es sei bedacht, dass auch die Ursprungsmythen der menschlichen Zivilisation, wie Claude Lévi-Strauss herausgearbeitet hat, eine Vielzahl von Identitäten und symbolischen

Welten kannten: vom Chilam Balam der indianischen Kulturen, über das Alfred Métraux berichtete, über die Isländischen Sagen, das christliche Alte Testament, das ägyptische Totenbuch, das Gilgameschepos, die Kalevala der finnischen Kultur, das Popol Vuh der indianischen Traditionen, die Ilias der Griechen. Die Epen reichen zurück bis auf die Ursprungsmythen der Menschheit.

Ein archipelisches Denken, wie es sich in Lateinamerika ausgeprägt hat, könnte die Welt bereichern gegenüber dem herkömmlichen kontinentalen Denken, in einer Welt, die alle Existenzweisen zum Ausdruck bringen möchte, Einheit in der Vielheit, Vielheit in der Einheit, wobei immer deutlicher wird: Das Universale vermag ohne das kulturell Besondere nicht zu existieren.

Ein monolithisches Denken in seiner Rechtsordnung wird dem Welt-Ganzen heute nicht mehr gerecht, auch wenn sie mit den Panzern und eingesetzten Armeen durchgesetzt werden soll, es hat seine ontologische Rechtfertigung verspielt – wie die Gültigkeit. Das Verstehen des »Anderen« setzt imaginative Kraft frei bei der Begegnung der Kulturen, auch bei ihrem Aufeinanderprallen, bei den Verflechtungen im Ganzen der Welt. Lateinamerika – von »prophetischer Vergangenheit« bis zum »messianischen Überschuß« – wird dem Charakter als Werkstatt der Welt mehr als gerecht.

Es stellt sich aber auch die Frage, wo die Weltzivilisation der Zukunft noch ein Reservoir an Sensibilität, nicht nur für Kunst und Literatur, sondern gerade für Politik und Wirtschaft, die von einer durchherrschenden Pragmatik der Globalisierung bedroht sind, heute finden kann.

Es bleibt zu wünschen, dass Lateinamerikas Künftigkeit mehr sein wird als eine trügerische Utopie, und die Weltzivilisation mit Impulsen der Sensibilität versehen kann, die so dringend nötig sind und die nicht mehr ausreichend aus den Industriekulturen der technischen Welt zu kommen scheinen, die zu oft im Hochmut einer Rationalität verharren, der fatal ist und seine Legitimation längst verloren hat. In diesem Sinne kann es wohl sein, dass Lateinamerika einen wesentlichen Beitrag für die humane Identität einer globalisierten Weltzivilisation zu leisten vermag.

Auf der Suche nach Metropolis
Zur Kulturphilosophie V. S. Naipauls

1

Im Extrem wird das Beispielhafte sichtbar: Der indische Straßenpolizist in der ehemaligen französischen Kolonie Pondicherry südlich von Madras thront heute in der feuchten, schweren Luft mit gespielter Gelassenheit auf einem Podest inmitten der Straßenkreuzung, das die französischen Kolonialherren bei ihrem Rückzug achtlos stehen ließen; er trägt, geradezu selbstverständlich, ganz ohne Scheu eine dem französischen Vorbild nachempfundene Uniform, den malvenfarbenen Baton der ehemaligen Peiniger nachlässig schwingend.

Der politische Gegner war nach Europa vertrieben. Die Tracht als Signum politischer Macht freilich blieb zurück, sie wechselte lediglich den Besitzer, wurde gleichsam inwendig und kehrte sich wie ein Vexierbild auf die andere Seite.

Dieses Beispiel verweist auf Phänomene, die im Kern des Gesamtwerkes V. S. Naipauls stehen: Vor dem Hintergrund einer weltweiten Einebnung historisch gewachsener kultureller Traditionen im Spannungsfeld zwischen Industriestaaten, Schwellenländern und den Staaten der Dritten Welt stellt sich die Frage nach neuen Herrschaftsstrukturen, nach der Verfügbarkeit von Macht, gepaart mit der Suche nach kultureller und somit in letzter Konsequenz nach persönlicher Identität. Lassen sich wohlwollendes, gar fürsorgliches Interesse und Toleranz gegenüber anderen Kulturen mit der Behauptung der eigenen Kultur verknüpfen oder beinhaltet die Zugehörigkeit zu einer Kultur als conditio sine qua non die Umwandlung oder gar Zerstörung der anderen?

2

Im Versuch, durch die Darstellung konkreter Biographien all seiner Protagonisten zu einer kulturellen oder gar politischen Objektivation voranzudringen, bedient sich Naipaul eines anthropologischen Kulturbegriffes. Kultur wird als die überdachende Einheit verstanden, die in sich verschiedene Formen menschlicher Lebensäußerungen trägt: Technik, wirtschaftliche Verfassung, Politik, Riten, Gebräuche, religiöse Glaubensüberzeugungen, ja sogar die formale Rechtsprechung. Der Ansatz hat System. Das Alltägliche paart sich mit dem Sinn für den symbolischen Zusammenhang: Zwischen kolonialer Vergangenheitsbewältigung und moderner Zukunftsfremdheit pendelnd, will Naipaul eindringen in eine numinös anmutende politische und kulturelle Weltwirklichkeit, als Schriftsteller, gleichzeitig aber auch als Kulturphilosoph. Jedes Detail in Naipauls Werk wird zum Schnittpunkt vieler Linien in vielerlei Ordnungsschemata: historischen, theologischen oder politischen. In all diesen Details kristallisiert sich jeweils eine Generalrichtung heraus, das ›Ethos‹ einer Kultur, das Historiker gerne als System der Werte umschreiben und das in Naipauls Werk einen brauchbaren Parameter bei jedem Kulturvergleich bietet. Seine Biographie stempelt Naipaul zum tanzenden Teufel in jeder Orthodoxie. 1932 wurde er in Trinidad geboren, wohin sein Großvater, ein Brahmane aus Uttar Pradesh in Indien, zugewandert war. Im ›Lion House‹, dem späteren Vorbild für das legendäre Hanuman House seines Romans *A house for Mr. Biswas*, verbrachte er die Jahre, bis sich sein Vater als Prinzgemahl versuchte, in die alteingesessene Capildeo-Familie heiratete und für den Trinidad Guardian zu arbeiten begann – als Reporter. 1938: Port of Spam, Tranquility Boys School. Mit zwölf Jahren fasste der Enkel des immigrierten indischen Facharbeiters den Entschluss, Trinidad innerhalb der nächsten fünf Jahre zu verlassen. Es wurden sechs. Er ging nach England, in Oxfords New College, arbeitete über Somerset Maughams Novelle Liza of Lambeth – fasziniert vom Konflikt zwischen Reinheitsideal und den faktischen Umständen des Slumlebens –, rezensierte Bücher für die britischen Zeitungen und verantwortete die »Karibischen Stimmen« für die BBC. Naipaul lebte zunächst in London, in verschiedenen Stadtteilen und sozialen Milieus, entsagte sich jeder lukrativen Distanz, stellte sich dem duckenden Schicksal in praxi, suchte den Umgang mit Dockarbeitern und Stadtstreichern und glaubte sich in einer eigentümlichen Bruderschaft der gestürzten Engel.

Heute reist Naipaul wieder, wie seit 20 Jahren, häufig, ausgedehnt und weit.

3

Seine frühen Bücher wie *Mystik Masseur* 1957, *Miguel Street* 1965, *Suffrage of Elvira* 1958 oder *Mr. Stone and the Knight's Companion* versuchen, das Geheimnis Trinidads und der karibischen Inselwelt zu entsiegeln und beschreiben in satirischer Form Rituale und Sitten – den Habitus der Menschen.

1960 folgte eine sprachgewaltige Lektion der Trauer: in einer monatelangen Odyssee besucht Naipaul Indien, den Subkontinent seiner Ahnen. *An Area of Darkness* und *India, a wounded Civilisation* entstehen. Seine ätzende Kritik an der Selbstherrlichkeit, dem religiösen Fanatismus und dem starren Kastendenken Indiens setzen ihn in den Industriestaaten wie in seiner Heimat vehementer Kritik aus. In Uttar Pradesh, im Dorf der Vorfahren, spürt er kulturellen Erfahrungen nach, die ihm fremd sind, und erschrickt vor dem dumpfen Widerhall: Wie ein Schlemihl ohne seinen Schatten erlebt er das Phänomen des Kulturschocks.

Auch die Rückkehr nach England hinterlässt ihn kulturell unbehaust, er verbirgt sich in seiner Wohnung, hinter dem Schreibtisch, eingepuppt lediglich in seinen Namen.

1969 erscheint ›The Loss of Eldorado‹, eine historische Dokumentation über vier Jahrhunderte westindischer Geschichte, die Kausalitäten zwischen ›Thought and Action‹, zwischen Ideengeschichte und Realpolitik nachspürt, bis hin zur Figur Lisa Calderons in der Phase des Kolonialismus im 18. Jahrhundert.

Mimic Men 1967 bleibt beim Topos westindischer Politik. Ralph Kripal Singh verbringt seine Kindheit auf der fiktiven Insel Isabella, emigriert später nach England, verdient ein Vermögen nach seiner Rückkehr in die Karibik, sucht politische Macht und endet doch ein zweites Mal im Londoner Exil. Dieses Mal ist er tiefer verbittert als auf Isabella und zeigt doch Gleichgültigkeit vor dem Leid. Das Vereitelnde geht in seine Welt ein als die Funktion des Nichts. *The overcrowded Baracoon* ist eine Sammlung von Essays aus den Jahren 1958-72 und erweist sich als außerordentlich facettenreiches, in seiner Zielsetzung sehr politisches Buch. Naipaul treibt das augenscheinlich Inkommensurable auf die Spitze und behandelt mit detektivischer Intensität Norman Mailer in New York, das Sozialgefüge der Inseln St. Kitts und Anguilla und fügt eine kritische Bestandsaufnahme von Mauritius ans Ende. Die Insel wird zur mikrokosmischen Metapher der Welt.

1971 erscheint *In a free State*, eine Sammlung von Kurzgeschichten und Novellen. Kulturelle und persönliche Entfremdung triumphieren im Leben des bleichen Tramps im Hafen von Piräus, bei Santosh, dem indischen Diener, der in Washington widerwillig Klinken putzt – sie alle bleiben Fremde vor sich selbst und den anderen. Die Titelgeschichte spielt in einem Staat, der Uganda zur Zeit der politischen Unruhen gleicht, die Freiheit so chimärisch erscheinen lässt wie das verlorene Eldorado. 1975 überrascht Naipaul mit Guerillas, dessen Geschichte sich auf einen authentischen Mordfall in Trinidad gründet. Ein insularer Staat rückt im Status nascendi ins Blickfeld. Der Titel wird metaphorisch verwandt und beschreibt die innere seelische Verfassung wie die äußere politische Conditio. In parabolischen Situationen herrschen Umtriebe der Furcht. In jüngster Vergangenheit entstanden *The Return of Eva Peron* und *A bend on the river* – zu deutsch ›Eine Biegung des großen Flusses‹ –, das einer Reportage über Zaire entwuchs: *A new king of the Kongo. Mobutu and the nihilism of Africa.* Eine unter dem Hitzepanzer zusammenbrechende Flussstadt – unschwer als Kisangani zu erkennen, die in kolonialer Zeit Stanleyville hieß, hat gerade ihre politische Unabhängigkeit erreicht. Der starke Mann, Präsident auf Lebenszeit, herrscht mit Endzeitbewusstsein. Salim, ein ostafrikanischer Asiate schildert den Ablauf: tätiges Nichtwerden als Eigenschaft der Dinge, Finalität des Tuns. Eine Zivilisation im Umbruch. Zuletzt veröffentlichte Naipaul in Analogie hierzu: *Among the believers: An Islamic Journey* (1981). Subjektiv verdinglichte Momente oder objektiv verdinglichtes Stocken des geschichtlichen Ganges – dies bleibt sich gleich. Wieder erscheint der Topos der Möglichkeit als aufbegehrendes politisches Chaos, ohne dabei dämonisch-disparate Züge zu gewinnen.

4

Der originäre Charakter und die reife Gefügigkeit in Naipauls Denken widersetzen sich jedem Versuch einer rein literaturhistorischen Deutung. Joseph Conrad wird gerne zitiert: Beide wählten England als temporären Wohnort und verlagerten ihr Interesse auf ferne Kontinente, freilich, Conrad bleibt Schriftsteller, Naipauls Anliegen ist politischer, kulturphilosophischer Art. Auch Vergleiche zu Graham Greene, etwa zwischen *Area of Darkness* und *The lawless roads* oder zu D. H. Lawrence *Sea and Sardinia* verfehlen ihr Ziel, bleiben Fragment, da beide in der Tradition einer ›Englishness‹ stehen, die Naipaul völlig fremd ist.

Bereits in Trinidad empfand er als Schüler gegenüber von ›außen‹ kommender Literatur Widerwillen. Dickens sollte akkulturiert werden, sollte vom Regen Londons in die Traufe tropischer Güsse. Bibliophiles Denken blieb versagt. Corneille, Racine mussten ohne Sekundärliteratur begriffen werden. Die Bibliotheken Trinidads waren mäßig bestückt. Das Verständnis von Literatur setzt für Naipaul das Wagnis der eigenen Erfahrung voraus. Seine Aufgabe schien früh gestellt: Ein Modell für die eigene politische Wirklichkeit war zu entwerfen. Die eigenen kulturellen Mythen mussten aufgespürt und in ihrer Tiefe ausgelotet werden.

Die literaturtheoretischen Seminare an der Oxford University kanzelte er geringschätzig als Disziplinarübung für jugendliche Antiquare ab. Sein Denken sollte nicht zu bloßer Vervielfältigung wissenschaftlicher Fußnoten erstarren. Die Diaristen und Empfindungsforscher der Literatur waren ebenso suspekt. Jane Austen, Henry James oder Thomas Hardy konnte er sich nicht ohne den Zierat eines Wohllebens vorstellen, der ihm unbekannt war. Selbst ein Vergleich zu Frantz Fanon, Evelyn Waugh, H. G. Wells, zu Roland Firbanks *Sophisticated Comedy* oder Sherwood Andersons *Winnesburg, Ohio* erscheint unstimmig. Die Topoi sind anders gewichtet: Naipaul, der ›novelist of loss‹, gestaltet Formen der Abhängigkeit inmitten einer Zeit, die er als eine sich aus der Vergangenheit in die Zukunft verflüchtigende Spanne empfindet. Naipaul setzt sich in seinen ausschreitenden Gestaltungen allen Tendenzen gegenüber zur Wehr, die den Vorgang des Schreibens auf die rein privatistische Ebene einer ›self aware‹ verlagern. Seine Literatur will sich öffnen und nicht als selbstsüchtige Melancholie verenden, will zu einer ›grossness of experience‹ führen und ein Phänomen zu vermeiden suchen, das Arthur Miller am Beispiel einer Zeitung treffend skizzierte: ›a Nation reading to itself‹. Naipauls besondere Wertschätzung des Stils lässt eine weitere Abgrenzung zu anderen Schriftstellern ahnen. Stil wird weniger als gelungenes Arrangement von Worten verstanden als vielmehr in der Bedeutung einer ›orchestration of perceptions‹ gesehen. Wenn Joseph Conrad moralisierend über ein Ereignis berichtet, haftet er nahe an den Fakten, streift wie eine Kamera, die ortet, dicht am Boden. Naipaul verändert hingegen Standpunkt wie Blickpunkt, changiert mit der Kamera und erlaubt auch bei Nahaufnahmen die Perspektive eines Panoramas. Die interpretative Aufgabe des Schriftstellers wird so betont, der mehr will als nur berichten, ohne dabei Erfinder origineller Fabeln oder imaginärer Metamorphosen zu sein.

Sein Gedankennetz kennt verschiedene Schnittpunkte. Es lässt sich als Genrebild ebenso deuten wie als Materialsammlung der Anthropologie, Soziologie und Geschichte, als Triumph virtuoser Sprachbeherrschung, als ein nur scheinbar amorphes Ineinandergreifen von Gedanken, Erfahrungen und Empfindungen. Da ist kein Raum für gelehrige Pedanterie. Der Leser wird Zeuge der Umwandlung von Tatsachen zu Fiktionen, die Tatsachenberichten gleichen, erlebt eine Literatur, die man als ›social inquiry‹ bezeichnen kann. Protokoll – Parabel – Parodie!

5

Das Reisen als ein sich Bewegen durch Zeit und Raum rückt ins Zentrum von Leben und Werk. Er ist kein metropolitan traveller, der aufbricht, um wieder zurückzukehren. Er reist im Bewusstsein, nirgendwo zuzugehören oder überall in Bewegung zu sein, stetig und ständig und doch niemals anzukommen. Die Vorstellung der Ankunft erzeugt das fahle Gefühl der Nichtigkeit, fordert die schmerzhafte Angleichung des Erhofften an das Faktische und löst in der Erkenntnis der eigenen Nomadenhaftigkeit einen Gefühlssturz aus. Für Protagonist und Autor bleibt die Flucht als Ausweg. In Middle Passage besteigen beide in der Windschneise ein Flugzeug, zu Anfang wie zu Ende der Reise.

Flugträume gleichen Erinnerungen an den Besitz einer besonderen geistigen Kraft, niemals aber Schwebeträumen. In der kreisenden Niederkunft des Tages gleitet man im Zwielicht dicht über dem Boden dahin, die Blicke streifen die regenbogenfarbene Haut der Welt, man durchlebt einen Rausch des Schauens – und dennoch, der Traum reißt ab, wenn man ihn berührt.

Naipauls Fragen berühren Bereiche, die sich streng akademisch nicht eingrenzen lassen.

Er kann sich in das eigene Ich vertiefen und zugleich den dokumentarischen Gestus beibehalten. Der Schriftsteller als Bestandteil einer Kultur in ihrer Problematik; Zuschauer und Teilnehmer zugleich. Introspektion und Kulturkritik bedingen und beglaubigen sich gegenseitig.

In seiner Weltbetrachtung ist Naipaul kein Forscher, der nur spiegelverkehrte Bilder zur eigenen Kultur sucht, da er sich keinerlei einzelnen Kultur zuordnen lässt, da das Gefälle zwischen Fremd- und Eigenkultur biographisch erlebt wird. Die verschiedenen Zivilisationsstufen sind in seiner Person vereint.

Die Säule des Einsiedlers wird zum Monument einer höheren Societät.

Die subjektiven Versuche, die Welt und sich zu benennen, führen, anders als etwa bei Jorge Luis Borges, nicht in die weitverzweigten Labyrinthe der ›ficciones‹. Bei allem Hang zum Tiefsinnigen, Mystischen wendet er sich dennoch der historischen und kulturellen Empirie zu, lässt gleichzeitig die Bücher nicht überborden und versetzt den Leser in die erwartungsvolle Umstellung auf das Andersartige

6

Vierzehn seiner Romane und Dokumentationen entstanden aus dieser besonderen Perspektive eines ›participant observers‹ und rücken Naipaul aus der literaturgeschichtlichen Betrachtung in eine Tradition, die sich als anthropologisch umschreiben lässt, und zwar nicht im Sinne einer trennscharfen Fachbegrenzung, sondern im umfassenden Bemühen um die Besinnung des Menschen auf sich selbst. Die Zuordnung zu einer anthropologischen Sicht ist durch die Abgrenzung gegenüber jedem geschlossenen Weltbild gerechtfertigt, durch die forschende und denkende Überschreitung der jeweils lebensweltlich gegebenen Horizonte – im räumlichen wie geistigen Sinne.

Die Fähigkeit, parabolisch im Fortschreiten von Horizont zu Horizont auf menschenmögliche Formen der Lebensgestaltung zu verweisen, trägt zum originären Charakter von Naipauls Literatur bei. In London schreibt er über seine Erfahrungen in Kaschmir, dort über Trinidad und im Nahen Osten über Afrika. Er vertritt keine nationale Literatur mehr, sondern vollzieht geradezu eine Revision des geozentrischen Weltbildes in der Literatur der Moderne. Er macht sichtbar, dass sich der Mensch problemlos bleibt, solange er naiv in der Lebenswelt einer Gesellschaft, in Contenance versteift, mit dem vereinfachenden Blick der Gewohnheit, vor sich hinlebt. Der Geist, sagt Nicolai Hartmann, ist weit mehr Weltbewusstsein als Selbstbewusstsein. Darin besteht eine Aufgeschlossenheit für die Welt, in der er sich findet. »Ein Geist, der nur Selbstbewusstsein wäre, wäre auf sich bornierter Geist. Das besagt: Er ist nicht, was er von sich, sondern was er von der Welt begreift.« Naipaul greift in seinem versteckten philosophischen Denken auf entlegene Traditionen zurück, die Kant insoweit verwandt scheinen, als der – freilich eher auf die pragmatische als die theoretische Anthropologie bezogen – anthropologisches Denken als Welterkenntnis bezeichnet. Zugleich ähnelt Naipaul Ernst Bloch, einem Denker sehr unterschiedlicher geistiger Provenienz, der auf die Bedeutung des Reisens als dem Erfahren der Welt hinweist. Naipauls Literatur vollzieht menschliche Selbsterkenntnis durch Weltgewinnung, stützt sich aber an keiner Stelle auf eine hominide Anthropologie, deren Naturbegriff als Egebnis einer Abstraktion alle subjektiven Sinngebungen ausschließt. Weit eher lehnt er sich an eine humanide Anthropologie an, die gerade im subjektiven Sinnproblem, wie es sich in seinen Protagonisten verkörpert, das Menschsein erkennt. In ihrer Absicht gleicht Naipauls Literatur einer kulturanthropologischen Forschung: Beide suchen jenes Spezifikum des Menschen zu erfassen, das es ihm ermöglicht, die verschiedensten Kulturen aus sich hervorzutreiben, sich in dem Hervorgebrachten auszulegen. Diese Bemühung trägt dem zu Beginn aufgeworfenen Phänomen des Eurozentrismus und der Problematik einer politischen Neuordnung einer planetaren Zivilisation Rechnung. Jedes Fremdphänomen wird in seiner Eigenart und Besonderheit in das eigene Bewusstsein aufgenommen. Fremdphänomen und Wirklichkeit werden so identisch. Nicht nur der Sinngebung des Augenblicks folgend, vollzieht sich in kontrapunktischem Wechselspiel die Auseinandersetzung mit dem anders Aussehen, anders Sprechen, sich Bewegen, Denken und Leben. Menschliches Verhalten wird aus dem mitmenschlichen Verständnis gemacht, durch einfühlendes Verstehen, also unter bewusster Einbeziehung des Fremdsubjektiven. Werte, Güter und Einstellungen sind auf bestehende intentionale Geltungen bezogen. Diese Tradition der Welterkenntnis lässt sich bis Herodot oder Thukydides, den Ahnherren einer beschreibenden Ethnographie, zurückverfolgen. Sie reichte über das Zeitalter der Conquista bis ins 17. und 18. Jahrhundert hinein und wendet sich verstärkt durch das Naturrechtsdenken in kritischer Besinnung der Frage zu, ob nur der europäische Mensch und seine Kultur vorbildhaft seien. Inhaltlich wird hier ebenso eine Affinität zur aktuellen Problematik des Eurozentrismus spürbar wie zu Fragestellungen in Naipauls Werk.

Durch die Erkenntnis des empirischen Pluralismus der Kulturen in Raum und Zeit weist Naipaul auf ein Phänomen, das Max Scheler weit früher bereits als die »relative Kultur« bezeichnet hat: die mit Selbstverständlichkeit ausgestattete kulturelle Normierung. Der Charakter der Siebung wird durch das Ethos einer Kultur bestimmt, das dem historischen Wandel ausgesetzt ist. Der Blick fällt auf ›Unzeitgemäßes‹, das im Wandel der Kulturen durch das Raster der Zeit fiel – abgesunkenes Kulturgut gewissermaßen, eingenistet in die gegebenen Zeitlücken. Auch Naipaul vollzieht einen Rückzug bis auf die gefühlsbetonten Anfänge, auf Wünsche, Visionen, die für ihn in ihrem illusionären Sein ebenso res finitae sind wie die sogenannten Tatsachen des Diesseits in ihrem empirischen Sein.

Ein kühner Wurf: sich selbst in der eigenen Stellung in der Welt erkennend zu erfassen – in ständiger Oszillation der Wahrnehmungsformen.

Naipauls Arbeit war der Weg zur Rampe einer großen Öffentlichkeit hierdurch lange versperrt. Pfauenradschlagende Reklame herkömmlicher Fasson konnte ihm niemals gerecht werden.

7

Der Versuch, die Totalität der Stilrichtungen, den Nexus aller geistigen, künstlerischen und sozialen Werte in einer Kultur zu erfassen, erfordert im Rahmen der teilnehmenden Beobachtung ein besonderes Vorgehen. Jede Kultur, verstanden als die Summe aller Lebensäußerungen, materiell geistig innerhalb eines sozialen Gebildes, lässt sich auf zwei Arten erschließen. Zum einen werden Objekte betrachtet; die Resultate menschlichen Denkens in Form von Schriften oder Kunstgegenständen. Die Spiralfeder wird gleichsam vom Endprodukt zum Anfang aufgerollt, um aus dieser Perspektive Rückschlüsse auf den Menschen in seiner besonderen historischen und kulturellen Situation zu ziehen.

Naipaul wählt eine zweite Art und beobachtet den schaffenden, seine Probleme lösenden Menschen in seiner Alltagskultur. Seine Subjektivität wird zur kreativen Subjektivität: er entledigt sich seiner Subjektivität nicht künstlich, sondern bekennt sich zu ihr auf der Suche nach dem Analogon in der fremden Kultur, als befände er sich auf einem verschlungenen Pfad durch den Wald. Naipaul stellt in seiner Prosa, in den Essays, in Interview, Kritik und Dokumentation eine subjektiv beziehende und doch logisch gegliederte Form vor, eine Wertschätzung von rationalem Bewusstsein und Gefühl inmitten eines Fadenkreuzes aus Intellekt, Intuition und Empathie und erinnert an Paul Feyerabends Behauptung, dass einer rationalistischen Erforschung der Welt Grenzen gesetzt sind. Die wissenschaftliche Fundierung erfährt so eine künstlerische Ausgestaltung, die der Betonung des subjektiven Elementes nicht widerspricht. Es gelingt die wissenschaftliche Begründung durch eher intuitive Kategorien und die künstlerische Fundierung durch logisches und empirisches Vorgehen.

Auch die Sprache verrät das Anliegen: Sie ist oft bis zur Dürre jeder Esoterik und Hermetik entkleidet, oftmals schwer auslotbar, verhext, voller dunkler Formulierungen, kryptogrammatisch an vielen Stellen. Seine Sprache will nicht entmündigen, sich nicht zum gedruckten oder gesprochenen Ausdruck kolonialen Denkens missbrauchen lassen, sondern den

Erfordernissen der untersuchten Kultur entsprechen. Sprache wird als positive Information eingestuft, Sprache sowohl als wissenschaftliche wie künstlerische Information. Hesiod hatte als früher Anthropologe bereits gezeigt, wie diese Antinomie spielt: Die Beschreibung geht im Beschriebenen auf. Die künstlerische Form Naipauls erfasst als Sediment der Erfahrung die kulturelle Wirklichkeit mit einer Intensität und Dichte, die der extensiven Totalität der Wissenschaft zumindest dann überlegen scheint, wenn diese in bloßen Quantifizierungen und zu starrem Kategorienraster gefangen bleibt, sich ihres fragmentarischen Charakters nicht zu entledigen versteht und so kaum erschöpfende Züge gewinnt.

Er weist hierdurch auf das Phänomen hin, dass ein künstlerischer Ausdruck erschöpfende Qualität gewinnen kann und deshalb bei der Erfassung der Empirie zu einer der rein positivistischen Wissenschaft überlegenen Unmittelbarkeit vorzudringen vermag, die sich trefflich mit dem Begriff einer intensiven Totalität umreißen lässt, die auch sinnliche Erkenntnis erlaubt. Diese Erkenntnis ist der phosphoreszierende Mittelpunkt, um den Naipauls Arbeit kreist. Die Verneinung jeder Distanz zwischen dem schöpferischen Subjekt und der objektiv vorgegebenen kulturellen Wirklichkeit kennzeichnet Naipauls Sicht bei allen Reisen in Uganda, Amerika, in Italien oder Indien, wo er als Fremder staubige Städte durchstreift, inmitten von Ödland, windüberwehter Wüste, entlaubten Bäumen und dorrenden Früchten. Auf der Fahrt huschen aufgebrachte Landarbeiter auf den trübbeleuchteten Bahnsteigen und Wartesälen vorbei. In Ägypten patrouillieren die Soldaten in gezackter Formation vor dem blaugrünen Nil zwischen unbestellter Erde und signalisieren schemenhaft mit Derwischgeheul den bevorstehenden Sechstagekrieg, als würden sie eine Revolution leuchten. Naipauls Figuren werden nicht zum Fall, der Mensch verhärtet nicht zum ›Material‹. Gerade das Situative, das diesem Ansatz zu Grunde liegt, verdichtet sich niemals zu einem ›Setting‹, wie es der reine Wissenschaftler sucht. Dogmen einer objektiven Wissenschaft werden auf den Charakter einer erborgten, vermeintlichen Sicherheit hin befragt, ohne dabei auf Erkenntnis zu verzichten. Das Situative gestaltet sich in Augenblicken menschlicher Begegnungen, die wegkundig Lebenszusammenhänge beschreiben, gerade in der Alltäglichkeit, die Wünsche, Ideale, Zugänglichkeiten und Begrenzungen offenbaren. Orte dieser Begegnungen sind das Zeremoniell, die Seance im Schweigen der Dämmerung, das Ritual inmitten singender Tempelglocken, die Kirche, die Schattenpracht einer Straßenallee, das Büro, das vieldächrige Hospital, die Sportanlage – kurzum, Plätze öffentlicher und privater Begegnung. Dorthin folgt er den Wegen des erfahrenden und sprechenden, des ausgeschlossenen und seinen Sehnsüchten, Begierden, Gebärden überlassenen Einzelnen und schafft eine Ausdrucksform, die an eine poetische Anthropologie erinnert.

8

Der Schriftsteller Naipaul wählt mit sachlich aufteilendem Verstand wie ein Dramatiker bestimmte Strukturkerne aus, um sie paradigmatisch vorzustellen. Er wählt einen ›plot‹. In der sprachlichen Durchbildung rücken so vielschichtige kulturelle und politische Vorgänge in die Reichweite des Schriftstellers. Die Plots verkörpern die besonderen Merkmale einer Kultur, gleichsam die Schauplätze der Durchdringung die Bewertung der Freiheit – funktional oder als Selbstzweck –, die Verarbeitung beruflichen Scheiterns, die Behandlung ethnischer Minoritäten, die Mann-Frau-Beziehung, die Sexualität, die Stellung des Festes als eine Katharsis, Vorstellungen der Natur, das Maß der Verketzerung von Gefühlen, die politische Macht und ihre Erscheinungsformen, das Verhältnis von Staat und Kirche sowie Verfassung und Verfassungswirklichkeit. Naipaul zeigt etwa in raumschlagendem Sinne die Verbindung zwischen einer hohen Wertschätzung von Technologie in einer arbeitsteiligen, zweckrational besetzten Gesellschaft und der entsprechenden geschäftsmäßigen Beziehung der Menschen. Es wird deutlich, warum der indische Diener Santosh in Amerika die Male der Zerrüttung als Existenzsiegel trägt und in seiner Akkulturation scheitern muss, umgeben von einer calvinistischen Arbeitsethik, die ihn wie einen Wirbel verschlingt; warum Naipaul selbst quäkergraue Silberpappeln Englands ebenso fremd bleiben wie die Zypressen- und Feigenlandschaft Griechenlands. Fehlgeschlagene Akkulturation wird zu einer Implosion des Verlangens in einem Vulkan. Die Tage brechen ab, ohne ihren Sinn zu erfüllen. Persönlichkeit sollte neu gebildet werden, freilich, der Körper gleicht einem abgetragenen Profil. Santosh ist durch die Alltagsethik einer traditionellen Kultur geprägt, die in den Industriestaaten durch eine Kommerzialisierung aller Lebensbereiche verloren gegangen ist. Dort herrscht eine fatale Trennung von Kultur und Alltag, von Ethos und Eidos als den materiellen Erscheinungsformen – eine Musealisierung, eine Unterscheidung zwischen profanen und sakralen Akten, die in traditionell ausgerichteten Kulturen weniger bekannt war.

9

Beide verkörpern letztlich zwei Seiten des gleichen Vorgehens. Anthropologische Literatur oder literarische Anthropologie. Stimmige Verwandtschaften zu Naipaul zu finden, erweist sich als schwierig und ist nur möglich durch die Verbindung von scheinbar Entlegenem. Der Film kennt Parallelen, Carlo Levis' ›Christus kam nur bis Eboli‹ etwa oder Jean Rouchs Zugriff auf den Menschen in einer fremden, hier meist afrikanischen Kultur, wie er in ›Moi, un Noir‹ 1957 zum Ausdruck kommt. Mit spielerischer Haltung wird das raum-zeitlich Zufällige als soziale Studie gedeutet, ein Cine-observateur zeigt sich im Zustand der Cine Trance. In Literatur und Wissenschaft lässt sich eine Affinität zu einer Tradition spüren, der Keyserlings Reisetagebuch eines Philosophen oder die Südamerikanischen Meditationen ebenso zuzuordnen sind wie die anthropologische Poesie am Beispiel Afrikas bei Michel Levis, wie Octavio Paz' ›Labyrinth der Einsamkeit‹ für die mexikanische Kultur, Gilberto Frevres ›Sklavenhaus und Herrenhütte‹ in Brasilien, Claude Lévi-Strauss' ›Traurige Tropen‹ oder Bronislaw Malinowskis ›Argonauten‹. Selbst Alexis de Tocquevilles ›Demokratie in Amerika‹ findet berechtigt Aufnahme in diese Reihe, da er sich nach der Rückkehr von seiner Reise nach Amerika bewusst von der Sekundärliteratur distanzierte und sich bei der Arbeit auf sein intuitives Vermögen verließ. Ein bunter Strauß, gewiß, aber er entspricht dem Facettenreichtum von Naipauls Werk in Inhalt und Form.

10

Landschaften gewinnen in Naipauls Prosa besondere Bedeutung. Er enthüllt durch die Verlebendigung der Geographie. Das ausebbende Ödland Indiens hinterlässt ihn verstört in Kaschmir. Die Umgrenztheit Trinidads hielt eine kryptische Geborgenheit bereit, die er in der Heimat seiner Ahnen vermisst.

Indien bleibt eine ›Area of Darkness‹, eine Oszillation in konkaven und konvexen Spiegeln. Eine Zugfahrt erweckt fahle Erinnerungen. Safrangelbe Maisfelder fliegen vorbei, unterernährte, falkengleiche Leiber türmen sich auf, vom Regen verwaschene Ortsschilder huschen vorbei auf den Bahnstationen, dazwischen Felsen, wie im Titanenkampf geschliffen, und wieder, immer wieder das Klopfen hart metallen schlagender Schienenstränge: eine endlose Wiederholung von Erschöpfung und Schmutz.

Landschaften greifen über, haben aber nicht jene in sich bergende Statik, wie sie Dublin für Joyce bereithielt, drücken Unruhe aus, Abhängigkeit oder Serenität. Naipauls sprachlicher Duktus schwankt entsprechend zwischen phantastischen Effekten und naturalistischer Beschreibung. In der Hoffnung auf eine versöhnende Wirkung der Natur erinnern seine Artefakte zuweilen an Ralph Waldo Emerson oder Henry D. Thoreau. Phänomene der Religiosität tragen im Werk die Stigmata spirituellen Unbehaustseins. In Suffrage for Elvira stiften sie Verwirrung und überraschen als fabulöse Artifexe und Orakel. Die Bibel ist Gemeingut für den Hindu, Moslem oder Christen. Alle feiern gemeinsam das Weihnachts- und Osterfest, die Spanier zelebrieren ihrerseits das Hindufest der Lichter als eine Art der Epiphanie: Dokumente überkreuzender Frontierbewegungen religiöser Art.

Die Signien der Entfremdung und Zerrüttung münden in das Gefühl einer planetaren Wurzellosigkeit, die sich mit dem Begriff der Heimatlosigkeit nur schwach umschreiben lässt. Naipaul knüpft damit an sein Frühwerk an. In *Miguel Street* demonstriert der Erzähler diese Placelessness und steigt zum Schluss in ein Flugzeug, einem tanzenden Schatten folgend. Die Welt wird zu einem euklidischen Kreis, der nur eine Seite offen lässt: eine Pilgrimage der Angst auf der Suche nach dem ›missing link‹ zwischen den Kulturen nach dem ›Staat mit Metaphysik‹, nach einer Gesellschaft, die kein ›second hand life‹ fordert, sondern Authentizität erlaubt. Naipauls Ahnung, seine Prophetie suchen die Wirklichkeit zu erfassen. Das Chaos fällt aus dem Schrei. Seine Arbeit kannte so weder eine Butzenscheibenromantik noch wurde sie zur Flucht aus dem Leben in die Dichtung.

Die Bemühung um Akkulturation spitzt sich in der Forderung nach kultureller und persönlicher Identität zu. Auf einer Reise nach Indien widerfährt Naipaul der gewaltige Schock, nicht mehr deutbar zu sein. In Trinidad und London war er als Angehöriger einer ethnischen Minorität durch Signifikanz ausgezeichnet. In Indien erliegt er dem Gefühl von Zufälligkeit, Beliebigkeit und Ohnmacht in einer amorphen Masse von Millionen Menschen gleicher ethnischer Herkunft.

Symptomatisch für den Versuch, das Gefühl der Verlorenheit durch Akkulturation zu überwinden, war bereits Mr. Biswas' Lebensziel, ein Haus zu besitzen – das Haus als Symbol der Permanenz, des Erreichten, das aus dem Zustand des Geworfenseins erlösen soll und doch gescheiterte Ambitionen, ›Displacement‹ signalisiert. Dies gilt für *A house for Mr. Biswas* wie für *Mystic Masseur*, für Ganeshs neues Haus in Fuente Grove oder für ein Londoner Hotelzimmer gleichermaßen – ›Final emptiness‹, Endzeitbewußtsein nistet in jedem Raum wie in einem Mausoleum der Klaustrophobie und des Todes, das ein Bekenntnis des ›no exits‹ im Sinne Sartres fordert; ein düsteres Gehäuse, in dem Stille herrschen und gelähmte Aktivität und gleichzeitig auch ein Proustscher Raum, in dem Biswas versucht, ungeordnete Erinnerungen zu zitieren. Die Erinnerug wird zur Parenthese des Lebens als einer nicht gestillten Sehnsucht. Bereits Petrarcas Dialog Desecretu conflictu suarum zeichnet den Zusammenhang von Weltverlust und Melancholie nach. *In a free State* zeigt den greisen Droschkenfahrer am Hafenplatz in Alexandria, der vor dem prasselnden Gewitterregen inmitten hell dampfender Schleier Schutz sucht, der zwischen Bogenlampen kauert, die in den Abend spähen, dessen Droschke leer bleibt, weil die Taxis dem Diktum der Technologie besser zu gehorchen wissen, von dem niemand mehr Kenntnis nimmt, der aus seiner Zeit geschleudert scheint und das gleiche Phänomen verkörpert wie die zerlumpten Gestalten in der Straßenglut Bombays in ihren von den Generationen durchsiebten graugrünen Jacken: eine besondere Form der obdachlosen Absurdität. Diese Absurdität findet ihren Ausdruck auch in einer Aktivität, die im Symbolischen verharrt, die fiktiv bleibt, die Wünsche artikulierend, ferne, niemals gestellte Sehnsüchte in den Slums von Port of Spain wie auf den weitverzweigten Zuckerrohrplantagen oder in den vom Wind zerzausten Reisfeldern Asiens.

Die Resignation über fehlgeschlagene Akkulturation und kulturellen Identitätsverlust führt zu dem Phänomen des wechselseitigen Verhältnisses von Chaos und Ordnung. Politische und persönliche Ordnungsgefüge gehen ineinander über.

In gewissem Sinne scheinen Chaos und Ordnung in ihrer Ausdrucksweise austauschbar, beide bewegen sich in Richtung auf den gleichen Grenzwert der Nichtigkeit, einer ›Nullity‹, zeigen Menschen, getrieben ins Purgatorium. Das Werk kennt zahlreiche Anspielungen auf Herculaneum und Pompeji. Politik wird zum nackten Überlebenskampf, zum ›do or die‹, bei dem es am Ende nur Verlierer gibt.

Machtordnungen verkörpern lediglich die Illusion einer Ordnung. Die Macht des Einzelnen wird zum Chaos der Vielen. Im Wechselspiel von Chaos und Ordnung liegt das existentielle Paradoxon seiner Protagonisten verborgen: gefangen in der Ordnung des Chaos, die eine eigene logische Kohärenz aufweist – ›in a free state‹.

Freiheitsgedanke und Rebellionsbegriff sind bei Naipaul spürbar durch seine hinduistische Tradition geprägt und liegen jenseits des Erlösungsgedankens einer christlichen Eschatologie. Seine Freiheitsvorstellungen sind auf das Hier und Jetzt gerichtet. Mr. Biswas will nicht teilhaben an den Phantasien seiner Peiniger, er beschreibt nicht den eigenen Nekrolog. Rebellion bedeutet bei Naipaul beharrendes Verfolgen einer persönlichen Vision. Sie wird zum Akt der persönlichen Behauptung, des kompromisslosen Zweifels, der Betonung der eigenen Individualität. Hier wird nicht lediglich formalistisch Widerstand gehegt, sondern eine geharnischte Herausforderung an jede soziale und politische Orthodoxie gerichtet. Der Kreisel dreht sich, l'homme machine oder l'homme creatif? Der technologische Gipfelgang des Menschen wird unterbrochen.

Wie vor ihm Henry Miller ruft er zum ›großen Aufstand‹, zum Kampf gegen die Octroi der entleerten bürgerlichen Welt auf, gegen jede Tyrannei der Mehrheit, gegen eine Allmacht des Staates im Sinne Tocquevilles, die in die letzte Fuge menschlicher Existenz dringt, gegen die gedankenlose Überantwortung des Einzelnen an die Gesellschaft, die den Gehorsam gegenüber jedem kollektiven Appell fordert. In Overcrowded Baracoon schildert er Mauritius als einen Mikrokosmos, als einen berstenden Flecken der Gleichgültigkeit und der gesellschaftlichen Unfreiheit, der keine Fluchtwege offen läßt: Rebellion, Gefahr, Entwurzelung, Abhängigkeit – es formiert sich eine gewaltige Sprengkraft.

Der Alltag von Mauritius wird zum Weltalltag einer Epoche. Naipaul will zeigen, dass Freiheit stets Momente des Unbestimmten und Unbestimmbaren beinhaltet, dass sie die offene Stelle im Bau jeder Sozietät darstellt, ein janusköpfiges Phänomen inmitten der kulturellen Frontiers. Santosh, der wortlose Diener, weiß nicht, ob er auf den blankgeputzten gequaderten Korridoren schlafen soll oder im Bett, verliert aber niemals die ehrerbietige Haltung des Pilgers und erkennt, dass Freiheit auch den Verlust jeglicher Individualität bedeuten kann. Naipaul entwickelt hier eine änigmatische Verbindung zum Freiheitsbegriff Tocquevilles, der die Umkehrung einer Freiheitsvorstellung im Wechselspiel zwischen Gleichheit und Freiheit durch einen egalitären Despotismus als Merkmal moderner Staatsform beschwor.

Santosh, jene ›trespassing figure‹, heiratet eine Weiße, eine Hubshi, erhält die amerikanische Staatsbürgerschaft und arbeitet in einem indischen Restaurant, dem Symbol einer kulturellen Enklave in einer luxurierenden Fülle. Dabei ist er frei, frei in Amerika, und doch fühlt er sich leer, spürt ein inneres Verstummen. Ähnlich den Figuren des immigrierten Polen Jerzy Kosinski in seinem Roman *Steps* ist er das Opfer einer missglückten Akkulturation, ist nicht befreit von der Last des »man selbst Seins«. Zum Schluss bleibt tiefe Resignation. »Das einzige, was mir die Freiheit eintrug, ist das Wissen, dass ich ein Gesicht und einen Körper habe und dass ich diesen Körper für eine gewisse Anzahl von Jahren ernähren und kleiden muss. Dann ist alles vorbei.«

Rebellion und das Streben nach Freiheit gleichen einer Quadratur des Kreises. Der Angriff gegen jede Despotie des Mittelmaßes, gegen jene egalitäre Mediokrität, wie er es in seinem Essay *Whats wrong being a snob* formulierte, richtet sich auch gegen Phänomene moderner Industriestaaten, gegen das derbe, vulgarisierend Gemeine der Großstädte, das auf eine falsche ›Privacy‹ abzielt. Selbst der Besuch des spanischen Theaters an der Kilburn Road in London wirkt demaskierend. Kaum ein Knistern hallt in der Stille des Saales. Da springt kein Funke über von der Bühne ins Publikum. Nur einige Spanier mit bleichen Gesichtern pfeifen, lassen für Sekunden vergessen, dass hier nicht ein gesellschaftliches Theaterereignis gekürt werden soll. Eine mechanische Achtlosigkeit versteift die Atmosphäre. Der magische Raum des Theaters wird zum Hohlraum der Existenz. Dann das Taxi, das monotone Klicken, der elektronische Meter, die leise und behäbig fallenden Münzen, die eigene Wohnung, vielleicht noch ein Abenteuer im Fernsehen. Geborgenheit reduziert sich auf einen Restfleck, auf das Gefühl, einer unter 20 Millionen Zuschauern zu sein, in derselben Isolation zu leben, in demselben Käfig gefangen zu sein, denselben Geschehnissen untätig beiwohnend: Die industrielle Variante der Verlorenheit vermittelt einen horror vacui, ein ähnliches Gefühl des Ungedeutetseins, wie sie die Existenz eines Inders unter 600 Millionen Indern kennt. Die Rückkehr zu der eigenen Person macht traurig und bietet keinen Schutz. Die Identität mit der inneren Disposition bleibt aus. Dafür gewinnt die Hegemonie des Dinghaften im Geschehen die Oberhand. Die Schilderung trägt komische Züge, vielleicht weil bei seinen Figuren allein die Komik die Verzweiflung des Daseins erträglich macht.

12

Die einen deuten Naipaul als Apologeten der Industriestaaten, die anderen ordnen ihn dem marxistischen Lager zu. Seine Figuren veranschaulichen, in welchem Maße angesichts der aufgeworfenen Problemstellungen der Moderne Rubrizierungen wie ›links‹ und ›rechts‹ abgegriffene Ausweise bleiben müssen, die – zumal im Weltmaßstab – lediglich den Weg von einem Bezirk der Ignoranz zu einem anderen erlauben und die eine politische und gesellschaftliche Wirklichkeit nicht zu fassen vermögen.

Naipaul bleibt in seiner Ungleichzeitigkeit, zwischen kolonialem Traditionalismus und moderner Kulturkritik und Erkenntnis schwankend, schwer ortbar. Sein literarischer wie politischer Kampf ist gegen Klischees gerichtet. Ordnungsstufungen zwischen der ersten und der dritten Welt werden niedergerissen und durch die Vorstellung einer Metropolis ersetzt.

13

Phänomene des Eurozentrismus werden in ihrer historischen Dimension gesehen. Die Gegenwart versteht sich als die Zeitspanne, in der die Hegemonie Europas und seiner Annexe in Afrika, dem amerikanischen Doppelkontinent und in Asien, die fast ein halbes Jahrtausend anhielt, beendet ist. Es stellt sich die Frage nach neuen Strukturen.

Bei seiner Vorstellung einer Metropolis entwickelt er eine Form des kulturellen Universalismus, der freilich von Arnold Toynbees Prophezeiung in Civilisation on trial 1948 abrückt, der das Abendland vereint sah in Traditionen, die Konfuzius und Laotse ebenso einschlössen wie Sokrates und Plotin, im Politischen Cromwell, Washington und Mazzini sowie im Religiösen Gautama Buddha, Deutero Isaias und Jesus Christus.

Naipauls Vision ist weniger hoffnungsvoll, sie gleicht der Skizze eines Freskos, ist schrecklicher, ihr Glanz wirkt matter. Er erkennt durch sein gleichsam phänomenologisches Versenken in die verschiedenen Kultur- und Zivilisationsstufen, das ihn von anderen Schriftstellern abgrenzt, dass ein Universalismus im Sinne Toynbees in der Gegenwart weit weniger homogene Züge trüge, dass er wesentlich auch Willkür und Eklektizismus bedeutet, dass er einem Strom gleichen könnte, der unaufhaltsam der Zerrüttung zutreibt, der politischen Totalitarismus kennt und eine entfesselte technologische Gewalt. Sein Weltbild ist universalhistorisch geprägt. Die Relativität der Gegenwart wird im historischen Vergleich ersichtlich, im Bewusstsein einer psychosozialen Evolution, zu der die Generationen nur Strophen liefern. Eine sich als zu bedeutend gerierende Moderne weist er energisch in die Schranken.

Die historische Kenntnis kann auch der Eurozentrismusdiskussion Tiefenschärfe verleihen, ihre modischen und ideologischen Elemente bloßstellen und zu einer Versachlichung beitragen. Den eingangs beschriebenen festen Polen wird eine Vieldimensionalität entgegengehalten, die das gewohnte lineare Denken transzendiert und der Komplexität der politischen und kulturellen Wirklichkeit der Gegenwart entspricht. Die Pluralität der Antworten wird bejaht.

Das Ziel ist auf eine Kybernetik des interkulturellen Dialogs gerichtet. Naipauls Vision gleicht einer konkreten Utopie, die am Horizont der Realität erscheint, einer Vision ohne verordnetes Ziel, deren Weg bereits ihr Ziel ist.

Die Hoffnung trägt freilich das Prekäre der Vereitelung in sich. Sie gleicht keiner Zuversicht. Dazu steht sie zu dicht an der Unentschiedenheit des Geschichtsprozesses, dafür ist sie zu stark in das real Mögliche gestellt, wie es auch als drohende Gefahr und nicht nur als Rettendes das Vorhandene umschließt. Die konkrete Utopie bekennt sich zu ihrem schwierigen Unterwegs. Das Bild einer Metropolis als der möglichen Form einer planetaren Zivilisation ist so von einer Hoffnung getragen, die nicht mehr sein will als das Bewusstsein der Künftigkeit, das nicht nur nach der militärischen Technik und technologischen Expansion als einer irrenden Totalität fragt, sondern die Erkenntnis menschlicher Unfertigkeit – politisch wie kulturell – in den Vordergrund rückt. Der erhoffte Austausch kultureller Stimuli soll dem Paradoxon seine vernichtende Kraft nehmen, das bei dem Versuch, alle Kulturen als gleichrangig zu betrachten, leicht entsteht, wenn Gleichheitsbehauptung und Ausschließlichkeitsforderung sich diametral gegenüberstehen.

Naipauls Ethik liegt wohl im Vermögen der stetigen kulturellen und politischen Selbstkritik verborgen, in der Fähigkeit, Selbstgewissheit zu verwerfen, sich als Kulturwesen in einem transkulturellen Vergleich immer wieder in Frage zu stellen, auf jede pharisäerhafte Selbstgefälligkeit zu verzichten und überstarkem Ethnozentrismus, Nativismus und maßlosem Nationalstaatdenken zu begegnen. Seine Verlorenheit, seine ›nowhereness‹ als Merkmal einer Grundbefindlichkeit der Gegenwart entspricht der Entwurzelung und ist Ausdruck des bisher vergeblichen Versuchs, eine Balance zu finden, die eigene Kultur zu behaupten und dennoch eine philosophische Distanz zu wahren, die eigene Person mit den Augen der anderen zu betrachten: Beispiel eines Lebens im Bewusstsein des Widerspruchs, gefangen in der Welt als einer satanischen Feerie.

Nachweise

– *Die Komptabilität von Technologie und Kultur als Kairos der Zukunft* erschien erstmals als *The Compatibility of Technology and Culture*: A Key Factor of the Human Future. In: World Futures, Vol. 35, pp. 211 – 250 Gordon and Breach Science Publishers S. A. New York, 1992 – Übersetzung: Friederike Meltendorf – Der Autor dankt Sonia Zouari für Ihre wertvolle Redaktionsarbeit.

– *Gibt es ein Weltdorf? Die Globalisierung ist nur die Oberfläche der Wirklichkeit* erschien erstmals in »Frankfurter Allgemeine Zeitung«, 8. März 1996.

– *Kultur als Faktor der Realpolitik* erschien erstmals in »Frankfurter Allgemeine Zeitung«, 21. Januar 2000 und in französischer Sprache in »Le Monde Diplomatique«, November 2001 in Paris.

– *Multiple Modernitäten – zu den kultur- und religionsgeschichtlichen Voraussetzungen der Modere* erschien erstmals in französischer Sprache in »Le Nouvel Observateur«, Juli-August 2003 in Paris.

– *Auf der Suche nach Metropolis. Zur Kulturphilosophie V.S. Naipauls* erschien erstmals in: »Neue Rundschau«, S. Fischer Verlag, Heft Nr. 4, 1982

Lieferbar bei Matthes & Seitz Berlin in der Reihe *debatte*

debatte 1
Jean Baudrillard: Amerika
Aus dem Französischen von Michaela Ott
192 Seiten, broschiert

debatte 2
Theodor Lessing: Der jüdische Selbsthass
256 Seiten, broschiert

debatte 3
Josef Braml: Amerika, Gott und die Welt
Georges W. Bushs Außenpolitik auf christlich-rechter Basis
Mit einem Vorwort von Karsten D. Voigt
160 Seiten, broschiert

debatte 4
André Spiegel: Die Befreiung der Information
GNU, Linux und die Folgen
180 Seiten, broschiert

debatte 5
Ulrike Ackermann (Hg.): Welche Freiheit
Plädoyers für eine offene Gesellschaft.
Mit Beiträgen von Iain Buruma, Ralf Dahrendorf, Péter Esterházy, Peter Nádas, Wolfgang Sofsky, Oksana Sabuschko u.a.
320 Seiten, broschiert